"十三五"全国高等院校民航服务专业规划教材

民航安全管理

主 编◎钟 科
副主编◎温宝琴 吴巧洋 解 为 蒋焕新
编 委◎邢 静 黄 萍 易晓英 胡 晓 周 定

Safety Management
of Civil Aviation

清华大学出版社
北京

内 容 简 介

本书以培养职业能力为核心，内容深入浅出，通俗易懂，理论联系实际，既介绍了民航安全管理的基本知识，也特别突出了公共航空运输、民用机场、空中交通服务、航空维修和航空安保的具体安全管理要求，具有实用性、适用性和先进性，内容丰富，结构清晰，图文并茂，各类相关案例有详细的讲解，易于教学和自学。

本书根据知识的层次性、能力培养的渐进性，遵循难点分散的原则，合理安排各章内容。本书在系统阐述民航安全管理的基本知识和民航各系统航空安全管理要求的基础上，还配插了大量的图片和教学案例，每一章后面均配有相应的思考题供学习者自检。

本书适用于各大院校民航安全技术管理、民航运输、机场运行等专业的学生，同时对从事与民航安全有关的工作人员也有一定的参考价值。

本书封面贴有清华大学出版社防伪标签，无标签者不得销售。
版权所有，侵权必究。举报：010-62782989，beiqinquan@tup.tsinghua.edu.cn。

图书在版编目(CIP)数据

民航安全管理 / 钟科主编．—北京：清华大学出版社，2017(2025.1重印)
（"十三五"全国高等院校民航服务专业规划教材）
ISBN 978-7-302-48421-9

Ⅰ.①民… Ⅱ.①钟… Ⅲ.①民航运输－安全管理－高等学校－教材 Ⅳ.①F560.6

中国版本图书馆 CIP 数据核字(2017)第 220488 号

责任编辑：杜春杰
封面设计：刘　超
版式设计：楠竹文化
责任校对：赵丽杰
责任印制：杨　艳

出版发行：清华大学出版社
网　　址：https://www.tup.com.cn, https://www.wqxuetang.com
地　　址：北京清华大学学研大厦 A 座　　　邮　编：100084
社 总 机：010-83470000　　　　　　　　　邮　购：010-62786544
投稿与读者服务：010-62776969, c-service@tup.tsinghua.edu.cn
质量反馈：010-62772015, zhiliang@tup.tsinghua.edu.cn
课件下载：https://www.tup.com.cn, 010-62788903

印 装 者：三河市人民印务有限公司
经　　销：全国新华书店
开　　本：185mm×260mm　　印　张：18.75　　字　数：433 千字
版　　次：2017 年 11 月第 1 版　　　　　　 印　次：2025 年 1 月第 15 次印刷
定　　价：59.80 元

产品编号：075754-02

"十三五"全国高等院校民航服务专业规划教材
丛书主编及专家指导委员会

丛 书 总 主 编　　刘永（北京中航未来科技集团有限公司董事长兼总裁）
丛 书 副 总 主 编　　马晓伟（北京中航未来科技集团有限公司常务副总裁）
丛 书 副 总 主 编　　郑大地（北京中航未来科技集团有限公司教学副总裁）
丛 书 总 主 审　　朱益民（原海南航空公司总裁、原中国货运航空公司总裁、原上海航空公司总裁）
丛 书 总 顾 问　　沈泽江（原中国民用航空华东管理局局长）
丛 书 总 执 行 主 编　　王益友［江苏民航职业技术学院（筹）院长、教授］
丛书总航空法律顾问　　程颖（荷兰莱顿大学国际法研究生、全国高职高专"十二五"规划教材《航空法规》主审）

丛书专家指导委员会主任

　　　　　　关云飞（长沙航空职业技术学院教授）

　　　　　　张树生（国务院津贴获得者，山东交通学院教授）

　　　　　　刘岩松（沈阳航空航天大学教授）

　　　　　　姚宝（上海外国语大学教授）

　　　　　　李剑峰（山东大学教授）

　　　　　　张威（沈阳师范大学教授）

　　　　　　成积春（曲阜师范大学教授）

　　　　　　万峻池（美术评论家、著名美术品收藏家）

"十三五"全国高等院校民航服务专业规划教材编委会

主　任　高宏(沈阳航空航天大学教授)　　　杨静(中原工学院教授)
　　　　　李勤(南昌航空大学教授)　　　　　李广春(郑州航空工业管理学院教授)
　　　　　安萍(沈阳师范大学)　　　　　　　彭圣文(长沙航空职业技术学院)
副主任　陈文华(上海民航职业技术学院)　　郑越(长沙航空职业技术学院)
　　　　　郑大莉(中原工学院)　　　　　　　徐爱梅(山东大学)
　　　　　黄敏(南昌航空大学)　　　　　　　兰琳(长沙航空职业技术学院)
　　　　　韩黎[江苏民航职业技术学院(筹)]　　胡明良(江南影视艺术职业学院)
　　　　　李楠楠(江南影视艺术职业学院)　　　王昌沛(曲阜师范大学)
　　　　　何蔓莉(湖南艺术职业学院)　　　　　孙东海(江苏新东方艺先锋传媒学校)
委　员（以姓氏笔画为序）
　　　　　于海亮(沈阳师范大学)　　　　　　王丽蓉(南昌航空大学)
　　　　　王建惠(陕西职业技术学院)　　　　王莹(沈阳师范大学)
　　　　　王晶(沈阳航空航天大学)　　　　　车树国(沈阳师范大学)
　　　　　邓丽君(西安航空职业技术学院)　　石慧(南昌航空大学)
　　　　　龙美华(岳阳市湘北女子职业学校)　　付砚然(湖北襄阳汽车职业技术学院,原海南航空公司乘务员)
　　　　　朱茫茫(潍坊职业学院)　　　　　　刘洋(濮阳工学院)
　　　　　刘舒(江西青年职业学院)　　　　　许赟(南京旅游职业学院)
　　　　　杨志慧(长沙航空职业技术学院)　　杨莲(马鞍山职业技术学院)
　　　　　李长亮(张家界航空工业职业技术学院)　李仟(天津中德应用技术大学,原中国南方航空公司乘务员)
　　　　　李乐(桂林航天工业学院)　　　　　李芙蓉(长沙航空职业技术学院)
　　　　　李姝(沈阳师范大学)　　　　　　　李雯艳(沈阳师范大学)
　　　　　李霁雨(北京壹号门航空技术培训中心,原中国国际航空公司乘务员)
　　　　　狄娟(上海民航职业技术学院)　　　邹昊(南昌航空大学)
　　　　　邹莎(湖南信息学院)　　　　　　　宋晓宇(湖南艺术职业学院)
　　　　　张驰(沈阳航空航天大学)　　　　　张进(三峡旅游职业技术学院)
　　　　　张利(北京中航未来科技集团有限公司)　张琳(北京中航未来科技集团有限公司)
　　　　　张程垚(湖南民族职业学院)　　　　张媛媛(山东信息职业学院)
　　　　　陈卓(长沙航空职业技术学院)　　　陈烜华(上海民航职业技术学院)
　　　　　金恒(西安航空职业技术学院)　　　周佳楠(上海应用技术大学)
　　　　　周茗慧(山东外事翻译职业学院)　　郑菲菲(南京旅游职业学院)
　　　　　赵红倩(上饶职业技术学院)　　　　胡妮(南昌航空大学)
　　　　　柳武(湖南流通创软科技有限公司)　钟科(长沙航空职业技术学院)
　　　　　柴郁(江西航空职业技术学院)　　　倪欣雨(云南工商学院)
　　　　　高青(山西旅游职业学院)　　　　　高琳(济宁职业技术学院)
　　　　　郭雅萌(江西青年职业学院)　　　　黄春新(沈阳航空航天大学)
　　　　　黄晨(天津交通职业学院)　　　　　黄婵芸(原中国东方航空公司乘务员)
　　　　　黄紫薇(抚州职业技术学院)　　　　曹璐璐(中原工学院)
　　　　　崔祥建(沈阳航空航天大学)　　　　崔媛(张家界航空工业职业技术学院)
　　　　　梁向兵(上海民航职业技术学院)　　梁燕(郴州技师学院)
　　　　　彭志雄(湖南艺术职业学院)　　　　蒋焕新(长沙航空职业技术学院)
　　　　　操小霞(重庆财经职业学院)

出 版 说 明

随着经济的稳步发展,我国已经进入经济新常态的阶段,特别是"十九大"指出:中国社会主要矛盾已经转化为人民日益增长的美好生活需要和不平衡不充分的发展之间的矛盾,这客观上要求社会服务系统要完善升级。作为公共交通运输的主要组成部分,民航运输在满足人们对美好生活追求和促进国民经济发展中扮演着重要的角色,具有广阔的发展空间。特别是"十三五"期间,国家高度重视民航业的发展,将民航业作为推动我国经济社会发展的重要战略产业,预示着我国民航业将会有更好、更快的发展。从国产化飞机C919的试飞,到宽体飞机规划的出台,以及民航发展战略的实施,标志着我国民航业已经步入崭新的发展阶段,这一阶段的特点是以人才为核心,而这一发展模式必将进一步对民航人才质量提出更高的要求。面对民航业发展对人才培养提出的挑战,培养服务于民航业发展的高质量人才,不仅需要转变人才培养观念,创新教育模式,更需要加强人才培养过程中基本环节的建设,而教材建设就是其首要的任务。

我国民航服务专业的学历教育,经过18年的探索与发展,其办学水平、办学结构、办学规模、办学条件和师资队伍等方面都发生了巨大的变化,专业建设水平稳步提高,适应民航发展的人才培养体系初步形成。但我们应该清醒地看到,目前我国民航服务类专业的人才培养仍存在着诸多问题,特别是专业人才培养质量仍不能适应民航发展对人才的需求,人才培养的规模与高质量人才短缺的矛盾仍很突出。而目前相关专业教材的开发,处于探索阶段,缺乏系统性与规范性。已出版的民航服务类专业教材,在吸收民航服务类专业研究成果方面做出了有益的尝试,涌现出不同层次的系列教材,推动了民航服务的专业建设与人才培养,但从总体来看,民航服务类教材的建设仍落后于民航业对专业人才培养的实践要求,教材建设已成为相关人才培养的瓶颈。这就需要以引领和服务专业发展为宗旨,系统总结民航服务实践经验与教学研究成果,开发全面反映民航服务职业特点、符合人才培养规律和满足教学需要的系统性专业教材,以积极、有效地推进民航服务专业人才的培养工作。

基于上述思考,编委会经过两年多的实际调研与反复论证,在广泛征询民航业内专家的意见与建议、总结我国民航服务类专业教育的研究成果后,结合我国民航服务业的发展趋势,致力于编写出一套系统的、具有一定权威性和实用性的民航服务类系列教材,为推进我国民航服务人才的培养尽微薄之力。

本系列教材由沈阳航空航天大学、南昌航空大学、郑州航空工业管理学院、上海民航职业技术学院、长沙航空职业技术学院、西安航空职业技术学院、中原工学院、上海外国语大学、山东大学、大连外国语大学、沈阳师范大学、曲阜师范大学、湖南艺术职业学院、陕西师范大学、兰州大学、云南大学、四川大学、湖南民族职业学院、江西青年职业学院、天津交通职业学院、潍坊职业学院、南京旅游职业学院等多所高校的众多资深专家、学者共同打造,还邀请了多名原中国东方航空公司、原中国南方航空公司、原中国国际航空公司和原海南航空公司中多年从事乘务工作的乘务长和乘务员参与教材的编写。

目前,我国民航服务类的专业教育呈现着多元化、多层次的办学格局,各类学校的办学模式也呈现出个性化的特点,在人才培养体系、课程设置以及课程内容等方面,各学校之间存在着一定的差异,对教材也有不同的需求。为了能够更好地满足不同办学层次、教学模式对教材的需要,本套教材主要突出以下特点。

第一,兼顾本、专科不同培养层次的教学需要。鉴于近些年我国本科层次民航服务专业办学规模的不断扩大,在教材需求方面显得十分迫切,同时,专科层面的办学已经到了规模化的阶段,完善与更新教材体系和内容迫在眉睫,本套教材充分考虑了各类办学层次的需要,本着"求同存异、个性单列、内容升级"的原则,通过教材体系的科学架构和教材内容的层次化,以达到兼顾民航服务类本、专科不同层次教学之需要。

第二,将最新实践经验和专业研究成果融入教材。服务类人才培养是系统性问题,具有很强的内在规定性,民航服务的实践经验和专业建设成果是教材的基础,本套教材以丰富理论、培养技能为主,力求夯实服务基础、培养服务职业素质,将实践层面行之有效的经验与民航服务类人才培养规律的研究成果有效融合,以提高教材对人才培养的有效性。

第三,落实素质教育理念,注重服务人才培养。习近平总书记在党的"十九大"报告中强调,"要全面贯彻党的教育方针,落实立德树人根本任务,发展素质教育,推进教育公平,培养德智体美全面发展的社会主义建设者和接班人",人才以德为先,以社会主义价值观铸就人的灵魂,才能使人才担当重任,也是高校人才培养的基本任务。教育实践表明,素质是人才培养的基础,也是人才职业发展的基石,人才的能力与技能以精神与灵魂为附着,但在传统的民航服务教材体系中,包含素质教育板块的教材较为少见。根据党的教育方针,本套教材的编写考虑到素质教育与专业能力培养的关系,以及素质对职业生涯的潜在影响,首次在我国民航服务专业教学中提出专业教育与人文素质并重、素质决定能力的培养理念,以独特的视野,精心打造素质教育教材板块,使教材体系更加系统,强化了教材特色。

第四,必要的服务理论与专业能力培养并重。调研分析表明,忽视服务理论与人文素质所培养出的人才很难有宽阔的职业胸怀与职业精神,其未来的职业生涯发展就会乏力。因此,教材不应仅是对单纯技能的阐述与训练指导,更应该是不淡化专业能力培养的同时,强化行业知识、职业情感、服务机理、职业道德等关系到职业发展潜力的要素的培养,以期培养出高层次和高质量的民航服务人才。

第五,架构适合未来发展需要的课程体系与内容。民航服务具有很强的国际化特点,而我国民航服务的思想、模式与方法也正处于不断创新的阶段,紧紧把握未来民航服务的发展趋势,提出面向未来的解决问题的方案,是本套教材的基本出发点和应该承担的责任。我们力图将未来民航服务的发展趋势、服务思想、服务模式创新、服务理论体系以及服务管理等内容进行重新架构,以期能对我国民航服务人才培养,乃至整个民航服务业的发展起到引领作用。

第六,扩大教材的种类,使教材的选择更加宽泛。鉴于我国目前尚缺乏民航服务专业更高层次办学模式的规范,各学校的人才培养方案各具特点,差异明显,为了使教材更适合于办学的需要，本套教材打破传统教材的格局，通过课程分割、内容优化和课外外延化等方式，增加教材体系的课程覆盖面，使不同办学层次、关联专业，可以通过教材合理组合获得完整的专业教材选择机会。

本套教材规划出版品种大约为四十种，分为：(1)人文素养类教材，包括《大学语文》《应用文写作》《艺术素养》《跨文化沟通》《民航职业修养》《中国传统文化》等。(2)语言类教材，包括《民航客舱服务英语教程》《民航客舱实用英语口语教程》《民航实用英语听力教程》《民航播音训练》《机上广播英语》《民航服务沟通技巧》等。(3)专业类教材，包括《民航概论》《民航服务概论》《中国民航常飞客源国概况》《民航危险品运输》《客舱安全管理与应急处置》《民航安全检查技术》《民航心理学》《民航运输地理》《民航服务法律实务与案例教程》等。(4)职业形象类教材，包括《空乘人员形体与仪态》《空乘人员职业形象设计与化妆》《民航体能训练》等。(5)专业特色类教材，包括《民航服务手语训练》《空乘服务专业导论》《空乘人员求职应聘面试指南》《民航面试英语教程》等。

为了开发职业能力，编者联合有关AR开发公司开发了一些与教材配套的手机移动端AR互动资源，学生可以利用这些资源体验真实场景。

本套教材是迄今为止民航服务类专业较为完整的教材系列之一，希望能借此为我国民航服务人才的培养，乃至我国民航服务水平的提高贡献力量。民航发展方兴未艾，民航教育任重道远，为民航服务事业发展培养高质量的人才是各类人才培养部门的共同责任，相信集民航教育的业内学者、专家之共同智慧，凝聚有识之士心血的这套教材的出版，对加速我国民航服务专业建设、完善人才培养模式、优化课程体系、丰富教学内容，以及加强师资队伍建设能起到一定的推动作用。在教材使用的过程中，我们真诚地希望听到业内专家、学者批评的声音，收到广大师生的反馈意见，以利于进一步提高教材的水平。

客服信箱：thjdservice@126.com。

丛 书 序

《礼记·学记》曰:"古之王者,建国君民,教学为先。"教育是兴国安邦之本,决定着人类的今天,也决定着人类的未来,企业发展也大同小异,重视人才是企业的成功之道,别无二选。航空经济是现代经济发展的新趋势,是当今世界经济发展的新引擎,民航是经济全球化的主流形态和主导模式,是区域经济发展和产业升级的驱动力。作为发展中的中国民航业,有巨大的发展潜力,其民航发展战略的实施必将成为我国未来经济发展的增长点。

"十三五"期间正值实现我国民航强国战略构想的关键时期,"一带一路"倡议方兴未艾,"空中丝路"越来越宽阔。面对高速发展的民航运输,需要推动持续的创新与变革;同时,基于民航运输的安全性和规范性的特点,其对人才有着近乎苛刻的要求,只有人才培养先行,夯实人才基础,才能抓住国家战略转型与产业升级的巨大机遇,实现民航运输发展的战略目标。经历多年民航服务人才发展的积累,我国建立了较为完善的民航服务人才培养体系,培养了大量服务民航发展的各类人才,保证了我国民航运输业的高速持续发展。与此同时,我国民航人才培养正面临新的挑战,既要通过教育创新,提升人才品质,又需要在人才培养过程中精细化,把人才培养目标落实到人才培养的过程中,而教材作为专业人才培养的基础,需要先行,从而发挥引领作用。教材建设发挥的作用并不局限于专业教育本身,其对行业发展的引领,专业人才的培养方向,人才素质、知识、能力结构的塑造以及职业发展潜力的培养具有不可替代的作用。

我国民航运输发展的实践表明,人才培养决定着民航发展的水平,而民航人才的培养需要社会各方面的共同努力。我们惊喜地看到,清华大学出版社秉承"自强不息,厚德载物"的人文精神,发挥强势的品牌优势,投身到民航服务专业系列教材的开发行列,改变了民航服务教材研发的格局,体现了其对社会责任的担当。

本套教材体系组织严谨,精心策划,高屋建瓴,深入浅出,具有突出的特色。第一,从民航服务人才培养的全局出发,关注了民航服务产业的未来发展趋势,架构了以培养目标为导向的教材体系与内容结构,比较全面地反映了服务人才培养趋势,具有良好的统领性;第二,很好地回归了教材的本质——适用性,体现在每本教材均有独特的视角和编写立意,既有高度的提升、理论的升华,也注重教育要素在课程体系中的细化,具有较强的可用性;第三,引入了职业素质教育的理念,补齐了服务人才素质教育缺少教材的短板,可谓是对传统服务人才培养理念的一次冲击;第四,教材编写人员参与面非常广泛。这反映出本套教材充分体现了当今民航服务专业教育的教学成果和编写者的思考,形成了相互交流的良性机制,势必对全国民航服务类专业的发展起到推动作用。

教材建设是专业人才培养的基础,与其服务的行业的发展交互作用,共同实现人才培养—社会检验的良性循环是助推民航服务人才的动力。希望这套教材能够在民航服务类专业人才培养的实践中,发挥更广泛的积极作用。相信通过不断总结与完善,这套教材一定会成为具有自身特色的、适应我国民航业发展要求的,以及深受读者喜欢的规范教材。

此为序。

原海南航空公司总裁、原中国货运航空公司总裁、原上海航空公司总裁

朱益民

2017年9月

前　言

"民航安全管理"是一门专业性和实用性都很强的课程,是从事民航安全管理相关工作人员的必修课。本书根据国际民航组织、中国民用航空局以及我国民航企事业单位对民航安全的要求以及民航系统安全管理的主要做法编写而成,较为系统地介绍了民航安全管理体系、人为因素和航空安全管理、环境因素和航空安全管理、公共航空运输安全管理、民用机场安全管理、空中交通服务安全管理、航空器维修安全管理、航空安保管理、民航应急管理等内容。

本书由长沙航空职业技术学院钟科担任主编,负责全书体例设计、章节编写、统稿和定稿工作。具体编写分工如下:钟科编写了第六、第七、第八、第九、第十章;温宝琴编写了第一、第二、第三章;吴巧洋编写了第四、第五章。王益友先生担任本书的主审,从教材的结构到内容的安排,王益友先生都提出了宝贵的意见。解为、蒋焕新参与了各单元编审;邢静、黄萍、易晓英、胡晓、周定参与了全书校对。

本书编写过程中参考了大量的文献资料,在此谨向这些著作及资料的作者致以诚挚的谢意! 由于编者水平有限,错漏之处在所难免,敬请专家和读者批评指正。

编者

2017 年 4 月

CONTENTS 目录

第一章 民航安全管理概论 …… 1

第一节 民航安全概述 …… 3
一、民用航空运输系统概况 …… 3
二、民航安全发展水平 …… 3
三、民航安全规章 …… 6
四、民航安全的相关概念 …… 8

第二节 民航安全管理介绍 …… 14
一、安全管理的哲学内涵 …… 14
二、民航安全管理的发展历程 …… 14
三、民航安全管理理念 …… 15
四、民航安全管理面临的挑战 …… 16
五、民航安全管理战略 …… 18

第三节 民航安全管理中的重要模型及应用 …… 22
一、海恩法则 …… 22
二、墨菲定律 …… 23
三、SHELL 模型 …… 25
四、REASON 模型 …… 27
五、HFACS 模型 …… 28

第二章 民航安全管理体系 …… 33

第一节 安全风险管理 …… 34
一、安全风险管理相关概念 …… 34
二、安全风险管理的范围 …… 35
三、民航安全风险管理过程 …… 36

第二节 安全管理体系简介 …… 43
一、安全管理体系的概念 …… 43
二、安全管理体系的特征 …… 44
三、安全管理体系的内涵 …… 44

第三节　ICAO 安全管理体系框架 …… 46
　　一、安全政策和目标 …… 46
　　二、安全风险管理 …… 49
　　三、安全保证 …… 50
　　四、安全宣传 …… 52
第四节　中国民航安全管理体系建设 …… 54
　　一、民航安全管理体系提出的背景 …… 55
　　二、正确认识我国民航安全管理水平 …… 56
　　三、对我国实施民航安全管理体系的几点建议 …… 56

第三章　人为因素与航空安全管理 …… 61

第一节　机组人员致灾因素 …… 63
　　一、机组个体行为因素 …… 64
　　二、机组群体行为因素 …… 70
　　三、机组管理因素 …… 71
第二节　维修人员致灾因素 …… 74
　　一、维修人为差错的内在因素 …… 74
　　二、维修人为差错的外在因素 …… 75
第三节　空管人员致灾因素 …… 78
　　一、空管人员素质缺陷 …… 79
　　二、空管人员操作违规 …… 80
　　三、空管人员身心状况不佳 …… 80
　　四、空管班组配合不当 …… 81
　　五、空管工作负荷影响 …… 81
　　六、空管通话信息失真 …… 81
　　七、空管人员自动化适应不良 …… 82
第四节　机场工作人员致灾因素 …… 82
　　一、安检人员工作失误 …… 82
　　二、地面指挥人员工作失误 …… 84
　　三、机场配载人员工作失误 …… 85
　　四、机场监护人员工作失误 …… 86

第四章　环境因素与航空安全管理 …… 89

第一节　社会环境因素 …… 91
　　一、政治环境因素 …… 91
　　二、经济环境因素 …… 95

第二节　自然环境因素 … 96
一、天气条件恶劣 … 96
二、地理环境复杂 … 98
第三节　人工环境因素 … 100
一、机场环境因素 … 100
二、空中管制环境因素 … 104
第四节　飞行工作环境因素 … 105
一、时间压力的影响 … 105
二、工作负荷的影响 … 105

第五章　公共航空运输安全管理 … 109

第一节　概述 … 112
一、公共航空运输 … 112
二、通用航空运输 … 113
第二节　航空公司安全管理 … 114
一、飞行安全管理 … 114
二、运行控制安全管理 … 117
三、客舱安全管理 … 122
四、维修安全管理 … 123
五、地面保障管理 … 125
六、货运安全管理 … 126
第三节　航空公司突发事件及应对措施 … 127
一、航空公司突发事件一般处置程序 … 128
二、航空器事故应对措施 … 129
三、航空器被劫持事件应对措施 … 130
四、非法干扰事件应对措施 … 131
五、危险品泄漏事件应对措施 … 134
六、航空器发现爆炸物或受到爆炸物威胁应对措施 … 135
七、医疗卫生事件应急处置 … 136
八、航空器紧急迫降事件应对措施 … 138
九、客舱突发紧急事件应对措施 … 139
十、大面积航班延误应对措施 … 141

第六章　民用机场安全管理 … 147

第一节　机场运行管理概述 … 149
一、飞行保障系统 … 149

二、空防保障系统 ……………………………………………………………… 151
　　三、航站楼保障系统 …………………………………………………………… 151
　　四、机坪保障系统 ……………………………………………………………… 152
　　五、运行指挥系统 ……………………………………………………………… 152
　　六、应急救援系统 ……………………………………………………………… 153
　第二节　机场安全管理 …………………………………………………………… 153
　　一、飞行区安全管理 …………………………………………………………… 153
　　二、机坪安全管理 ……………………………………………………………… 156
　　三、目视助航设施管理 ………………………………………………………… 158
　　四、机场净空和电磁环境保护 ………………………………………………… 160
　　五、机场鸟害及其他动物侵入防范 …………………………………………… 162
　　六、除冰雪管理 ………………………………………………………………… 164
　　七、不停航施工管理 …………………………………………………………… 166
　　八、应急救援管理 ……………………………………………………………… 167
　第三节　机场突发事件及应对措施 ……………………………………………… 169
　　一、航空器事故应急救援处置 ………………………………………………… 170
　　二、飞机迫降跑道喷施泡沫处置 ……………………………………………… 170
　　三、残损航空器搬移处置 ……………………………………………………… 171

第七章　空中交通服务安全管理 …………………………………………… 175

　第一节　概述 ……………………………………………………………………… 177
　　一、民航空中交通管理简介 …………………………………………………… 177
　　二、民航空中交通管理的发展 ………………………………………………… 179
　　三、民航空中交通服务 ………………………………………………………… 180
　　四、空中交通管制方式 ………………………………………………………… 185
　第二节　民航空中交通服务的安全管理 ………………………………………… 188
　　一、涉及空中交通服务的重大安全风险事件 ………………………………… 188
　　二、民航空中交通服务的安全管理要点 ……………………………………… 191
　第三节　民航空中交通服务突发事件及应对措施 ……………………………… 194
　　一、复杂气象条件下的应急处置 ……………………………………………… 194
　　二、航空器紧急情况下的应急处置 …………………………………………… 195
　　三、跑道侵入的应急处置 ……………………………………………………… 197
　　四、地面通信联络失效的应急处置 …………………………………………… 200
　　五、空中交通管制设备故障的应急处置 ……………………………………… 200
　　六、其他特殊情况的处置 ……………………………………………………… 201

第八章 航空维修安全管理 205

第一节 概述 206
第二节 航空器维修安全 207
一、航空器可靠性管理 208
二、人为差错控制 209
三、维修地面安全 210
四、维修人员人身安全 211
第三节 航空维修突发事件及应急处理 213
一、空中紧急技术援助 213
二、地面紧急事件处理 213

第九章 航空安保管理 221

第一节 航空安保法律法规体系 222
一、航空安保国际条约体系 223
二、我国航空安保法规规章 224
第二节 航空安保管理 227
一、航空安保工作的职责分工 227
二、航空安保工作重点实施对象 231
三、航空安保质量控制 234
四、航空安保审计 235
第三节 航空安保突发事件及应对措施 235
一、飞机在机场遇劫的应急处置 235
二、遇劫飞机降落或可能降落机场时的应急处置 236
三、飞机上发现爆炸物的应急处置 237
四、飞机在机场或附近失事、爆炸的应急处置 237
五、发生外来人员冲击机场的应急处置 238
六、机场发生爆炸事件的应急处置 239
七、机场发生聚众闹事等群体性事件的应急处置 239
八、降落或将要起飞的飞机上发生旅客突然伤亡事件的应急处置 240

第十章 民航应急管理 243

第一节 概述 245
第二节 民航应急管理体制机制建设 247
一、民航应急管理体制 247

二、民航应急管理机制 248

第三节　民航应急管理法制建设 255
　　一、国际民航应急管理相关法规 255
　　二、中国民航应急管理相关法规 257

第四节　民航应急预案建设 259
　　一、应急预案的编制 259
　　二、应急预案体系的构成 260
　　三、民航应急预案体系的构成 261

第五节　应急保障建设 263
　　一、国家应急保障 263
　　二、民航应急保障 264

参考文献 280

第一章

民航安全管理概论

本章学习目标

- 了解民用航空运输系统概况及我国民航安全发展水平;
- 掌握我国的民航法规体系;
- 能正确掌握民航安全的相关概念;
- 了解民航安全管理的发展历程;
- 理解民航安全管理理念及所面临的挑战;
- 掌握民航安全管理的重要模型,并能将模型运用到实际安全管理中。

 **导引案例**

11·21包头空难

2004年11月21日8时21分,包头飞往上海的MU5210航班起飞出现事故,坠入包头市南海公园的湖中并发生爆炸起火(见图1-1),机上47名乘客,6名机组人员以及地面2人共55人在事故中丧生。2009年,空难索赔案立案,先后进行了20多次庭前谈话和证据交换。直到2012年10月9日,索赔案正式开庭,32位家属索赔1.32亿元。

图1-1 包头空难事故现场

事故调查组通过对CRJ-200机型飞机的气动性能、机翼污染物、机组操作和处置等进行分析,认为本次事故的原因是:飞机起飞过程中,由于机翼污染使机翼失速临界迎角减小。当飞机刚刚离地后,在没有出现警告的情况下飞机失速,飞行员未能从失速状态中调整,直至飞机坠毁。

事故调查组认为,飞机在包头机场过夜时存在结霜的天气条件,机翼污染物最大可能是霜。飞机起飞前没有进行除霜(冰)。

东航公司对这起事故的发生负有一定的领导和管理责任,东航云南公司在日常安全管理中存在薄弱环节。经调查认定这起事故是一起责任事故。

资料来源:https://baike.baidu.com/item/11％C2％B721％E5％8C％85％E5％A4％B4％E7％A9％BA％E9％BA％E9％9A％BE/4619680? fr=aladdin

第一节　民航安全概述

一、民用航空运输系统概况

民航业是国民经济的重要基础产业,是综合交通运输体系的有机组成部分,其发达程度体现了国家的综合实力和现代化水平。20世纪50年代以来,民用航空的服务范围不断扩大,已经成为国家的重要经济部门。

民用航空是指使用航空器从事除了国防、警察和海关等国家航空活动以外的航空活动。民用航空活动是航空活动的一部分,同时以"使用"航空器界定了它和航空制造业的界限,用"非军事性质"表明了它和军事航空等国家航空活动的不同。它的经营性表明这是一种商业活动,以营利为目的。它又是运输活动,这种航空活动是交通运输的一个组成部门,与铁路、公路、水路和管道运输共同组成了国家的交通运输系统。

民用航空一般分为商业航空和通用航空。商业航空也称为航空运输,是指以航空器进行经营性的客货运输的航空活动,指收取报酬或租金的定时运送乘客、货物或邮件的航空经营。通用航空运输指使用民用航空器从事公共航空运输以外的民用航空活动,包括从事工业、农业、林业、渔业和建筑业的作业飞行以及医疗卫生、抢险救灾、气象探测等方面的飞行活动。

民用航空从组织体系上可分为四部分:政府部门、机场系统、空管系统、航空器使用部门。

政府部门是指中国民用航空局、地区管理局及其派出机构。民航局代表政府制定民航业的各项法规,对民航各方面的工作进行总体规划管理,对驾驶员进行资格认证和考核,负责国际民航业的重大外事活动,监督处理重大航空安全事务等。

机场系统很庞大。机场是空中运输和地面交通的结合点,也是各类航空器在地面时的停放地点,除此之外它还有国家和地区门户的作用;它需要配备很多项目的服务设施为飞机、旅客和货物提供安全服务。因此,机场的品质直接影响到该地区的形象及经济活动。

空管系统主要涉及对航空器的空中活动进行管理和控制的业务,包括空中交通管制业务、航空情报和告警业务;它的任务是:防止航空器相撞,防止机场及其附近空域内的航空器同障碍物相撞,维护空中交通秩序,保障空中交通畅通,保证飞行安全和提高飞行效率。

航空器使用部门就是广大的航空器使用者,既有各个航空运输企业,也包括使用飞机进行通用飞行的单位和个人,以及为他们提供服务的其他行业,如航空油料、飞机维修、航空材料、航空配餐、客货代理、驾驶员及机务人员培训等。

二、民航安全发展水平

航空运输是综合交通运输体系的重要组成部分,民航业的发达程度体现出一个国家的综合实力和现代化水平。大力发展民航业已成为世界上越来越多国家的共识,特别是发达国家一直把建立和保持航空领导地位作为发展国策。例如,美国的下一代航空运输系统(Next Generation Air Transportation System,NextGen)和欧洲的单一天空计划(Single European Sky,SES)中,都在积极规划未来的航空运输体系,以保证其民用航空业的世界领先地位。

安全是民航业的生命,良好的安全记录是民航强国建设和发展的重要条件和基础。安全水平高,将会促进我国由民航大国向民航强国迈进,同时民航强国战略实施过程中的安全投入又必然会提高民航安全水平;反之,如果民航安全水平低,则将会制约民航强国战略的实施,所以安全是我国民航业发展的首要前提和根本保证。

(一)民航安全水平持续提高

改革开放以来,我国民航业发展迅速,在国家经济建设中发挥着越来越重要的作用。1978年中国全国运输总量中民航仅占1.6%,2009年增长到13.6%,到2015年增长到24.2%,并在发生自然灾害等重大事件时在国家应急救援体系中显示出独特的优势,发挥了重大作用;国际上,1978年世界航空运输周转量中国民航排名第37,2005年跃居世界第二,并保持持续快速增长。中国民航坚持"安全第一、预防为主、综合治理"的方针,不断创新安全管理理念,加强安全规章标准建设,强化落实安全生产责任制,并加大安全投入,使得在民航运输量不断增长、民航行业不断改革的情况下,我国民航安全水平依然不断提升改善。

在民航运输总量持续快速增长的同时,民航运输飞行事故率总体却呈现下降的趋势。我国民航在"十一五"期间的5年内,全行业累计完成运输飞行2 037万小时,比"十五"期间,我国民航运输航空百万飞行小时重大事故率从13.08下降为0.05(见图1-2);且2005—2009年连续5年全行业未发生重大以上运输飞行事故。截至2010年8月24日伊春事故,中国民航运输航空连续安全飞行了5年零9个月,创下了2 150万飞行小时的持续安全纪录。"十二五"期间没有发生重大运输飞行事故,民航运输航空百万飞行小时重大事故率为0。经过中国民航人30多年的努力,中国由20世纪80年代初期的航空事故高发国家,变为目前民航安全最好的国家之一。2006—2015年10年间,中国民航运输航空百万小时重大事故率为0.018,同期世界平均值为0.24,是中国的13倍多。

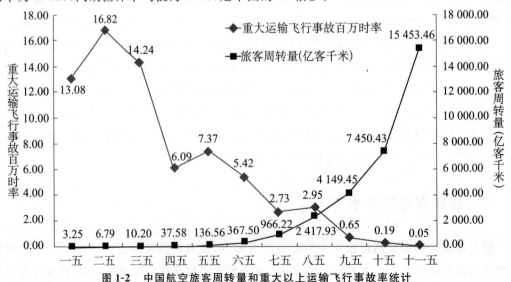

图1-2　中国航空旅客周转量和重大以上运输飞行事故率统计

(二)民航安全保障措施不断完善

良好的安全记录是中国民航人的工作成果,是先进的技术和安全管理的体现。数十年来中国民航积极探索,不断学习和吸收国际先进的理念、方法和技术,同时改进和提高安全管理水平,走出了一条具有中国特色的民航安全发展道路。

1. 创新安全管理理念

中国民航行业安全管理理念的不断创新,从行业发展早期提出的"飞飞整整""八该一反对""四严一保证",到"关口前移""事前管理"等;经历了摸索管理、经验管理和规章管理3个阶段。民航系统在长期的安全生产实践中积累了丰富的安全管理经验,为全行业更好地落实安全管理、提高安全运营水平创造了有利条件。

2008年初,以科学发展观为指导并结合民航发展需要,中国民航创造性地提出了持续安全的理念,持续安全理念由理念体系、队伍体系、法规体系和责任体系"四个体系"构成,系统地指导全行业工作。

随着科技的进步与发展,在高科技、大系统的航空领域,事后的、被动的安全管理模式已逐渐为以事前的、主动的安全管理为主的事前、事中和事后综合安全管理方式所取代,其中具有代表性的标志就是国际民航组织(ICAO)积极推进的安全管理体系(Safety Management System,SMS)在航空运行企业(航空公司、机场、空管、维修单位等)的具体实施和应用。SMS从系统安全的角度出发,在规章符合性管理的基础上,将安全政策、机构建设、安全文化、安全管理程序和内部的监督审核结合起来,通过以数据、信息的收集分析为基础,对运行过程中的风险进行监测、评价和控制,从而实现从事后到事前、从开环到闭环、从个人到系统、从局部到全局的安全管理,预防事故的发生。中国民航从2006年开始开展SMS建设,并以法规的形式强制航空运输企业、运输机场、空管单位实施。到目前已经在航空公司、机场、空管、维修单位等民航业务单位广泛实施,并取得很好的效果。

2. 改进安全运行技术与设施

中国民航加强基础设施建设,改善机队结构,逐步引进了世界最先进的机型,淘汰了老旧飞机,降低了机队平均年龄,大大提高了中国航空的运输能力和运输质量,促使中国民航的运行安全水平稳步提升。随着中国民航机队规模的快速扩大,中国民航积极采用现代化的科技手段提高航空安全的保障能力。在所有运输飞机上加装了防撞系统(traffic alert and collision avoidance system,TCAS)和增强型近地警告系统(enhanced ground proximity warning system,EGPWS);积极采用RNP和区域导航等新技术,提高机场安全保证能力和飞机在高原机场复杂条件下的起降能力。在全行业大力推进飞行运行品质监控工作,目前,中国民航对飞行品质的监控率已经超过了90%,超过发达国家监控的水平。不断更新配置机场保障、通信导航等设施设备,加快雷达管制的全面实施,提高了空域安全保障能力。

3. 完善规章标准体系

伴随中国民航事业的迅猛发展,规章标准体系的建设取得长足发展。中国民航于1996年实施《民用航空法》,它是我国民用航空的基本法律制度,是制定其他民航法规规章的基本依据。随后相继颁布了《中华人民共和国飞行基本规则》《民用航空器适航管理条例》《民用机场管理条例》等行政法规和法规性文件，以及大量的民航部门规章。同时，民航局逐步加快有关安全方面的立法工作，制定和修订涉及安全管理方面的行政法规、行业安全规章和大量的安全管理文件和程序。到"十二五"初形成了 1 部法律、27 部行政法规和法规性文件以及 118 部民航规章组成的比较完善的民航法律、法规和规章体系。

4. 建立安全监管体制

2005 年，我国民航在实施了新一轮的体制改革之后，建立了"两级政府，三级监管"的行业安全管理格局。针对民航安全生产的新形势、新问题和新特点，民航局依据《安全生产法》和《民用航空法》中相关规定，严格落实安全生产责任制。民航局提出：民航企业作为安全生产的责任主体，其法定代表人必须切实履行安全生产第一责任人的职责；民航地区管理局作为本地区安全生产的监管主体，其主要负责人必须履行安全生产监管工作第一责任人的职责。中国民航大力推进依法行政，加大安全监管力度促进了企事业单位的安全发展。

三、民航安全规章

（一）国际民用航空公约

国际民航组织（ICAO）（徽标如图 1-3 所示）是联合国的一个专门机构，1944 年为促进全世界民用航空安全、有序和正常发展而成立。国际民航组织总部设在加拿大蒙特利尔，负责制定国际空运标准和条例，是 191 个缔约国在民航领域中开展合作的媒介。

图 1-3　国际民航组织徽标

我国于 1944 年签署了《国际民用航空公约》，并于 1946 年正式成为会员国。1974 年，我国承认《国际民用航空公约》，并参加国际民航组织的活动，同年我国当选为二类理事国，2004 年，在国际民航组织的第 35 届大会上，我国当选为一类理事国。

国际民航组织按照《芝加哥公约》的授权，发展国际航行的原则和技术。近二十年，各种新技术飞速发展，全球经济环境也发生了巨大变化，对国际民用航空的航行和运输管理制度形成了前所未有的挑战。为加强工作效率和针对性，继续保持对国际民用航空的主导地位，国际民航组织制订了战略工作计划,重新确定了工作重点,于1997年2月由其理事会批准实施。国际民用航空组织的主要工作有以下几种。

(1) 法规。修订现行国际民航法规条款并制定新的法律文书。

(2) 航行。制定并刷新关于航行的国际技术标准和建议措施是国际民航组织最主要的工作,《芝加哥公约》的18个附件有17个都是涉及航行技术的。

(3) 安全监察。国际民航组织从20世纪90年代初开始实施安全监察规划,主要内容为各国在志愿的基础上接受国际民航组织对其航空当局安全规章的完善程度以及航空公司的运行安全水平进行评估。这一规划已在第32届大会上发展成为强制性的"航空安全审计计划(Safety Audit Program)",要求所有的缔约国必须接受国际民航组织的安全评估。

(4) 制止非法干扰。制止非法干扰即我国通称的安全保卫或空防安全。这项工作的重点为敦促各缔约国按照附件17"安全保卫"规定的标准和建议措施,特别加强机场的安全保卫工作,同时大力开展国际民航组织的安全保卫培训规划。

(5) 实施新航行系统。新航行系统即"国际民航组织通信、导航、监视和空中交通管制系统",是集计算机网络技术、卫星导航和通信技术以及高速数字数据通信技术为一体的革命性导航系统,将替换现行的陆基导航系统,大大提高航行效率。20世纪80年代末期由国际组织提出概念,90年代初完成全球规划,现已进入过渡实施阶段。这种新系统要达到全球普遍适用的程度,尚有许多非技术问题要解决。

(6) 航空运输服务管理制度。国际民航组织在这方面的职责为,研究全球经济大环境变化对航空运输管理制度的影响,为各国提供分析报告和建议,为航空运输中的某些业务制定规范。战略工作计划要求国际民航组织开展的工作有:修订计算机订座系统营运行为规范、研究服务贸易总协定对航空运输管理制度的影响。

(7) 培训。国际民航组织向各国和各地区的民航训练学院提供援助,使其能向各国人员提供民航各专业领域的在职培训和国外训练。根据战略工作计划要求,今后培训方面的工作重点是加强课程的标准化和针对性。

(二) 我国民航法规体系

为确保民用航空安全,我国已形成并正在建设和完善以《民用航空法》为根本、民航行政法规为枝干、民航部门规章为基础的现代化民航法规体系。中国民航法律法规表现形式按其立法主体和效力不同,可分为民用航空法律、民航行政法规、民航部门规章等规范性文件。而行政法规和部门规章都是对民航法律的必要补充或具体化,如图1-4所示。

《民用航空法》是我国民航最主要的法律,于1996年开始施行,它规定了我国民用航空的基本法律制度,是制定其他民航法规规章的基本依据。行政法规和行政法规性文件是指国务院根据宪法和法律制定或批准的规范民用航空活动的规定,现行有效的民航行政法规和行政法规性文件共有27个,如《中华人民共和国飞行基本规则》《中华人民共和国民用航空器适航管理条例》《中华人民共和国民用航空安全保卫条例》《民航机场管理条例》等。

民航部门规章是指国务院民用航空主管部门根据法律和国务院的行政法规、决定、命令,在本部门的权限范围内制定发布的规定。它在民航法规体系中内容最广、数量最多,涉及民用航空的方方面面,是民航主管部门实施行业管理的重要依据。国际条约尽管并非国内法,但我国缔约或者参加的民航国际条约对于我国的民用航空活动仍有约束力,如《国际民用航空公约》。民航部门规章共分为五篇,分别为行政程序规则、航空器、航空人员、空中交通规则与一般规则、导航设备以及民航企业合格审定五大方面对民航的运行及安全进行了规定。

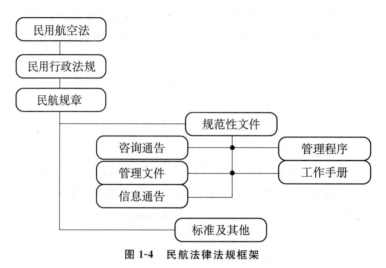

图 1-4　民航法律法规框架

民航规范性文件主要包括管理程序(AP)、咨询通告(AC)、管理文件(MD)、工作手册(VM)和信息通告(IB)五大类。

四、民航安全的相关概念

(一)安全思维的演变

对于安全,通常的看法是安全即无事故,安全即无危险。但是随着人们认识的提高,对于安全的看法已经发生了转变。

17世纪之前,人类的安全哲学思想具有宿命论和被动承受的特征,这是由古代安全文化决定的;安全文化源于生产力和科学技术发展水平,较低水平的生产力和科学技术不可能孕育高层次的安全文化。17世纪末期至20世纪初期,由于生产力和技术的发展,人类的安全文化提高到了经验论水平,对待事故有了"亡羊补牢"——事后弥补的特征。20世纪初至50年代,随着工业社会的发展和技术的不断进步,人类的安全认识论进入了系统论阶段和近代的安全哲学阶段,在方法论上推行安全生产与安全生活的综合型对策。20世纪50年代以来,科学技术迅猛发展,人类的安全认识论进入了本质论阶段,超前预防型的安全管理是这一阶段的主要特征。同时,随着高科技领域的层出不穷,安全的认识论和方法论也在推动传统产业和技术领域安全手段的进步,并极大地丰富人类的安全哲学思想,推进现代工业社会安全科学技术的发展。由此,以本质论与预防型为主要理论内涵的现代安全科学原理孕育而生。人类安全思维的演变进程如图1-5所示。

图 1-5　人类安全思维的演变进程

（二）安全的概念

根据看问题的角度不同，人们对航空安全的概念有不同的理解，比如：

(1) 安全即无事故。这是大众普遍的看法。

(2) 没有危险存在，即没有可能导致危险发生的因素存在。

(3) 员工遵守规章，避免差错，即认为是安全的。

不管这些含义如何，它们都有一个共同点：就是绝对要控制危险发生的可能性。也就是说，要通过一些管理和干预手段，完全消除事故或者事故征候的发生，并且实现绝对的控制。但是，我们生活和工作的这个环境是开放的、动态的，它每时每刻都在变化，我们不可能完全控制它，也就是说，我们不可能把所有的不安全因素都去除掉，所以完全消除事故和事故征候的发生是不可能的。由此可见，安全不是一个绝对的概念，安全是一个包括若干相对情况而非绝对情况的概念。

国际民航组织对安全的定义是："安全是一种状态，即通过持续的危险识别和风险管理过程，将人员伤害或财产损失的风险降低至并保持在可接受的水平或以下。"

这个定义包含三个含义：第一，安全是相对的，不是绝对的。第二，安全风险是可控的。也就是说，通过人的主观努力，掌握规律，加强管理，运用新技术或新设备，增强风险防控能力，认真汲取事故的教训，事故是可以预防的。第三，要以实事求是的态度对待安全事故。没有事故不等于没有问题，不等于是安全的，但出了问题也不能对工作全盘否定，要具体问题具体分析，要看事故的发生是不是在可接受的范围之内。

（三）危险的概念

危险的整体概念可分为两个构成部分：危险本身以及危险的后果。

危险被界定为可能导致人员受伤、设备或者结构物被毁、材料损失，或者使执行一项指定功能的能力降低的一种情况或者一物体。人们须积极地与技术密切互动，通过提供服务来完成生产目标所处的系统，被称为社会和技术系统。因此，所有航空组织均是社会和技术系统。危险是社会和技术系统的正常构成部分或者要素。它们是社会和技术生产系统提供服务时所处环境的组成部分。危险单独或本身并不是"坏事"。危险不一定是一个系统的破坏性或者负面的构成要素。只有在危险与以提供服务为目的的系统运行相互作用时，其破坏潜力才可能变成一个安全问题。

例如,将风视为自然环境的一个正常构成要素。风是一种危险:它是一种可能导致人员受伤、设备或者结构物被毁、材料损失,或者使执行一项指定功能的能力降低的一种情况。十五级的风,其本身并不一定在航空运行期间带来破坏。实际上,十五级的风如果直接沿着跑道刮,会有助于在离场期间提升航空器的性能。但是,如果十五级风的风向与预订起降跑道呈90°,则变成了侧风。只有在危险与目的和以提供服务(需要按时运输乘客或者货物往返特定机场)的系统运行(飞机起降)相互作用时,风的破坏潜力才成为一个安全问题(横向跑道偏离,因为驾驶员可能由于侧风而不能控制飞机)。这个例子说明了我们不应总是将危险视为"坏事"或者具有负面含义的事情。危险是运行环境的组成部分,其后果可以通过控制危险破坏性潜力的各种缓解战略加以解决。

后果被界定为某一次危险的潜在后果(一个或者多个)。危险的破坏性潜力通过一种或者多种后果显现出来。在上述侧风例子中,"侧风"这种危险的其中一种后果可能是"失去横向控制"。其他更为严重的后果可以为"横向跑道偏离"。而最为严重的后果则可能是"损坏起落架"。因此,在危险分析中对危险的各种可能后果而非仅仅对最为明显或者眼前的后果进行描述是重要的。

现进一步举例说明危险和后果之间的差别。一个运行机场的标识处于失修状态。这使得由机场用户无论是航空器还是地面车辆,在执行地面航行任务时,情况更为复杂。在此情形下,可以将此危险正确地命名为"机场标识不清"(即一种可能导致人员受伤、设备或者结构物破坏、材料损失,或者执行一项指定功能的能力下降的状况)。由于这种危险,可能发生许多可能的后果。"机场标识不清"这一危险的其中一个后果(即一种潜在的结果)可能会是"跑道侵入"。但是可能还会有其他后果:地面车辆驶入限制区、航空器滑行进入错误的滑行道、航空器相撞、地面车辆相撞、航空器和地面车辆相撞等。因此,将此危险命名为"跑道侵入"而非"机场标识不清"就掩盖了危险的本质,并且影响到识别其他重要的后果。这就有可能导致缓解战略的片面性或者不完整性。

(四)事故的概念

事故,是指人们不期望发生的,或与人们愿望不一致的意外事件。

在民航上,事故可以分为四类:运输航空飞行事故、通用航空飞行事故、航空地面事故和民用航空事故征候。

飞行事故是指民用航空器在运行过程中发生人员伤亡,航空器损坏的事件。它可以分为三个等级:特别重大飞行事故、重大飞行事故、一般飞行事故。

航空地面事故是指在机场活动区内发生航空器、车辆、设备、设施损坏,造成直接损失人民币30万元(含)以上或导致人员重伤、死亡的事件。它也可分为三个等级:特别重大航空地面事故、重大航空地面事故、一般航空地面事故。

民用航空事故征候是指航空器飞行实施过程中发生的未构成飞行事故或航空地面事故,但与航空器运行有关,影响或可能影响飞行安全的事件。

知识链接 1-1

国务院:凝心聚力 进一步提高航空安全水平

对民航来说,没有安全就没有一切。再多的词汇,都不足以形容安全对民航业发展的重要性。《国务院关于促进民航业发展的若干意见》(以下简称《若干意见》)同样将安全摆在了极其重要的位置上,其基本原则的第一条便是"以人为本,安全第一"。在《若干意见》的主要任务中,国务院再次提出:着力提高航空安全水平。

事实上,继我国民航成为仅次于美国的全球第二大航空运输系统之后,随着民航安全管理水平的提高,我国凭借良好的安全纪录已经跻身世界民用航空安全先进国家行列。

在中国民航安全水平不断提升的现实背景下,《若干意见》为何一再强调航空安全?我们又应当如何理解、落实和完成好《若干意见》中对提升航空安全水平的要求?带着这些问题,记者采访了民航局相关负责人和业内有关专家。

从理念和管理着手 全面提高安全水平

坚持"安全第一、预防为主、综合治理"的方针,牢固树立持续安全理念,完善安全法规、制度体系,建立健全安全生产长效机制。

"安全第一、预防为主"是我国《安全生产法》中明确的安全生产管理方针,也是《若干意见》中指出民航着力提升安全水平需要坚持的方针。这"十二字"方针其实和民航的安全特点密切相关。

民航安全涉及面广、风险环节多、受天气等客观因素影响较大,一旦发生事故,损失惨重,影响很大。这些行业特点,要求民航要时时、处处、事事、人人将安全放在首位,这也说明了民航提升安全水平没有止境。

"持续安全战略是建设民航强国的首要战略。推进持续安全战略,提高航空安全水平,离不开理念的提升和管理的创新。"民航局安全总监吕尔学说。2008年,民航局党组提出了持续安全理念,强调安全管理的延续性和持久性,强化理念体系、规章体系、队伍体系和责任体系建设,在建立健全安全生产长效机制上下功夫,力求安全生产工作呈现常态化,实现长效益,从而促进了民航安全管理理念的转变、方法手段的创新和监管效能的提升。

理念提升和管理创新给民航带来的效果也是有目共睹的:2008—2011年,我国运输航空百万小时重大事故率、百万架次重大事故率和亿客千米死亡人数等主要航空安全指标,均优于同期世界平均水平。基于此,《若干意见》强调,要牢固树立持续安全理念。

"《民航法》颁布实施有10多年了,部分条款已经不能适应民航发展的新情况。《若干意见》中提出推动修订《民航法》,非常符合民航实际。民航局和地方政府都需要加快立法步伐,依法实施监管,进一步完善民航安全法治体系。其中,保障民用航空活动安全和民用机场有秩序地运行,主要靠法治,尤其是要加快地方立法的步伐。"吕尔学表示。

中国民航科学技术研究院总飞行师刘清贵告诉记者:"保证民航安全,安全法规和制度体系十分重要。"他指出,民航安全运行,涉及数十个系统、数百个专业,如果没有一整套规章来统一规范协调,飞机无法安全运行。"目前,我国民航用于规范航空器安全运行的规章、标准有91部。但运行中不断出现新情况和新问题,现行的规章标准无法做到全覆盖。为此,必须根据现实需要,实时编写、修订、验证、完善民航安全规章标准。对于不适合甚至阻碍民航安全发展的政策和制度,必须实时进行调整、更新、废除。这是建立安全生产长效机制的必然要求。"

"安全管理并非一成不变、一劳永逸,应该是动态管理、持续改进,必须适应行业发展的规律。"吕尔学指出,要准确把握安全管理内涵,在"深化、细化、精化"上做文章。安全管理核心就是人的管理,因此安全管理要向人文内涵管理转变,要抓住核心业务、核心岗位和核心人员,对安全链条的核心要素实施动态化管理。要按照李家祥局长的要求,树立科学的思维方式和思想方法,不断研究民航安全生产规律,破解民航安全发展中出现的新问题,应对安全工作中的新情况、新挑战。这就要求从管理层到普通员工不断加强学习,转变思维方式和思想方法,勤于思考、善于思考,透过现象看本质。只有这样,思考问题才有深度、广度和高度,解决问题才有力度。

《若干意见》提出完善安全法规、制度体系,建立健全安全生产长效机制,正是既考虑到了现实需求,又谋划了长远需要。

落实责任　严把资质　保证安全工作可控可靠

坚持和完善安全生产责任制度,严格落实生产运营单位安全主体责任。推行安全隐患挂牌督办制度和安全问责制度,实行更加严格的安全考核和责任追究。加强专业技术人员资质管理,严把飞行、空管、维修、签派、安检等关键岗位人员资质关。

民航局在落实安全责任方面已经做了大量的工作,不仅如此,加强专业技术人员资质管理也是近年来民航局关注的重点。去年以来,民航局对飞行、机务、签派、空管等关键技术人员资质能力进行了深入的排查。"通过严把专业技术人员资质关,人为原因事故征候明显下降,安全品质明显提升。"吕尔学表示。

《若干意见》再次强调要落实安全责任,要求推行相关制度,加强专业技术人员资质管理,既是对民航以往安全工作方法的肯定,也是对民航安全工作提出了更高的要求。只有将这些要求落到实处,安全工作才可控可靠。

"民航的安全工作是环环相扣的,在上一个环节可能是隐患,演变到下一个环节,则很可能出现不安全事件。只有坚持和完善安全生产责任制度,才能让各个系统、各级领导、从业人员按照自己的职责做好工作,达到相应的质量标准,使整个流程的工作可控可靠。"刘清贵向记者解释说,正是有了安全生产责任制,才能使安全绩效考核落到实处,才能实现真正意义上的"赏罚分明",才有利于行业监管、有利于社会监督。

吕尔学说:"实现安全发展的关键在于责任的落实。"他介绍到,目前行业安全生产领域仍存在违规违章行为,有些行为虽并未造成任何后果,但对行业安全运行的危害很大,影响恶劣。坚持和完善安全生产责任制度,严格落实生产运营单位安全主体责任,推行安全隐患挂牌督办制度和安全问责制度,实行更加严格的安全考核和责任追究,需要对这些行为采取"零容忍"态度,进一步加大对人为违法违纪的惩处力度。对发生安全事故、人为责任严重事故征候、对重大安全隐患或整改不到位的生产经营单位应及时实施行政约见,并对企业管理人员进行问责,对当事人进行严肃处理。

实施更加严格的安全考核和责任追究会对行业安全产生什么样的影响?刘清贵认为,

更加严格的安全考核和责任追究,可以敦促民航从业者尊重规章、敬畏规章、遵守规章,使民航的运行严格控制在安全的范围内,安全更有保障。"国务院调查组对'8·24'事故相关责任人提出了处理意见,在行业内引起了巨大震动,警示效果非常明显。"刘清贵说。

2010年,民航局印发了《民用航空运输机长职责》,并组织机长进行轮训,开展思想、理论、技术、作风排查。刘清贵认为,落实《若干意见》的相关条款,各单位要像抓飞行队伍建设那样,高度重视专业技术队伍建设,出台相关资质管理办法和配套措施,切实做好专业技术人员的选拔、培训和考核把关工作,既要防止关键专业技术人员长期短缺,更要坚决杜绝资质能力不过硬的现象。

加强协作　凝心聚力　安全为发展打好基础

完善航空安保体制,加强行业主管部门与地方政府的沟通协调,确保空防安全。加大安全投入,加强安全生产信息化建设,积极推广应用安全运行管理新技术、新设备。加强应急救援体系建设,完善重大突发事件应急预案。

民航的发展绝非民航一己之力可以实现。同样,民航安全也需要社会各界的支持与配合。《若干意见》中提出"完善航空安保体制机制,加强行业主管部门与地方政府的沟通协调,确保空防安全。加大安全投入,加强安全生产信息化建设,积极推广应用安全运行管理新技术、新设备。加强应急救援体系建设,完善重大突发事件应急预案。"这些重要任务,都需要地方政府、相关部门的配合支持。只有民航和社会各界加强协作,凝心聚力,才能真正实现安全水平的提升,才能让安全为发展打好基础。

吕尔学告诉记者,加大安全投入需要地方政府恪尽职责。"近些年来,地方发展民航业的热情日益高涨,但有的地方政府关注的主要是加快机场建设、增加航线航班,而对于安全生产投入关注度不够高。加大安全投入,就是持续加强民航发展的基础。"

现代民航安全管理,是以信息驱动为核心,集成收集、调查、分析、整合、预警、预防等功能的闭环管理系统,而管理信息化是安全管理工作的基础和重要抓手。"加强安全生产信息化建设,是因为民航安全生产管理必须借助安全生产信息来驱动。如果没有必要的安全信息,就无从知道危险源在哪里。"刘清贵说。同时,他还谈道,正是大量运用新技术、新设备,才有了中国民航的持续安全。诸如PBN航行新技术进一步提升运行安全,还有很多新技术、新设备都对促进民航安全水平提升起到了重要作用,包括飞机平视显示器(HUD)、电子飞行包(EFB)、卫星通信和跑道端拦阻系统(EMAS)等。

从"5·12"汶川地震到利比亚撤侨,民航在国家的应急救援中发挥着越来越重要的作用。"应急救援及时,才能尽可能减少伤亡、减少损失。"刘清贵认为,"抓提升民航应急救援能力,要主动配合国家应急救援体系建设,从完善重大突发事件应急预案入手。同时,要与地方政府的应急救援协同建设,以提高应急救援的整体水平。总之,全国民航要'一盘棋'。"

"促进民航业发展,要充分发挥民航系统与地方政府的积极性,加强协作,优势互补,形成合力,这样才能将《若干意见》提出的各项任务落到实处。民航系统与社会各界要加强协作、凝心聚力,切实落实安全发展责任,破解制约民航安全发展的难题,加强民航安全生产基础,全面提升综合安全保障能力。这样,我国民航事业将持续安全发展,继续保持世界民航安全先进行列。"吕尔学强调。

资料来源：http://news.carnoc.com/list/231/231604.html

第二节　民航安全管理介绍

一、安全管理的哲学内涵

人类历史的进程，包含着人类安全哲学——人类安全生产的认识论和方法论的发展和进步。东汉政论家、史学家荀悦在总结军事和政治方法论时，曾总结出"先其未然谓之防，发而止之谓之救，行而责之谓之戒，防之上，救次之，戒为下"，将之用于安全生产的事故预防上，也是精辟的方法论。江泽民同志曾提出"隐患险于明火，防范胜于救灾，责任重于泰山"的论述，包含着安全认识论和方法论的深刻的哲学原理。

现代安全管理的哲学内涵，主要有以下四个方面。

（1）安全第一的哲学观：这儿的"安全第一"是一个相对的概念。"安全第一"是在社会可接受程度下的"安全第一"，是在条件允许情况下尽力做到的"安全第一"。企业要认识到自己的安全责任，要通过管理和控制等手段确保风险"可控制之下"的"安全第一"。

（2）重视生命的情感观：安全维系人的生命安全和健康，我们每一个人都应该建立一种"善待生命，珍惜健康"的情感观。以人为本，尊重和爱护职工是每一个企业法人或雇主应该具有的情感观。

（3）安全效益的经济观：实现安全生产，不仅保护了职工的生命安全，而且保障了生产的顺利进行，从这个角度看，安全就是效益，安全不仅不会减损公司的效益，还会给公司带来增值效益，这是每一个企业法人应该具有的安全效益观。

（4）预防为主的科学观：要实现安全生产，就必须走预防为主的道路，即在事故发生之前就要通过管理和控制的手段把危险因素控制在可接受的水平范围之内，即控制在安全的状态。这就是预防为主的科学观。

二、民航安全管理的发展历程

安全是民航永恒的主题，民航安全管理和认识先后经历了技术因素、人为因素和组织因素三个发展阶段，如图1-6所示。

可以将航空早期阶段，即第二次世界大战前后至20世纪70年代这段时间定性为"技术时代"，当时安全关切问题大部分与技术因素相关。航空当时正在作为一种公共交通业兴起，而保障其运行的技术并未得到充分发展，技术故障乃是反复出现安全事故的因素。安全努力的侧重点当然放在了调查及技术因素的改进上。

20世纪70年代见证了重大技术进步，开始使用喷气式发动机、雷达（机载和地基）、自动驾驶仪、飞行指引仪,完善了机载和地面导航与通信能力及类似的性能提升技术。这预示着"人的时代"的到来,并且随着机组资源管理(CRM)、航线飞行训练(LOFT)、以人为中心的自动化和其他人的行为能力干预的出现,安全努力的侧重点转移到了人的行为能力和人的因素。就航空业进行大量投资,将难以捉摸且无处不在的人的差错置于控制之下而言,20世纪70年代中期至90年代中期被称为航空人的因素的"黄金时代"。但是,尽管大量投入资源来减少差错,但是截至20世纪90年代中期,人的行为能力仍继续被选定为反复出现导致安全事故的因素。

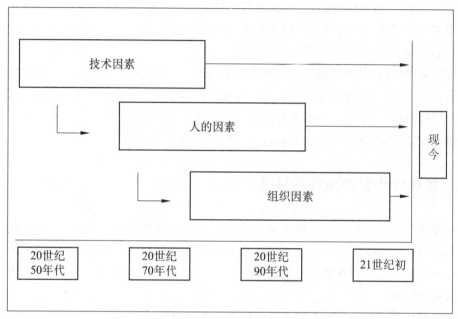

图1-6　民航安全管理发展历程

在"黄金时代"的大部分时间里,人的因素方面的努力的消极面使这些努力倾向于着眼于个人,而很少注意个人完成其使命所处的运行环境。直到20世纪90年代初,才首次承认个人并不是在真空中,而是在一个限定的运行环境中作业。尽管之前可以获取科学文献,了解有关一个运行环境的特征能够如何影响到人的行为能力与造成事件和结果,但是直到20世纪90年代,航空业才承认这个事实。这标志着"组织时代"的开始,即开始从系统化的视角审视安全,从而涵盖组织因素、人的因素和技术因素。也正是在那个时候,航空业接受了组织事故这一观念。

三、民航安全管理理念

在航空业,不管航空组织可能提供的服务的性质如何,在航空组织所追寻的一系列目标中,按照优先排序,安全究竟处于什么位置,在这一问题上,一直普遍存在着一种错觉。这种错觉已演变成了一种普遍接受的老一套固定观念:在航空业,安全是第一位的。尽管由于安全本来就承认人的生命具有至高无上的价值,因而安全从社会、伦理和道德上看是无可挑剔的,但是如果从安全管理是一种组织过程这样一个视角来考虑,安全所传递的这种老一套固定观念和看法是站不住脚的。

所有航空组织不管其性质如何,均或多或少地具有商业要素。因此,可以将所有航空组织视为商业组织。这样,下面这样一个简单的问题对弄清楚这老一套安全固定观念是否符合实际是有重大意义的:一个商业组织的基本目标是什么?这个问题的答案很明显:首先是提供作为组织创立初衷的各项服务,从而完成生产目标,并最终给利害攸关者带来收益。

没有哪个航空组织的创建目的仅仅是为了提供安全。即使是作为航空安全守护者的组织也要受到其利害攸关者所规定的内部或者外部效率的限制。这包括国际民航组织、国家及国家民航当局、国际贸易组织和国际安全促进组织。

国际民航组织(ICAO)所倡导的一种看法是:安全并不是航空组织的第一优先事项。更确切地讲,安全管理只不过是使航空组织通过提供其服务完成其商业目标的另一组织过程。因此,安全管理只不过是另一种必须在同一级进行考虑,且与其他核心业务功能具有同等重要性的核心业务功能,并且安全管理通过专门的管理体系来进行。

四、民航安全管理面临的挑战

将安全管理视为一种组织过程和将安全管理视为一项核心业务功能,就是明确地将对这种功能的最终安全责任和义务放在了各航空组织的最高层领导身上(并不否认个人在提供服务中承担安全责任的重要性)。这种责任和义务在资源分配决策中的体现比在其他任何方面都更为明显。

航空组织能够获取的资源有限。没有哪个航空组织的资源是无限的。资源对执行某一组织直接和间接支持提供服务的核心业务功能是至关重要的。因此,资源分配成了高层管理者必须考虑的最为重要的组织过程之一。

除非组织坚持将安全管理视为核心业务功能,否则在分配资源,执行各种直接和间接支持提供服务的核心业务功能时,就有可能出现破坏性竞争。这种竞争可以导致一种被称为"生产和保护两难"的管理困境。

简言之,"生产和保护两难"可以描述为,由于认为必须基于二选一原则,将资源分配给认为相互冲突的两个目标,即生产目标(提供服务)或者保护目标(安全),因而在组织的高级管理层会形成冲突。

图1-7描述了由于组织决策过程基于将安全管理视为一项核心业务功能(即另一项核心业务功能),从而使资源被均衡地分配给生产和保护目标。因为安全管理被视为另一组织过程,并将安全管理视为另一核心业务功能,所以安全和效率并不相互竞争,而是相互交织在一起。这导致均衡地分配资源,以确保组织在生产过程中受到保护。在此情形下,"生产和保护两难"得到了有效解决。事实上,可以认为,在此情形下,并不存在两难困境。

遗憾的是,航空业一直以来有效解决两难困境并非寻常。历史表明,因为大家认为生产和保护之间存在竞争,所以组织往往倾向于陷入资源分配不平衡状况。如果出现此种竞争,保护目标通常会被放弃,组织偏重生产目标(尽管做出许多相反的解释说明)。如图1-8中所示,这种有偏爱的组织决策不可避免地导致灾难,只是时间早晚问题。

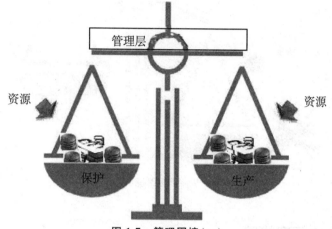

图1-7　管理困境(一)

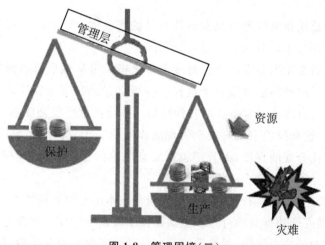

图1-8　管理困境(二)

图1-9表明之前两段中所述资源分配不公的一个替代方法。在此情形下,资源分配偏向于天平的保护一侧,因此导致破产。尽管在航空历史记载中难以找到这种替代方法,但是它提醒人们注意在资源分配方面做出合乎情理的组织决策的重要性。归根结底,如果组织的视角侧重于安全管理,将其视为核心业务功能,并与其他核心业务过程处于同等水平,且具有同等重要性,则显然可以避免产生"生产和保护两难"。这样,安全管理成为组织的一个构成部分,并且确保根据可以获取的全部资源向组织分配相应的资源。

推论很明显:航空安全问题既不是航空运行本身固有的,也不是其自然的状况,而是所需要的和要参与的与生产或提供服务相关的活动的副产品。这使得更有必要将安全管理视为一种核心业务功能,以确保对组织资源和目标进行分析,促进在保护和生产目标之间均衡且现实地分配资源,从而为组织整体服务提供需要。

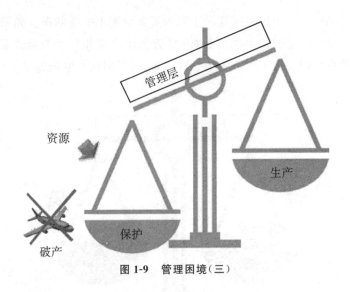

图 1-9　管理困境（三）

五、民航安全管理战略

根据启动安全数据获取过程的触发事件后果的严重性，可将航空组织使用的操控手段分为三种类型：被动型、主动型和预测型。

被动操控手段需要发生非常严重且通常会带来极大破坏性后果的触发性事件，以启动安全数据获取过程。被动操控手段基于这样一种概念：等到"事情发生之后再去处理"。它们最适合于包括技术故障或异常事件的各种情形。被动操控手段是成熟的安全管理不可或缺的一部分。但是，被动操控手段对安全管理的作用取决于它们所生成的信息超出事件的触发性原因以及责任分配的程度，而且还包括安全风险的连带因素和调查结论。事故和严重事故征候的调查是被动操控手段的例子。

主动操控手段需要可能具有几乎不会带来或者根本不会带来破坏性后果的不那么严重的触发事件，以启动安全数据获取过程。主动操控手段基于这样一种概念：通过在系统出现故障之前查明系统内的安全风险，并且采取必要行动缓解此类安全风险，能够最大限度地减少系统故障。强制和自愿报告系统、安全审计和安全调查是主动操控手段的几个例子。

预测操控手段无须发生触发事件，以启动安全数据获取过程。日常运行数据得到实时、连续的获取。预测操控手段基于这样一种概念：通过努力找寻毛病，而不是仅仅等着它出现，可最好地实现安全管理。因此，预测安全数据获取系统积极地挖掘安全信息，以便可显示出正在出现的来自多方面的安全风险。

被动、主动和预测型安全数据获取系统为等同的被动、主动和预测型安全管理战略提供安全数据，这反过来又影响到具体的被动、主动和预测型缓解方法。图1-10中提供了以上段落中所述的一个安全管理战略简图。

成熟的安全管理要求被动、主动和预测型安全数据获取系统一体化，将被动、主动和预测型缓解战略合理的结合起来，并制定被动、主动和预测型缓解方法。

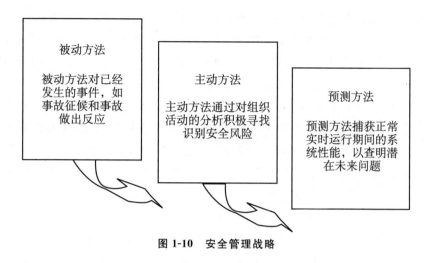

图 1-10 安全管理战略

知识链接 1-2

解读"安全第一"

"安全第一"是我国民航一贯的指导思想,它主要体现在决策具体矛盾时,必须将安全始终作为权重最大的砝码!当前要特别处理好安全与效益的关系,避免在经济效益的重压下,出现"宁愿花大钱赔事故善后,也不愿花小钱买事前安全投入"的现象。要保持安全与效益协调发展,当安全与效益发生矛盾而又没有更好的兼顾途径时,必须坚持安全第一。"预防为主"完全体现了航空安全的客观要求。通过行政与法规、经验与科学相结合的方式,借鉴国际民航安全管理的先进方法,逐步完善适合我国国情和社会主义市场经济要求的安全管理体系;加强保障航空安全的物质、技术、法规、培训等基础建设,努力将"安全第一、预防为主"的方针物化为可操作的长效机制和"容错"手段;把主要精力放在安全生产的综合监管上来,放在监察执法上来,放在加强法规、政策的调查研究上来,放在问题的解决上来。减少和遏制安全机制上、运行中存在的显性和隐性问题,努力阻隔"事故链"的连接,提高系统工作的可靠性,安全的走向是可以控制的。

那么,如何做才算"安全第一"呢?

一、要做到"安全第一",就必须时刻保持清醒的头脑

近年来,中国民航通过贯彻落实《安全生产法》,签订"安全生产责任书",凸现了安全生产责任;民航机构改革,形成了安全生产"三级"监管体系,安全生产监督管理得到了加强;整章建制,初步构建了《中华人民共和国民用航空法》等一整套与国际民航接轨的法规体系;对航空公司等一大批企业进行运行合格审定、安全评估审计和持续监督检查。这些都是保证安全生产状况总体趋于平稳的重要因素。但是,受生产力发展水平和从业人员素质等因素的制约和影响,目前全民航的安全形势依然严峻,少数生产营运单位安全意识不强,责任不落实,基础性投入不足;安全生产监管体系不够完善,监管力量不足,监管手段落后;发展需求与安全基础之间的矛盾较为突出,具体表现为观念、管理、基础设施和人员素质"四个跟不上",航空不安全事件时有发生。

当前,民航安全工作面临的问题,主要体现:世界航空运输自由化和国民经济的持续快速增长给民航安全工作带来的巨大压力;民航新的安全管理体制、机制尚不完善;航空活动需求的多样化,导致局部地区的空中交通服务保障能力出现瓶颈效应;空防形势依然严峻,"非传统的安全问题"诸如国际恐怖活动和国内不稳定因素,对空防安全构成了极大威胁。因此,要清醒地看到民航安全工作中存在的矛盾和问题。长时间保证安全,容易看不到以人的不安全行为和物的不安全状态存在的安全隐患。与世界民航比较,我国的安全水平还存在很大差距,由于机组原因造成的事故,中国民航占70.6%,世界民航占66%;我国民航因飞机原因导致事故占23.5%,世界民航占13%。立足长远,着眼当前,以建立健全符合社会主义市场经济要求的民航安全管理体系和运行机制为主线,以完善安全生产法规规章、落实安全生产责任制为重点,以"五严"要求为准则,坚持"安全第一、预防为主"的基本方针,坚持以人为本的安全理念,严字当头,赏罚分明,坚持技术、装备、培训并重,实施"科技兴安"战略,建立安全长效机制,大力加强安全基础建设和安全生产监督管理,确保民航生产运行始终处于安全、稳定、协调和持续的可控状态。特别是对新出现的苗头性和局部性的安全问题,要见微知著,保持高度警惕,从薄弱环节抓起,从风险点抓起,从解决突出的问题入手,扎扎实实做好安全工作。

二、要做到"安全第一",就必须多从技术层面想办法找措施完善运行机制

要着力研究和探索安全管理的前沿问题,用发展的眼光和较强的预见性,把主要精力落实在预防工作上,逐步建立和完善飞行安全预警机制,从人为因素、系统安全着手,采取前瞻式管理,从技术层面想办法找措施,完善运行机制,降低事故率。

1. 建立安全预警和分析系统

要利用好飞行品质监控(QAR/FOQA)系统。航空公司要下力气健全 QAR/FOQA 系统组织机构,配齐技术人员,加大培训投入。要从统一技术标准的角度开办相应的培训班,对维护技术人员、飞行和机务数据分析人员进行业务培训,提高 QAR/FOQA 系统从业人员的素质和水平,确保系统有效运作。可在中介技术机构设立主要由在职或退役资深飞行和机务专家组成的"译码数据技术分析小组",充分利用各公司 QAR/FOQA 系统提供同步、完整、连续的译码数据进行趋势分析和事故预警工作。把重点放在对收集到的数据进行系统分析上,找出飞行员和飞机重点部件在安全运行上的趋势性、整体性安全隐患,向相关航空公司提出建议与措施,将问题苗头解决在萌芽状态,掌握安全管理的主动权。要对各公司 QAR/FOQA 系统的运行情况进行具体监控,实施不定期抽查。

2. 向科技要安全

依靠科学技术的不断进步,研究开发、更好地为安全工作服务。要以民航科研基地为依托、以课题制为主要形式,推动基础性、战略性、前瞻性的安全科技创新工作。建立和完善对国内外先进安全技术的引进、消化、吸收和创新的有效机制,支持航空安全领域的持续性研究,对取得的阶段性成果要加大推广运用的力度。据了解,"民航人为因素研究"和"防止两机相撞"课题,已经取得了阶段性成果,在对其进行持续研究的同时,要加强课题成果的推广运用工作,使其尽快转化为安全生产力。各航空公司应把 CRM、飞行学院要把 MCC 课程作为机组成员的必训课,作为获得机组成员资格的必备条件之一。机务维修、空管等系统也应

开展相应的深层次研究,边研究边推广边运用。

3. 建立系统安全观

飞行事故的发生,30%的原因归属于个体因素,而70%来自于组织结构。因此,要理性地剖析公司培训、安全文化和程序设计方面的问题。首先要抓好规章制度建设。安全规章是安全生产管理和运行的依据和保证,其本身是否完善、科学、规范,能否在运行中被自觉遵守,是系统安全的重要标志。其次要抓好安全教育。人对客观世界的认识总是滞后于事物发展进程,安全意识也是如此。人们只有具备了一定的安全意识后,相应的防范意识才会显现出来。安全意识越浓,防范能力越强。所以一定要下大力气抓好安全意识教育,尤其要抓好机组和班组的培训教育,为系统安全打下牢固的思想基础。再就是要注重发展系统的防错、容错能力。实践证明,采用单项措施难以有效提高飞行安全水平。只有从法规、管理、程序和培训等方面,进行全方位的综合防治,预防工作才能收到良好的效果。

三、要做到"安全第一",就必须在安全管理上敢于创新

要尊重、支持安全管理的首创精神。要有敢于突破、勇于创新的气魄,一切妨碍安全的思想观念都要坚决冲破,一切束缚安全的做法和规定都要坚决改革,一切影响安全的体制弊端都要坚决革除。

1. 革新观念

要尽快从旧体制的束缚中走出来。政企分开之后,民航总局作为国家的主管局,在制定政策时,应从过去较多地考虑航空运输企业竞争力比较弱小、强调对航空运输市场加以保护,转变到全面综合考虑国家利益、公众利益和航空运输企业利益上来。作为民航企业,应彻底根除"等、靠、要"的政策性依赖,要有全局观念、国际视野和全球安排,特别是在安全工作上,要增强主体意识,在与外国航空运输企业进行代码共享、战略联盟以及其他交往的过程中,要主动促进先进的安全技术、管理方式、竞争机制的引入吸收。

2. 创新思维

中国民航必须借力起飞。其一要借鉴国际民航发达国家在航空技术、安全管理、法规标准等方面的先进成果,消化吸纳、他为我用;其二在继续开拓挖掘国内飞行员培训潜力的基础上,适度依托航空发达国家成熟飞行人员市场,按标准选拔飞行人才,弥补因经济快速增长、大量老飞行员面临退休所带来的飞行员短缺;其三要充分开发国家战略资源,积极摸索军、民航协作模式,对服役一定年限的军航飞行员开展民用飞行执照课程培训,待履行完国防使命之后,择优加盟民航飞行,既稳定了国防建设,又珍惜了稀缺人才资源,还拓展了成熟飞行员的来源渠道;其四要积极引导、规范飞行员管理体制和流动调配机制,形成多种形式并举的飞行人员合理流动,实现人才资源的市场配置;其五是本着公平、竞争、激励的原则,合理拉开分配差距,使员工收入更多地与企业效益、工作和安全业绩、行业劳动力市场价格挂钩,加大对高级管理人员、技术和业务骨干的激励力度。

3. 人才创新

要建立一支具有国际视野和实际业务经历、创新型的安全管理人才队伍。迎接挑战、抓住机遇首先就是人才队伍建设,所谓"盖有非常之功,必得非常之人"。我们必须改进各类人才特别是安全管理人才的评价标准和评价方式,建立和完善竞争择优机制,积极营造人尽其

才的环境,促进各类专业人才脱颖而出。建立行政人员、技术人员两条线晋升管理制度,努力培养和造就一批各专业的学科带头人;要注重专业技术人才队伍的稳定;强化、规范专业技术人员的执照管理;完善劳动合同制,在此基础上逐步放开技术人员流动市场,使人才流动符合市场发展规律。

4. 培训创新

以人为本,加强安全生产技术培训工作。整合培训资源,完善培训网络,加大培训力度,提高培训质量。各大航空院校要有目的地培养人才,以满足政府和航空企业的人才需求。以推广"安全工程师"为突破口,依托院校建立安全培训基地,"安全政策"和"岗位技能"两个方面,对政府和航空企业安全管理人员进行在职培训。

5. 管理体制创新

要适度集权,实现合并运行和集中统一管理。国航、南航、东航,包括海南航作为独立的集团运行后,空间地域大幅度扩展,对其提出了体制创新的新课题。四大集团要将有限的资源用于提升企业的核心竞争力,对以分公司为基础的管理体制进行改革,特别是在运行手册、各类程序、标准上要实行从形式到内容的合并运行和集中统一管理,建立一个高效的决策体系和执行体系,促成安全文化的统一。

资料来源:http://www.safehoo.com/Manage/Stew/Else/201303/307926.shtml

第三节 民航安全管理中的重要模型及应用

一、海恩法则

海恩法则是德国飞机涡轮机的发明者帕布斯·海恩在航空界提出的一个关于飞行安全的法则。海恩在对多起航空事故的分析中,发现每一次事故总有一些征兆表现出来,但是人们没有注意发现,或者即使发现了也没有引起足够的重视,从而导致事故的发生。后来人们把海恩先生的发现称为"海恩法则"。简单地说就是每一起严重航空事故的背后,必然有29次轻微事故和300起未遂先兆以及1 000起事故隐患,如图1-11所示。要想消除这一起严重事故,就必须把这1 000起事故隐患控制住。

法则强调两点:一是事故的发生是量的积累的结果;二是再好的技术,再完美的规章,在实际操作层面,也无法取代人自身的素质和责任心。

"海恩法则"多被用于企业的生产管理,特别是安全管理中。许多企业在对安全事故的认识和态度上普遍存在一个"误区":只重视对事故本身进行总结,甚至会按照总结得出的结论"有针对性"地开展安全大检查,却往往忽视了对事故征兆和事故苗头进行排查;而那些未被发现的征兆与苗头,就成为下一次火灾事故的隐患,长此以往,安全事故的发生就呈现出"连锁反应"。

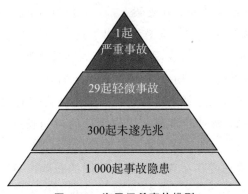

图1-11 海恩里希事故模型

一些企业发生安全事故,甚至重特大安全事故接连发生,问题就出在对事故征兆和事故苗头的忽视上。"海恩法则"对企业来说是一种警示,它说明任何一起事故都是有原因的,并且是有征兆的;它同时说明安全生产是可以控制的,安全事故是可以避免的;它也给了企业管理者生产安全管理的一种方法,即发现并控制征兆。

具体来说,利用"海恩法则"进行生产的安全管理主要步骤如下:

(1)任何生产过程都要进行程序化,这样使整个生产过程都可以进行考量,这是发现事故征兆的前提;

(2)对每一个程序都要划分相应的责任,可以找到相应的负责人,要让他们认识到安全生产的重要性,以及安全事故带来的巨大危害性;

(3)根据生产程序的可能性,列出每一个程序可能发生的事故,以及发生事故的先兆,培养员工对事故先兆的敏感性;

(4)在每一个程序上都要制定定期的检查制度,及早发现事故的征兆;

(5)在任何程序上一旦发现生产安全事故的隐患,要及时报告,要及时排除;

(6)在生产过程中,即使有一些小事故发生,可能是避免不了或者经常发生,也应引起足够的重视,要及时排除。当事人即使不能排除,也应该向安全负责人报告,以便找出这些小事故的隐患,及时排除,避免安全事故的发生。

海恩法则给我们的启示是:假如人们在安全事故发生之前,预先防范事故征兆、事故苗头,预先采取积极有效的防范措施,那么,事故苗头、事故征兆、事故本身就会被减少到最低限度,安全工作水平也就提高了。由此推断,要减少事故,重在防范,要保证安全,必须以预防为主。

二、墨菲定律

"墨菲定律"是一种心理学效应,是由爱德华·墨菲(Edward A. Murphy)提出的。

爱德华·墨菲是美国爱德华兹空军基地的上尉工程师。1949年,他和他的上司斯塔普少校参加美国空军进行的MX981火箭减速超重实验。这个实验的目的是为了测定人类对加速度的承受极限。其中有一个实验项目是将16个火箭加速度计悬空装置在受试者上方,当时有两种方法可以将加速度计固定在支架上,而不可思议的是,竟然有人有条不紊地将16个加速度计全部装在错误的位置。于是墨菲做出了这一著名的论断,如果做某项工作有多种方法,而其中有一种方法将导致事故,那么一定有人会按这种方法去做。

墨菲定律的原句是这样的:如果有两种或两种以上的方式去做某件事情,而其中一种选择方式将导致灾难,则必定有人会做出这种选择。其主要内容有四个方面:(1)任何事都没有表面看起来那么简单;(2)所有的事都会比你预计的时间长;(3)会出错的事总会出错;(4)如果你担心某种情况发生,那么它就更有可能发生。

对待这个定律,安全管理者存在着两种截然不同的态度:一种是消极的态度,认为既然差错是不可避免的,事故迟早会发生,那么,管理者就难有作为;另一种是积极的态度,认为差错虽不可避免,事故迟早要发生,那么安全管理者就不能有丝毫放松的思想,要时刻提高警觉,防止事故发生,保证安全。正确的思维方式是后者。根据墨菲定律可得到如下两点启示。

1. 不能忽视小概率危险事件

由于小概率事件在一次实验或活动中发生的可能性很小,因此,就给人们一种错误的理解,即在一次活动中不会发生。与事实相反,正是由于这种错觉,麻痹了人们的安全意识,加大了事故发生的可能性,其结果是事故可能频繁发生。譬如,中国运载火箭每个零件的可靠度均在 0.999 9 以上,即发生故障的可能性均在万分之一以下,可是在 1996 年、1997 年这两年中却频繁地出现发射失败,虽然原因是复杂的,但这不能不说明小概率事件也会常发生的客观事实。纵观无数的大小事故原因,可以得出结论:"认为小概率事件不会发生"是导致侥幸心理和麻痹大意思想的根本原因。墨菲定律正是从强调小概率事件的重要性的角度明确指出:虽然危险事件发生的概率很小,但在一次实验(或活动)中,仍可能发生,因此,不能忽视,必须引起高度重视。

2. 墨菲定律是安全管理过程中的长鸣警钟

安全管理的目标是杜绝事故的发生,而事故是一种不经常发生和不希望发生的意外事件,这些意外事件发生的概率一般比较小,就是人们所称的小概率事件。由于这些小概率事件在大多数情况下不发生,所以,往往被人们忽视,产生侥幸心理和麻痹大意思想,这恰恰是事故发生的主观原因。墨菲定律告诫人们,安全意识时刻不能放松。要想保证安全,必须从我做起,采取积极的预防方法、手段和措施,消除人们不希望发生的意外的事件。

墨菲定律还可以发挥警示职能,提高安全管理水平。安全管理的警示职能是指在人们从事生产劳动和有关活动之前将危及安全的危险因素和发生事故的可能性找出来,告诫有关人员注意并引起操作人员的重视,从而确保其活动处于安全状态的一种管理活动。由墨菲定律揭示的两点启示可以看出,它是安全管理的一项重要职能,对于提高安全管理水平具有重要的现实意义。在安全管理中,警示职能将发挥如下作用:

(1) 警示职能是安全管理中预防控制职能得以发挥的先决条件

任何管理,都具有控制职能。由于不安全状态具有突发性的特点,使安全管理不得不在人们活动之前采取一定的控制措施、方法和手段,防止事故发生。这说明安全管理控制职能的实质内核是预防,坚持预防为主是安全管理的一条重要原则。墨菲定律指出:只要客观上存在危险,那么危险迟早会变成为不安全的现实状态。所以,预防和控制的前提是要预知人们活动领域里固有的或潜在的危险,并告诫人们预防什么,并如何去控制。

(2) 发挥警示职能,有利于强化安全意识

安全管理的警示职能具有警示、警告之意,它要求人们不仅要重视发生频率高、危险性大的危险事件,而且要重视小概率事件;在思想上不仅要消除麻痹大意思想,而且要克服侥幸心理,使有关人员的安全意识时刻不能放松,这正是安全管理的一项重要任务。

(3) 发挥警示职能,变被动管理为主动管理

传统安全管理是被动的安全管理,是在人们活动中采取安全措施或事故发生后,通过总结教训,进行"亡羊补牢"式的管理。当今,科学技术迅猛发展,市场经济导致个别人员的价值取向、行为方式不断变化,新的危险不断出现,发生事故的诱因增多,而传统安全管理模式已难以适应当前情况。为此,要求人们不仅要重视已有的危险,还要主动地去识别新的危险,变事后管理为事前与事后管理相结合,变被动管理为主动管理,牢牢掌握安全管理的主动权。

(4) 发挥警示职能,提高全员参加安全管理的自觉性

安全状态如何,是各级各类人员活动行为的综合反映,个体的不安全行为往往祸及全体,即"100-1=0"。因此,安全管理不仅仅是领导者的事,更与全体人员的参与密切相关。根据心理学原理,调动全体人员参加安全管理积极性的途径通常有两条:①激励:即调动积极性的正诱因,如奖励、改善工作环境等正面刺激;②形成压力:即调动积极性的负诱因,如惩罚、警告等负面刺激。对于安全问题,负面刺激比正面刺激更重要,这是因为安全是人类生存的基本需要,如果安全,则被认为是正常的;若不安全,一旦发生事故会更加引起人们的高度重视。因此,不安全比安全更能引起人们的注意。墨菲定律正是从此意义上揭示了在安全问题上要时刻提高警惕,人人都必须关注安全问题的科学道理。这对于提高全员参加安全管理的自觉性,将产生积极的影响。

三、SHELL 模型

SHELL 模型(见图 1-12)是由 Elwyn Edwards 教授于 1972 年提出的,其中,S 代表软件(Software,S),即程序、培训、支持性等;H 代表硬件(Hardware,H),即机器和设备;E 代表环境(Environment,E),即整个系统的运行环境;L 代表人员(Liveware,L),即工作场所中的人员。

SHELL 模型是一种用于对运行环境的要素与特征,和对这些要素和特征可能与人之间发生的相互影响进行分析的简单却非常形象的概念性工具。SHELL 模型[有时称为 SHEL(L)模型]有助于形象地显示航空系统中各个要素和特征之间的相互关系。这一模型强调个人和人与航空系统中其他要素与特征之间的相互关系界面。

(1) 人—硬件(L-H)。当提到人的行为能力时,最常考虑的是人与技术之间的界面。它决定着人如何与实际工作环境相互作用,例如:设计适合人体坐姿特点的座位、适合于用户

感官和信息处理特点的显示器,以及用户控制装置的正确移动、编码和位置。然而,人的本能倾向于适应 L-H 的不协调状况,这种倾向可能会掩盖严重的缺陷,而这种缺陷可能在突发事件发生后才显现出来。

图 1-12　SHELL 模型

(2) 人—软件(L-S)。L-S 界面是指人与其工作场所中的支持系统,如规章、手册、检查单、出版物、标准操作程序(SOP)和计算机软件之间的关系。它涉及各种"方便用户"问题,例如:现行性、准确性、格式和表达、词汇、清晰度和符号表示法等。

(3) 人—人(L-L)。L-L 界面是指工作场所中人与人之间的关系。机组成员、空中交通管制员、航空器维修工程师和以团队形式工作的其他运行人员,并且团队影响力对决定人的行为能力起到一定作用。机组资源管理(CRM)的出现导致人们极大地关注此界面。机组资源管理的培训及机组资源管理向空中交通服务(ATS)(团队资源管理——TRM)和维修(维修资源管理——MRM)的延伸,均侧重于对运行差错的管理。员工和管理者关系,与能够极大地影响人的行为能力的企业文化、企业氛围和公司运行压力一样,也属于此界面范围。

(4) 人—环境(L-E)。此界面涉及人与内、外部环境之间的关系。内部工作场所环境包括对诸如温度、环境光线、噪声、振动和空气质量等的实际考虑。外部环境包括诸如能见度、湍流和地形等。每周 7 天,每天 24 小时运转的航空工作环境包括对正常生物节律,如睡眠方式造成的干扰。此外,航空系统的运行环境受到广泛的政治和经济方面的限制,这反过来又会影响公司的整体环境。这里涉及诸如实际设施和辅助性基础设施的充裕性、地方财政状况和管理的有效性这类因素。就像当前的工作环境可能迫使员工走捷径一样,不充裕的基础设施也会使决策质量大打折扣。

SHELL 模型突出了各要素中人的重要地位,明确了人是各要素中的核心因素,揭示了实施安全管理过程要重点控制人—硬件、人—软件、人—人、人—环境之间的相互作用和影响。为了避免系统中有潜在事故,系统中的其他要素必须和人员紧密结合,以防止运行差错从界面的"缝隙处侵蚀进去"。

四、REASON 模型

REASON 模型是曼彻斯特大学教授 James Reason 在其著名的心理学专著 *Human error* 一书中提出的概念模型,原始模型在理论上建立后被迅速而广泛地应用于人机工程学、医学、核工业、航空等领域,并通过国际民航组织的推荐成为航空事故调查与分析的理论模型之一。这一模型的核心创新点在于其系统观的视野,在对不安全事件行为人的行为分析之外,更深层次地剖析出影响行为人的潜在组织因素,从一体化相互作用的分系统、组织权力层级的直接作用到管理者、利益相关者、企业文化的间接影响等角度全方位地扩展了事故分析的视野,并以一个逻辑统一的事故反应链将所有相关因素进行了理论串联。

REASON 模型的内在逻辑是:事故的发生不仅有一个事件本身的反应链,还同时存在一个被穿透的组织缺陷集,事故促发因素和组织各层次的缺陷(或安全风险)是长期存在的并不断自行演化的,但这些事故促因和组织缺陷并不一定造成不安全事件,当多个层次的组织缺陷在一个事故促发因子上同时或次第出现缺陷时,不安全事件就失去多层次的阻断屏障而发生了。

图 1-13 对 REASON 模型进行的描述,有助于了解在事故因果关系中组织因素和管理因素(即系统因素)之间的相互影响。在航空系统深层建立各种不同的防护机制,以在系统的各个层次(即第一线工作场所,监督层和高级管理层),保护该系统免受带有消极面的人的行为能力或者决定的波动的影响。防护是系统所提供的资源,用于保护系统免受参与生产活动的各组织所产生的和必须控制的安全风险。这个模型表明,尽管包括管理决策在内的组织因素能够产生可导致破坏系统防护机制的潜在状况,但是它们也有助于系统防护机制的健全完善。

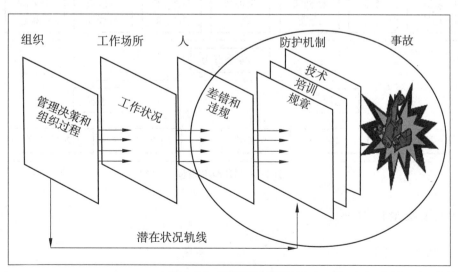

图 1-13 REASON 模型

五、HFACS模型

人为因素分析与分类系统(The Human Factors Analysis and Classification System，HFACS)是联邦航空局(FAA)根据里森教授的事故致因模型(瑞士奶酪模型)提出的，是一种综合的人的差错分析体系。它解决了人的失误理论和实践应用长期分离的状态，是航空飞行事故调查中被普遍接受的人因分类工具，填补了人的失误领域一直没有操作性强的理论框架的空白。

HFACS模型定义了不安全行为、不安全行为的前提、不安全的监督和组织影响四个层次的失效(如图1-14所示)。

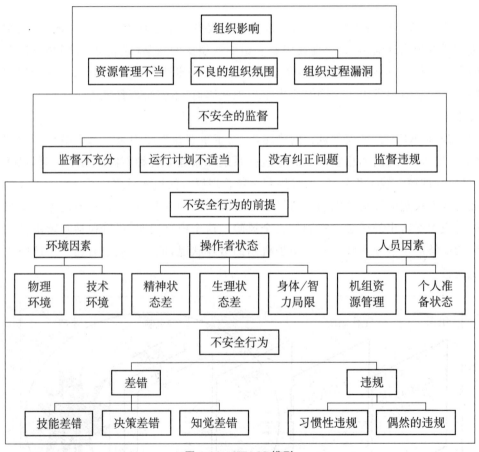

图1-14 HFACS模型

(一)不安全行为

1. 差错(失误)

差错有三种基本类型：决策差错、认知差错和技能差错。

(1) 决策差错(失误)：指由于受主、客观因素的影响，在明知某些行为是不恰当或不安全的情况下而有意为之。虽然人的本意很好,但实际结果却是发生了决策差错。主要包括三种形式:选择程序时的决策差错、选择方案时的决策差错和解决问题时的决策差错。

(2) 技能差错(失误):指个人对于客观事物的感知和认识与实际情况发生偏差所导致发生的差错。主要包括:视觉幻觉、方位感缺失、距离、大小、颜色判断失误等。

(3) 知觉差错(失误):指人员面对特定任务做出本能或习惯性的自发响应时发生的错误。通常分为注意力差错、记忆差错和技巧差错。

2. 违规

违规是指违反规章、程序、标准和制度等行为,根据违规的起因可将它分为两大类:习惯性违规和偶然性违规。

(1) 习惯性违规:指违规行为持续时间长,出现频率高从而"习惯成自然"的违规操作,这一类违规操作很有可能导致事故发生,但却往往被大部分人或监管组织接受。

(2) 偶然性违规:指的是与个人行为习惯或组织管理制度无关的、偶然出现的违规。偶然性违规与个体典型行为模式无关,也难以预测。

(二) 不安全行为的前提

1. 环境因素

(1) 物理环境:操作环境(如气象、高度、地形等),也指操作者周围的环境,如驾驶舱里的高温、振动、照明、有毒气体等。

(2) 技术环境:包括设备和控制设计、显示及界面特征、检查单编排等一系列情况。

2. 操作者状态

(1) 精神状态差:精神疲劳、失去情境意识、工作中自满或飞行警惕性低等。

(2) 生理状态差:生病、缺氧、身体疲劳、服用药物、出现幻觉、方向感偏差或感冒。

(3) 身体/智力局限:操作要求超出个人能力范围,如视觉局限、休息时间不足或体能不适应等。

3. 人员因素

(1) 机组资源管理:在执行任务过程中飞机、空管等自身及相互间信息沟通不畅、缺少团队合作等。

(2) 个人准备状态:没有遵守机组休息的要求、训练不足或飞行之前执行了会干扰个体认知准确性的任务。

(三) 不安全的监督

(1) 监督不充分:监督者或组织者没有提供专业的指导、培训或监督等。

(2) 运行计划不适当:机组配备不当,没有提供足够的指令时间,任务或工作负荷过量,没有为机组提供足够的休息机会、不合理的任务安排和人员配备等。

(3) 没有纠正问题:管理者知道人员、培训和其他相关安全领域的不足之后,仍然允许其持续下去的情况。

(4) 监督违规：管理者或监督者有意违反现有的规章程序,如允许没有资格、未取得执照的人员飞行等。

(四) 组织影响

(1) 资源管理不当：指与组织资源的分配和维护有关的执行层面的决策,如人资、资金、设施分配等。

(2) 不良的组织氛围：指会对组织内工作效率产生影响的因素,如组织架构、文化、政策等。

(3) 组织过程漏洞：指约束和规定组织工作的政策条例,如组织工作速率、工作程序标准等。

案例链接 1-1

应用 HFACS 模型分析北方航空 MD-82 事故

1. 事件描述

1993年11月13日,中国北方航空公司 MD-82型 B-2141号飞机执行沈阳—北京—乌鲁木齐航班任务。与乌鲁木齐机场塔台联系后,地面告知飞机："场压947百帕,高度表拨正值1 024百帕。"左座飞行员误将高度表调至"1 024",致使左座高度表指示比场压高度多指示2 128英尺。该机建立盲降后进入自动飞行,左座根据气压高度表指示下降高度是飞机离开已截获的下滑道,右座未发现和纠正。此后飞机出现两次下滑道警告,飞行员未采取措施。又出现4次"PULL UP"(拉起来)语音警告,飞行员听不懂,也未采取措施,仍继续下滑,一直低于下滑道飞行。当机械员发现高度低时,飞行员按了高度保持钮,但没有加油门,以至飞机失速,最终飞机撞高压线后,在距离跑道头延长线2 210米处坠地烧毁,机上12人遇难,60人受伤。

2. 事故原因简述

(1) 飞行员调错了高度表,把修正海压当作场压。

(2) 加之天气接近最低标准,目视条件差。

(3) 右座飞行员忙于接通自动油门,未发现偏离下滑道。

(4) 飞行员听不懂接地的语言警告。

(5) 当发现高度低时,仅按高度保持,未加油门,导致飞机失速坠地。

(6) 管制员用语不规范;"高度表拨正值"是一个统称,并不代表某一具体的高度表拨正值,此种语言也是飞行员调错高度表的一个因素。

(7) 没有按照盲降指引飞行,盲降下降高度。

3. 基于 HFACS 模型的分析

通过对事件的描述可以得出左座驾驶员调错高度表,把修正海压当作场压,机组根据错误的高速断开自动驾驶,盲目下降高度是导致飞机失事的直接原因。这是传统事故调查所关注的结论。

但是按照 HFACS 模型理论，事件的调查和分析不能到此为止，需要进一步追根求源，进一步查找，为什么飞行员会调错高度表？为什么其他机组人员都没有发现错误？为什么系统发出警告无人理会，甚至无人听懂？就以上问题下面将应用 HFACS 四层模型进行详细分析。

(1) 不安全行为。左座驾驶员调错了高度表，属于差错中的技能差错；机长未及时发现左座驾驶员的错误而予以纠正，属于违规中的偶然性违规；对于出现语音警告，机组没人理解，而是盲目下降高度，说明飞行人员存在异常违规。

(2) 不安全行为的前提。恶劣的气象条件不利于飞机的飞行与进近，这属于不安全行为的环境物理因素；左座驾驶员分不清海压和场压，对警告没有反应，说明操作者的精神状态和生理状态差；左座驾驶员调错高度后，机长未给予及时纠正，这属于人员因素里面的机组资源管理失效；机组不懂英语语音警告，说明操作者缺乏所需知识，属于智力局限。

(3) 不安全的监督。机组成员不懂英语语音警告，说明公司飞行员培训方面存在漏洞，属于不安全监督里的监督不充分；让 4 名均不懂英语的机组人员执行任务，说明机组搭配不合理，属于不安全监督里的运行计划不适当；授予不合格的机组驾驶飞机属于不安全监督里的监督违规。

(4) 组织影响。英语知识严重欠缺的飞行员可以晋升为机长，说明组织影响里的资源管理失效。

资料来源：吕春玉，房春花．人为因素分析与分类系统（HFACS）及事故个例分析[J]．中国民航飞行学院学报，2009，20(2)：37-40．

本章小结

1. 民用航空是指使用航空器从事除了国防、警察和海关等国家航空活动以外的航空活动。

2. 为确保民用航空安全，我国已形成并正在建设和完善以《民用航空法》为根本、民航行政法规为枝干、民航部门规章为基础的现代化民航法规体系。中国民航法律法规表现形式按其立法主体和效力不同，可分为民用航空法律、民航行政法规、民航部门规章等规范性文件。而行政法规和部门规章都是对民航法律的必要补充或具体化。

3. 国际民航组织对安全的定义是："安全是一种状态，即通过持续的危险识别和风险管理过程，将人员伤害或财产损失的风险降低至，并且保持在可接受的水平或以下。"

4. 危险被界定为可能导致人员受伤、设备或者结构物被毁、材料损失，或者使执行一项指定功能的能力降低的一种情况或者一物体。

5. 国际民航组织（ICAO）所倡导的一种看法是：安全并不是航空组织的第一优先事项。更确切地讲，安全管理只不过是使航空组织通过提供其服务完成其商业目标的另一组织过程。因此，安全管理只不过是另一种必须在同一级进行考虑，且与其他核心业务功能具有同等重要性的核心业务功能，并且安全管理通过专门的管理体系来进行。

6. 根据启动安全数据获取过程的触发事件后果的严重性，可将航空组织使用的操控手段分为三种类型：被动型、主动型和预测型。成熟的安全管理要求被动、主动和预测型安全数据获取系统一体化，将被动、主动和预测型缓解战略合理地结合起来，并制定被动、主动和预测型缓解方法。

7. SHELL模型是一种用于对运行环境的要素与特征，和对这些要素和特征可能与人之间发生的相互影响进行分析的简单却非常形象的概念性工具，它有助于形象地显示航空系统中各个要素和特征之间的相互关系。人为因素分析分类系统（HFACS）是航空飞行事故调查中被普遍接受的人因分类工具。

综合练习

思考题

1. 民用航空运输系统主要由哪几个部分组成？
2. 我国的民航法规体系主要由哪些构成？
3. 国际民航组织对安全是如何定义的？
4. 正确的民航安全管理理念是什么？
5. 人为因素分析分类系统（HFACS）定义了哪几个层次的失效，每个层次包括哪些因素？

第二章

民航安全管理体系

本章学习目标

- 掌握安全风险管理的相关概念；
- 掌握安全风险管理过程；
- 掌握安全管理体系的概念及特征；
- 了解安全管理体系的内涵；
- 掌握安全管理体系的框架；
- 了解我国安全管理体系的建设情况。

 **导引案例**

东航上海飞行部：SMS下基层 旺季生产有保障

为了认真落实公司领导关于抓好SMS体系建设，全面发挥SMS在基层的系统作用，根据上海飞行部在旺季生产中的实际运行特点，2016年7月4日，飞行部SMS项目组轩言民机长带着"军民合用机场风险管控"课程，来到A320机队与基层飞行员代表开展了一次旺季生产热点交流研讨活动。

目前，东航执飞了全国75%的军民合用机场，且在未来5年还将增加6个机场。尽管军民合用机场是双赢之举，但军方活动仍对民航运输造成很大影响，产生安全隐患，由此导致的军民航冲突事件时有发生。

研讨期间，飞行员针对飞行过程中遇到的实际情况进行了经验交流分享，避免错误发生。这样的学习和交流，有助于基层飞行单位采取切实有效的措施办法做好风险管控，把刚刚过去的"安全生产月"作为新起点，切实提高旺季生产的安全保障。

资料来源：http://news.carnoc.com/list/351/351931.html

第一节 安全风险管理

一、安全风险管理相关概念

通俗地讲，风险就是发生不幸事件的概率，即一个事件产生我们所不期望的后果的可能性。严格地说，风险和危险是不同的，危险只意味着一种坏兆头的存在，而风险则不仅意味着这种坏兆头的存在，还意味着有发生这个坏兆头的渠道和可能性。因此，虽然有时有危险存在，但不一定要冒此风险。例如，人类要应用核能，就有受辐射的危险，这种危险是客观固有的，但在实践中，人类采取各种措施使其应用中受辐射的风险小些，甚至人绝对地与之相隔离，尽管它仍有受辐射的危险，但由于无发生渠道，所以我们并没有受辐射的风险。这里说明了人们应该关心的是"风险",而并非"危险",因为直接与人发生联系的是"风险",而"危险"是事物客观的属性,是风险的一种前提特征。又如航空公司运营过程中的危险变成风险要受到人、程序、航空器和设备、不可抵抗力等的影响。

根据国际标准化组织的定义(ISO 13702—1999),风险是衡量危险性的指标,风险是某一有害事件发生的可能性与事故后果的组合。也就是说,风险是发生危险后果的可能性和严重性的综合描述。

安全风险被定义为,以可预见的最坏情况作基准,对一种危险后果从预测的概率和严重性角度进行评估。

二、安全风险管理的范围

安全风险管理是一个一般用语,包括对威胁到一组织能力的具有危险后果的安全风险进行评估,以及将该安全风险缓解至最低合理可行(ALARP)水平。安全风险管理的目的是,为均衡地在所有评定的安全风险和那些可控及可缓解的安全风险之间配置资源提供基础。换言之,安全风险管理有助于解决"生产和保护两难"问题。因此,安全风险管理是安全管理程序中的一个重要组成部分。然而,其增值价值在于它是一种基于数据驱动的资源配置方式,因此是可辩解和易于解释的。

图 2-1 描述了一种广泛采用的安全风险管理程序的常用直观图。此倒三角形表明,从安全风险的角度看,航空(就像任何其他社会技术生产系统一样)是"上重下轻的":大多数具有危险后果的安全风险都会经评估首先归入不可容忍范围。较少数具有危险后果的安全风险经评估直接归入可容忍范围,而更少的具有危险后果的安全风险经评估直接归入可接受范围。

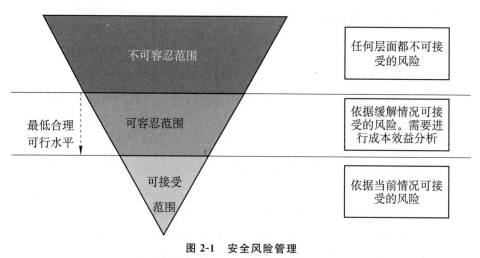

图 2-1 安全风险管理

经评估首先归入不可容忍范围的安全风险,在任何时候都是不可接受的。危险后果的概率或严重性如此之大,可能出现的毁坏性危险对组织的生存构成如此之大的威胁,因此需要立即采取缓解行动。一般而言,为了使安全风险处于可容忍或可接受范围,组织可以采用两种可供选择的方法。

(1) 配置资源,以减少危险后果破坏性潜能的风险或其规模。

(2) 如果不能采用缓解的方法,则取消该运行。

经评估初步归入可容忍范围的安全风险是可接受的,条件是已有的缓解战略确保在可预见的范围之内使危险后果的概率或严重性保持在组织控制之下。同样的管理标准也适用于开始时归入不可容忍范围,经缓解后到达可容忍范围的安全风险。一开始评估为不可容忍、经缓解降至可容忍范围的安全风险,必须一直得到能够保证对其进行控制的缓解战略的"保护"。在上述两种情况下,需要进行成本效益分析:

(1) 为了将危险后果概率或严重性置于组织控制之下而对资源进行配置时所进行的投资有无收益?

(2) 资源配置是否需要如此规模,以至于与其说是将危险后果的概率或严重性置于组织控制之下,还不如说给组织的生存构成更大的威胁?

缩写词"ALARP"用来说明已被降至最低合理可行水平的安全风险。在安全风险管理的情况下,确定什么叫"合理可行",应该同时考虑进一步降低安全风险和成本的技术可行性。这必须包括成本效益分析。表明某一系统中的安全风险是最低合理可行水平,意味着任何进一步降低风险不是不可行,就是成本负担过重。但是,应当牢记,当某一组织"接受"某一安全风险时,这并不意味着该安全风险已经消除了。某种残存性质的安全风险依然存在;但是,该组织已认为残存的安全风险足够低,以至于使得再进一步降低此种风险得不偿失。

经评估初步归入可接受范围的安全风险是可以接受的,因为它们当前就处于可接受范围,不需要采取行动使危险后果的概率或严重性处于或保持在组织的控制之下。

三、民航安全风险管理过程

(一) 危险识别

第一章已经详细介绍了危险及危险的后果,在进行危险识别时可以从以下因素和过程范围考虑。

(1) 设计因素,包括设备和任务设计。

(2) 程序和操作做法,包括其文档和检查单,以及根据实际运行条件对其进行的验证。

(3) 通信,包括通信方式、术语和语言。

(4) 个人因素,如公司的招聘、培训、薪酬和资源分配政策。

(5) 组织因素,如产品和安全目标的兼容性、资源分配、运行压力和公司的安全文化。

(6) 工作环境因素,如周围环境噪声和振动、温度、照明、防护设备和衣物的可获取性。

(7) 管理监督因素,包括规章的可适用性和可实施性;设备、人员和程序的认证;以及监督的力度。

(8) 防卫机制,包括的因素如提供适当的检测和报警系统、设备的容差和设备对差错和故障的抵御能力。

(9) 人的行为能力,限于健康状况和身体限制。

根据成熟的安全管理做法,危险识别是一种连续的、经常性的日常活动。危险识别永无止息,它是作为组织业务提供服务的组织过程的组成部分。

(二) 评估安全风险概率

识别出危险后果之后,使具有危险后果的安全风险处于组织控制之下的过程,首先要评估在系统运行期间出现危险后果的概率,这称为评估安全风险概率。

安全风险概率界定为不安全事件或情况发生的可能性。可能性即概率的定义可辅以下述问题加以补充:

(1) 以前发生过与所考虑情况类似的事件吗,或这是一次孤立事件吗?

(2) 哪些同类型的其他设备或部件可能会有类似缺陷?

(3) 有多少人员执行所涉程序或受其影响?

(4) 使用可疑设备或有问题程序所占的时间比例是多少?

(5) 在多大程度上存在可能反映出对公共安全较大威胁的涉及组织、管理或规章制度方面的问题?

这些示例问题所基于的任何或所有因素都可能是有根据的,这表明考虑多重因果关系的重要性。在评定可能发生不安全事件或情况的可能性即概率时,必须对具有潜在合理性的所有看法进行评估。

表2-1为一份典型的安全风险概率表,此例为一份五级评定表。本表包括五个类别,表示发生不安全事件或情况的概率、每一类别的含义,以及每一类别具有的值。必须强调的是,这仅是用于教育目的的示例。虽然本表以及在以下段落中论及的严重性表与风险评定和可容忍度矩阵,从概念上讲,都是行业标准,但是,各表和矩阵的详细程度和复杂性,都必须进行调整并符合不同组织的特定需要和复杂性。有些组织增列了定性和定量定义。同样,有些表扩大至十五级。五级评定表和5×5(五行五列)矩阵绝不是一个标准。

表2-1 安全风险概率表

概 率	含 义	值
频繁	可能多次发生(频繁发生)	5
偶发	可能时有发生(偶尔发生)	4
很小	不大可能发生,但是有可能(少有发生)	3
不可能	很不可能发生(据了解未发生过)	2
极不可能	几乎不可想象会发生	1

(三) 评估安全风险严重性

以概率对不安全事件或情况加以评定之后,如果在系统运行期间,危险的破坏潜能显现出来,那么,将具有危险后果的安全风险置于组织控制之下的这一过程的第二步就是评定危险后果的严重性。这被称为安全风险严重性的评定。

安全风险的严重性被界定为以最糟糕的可预见情况为参考,发生不安全事件或情况的可能后果。如果在旨在提供服务的运行期间,危险的破坏潜能显现出来,以下问题有助于评定危险后果的严重性。

(1) 可能会有多少人丧命(员工、乘客、旁观者和公众)?

(2) 财产或经济损失可能达到何种程度(运营人的直接财产损失、航空基础设施的损坏、第三方的间接损失,以及对国家财政和经济的影响)?

(3) 发生环境影响的可能性有多大(燃料或其他危险品的泄漏,以及对自然环境的有形破坏)?

(4) 可能出现何种政治影响或媒体可能感兴趣的是什么?

表 2-2 为一份典型的安全风险严重性表,此例也为一份五级评定表。本表包括五个类别,表示发生不安全事件或情况的严重性程度、每一类别的含义,以及每一类别具有的值。

表 2-2 安全风险严重性表

事件的严重性	含 义	值
灾难性的	● 设备损毁 ● 多人死亡	A
有危险的	● 安全系数大大降低,运行人员的肉体痛苦或工作负荷如此之大,以至于不能指望他们准确或完整地完成任务 ● 严重伤害 ● 主要设备损坏	B
重大的	● 安全系数明显降低,由于运行人员工作负荷增加,或者由于出现损害其效率的情况,他们应付不利运行状况的能力下降 ● 严重事故征候 ● 人员受伤	C
较小的	● 障碍 ● 运行限制 ● 启动应急程序 ● 较小事故征候	D
可忽略不计的	● 后果微乎其微	E

(四) 评估安全风险的可容忍度

以概率和严重性对产生不安全事件或情况的安全风险进行评定之后,如果系统的运行期间,危险的破坏潜能显现出来,那么,将酿成不安全事件或情况的安全风险置于组织控制之下这一过程的第三步就是评定危险后果的可容忍度。这被称作安全风险的可容忍度的评定。使用的是两步法。

首先,需要获得对安全风险的一个全面评定。将安全风险概率表和安全风险严重性表合并为一个安全风险评定矩阵,即可达到这一目的,示例见表 2-3。例如,安全风险概率被评定为"偶发"(4)。安全风险严重性被评定为"有危险的"(B)。概率和严重性的组合(4B)就是所要考虑的具有危险后果的安全风险。通过这一示例可以看到,安全风险仅是一个数字或字母数字的组合,而不是自然世界中看得见或摸得着的构成成分。表 2-3 矩阵中的颜色编码反映了图 2-1 倒三角中的可容忍范围。

表 2-3　安全风险评定矩阵

风险概率	风险严重性				
	灾难性的 A	有危险的 B	重大 C	较小 D	可忽略不计 E
频繁 5	5A	5B	5C	5D	5E
偶发 4	4A	4B	4C	4D	4E
少有 3	3A	3B	3C	3D	3E
不可能 2	2A	2B	2C	2D	2E
极不可能 1	1A	1B	1C	1D	1E

其次,将从安全风险评定矩阵中获得的安全风险指数纳入描述可容忍度标准的安全风险可容忍度矩阵。根据表 2-4 中的可容忍度表,评定为 4B 的安全风险标准是"在现况下不可接受的"。在此情况下,安全风险归入倒三角的不可容忍范围。具有危险后果的安全风险为"不可接受"。组织必须:

(1) 配置资源,以降低面临危险后果的风险;

(2) 配置资源,以降低危险后果的规模或破坏潜能;

(3) 如果不能缓解,则取消运行。

表 2-4　安全风险可容忍度矩阵

建议标准	评定风险指数	建议标准
不可容忍范围	5A,5B,5C,4A,4B,3A	现有情况下不可接受
可容忍范围	5D, 5E, 4C, 4D, 4E, 3B, 3C, 3D, 2A, 2B, 2C	基于风险缓解可接受。可能需要做出管理决定
可接受范围	3E,2D,2E,1A,1B,1C,1D,1E	可接受

(五) 安全风险的控制/缓解措施

在将不安全事件或情况后果的安全风险置于组织控制之下的过程中的第四步即最后一步,是必须采取控制/缓解战略。一般而言,控制和缓解是可互换使用的术语。含义都是选定针对危险的措施,将危险后果的概率和严重性置于组织的控制之下。

继续前边的示例,所分析的危害后果的安全风险已被评定为 4B("现有情况下不可接受的")。这时,必须配置资源,使之沿三角下行,降到安全风险为"最低合理可行水平"可容忍范围。如果达不到此目的,那么,旨在提供服务而使组织承受所述危险后果的运行必须取消。图 2-2 以图解方式说明了安全风险管理的程序。

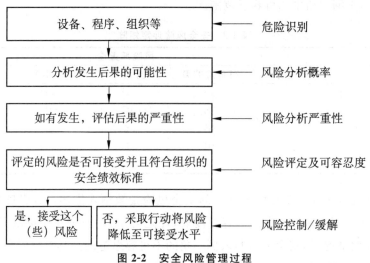

图 2-2　安全风险管理过程

安全风险控制/缓解战略一般有三种：

（1）规避。即取消运行或活动，因为安全风险超出了继续运行或活动所带来的利益。规避战略示例包括：

①取消进入周围地形复杂而又无必要辅助设备的机场的运行；

②取消不配备缩小的最低垂直间隔标准（RVSM）设备的航空器进入 RVSM 空域的运行。

（2）减少。即减少运行或活动的次数，或采取行动降低所认可风险之后果的严重程度。降低战略示例包括：

①将进入周围地形复杂而又无必要辅助设备的机场限制在白天、目视条件下进行；

②不配备 RVSM 设备的航空器的运行要在 RVSM 空域以上或以下进行。

（3）风险隔离。即采取行动，切断危险后果的影响，或构筑冗余系统，以防止风险。基于风险隔离的战略示例包括：

①周围地形复杂而又无必要辅助设备的机场的运行只限于由具备特定导航性能能力的航空器进行；

②不配备 RVSM 设备的航空器，不得在 RVSM 空域运行。

案例链接 2-1

对安第斯城国际机场运行的安全后果进行评估

安第斯城有一个高海拔机场，周围地形复杂，没有进近导航辅助设备，因此，飞行运营仅限于白天和在目视条件下进行。安全航空公司的高层管理者要求飞行运营主任要按照所有的安全要求实施运行，同时在适当注意航空器性能和限制的情况下，保证最大的商业业载。运行规划包括下午早些时候安排一航班飞往安第斯城，并快速转飞至 90 分钟飞行路程以外的主基地。

飞行运行主任要求安全经理，在安全行动小组的支持下，对安第斯城国际机场的安全后果做出评估。一个明显需立即加以关注的问题是在周围地形复杂,没有进近导航辅助设施的高海拔机场运行。安全行动小组采用安全风险管理程序,对安第斯城国际机场运行的安全后果进行评估。

一、系统描述

安全行动小组的首要任务之一,就是按照下述方法对实施运行的系统进行描述。

(1) 安第斯城国际机场位于标高 11 000 英尺的山谷中,四周为 16 000 英尺以上的高山。

(2) 机场只有一条长度为 3 400 米(11 155 英尺)的跑道,东西朝向(跑道 09-27)。

(3) 因为地形限制,跑道 09 一端仅用于着陆,而跑道 27 一端则仅用于起飞。

(4) 甚高频全向信标用于仪表穿云下降进近,位于机场以西 20 英里的山谷中。

(5) 不能使用仪表着陆系统进近。

(6) 离场航空器一经准予起飞,在离场航空器未报告已爬升至航路飞行超障高度之前,不得采用目视进近。

(7) 至安第斯城国际机场的目视气象条件下的目视进近,在甚高频全向信标上空 18 000 英尺处开始进行。如果在 18 000 英尺未建立地面联系,空中交通管制则不得授权进行目视气象条件进近。

(8) 无地面目视辅助设备。

(9) 在经空中交通管制许可开始向安第斯城国际机场作进近的航空器着陆并宣布其着陆后已撤出跑道之前,不得起飞。

(10) 安第斯城国际机场的天气变化无常,经常伴有高层云,云底高度为 19 000～21 000 英尺。

(11) 在 10 时至 14 时,外部温度很高,对航空器性能有影响。

(12) 每天大约 16 时,由于下降风,可能需要从跑道 27 顺风起飞。

(13) 发生发动机起火、发动机停车或任何紧急情况时,必须返回机场,因为重量和性能限制会使得不大可能遵守超障裕度和基本飞行轨迹要求。

(14) 国家民用航空当局(CAA)要求该航空公司须证明航空器能够在进近、着陆、起飞、爬升和在航路阶段遵守基本飞行轨迹和超障裕度要求,并且能够在复杂地形、安全系数和航空器限制以内作机动飞行,以获取作为其运营人执照一组成部分的特殊运行授权。

(15) 在文件得到审批,以及空勤人员和客舱乘务员接受过安第斯城国际机场运行方面的特殊培训之后,在准备启动运行时,CAA 要求进行测试飞行。

二、危险识别过程

安全行动小组的第二项任务就是按照下述方法,识别会影响安第斯城国际机场运行的危险及其后果。

(1) 说明一般性危险。在地理环境复杂的高海拔机场运行。

(2) 说明危险的具体构成因素:环山;高海拔机场;缺少进近和着陆导航辅助设备;缺少目视着陆辅助设备;交通冲突;潮湿时跑道湿滑;野生动物。

(3) 评定该一般性危险具体构成因素的后果:发生受控飞行撞地(CFIT);空中相撞;着

陆后冲出跑道;起飞失败后着陆冲出跑道;鸟击。

三、安全风险评定过程

安全行动小组的第三项任务是评定应对具有危险后果的安全风险的现有防护机制的有效性。

安全行动小组对受到此运营影响的或者本次运营中所缺失的防护机制进行审查。这些防护机制主要与机组人员培训和公司运营手册中关于类似运营的程序和限制相关。

评定中确认的现有防护机制如下。

(1) 目视气象条件(VMC)和日间航空器运行;

(2) 可以在国家航行资料汇编(AIP)中找到的机场布局;

(3) 机场备有空中交通管制(ATC)程序;

(4) 公司运行手册;

(5) 签派性能手册;

(6) 航空器运行手册;

(7) 关于达到起飞决断速度之前和之后发动机失效和复飞程序的复训;

(8) 机组资源管理(CRM)培训。

安全行动小组认为,现有防护机制不足,主要因为它们没能解决在四周地形复杂的高海拔机场的特殊运行问题。审查了运行文件以及安第斯城国际机场的现用空中交通管制程序。使用安全风险评定矩阵和安全风险可容忍度矩阵,安全行动小组将安全风险指数评定为3A(现有情况下不可接受)。

四、安全风险控制/缓解过程

安全行动小组的第四项及最后一项任务是控制和缓解已确认的由于起飞期间达到起飞决断速度(V1)之后一台关键发动机失效而导致受控飞行撞地所带来的具有后果的安全风险。几次会议之后,安全行动小组提出了若干有关缓解措施的建议。所提缓解措施的目的是强化防护机制和将安全风险降至"合理可行的低"(ALARP)。缓解措施包括:

(1) 制定达到起飞决断速度之后一台关键发动机失效时的起飞和爬升程序,考虑折回着陆的可能性。

(2) 制定上述程序并提供相关培训(全功能飞行模拟器和每六个月进行一次资格认证)。

(3) 考虑将安第斯城国际机场的运行作为一个"特殊机场运行",要求专门的机组资格认证,如果不更新的话,其有效期仅一年。

(4) 对客舱机组人员提供适当的"特殊机场运行"培训。(这种缓解措施针对的并不是安全风险的某一后果-紧急撤离-出现的概率,而是其严重性)。

(5) 提供精确的气象信息,特别是16:00后的地面风的情况。

(6) 制定运行文件,并将其纳入公司运行手册和签派手册,供民航局批准。

(7) 禁止最低设备清单(MEL)中关键部件的数量不固定这样一项政策。

(8) 根据维修可靠性方案,维修部门要对分配用于运行的航空器发动机进行观察。

(9) 继续监督为了控制和缓解与在安第斯城国际机场运行相关的安全风险而实施的安

全措施和新的防护措施。计划在实施变更并且在CAA进行授权之后的6个月和12个月各进行一次防护措施的有效性审查。

考虑到为这一特殊运行实施的新的防护措施,由于起飞期间达到起飞决断速度(V1)之后一台关键发动机失效而导致受控飞行撞地的安全风险,现在被评定为不可能(2——极不可能发生),尽管受控飞行撞地的严重性仍为灾难性的(A——设备毁坏——多人死亡)。

该运行现在可归入可容忍范围,最终安全指数为2A(依据风险缓解措施可接受)。这可能需要管理层的决定。从危险识别和风险管理过程所生成的安全数据和文件,归入公司的"安全信息库"。

资料来源:ICAO,安全管理手册(SMM),Doc9859,2009

第二节 安全管理体系简介

一、安全管理体系的概念

国际民航组织从2001年开始陆续颁布和修订各种文件,规定各缔约国强制要求其公共航空运输企业、民用机场、空管单位、维修企业和培训组织实施成员国认可的民航安全管理体系(Safety Management System,SMS)。

2007年10月23日,中国民用航空局发布了《中国民用航空安全管理体系建设总体实施方案》,并陆续修订了相应规章,制定发布了相应的咨询通告或实施指南,用于规范和指导民航企事业单位安全管理体系的建设。有关安全管理体系的教育、培训、建设试点和研讨也在中国民航陆续展开。

安全管理体系是有组织的管理安全的方法,包括必要的组织结构、责任制度、政策、程序以及工具。国际民航组织于2009年出版的《安全管理手册》把安全管理体系比作一个工具箱,其中装有一个航空组织为了能够控制其在提供其行业服务过程中必须面对的具有危险后果的安全风险而需要具备的各种工具。在很多情况下,航空组织本身在提供服务的过程中便会产生危险。重要的是承认,安全管理体系本身既不是一种工具,也不是一种程序。它是我们所说的工具箱,在这种工具箱里,保存有用于进行两个基本安全管理过程(危险识别和安全风险管理)的实际工具。安全管理体系对于一个组织的作用是,提供一个在规模和复杂程度上与该组织的规模和复杂程度相应的工具箱。

航空组织设计和建立安全管理体系的过程,也就是为自己打造和配置工具箱的过程。这个工具箱应该量身定制,与本组织的规模、复杂程度、生产运行特点和管理特点相适应。为了满足安全管理的需要,工具的种类和数量应该足够,工具的存放应该及时、正常,工具本身应该可用、好用,工具应该可以很容易地被找到,等等。

虽然不同航空组织的工具箱应该量身定做,但工具箱本身和里面的主要工具必须满足法规要求,也就是安全管理体系的建立和运行必须符合管理当局的要求。

二、安全管理体系的特征

安全管理体系有三个特点,这三个特点是:系统性、主动性和明确性。

(1) 安全管理体系是系统化的,因为安全管理活动要依照预定计划并以统一的方式在整个组织内进行。要制定、批准和天天不停地执行和运作一项使具有危险后果的安全风险得到控制的长期计划。由于安全管理体系活动的系统性和战略性,它们旨在取得逐步的、持久的改进,而不是瞬时的巨变。安全管理体系的系统性还使人们注重过程而不是结果。虽然要适当考虑结果(即有害事件),以便得出支持控制安全风险的结论,但是安全管理体系的主要着重点是,在一个组织提供服务的日常运营活动(过程)中发现危险,危险是有害事件后果的前兆。

(2) 安全管理体系是主动性的,因为它基于的方法强调在影响安全的事件发生前就采取危险识别和安全风险控制及缓解措施。它包括战略规划,谋求将安全风险置于组织的不断控制之下,而不是在经历有害事件之后采取修补行动,然后转向"休眠模式"直到再次经历有害事件,再进行修补行动。为了维持对危险的有效识别,要对提供服务所需进行的运营活动进行持续的监测。这反过来为收集有关危险的安全数据创造了条件,使组织可以根据数据做出关于安全风险及其控制的决定,而不是根据意见,更糟糕的是根据偏见或成见做出决定。

(3) 安全管理体系是明确的,因为所有安全管理活动都是有文件佐证的、可见的,因而也是可辩解的。一个组织的安全管理活动和随之产生的安全管理专门技术知识都是载入正式文件的,可供任何人查阅。因此,安全管理活动是透明的。

三、安全管理体系的内涵

实施 SMS 的基础是积极的安全文化。其本质是系统管理,核心是预防型风险管理。风险管理必须在信息管理和数据驱动的基础上借助闭环管理予以实现。下面通过十个角度对比传统安全管理理念和安全管理体系,以便更加清晰地认识安全管理体系的内涵。

1. 从单一要素改进到系统全面完善

传统的安全管理,一旦发生事故或事故征候,往往是从单纯的技术革新或提高人员效能入手,视野相对狭窄,手段比较单一。而安全管理体系要求从组织、系统的角度全面查找缺陷,建立纵深防御体系。

2. 从事后管理到事前管理

传统的安全管理以事后的被动式管理为主,管理对象是事故或事件,旨在"亡羊补牢",防范同类差错的重复发生。安全管理体系以事前的主动式管理为主,管理对象是事态或风险,在事件发生之前或在影响安全的因素作用之前,通过危险识别和风险管理降低风险,旨在"防微杜渐"或"未雨绸缪"。

3. 从符合规章到风险防范

长期以来,无论局方对企事业单位的安全监察,还是企事业单位自身的规范化管理,例如安全审计和安全检查,都是把符合局方的规章和标准作为管理的标尺。安全管理体系认为,局方的规章标准往往是行业最低的、普遍的要求,遵守规章标准只是企事业单位对局方的基本契约和对公众的起码承诺,企事业单位还应该自主地从风险防范的角度,利用诸如提高运行标准、实施内部审计和启动安全评估等手段提高安全水平。

4. 从符合性监督到管理体系审核

传统的政府监管中,局方主要是检查企事业单位所实施的运行手册中的相关要求、规范是否满足局方的规章标准,即文文相符,并辅以现场岗位的抽样检查,即文实相符。实施安全管理体系后,局方将更多的焦点集中在审核安全管理体系的有效性和效率上,从而促进企事业单位建立自我审核、自我监督、自我完善的长效机制,提高自身的风险免疫功能。

5. 从运动式管理到常态化管理

长期以来,我国航空安全管理的运动式特征明显,多以"活动"为契机,对生产运行的要求时紧时松,没有连贯性,安全管理的主观性、随意性较大。运动式管理作为一种随机管理,主要体现决策者的一时意志。而安全管理体系把文件管理提升到一个前所未有的高度,它要求所有的安全管理活动应当提供文本文件予以支持,按照既定计划进行,有据可依,并保持可持续性跟进,从而实现安全管理的常态化。

6. 从技术规范化到管理规范化

传统的安全管理强调一线运行人员的技术标准和操作规范,例如通过加强飞行员、管制员和机务维修人员等的技能培训和人员的遵章守纪意识的教育来实现安全管理目标。而安全管理体系认为,事事都与安全有关,尤其是管理,它凸显的是体系建设,更加注重安全管理本身的标准化和规范化。

7. 从少数人的安全责任到全员的安全责任

在传统安全管理中,安全工作与相关部门的事务(如战略规划、人才招募、激励机制、时刻编排和考勤制度等)相互割裂,往往只有飞行部、航务部和机务工程部等部门关注安全,其他部门并不关心安全。而实施安全管理体系后,安全将渗透、融合到组织的各项活动或业务当中,组织中的任何部门都与安全相关。

8. 从阶段性管理到持续性改进

阶段性管理表现在对安全管理进行时段分割或者周期性界定,阶段性管理固然可以激发员工的一时热情,但由于缺乏长远规划容易使人无所适从,疲于应付,收效甚微。持续改进则要求组织从长远出发,着眼于持续安全,而不是一时的安全,应不断识别危险,评价风险,持续改进,动态、连贯地推进管理循环。

9. 从开放式管理到闭环式管理

开放式管理的特征是管理活动一事一议,程序不固定,方式方法也可能不同,没有针对管理活动的考核指标,结果做到什么程度算什么程度。而闭环管理则严格要求管理活动遵从一定的范式,例如借助质量管理体系中的戴明环理论(PDCA),来实现安全管理活动的标准化。

10. 从规章制度执行到安全文化引领

航空系统由于其复杂性,规章制度不可能绝对完善,也不可能面面俱到。安全生产中存在大量规章制度所没有、也不可能涵盖的情形,这时在健康的安全文化的引领下,员工从被动执行规章制度可以过渡到无意的言行之间尽在落实规章制度,最终升华到面对规章制度以外的问题,也能坚持"安全第一"的思想积极应对。

第三节 ICAO 安全管理体系框架

SMS 中有 4 个组成部分,包括代表 SMS 两个核心运行程序和支持这两个核心运行程序的组织安排,具体包括:安全政策和目标、安全风险管理、安全保证和安全促进。

SMS 的 4 个组成部分共有 12 个要素,它们共同构成了 ICAO 安全管理体系框架,该框架是一个组织的安全管理体系实施和维持的框架。实施这一框架需要与组织的规模和提供服务的复杂程度相适应。框架中的 4 个组成部分和 12 个要素,代表 SMS 实施的最低要求。

一、安全政策和目标

(一)管理者的承诺和责任

在任何组织内,管理均控制着人员活动,并控制着对与提供服务直接相关或者对提供服务必不可少的资源的使用。组织暴露于安全危险之下,是由与提供服务直接相关的各项活动所造成的。通过人员的具体活动及资源的利用,管理者可以积极地控制与危险后果有关的安全风险。举例来说,这些活动可涉及管理者雇用、培训和监督雇员,以及购置用于支持提供服务活动的设备。管理者必须保证雇员遵从组织的安全指令和控制措施,并且确保其设备处于可用状态。因此,管理者在安全管理方面的主要责任是明确的,而且是通过运行一个包括必要安全风险控制措施的专门组织系统来履行该职责的。服务提供者的安全管理体系是管理者履行这些责任的手段。安全管理体系是一个确保安全有效运行的管理体系。

要确保组织安全管理体系的效力与效率,最为基本的就是组织的安全政策。高层管理者必须制定组织的安全政策,由责任主管签署。安全政策必须反映出组织对安全的承诺,必须包括为实施安全政策提供必要资源的明确声明,并须大张旗鼓地传达给整个组织。安全政策包括安全报告程序,须明确说明哪些类型的运行行为是不可接受的,并且须包括在哪些情况下不适用纪律处分。须对安全政策定期审查,以确保其对本组织始终适用和适当。

高层管理者还必须设定安全目标,以及为安全管理体系,也是为整个组织的安全绩效设定标准。安全目标必须确定组织想在安全管理方面达到的目标,并拟定组织实现这些目标所需采取的步骤。

组织必须确定责任主管,责任主管必须是身份明确、对组织安全管理体系的有效和高效运行负最终责任的个人。根据组织的规模和复杂程度,责任主管可以是:首席执行官(CEO)、董事会主席、合伙人或业主。

责任主管可以将安全管理体系的管理指派给另一个人,前提是这种指派要适当地形成文件。然而,责任主管的责任义务不会因为将安全管理体系的管理指派给另一个人而受到影响:责任主管保留着对组织安全管理体系绩效的最终责任义务。

知识链接 2-1

安全政策声明

安全是我们的核心业务职能之一。我们致力于开发、执行、维护和持续改进战略和过程,以确保我们所有的航空活动均在组织资源均衡配置下进行,以期在提供服务期间实现安全绩效的最高水平,并达到国家和国际最高标准。

以首席执行官、总经理或组织内其他适当人员为首,各级管理者和全体雇员均对实现这一最高水平的安全绩效负责。

我们的承诺是:

● 通过提供所有相关资源支持安全管理,这将营造一种组织文化,促进安全做法,鼓励有效的安全报告和交流,并且像关注组织其他管理体系的结果那样,同样关注积极管理安全事务;

● 加强安全管理,将其作为所有管理者和雇员的一项主要责任;

● 明确规定所有工作人员、管理者和雇员等在实现组织的安全绩效和运行我们的安全管理体系时的责任和义务;

● 建立和运行包括危险报告制度在内的危险识别和风险管理过程,以消除由于我们的运行和各项活动所导致的具有危险后果的安全风险,或者将此种安全风险降低到合理可行的低(ALARP)的点;

● 确保不对通过危险报告系统揭露安全问题的雇员采取行动,除非此种揭露行为确确实实表明属于非法行为、严重疏忽,或者对规章和程序的蓄意或故意漠视;

● 遵守并在任何可能的情况下超过法律及规章的要求和标准;

● 确保可以得到足够的熟练技术和训练有素的人力资源,以执行安全战略和过程;

● 确保所有员工能够获得充分和适当的航空安全信息和培训,有能力处理安全事务,并且只给他们分配与其技能水平相当的任务;

● 根据现实的安全绩效指标和安全绩效目标,制定和测量我们的安全绩效;

● 通过确保采取相关和有效的安全行动的管理过程,持续提高我们的安全绩效;

● 确保外部提供的支持我们运行的系统和服务达到我们的安全绩效标准。

（签字）_____

首席执行官/总经理/适当人员

资料来源：ICAO，安全管理手册（SMM），Doc9859，2009

（二）安全责任义务

　　管理者在安全管理体系组织方面的安全责任义务，指的是规定与运行的规模、性质和复杂程度相称，并且与提供服务所需的各项活动相关的危险和安全风险相符的组织的安全管理体系的结构。管理者在安全管理体系组织方面的安全责任义务还包括为安全管理体系的切实高效运行配置所需的人力、技术、财政和任何其他资源。

　　虽然不管职级如何，所有雇员的职务说明均应包含安全责任义务与责任，但是关于规定关键人员的安全责任与权力的安全责任义务指的是，除了部门和职能单位运行方面的具体职责之外，还应酌情将安全管理体系运行方面的责任纳入每一高层管理者（部门领导或某职能单位负责人）的职务说明之中。根据将安全管理视为一项核心业务职能这一看法，每一部门领导或职能单位负责人都要在一定程度上参与到安全管理体系的运行及其安全绩效的实现之中。与辅助职能（人力资源、行政、法律和财务）的那些负责人相比，提供组织各项基本服务（运行、维修、工程、培训和签派，下文用"一线管理者"这一通称来指代）的各运行部门或职能单位的那些负责人，其参与的程度当然更深。

　　安全管理体系已经将安全办公室这一名称变更为安全服务办公室，以反映出它在将安全作为一项核心业务过程进行管理方面，向组织、高层管理者和一线管理者提供服务。安全服务办公室从根本上说是一个安全数据采集和分析单位。通过将预测性、主动性和被动性三种方法相结合，安全服务办公室可通过持续和定期在提供服务活动期间采集有关危险的安全数据，捕捉到运行偏离期间发生的情况。

　　一旦危险被识别，危险的后果得到评估和具有危险后果的安全风险得到评价（即一旦从安全数据中提取到安全信息），安全信息即被送交一线管理者，用来解决根本性安全关切。一线管理者是各自领域中真正的行家里手，因此最有能力设计出切实有效的解决办法，并将之付诸实施。此外，一线管理者能够采取安全数据分析过程的最后一个步骤，将安全信息转化为安全情报，并且提供安全服务办公室所提炼出的有关危险信息的来龙去脉。

　　安全信息送达适当的一线管理者之后，安全服务办公室重新开始其例行的安全数据采集和分析活动。在安全服务办公室和有关一线管理者之间商定的一段时间间隔之内，安全服务办公室会向安全关切所属领域的一线管理者提出有关安全关切的最新安全信息。安全信息将会指出一线管理者实施的缓解方案是否已经解决了安全问题，还是安全问题仍旧存在。如果为后者，则要采取进一步的缓解方案，商定新的时间间隔，采集和分析安全数据，发送安全信息，此循环视需要重复多次，直至安全数据分析证实安全问题已得到解决。

（三）任命关键的安全人员

安全服务办公室有效启动运作的一关键点就是任命负责该办公室日常运行的人。大多数组织中，安全经理是责任主管任命的担负安全管理体系日常管理职责的人。安全经理是开发和维护一有效安全管理体系的负责人和协调人。安全经理还向责任主管和一线管理者就安全管理事宜提出建议，并负责在组织内部，并酌情与外部组织、承包人和利害攸关者就安全事项进行协调和沟通。

安全经理可能是运行安全服务办公室的唯一一个人，也可能得到其他工作人员，主要是安全数据分析师的协助。这将取决于组织的规模和支持提供服务的运行活动的性质和复杂程度。不管安全服务办公室的规模和人员配备水平如何，它的职能都是相同的。安全经理直接与一线管理者（运行、维修、工程和培训等人员）联系。

（四）协调应急预案的制定

应急预案（ERP）以书面形式概述事故发生后应采取的行动以及每一行动的负责人。应急预案的宗旨是确保有序并有效地从正常状态过渡到紧急状态，包括紧急情况下的权力下放和紧急状态下的责任划分。预案中还包括由关键人员授权采取的行动，以及协调应对紧急状态的工作。整体目标为维持安全运行或尽快恢复至正常运行。

（五）安全管理体系文件

安全管理体系的一个明显特征就是所有的安全活动均要求形成文件并是可见的。因此，文件是安全管理体系的一个基本要素。

安全管理体系文件必须包括并酌情提及所有相关的和适用的国内和国际规章，还必须包括安全管理体系所特有的记录和文件，例如危险报告表，责任义务关系，关于运行安全管理的责任和权力，以及安全管理组织的结构。此外，它还必须以文件形式说明记录管理的明确指导方针，包括记录的处理、存储、检索和保护。

二、安全风险管理

（一）危险识别

安全风险管理首先将对系统功能的描述作为危险识别的基础。在系统描述中，对系统的构成部分及其与系统运行环境联系的相互关系界面进行分析以找出危险的存在及查明系统中已有或缺失的安全风险控制机制。在描述的系统中，分析危险，查明其潜在的破坏性后果及从安全风险角度评估此种后果。在具有危险后果的安全风险评定为过高而无法接受时，则必须在系统中增加安全风险管制机制。因此，评估系统设计，即证实系统足够控制危险后果是安全管理的基本要素。

因此危险识别是收集、记录、根据运行中的危险和安全风险采取行动和生成有关其信息反馈正式过程的第一步。危险识别主要包括三种方法：被动方法、主动方法和预测方法。

危险识别的系统化方法可以确保尽可能多地识别出系统运行环境中的大多数危险。保证这种系统化方法的适用技术可能包括如下。

（1）检查单。审查类似系统的经验和从中得到的数据，并拟定一份危险检查单。潜在危险领域将需要进一步评价。

（2）小组评审。可以召开小组会议，评审危险检查单，对危险进行更加广泛的集体研究讨论或者进行更加详细的情况分析。

危险识别讨论会需要一些经验丰富的运行和技术人员参加，通常采取有组织的小组讨论的方式。应由熟悉集思广益研究讨论技术的人担任小组会的主持人。如果任命，安全经理通常充任此职。虽然这里谈的是在危险识别的情况下采取小组讨论的方式，但同样的小组也可用来评估他们识别的具有危险后果的安全风险的概率和严重性。

危险评估应考虑到所有可能性，从最小的可能性到最大的可能性。必须充分考虑到发生"最坏情况"的各种情况，但是，最终分析中要包括的危险应是"确信无疑的"危险，这一点也是非常重要的。

（二）风险评估和缓解

危险一经识别，便应对危险潜在后果的安全风险进行评估。安全风险评估是对已经确定对一组织的能力产生威胁的具有危险后果的安全风险进行分析。安全风险分析通常将风险分解为两个部分：破坏性事件或情况发生的概率及如果发生，该事件或情况的严重性。通过使用风险可容忍度矩阵来确定安全风险的决策和接受度。虽然需要矩阵，但是也需要斟酌判断。矩阵的确定和最终结构应由服务提供者组织进行设计，并经其监督组织同意。这旨在确保每一组织的安全决策工具与其运行和运行环境相适应，承认该领域的广泛多样性。

通过上述步骤对安全风险进行评估后，必须将安全风险消除或缓解到合理可行的低的程度，这称作安全风险缓解。必须设计和实施安全风险控制。这些可以是新增或改变了的程序，新的监督控制，培训的变更，新增或改进的设备或任何一些消除或缓解的备选措施。这些备选措施几乎总是涉及三种传统航空防护机制（技术、培训和规章）的任何一种或三者结合的部署或重新部署。在设计了安全风险控制机制后，而在将系统"联机"之前，必须对管制机制是否为系统带来新的危险做出评估。

三、安全保证

（一）安全绩效监控和测量

安全保证的首要任务是控制。为此要采取安全绩效监控和测量，这是依照安全政策和批准的安全目标验证组织的安全绩效的过程。安全保证控制必须通过监控和测量运行人员为提供组织的服务必须从事的活动的后果来进行。

安全绩效和监控信息有种种不同的来源，包括正式的审计和评估，与安全相关的事件的调查和与服务提供相关的日常活动的持续监测,通过危险报告系统的来自雇员的投入。

安全绩效监控和测量的信息来源包括如下。

(1) 危险报告。危险报告和危险报告系统是危险识别的基本要素。报告系统主要包括三种:强制报告系统;自愿报告系统和秘密报告系统。

(2) 安全研究。安全研究是一项包括广泛安全问题的大型分析。可以通过尽可能最广泛的研究来最好地了解一些普遍的安全问题。一个组织可能遇到全球性质或已经在行业或国家范围内涉及的安全问题。例如,一个航空公司可能遇到与进近和着陆相关事件(不稳定的进近,纵深滑跑着陆和过高空速着陆等)增加的情况。在全球范围内,业界已经关注进近和着陆事故(ALA)的频发和严重性并进行了重大研究,提出了许多安全建议并实施了全球措施以在飞行的关键进近和着陆阶段减少这类事件。因此,有问题的航空公司可以在这些全球建议和研究中发现用于自身、公司内部安全分析的令人信服的论据。这些论据对实现要求重要数据、适当分析和有效沟通的大规模整改是必要的。基于孤立的事件和传闻信息的安全论据可能是不够的。因为其性质,安全研究更适于应对系统安全缺陷而不是识别特定个别的危险。

(3) 安全审查。在引进和采用新的技术、修改或实施新程序期间,或在运行结构改变的情况下需进行安全审查。例如,一个机场正在考虑实施机场地面监测设备(ASDE)。因此,安全审查的目标可能是通过评价与项目有关的安全管理活动的适当性和有效性来评估与在XYZ机场实施机场地面监测设备相关的安全风险。安全审查由安全行动小组进行。

(4) 审计。审计注重组织安全管理体系的完整性,定期评估安全风险控制状况。像其他要求一样,审计要求留给功能部门提出,考虑到各种各样的复杂情况须与组织的复杂性相适应。虽然审计对涉及与服务提供直接相关活动的单位来说是"外部"的,但对整个组织来说仍是"内部"的。审计并不是旨在对技术过程的深层审计,而是旨在提供生产业务单位的安全管理功能、活动和资源的保证。审计用来确保安全管理体系的结构在人员配备、遵守批准的程序和细则、能力水平、操作设备和设施的培训和维持所需绩效水平等方面的正确合理性。

(5) 安全调查。安全调查检查某一具体运行的特别因素或程序,如问题领域或日常运行的瓶颈、运行人员的认识和意见及有异议或混乱的领域。安全调查可能涉及使用调查单、问卷和非正式秘密访谈。由于调查是主观性的,在采取纠正行动之前可能需进行核实。调查可以是提供重要安全信息的一个花费不多的渠道。

(6) 内部安全调查。内部安全调查包括不要求调查或向国家报告的事故或事件,尽管在某些情况下,一些组织也可进行内部调查,即使国家对所述事件正在进行调查。属于内部安全调查范围的事故或事件的例子包括:飞行中的紊流(飞行运行);频率拥挤(ATC);重大故障(维修)及停机坪车辆运行(机场)。

(二) 变更的管理

由于对现有系统、设备、方案、产品和服务的扩展、压缩、变化,以及新设备或程序的引入,航空组织会经历不断地变化。每当发生变化时,便可能不经意地将危险带到运行中。安全管理实践要求对作为变化的产物的危险应系统地、主动地加以识别,并制定、实施和随后评估那些管理具有危险后果的安全风险的战略。

变化可能引入新的危险,可能影响现有安全风险缓解战略的适用性,或影响现有安全风险缓解战略的有效性。变化可以是组织外部的或是内部的。外部变化的例子包括监管要求的变化,安保要求的变化和空中交通管制的改组。内部变化的例子包括管理变化、新设备和新程序。

(三)安全管理体系的持续改进

安全管理体系持续改进的目的是确定低于标准绩效的直接原因及其在安全管理体系运行中的影响,通过安全保证活动纠正查明的低于标准绩效的情况。通过内部评估,内部和外部审计达到持续的改进,持续的改进涉及如下。

(1) 例如通过内部评估对设施、设备、文件和程序进行主动的评估;

(2) 对一个人的绩效进行主动评估,例如通过定期能力检查(评估/审计的形式)核实该个人完成安全责任的情况;

(3) 被动评估,以便通过诸如内部审计和外部审计核实系统控制和缓解安全风险的有效性。

因此,只有当组织对其技术运行和其纠正的行动保持持续的警觉时才会出现持续的改进。实际上,没有对安全控制和缓解行动的持续监控,就无法说明安全管理过程是否正在实现其目标。同样,也无法测量某一安全管理体系是否在有效地实现其目的。

四、安全宣传

(一)教育和培训

安全管理者提供与组织的特定运行和运行单位相关的安全问题有关的当前信息和培训。对所有工作人员,不管其在组织的级别如何,提供适当的培训表明管理者对建立有效的安全管理体系的承诺。安全培训和教育应包括以下内容。

(1) 有文件佐证的确定培训要求的过程;

(2) 测量培训有效性的验证过程;

(3) 初始(一般安全)职务专门培训;

(4) 纳入安全管理体系的教育或初始培训,包括人的因素和组织因素;

(5) 安全复训。

应以文件形式记载组织内的每一活动领域的培训要求和活动。应为每一雇员包括管理者制定培训档案,以协助查明和跟踪雇员的培训要求并核实人员已经接受了计划的培训。应使培训方案适合组织的需要和复杂性。

一个组织内的安全培训必须确保人员得到培训并有能力执行其安全管理职责。安全管理体系手册(SMSM)应为运行人员、经理和主管、高级管理者和责任主管规定安全初训和复训标准。安全培训量应与个人的责任和参与安全管理体系的情况相适应。安全管理体系手册还应规定安全培训责任,包括内容、频次、验证和安全培训记录管理。

安全培训应遵循结构砌块方法(如图2-3所示)。对运行人员的培训应涉及安全责任,包括遵循所有运行和安全程序,识别和报告危险。培训目标应包括组织的安全政策和安全管理体系的基本内容和概况。内容包括危险、后果和风险的确定,安全风险管理过程的作用和责任以及非常基本的安全报告和组织的安全报告系统。

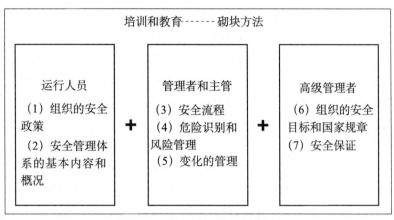

图2-3 安全培训与教育砌块方法

对管理者和主管的安全培训应涉及安全责任,包括宣传安全管理体系和使运行人员进行危险报告。除了为运行人员制定的培训目标外,为管理者和主管制定的培训目标应包括安全过程、危险识别、安全风险评估和缓解以及变化管理的详细知识。除为运行人员规定的内容外,对主管和管理者的培训内容还应包括安全数据分析。

对高级管理者的安全培训应包括符合国家和组织安全要求的安全责任、资源分配、确保有效的部门间安全信息交流和对安全管理体系的积极宣传。除了以上两类雇员的目标外,对高级管理者的安全培训应包括安全保证和安全宣传、安全作用和责任,以及确定可接受的安全水平。

最后,安全培训应包括对责任主管的特殊安全培训。此种培训的时间应适当的简短(不应超过半天的时间),应使责任主管全面了解组织的安全管理体系,包括安全管理体系的作用和责任,安全政策和目标,安全风险管理和安全保证。

(二)安全信息交流

组织应向所有运行人员通报安全管理体系的目标和程序,在支持提供服务的组织运行的所有方面均应突出安全管理体系的位置。安全管理者应通过公告和简报宣传组织安全管理体系方案的绩效。安全管理者还应确保从内部或来源于其他组织的调查和案例记录或经验吸取的教训得到广泛宣传。在整个组织中安全管理者和运行人员之间应该沟通。如果积极鼓励运行人员识别和报告危险,安全绩效会更高。因此,安全信息交流的目的如下。

(1)确保所有员工充分了解安全管理体系;
(2)传达安全关键信息;

(3) 解释为何采取特殊行动;
(4) 解释为何引入或修改安全程序;
(5) 传达"引人注意"的信息。

知识链接 2-2

浅谈安全管理系统建设服务

对于民航公司来说,无论是运行系统,还是飞行、维修系统,安全管理工作都是始终贯穿其工作的全程。每一项具体的生产工作,都和安全息息相关。要全面管理生产系统中的所有环节,仅仅靠生产管理系统的规定、管理和生产人员的责任心是远远不够的。必须要有专门的、有针对性的、适合管理生产系统安全运行的安全管理系统来实现无缝隙的全程安全管理。

对于中国航空企业,安全管理体系(SMS)是局方规章强制要求执行和实施的安全管理系统。但是,各航空企业真正能够了解并能正确应用 SMS 的并不多。企业内的各职能部门,如运行、飞行和维修,对于 SMS 这个专门实施安全管理的系统的掌握能力则更加不足。企业中,安全管理部门的一大职能,就是帮助企业内各生产部门建设符合 SMS 运行要求的部门级安全系统,让部门的安全小系统成为企业安全大系统有机的一部分,接口清晰、安全管理工作流程顺畅,保证安全工作效率,提升安全工作效果。

安全管理部门应向各生产部门进行 SMS 理念宣贯,对各部门安全系统的建设提供有力的支持和指导。安全管理部门是企业内掌握安全信息、资源最多的部门,应把这些资源有效利用起来,真正地做好各生产部门安全系统建设的指导者、协助者和共同参与者,特别是在安全促进方面。安全管理部门可以通过自身掌握的教育培训资源,通过广泛、深入的宣传教育,通过多种形式的安全培训,使生产系统全员能够从思想上认可安全管理理念,从内心上渴望安全管理的帮助,从行动上接受安全管理工作,这样,安全工作就能在生产系统中生根发芽,并能够在具体生产过程中发挥保障安全的切实作用。

安全管理部门还是民航管理部门和民航企业的安全交接口,涉及局方各业务口,如:航安、飞标、适航维修、航务等。安全管理部门可以第一时间接收到局方对企业安全管理工作的最新要求。

安全管理部门应及时将局方的相关要求传达到各生产部门,同时,应结合自身业务优势,为生产部门的安全管理工作提供及时、有效、务实和足够的安全建议,以帮助生产部门不仅能随时符合局方管理要求,更能在生产运行过程中逐步完善自身安全系统,实现符合规章的持续安全运行。

资料来源:http://news.carnoc.com/list/348/348783.html

第四节 中国民航安全管理体系建设

民航安全是民航行业生命赖以存在和发展的基础,是维护民航乘客利益的核心。民航行业在安全上没有小问题,一旦发生问题,通常是大问题,其影响波及的面积不仅是国内,甚至也会波及国际上,损失也往往是惨重的。因此,民航安全管理体系建设是我国民航业发展的基础和核心建设。如何通过持续的风险预警、风险识别配合事先的风险控制、事后的风险管理将风险降到最低,这已经成为决定我国民航业乃至世界民航业的安全管理体系建设的关键所在。

一、民航安全管理体系提出的背景

1. 民航安全管理体系提出的目的

民航是一个高科技装备、高投入、高风险的行业,相对于公路、铁路、水路等交通方式,迄今为止,航空运输是目前最安全的交通运输方式。全球航空业虽然发生过几次事故,但安全水平始终保持着良好的发展趋势。

回顾我国民航的安全发展,从 2004 年 11 月 21 日至 2009 年 9 月底,我国民航创造了连续安全飞行 57 个月、1 700 万小时的历史最好的安全纪录。1998—2007 年,我国民航运输每百万飞行小时重大事故率是 0.23,而同期世界平均水平为 0.33。面对成绩,中国民航的发展也同时面临巨大的挑战。首先,民航旅客每年的运输业务量急剧增加,航线网络结构复杂,运行压力加大;其次,客户要求越来越高,航空事故的发生将会产生广泛的负面影响力;最后,航空业内外环境变化太快,深受政治、经济环境和自然灾害等影响。为此,航空组织必须在保证安全绩效、保持快速发展的前提下,迅速地进行有效应对。

2. 国际民航组织(ICAO)对安全管理体系的要求

国际民航组织从 2004 年开始陆续颁布和修订各种关于要求各缔约国民航建立安全管理体系的文件,并于 2009 年对 Doc9859 进行第 2 次修订。根据国际民航公约附件 1、6、8、11、13、14 条以及国际民航组织有关文件要求,安全管理体系作为国家安全纲要(SSP)的组成部分,各缔约国应强制要求已获批准的且在提供服务时面临安全风险的培训组织、航空公司、维修保养组织、型号设计机构和飞机制造商、空中交通管制机构和取得使用资格的机场实施成员国已接受安全管理体系。

安全管理体系一方面要应对航空业面临的压力和挑战,另一方面也要试图解决各航空企业管理层所面临的困惑或管理难题。ICAO 提出安全管理体系的三大基本目的是:①作为国家航空安全纲要的组成部分。②帮助航空企业能够具有快速应对各种变化的能力,并使安全管理等各种工作更加有效。③希望通过一种办法,能够帮助航空企业的管理者在安全和生产之间的资源分配上找到一个合理的现实平衡。

3. 中国民航局对安全管理体系的要求

中国作为国际民航组织的一类理事国,将根据国际民航组织的要求,在我国民航企事业单位全力实施安全管理体系。2007 年 10 月,中国民航局发布《中国民用航空安全管理体系建设总体实施方案》,各业务司局根据要求也对规章进行了修订并发布。与此同时,安全管理体系在机场、航空公司、空管、维修单位进行试点,并陆续展开安全管理体系教育和培训。

二、正确认识我国民航安全管理水平

国际民航安全管理理论发展大致分为三个阶段,第一个阶段是20世纪70年代前的机械致因理论,那个时期管理的主要特点是对机械设备等"硬件"的改进,随着新工艺、新技术、新材料的采用,硬件设备可靠性大幅提高,航空事故率也随之明显降低。第二个阶段是人因研究阶段。从70年代中期,很多航空安全专家注意到,人失误显然能够击败设计最精良的技术性安全防护手段,人因造成的航空事故已经取代了机械致因因素上升到70%~80%。航空界对人失误机理开始研究,采用改进人机界面、建立人员培训体制、完善各种规章和程序及营造良好的安全文化氛围等措施减少人出现不安全行为的可能。第三个阶段从90年代开始,安全管理进入了SMS时代。事故深层原因表明,人只是导致事故发生这一关系链上的最后一环,因此人为因素只是事故调查和预防的着手点而非终止点,应从系统安全的角度来处理人—机—环三大因素,单独强调某一元素的优化,并不能确保系统整体的安全、高效。

我国民航安全管理是从20世纪80年代进入人因研究阶段,但那时只侧重于环境对空勤人员生理、心理方面的研究。90年代中期,各航空公司和研究单位在飞行员、管制员和机务维修培训中引入了人因概念,开始对人失误等人因进行研究。随着对人因认识的深入,90年代末,民航总局制定了人因研究规划,开始在全民航开展航空人因研究。现在国内各大航空公司的人因数据还不健全,培训体制和规章程序建设上也有缺陷,人员违章问题也比较突出,所以我国民航安全管理水平整体上处于国际民航安全管理水平的第二个阶段。但是,可以肯定的是,国内现有大型民航企业的运行体系是具备SMS的基本框架的。多年来我国航空界一直倡导"安全关口前移""预防为主",其目的与SMS相同,但遗憾的是很多航空公司尝试前移了关口却找不到具体的法定监督责任人,不得不回头继续依靠"最后一环",没能真正地从组织上、系统上体现"风险预防"的本质。这样的问题如果能通过民航总局的SMS建设得到实质性的解决,那么将是民航安全闭环管理的重大收获。

三、对我国实施民航安全管理体系的几点建议

1. 安全监察机构调整

国内航空公司在经历合并重组、体制改革后,应着手理顺各级安全机构的隶属关系,使公司的安全监察部门成为一支独立的直属于总公司航空安全委员会的安全管理队伍,执行安全垂直化管理。例如,以总部安监部为一级安监,各分公司、基地的航安部为二级安监,形成安全管理两级网络。二级安监经理只对一级安监经理负责,一级安监经理对安委会主任负责。二级安监在分公司、基地区域内相当于一级安监的派出机构,对各部门行使安全监察职能。这样的安全管理队伍既有利于安全管理人力资源形成合力,也可以保证安全监察客观、公正、严格地发挥作用。需要说明的是,安全管理人力资源形成合力并非指人员调动,而是指信息、经验在安全管理队伍中的共享,以及统一管理标准和规范管理流程。

2. 安全考核方式转变

安全考核是落实安全责任制的主要手段。安全状态的评定体现在事故征候率、严重差错率、QAR超限率等结果性考核指标上。这些指标设立的初衷是促使各生产单位、各部门为达到安全目标而主动改进管理，但实际工作表明，结果性指标对各生产单位、各部门改进安全管理的作用并不显著。因此建议在安全责任考核中使用更多的过程性指标，降低事故征候率等结果性指标所占的权重，侧重于安全管理过程考核，以整改问题落实程度考核评估单位的安全状况，以整改问题的多少来评价领导者的能力，这样有助于实现"变事后处理为事前管理"，也有利于各生产单位改进安全管理，夯实安全管理基础。考核时间、次数也不必集中在年底考核一次，而应在平时定期与抽查方式相结合，最终统计累计得分。

3. 培养良好的安全文化

现在国内很多航空公司都在搞自己的规章建设，但是必须指出仅通过制定一部完备的规章覆盖所有情况是不可能的，规章是建立在实践经验的基础上，而航空技术发展迅猛，对于新出现的问题，规章建设显然是滞后的，因此应该认识到规章建设是一个长期不断完善的过程。ICAO在其Doc9859号文件《安全管理手册》中指出：尽管遵守安全规章是保持安全的基本条件，但根据目前的想法，这还是远远不够的。如果运营人仅仅简单地遵守安全规章的最低标准，那么就不能识别出所出现的安全问题。保证安全运营的有效方法就是确保运营人具有积极的安全文化。安全文化是由共同的信念、做法和态度构成，它的基调靠高层管理者的言行来确定和培养。安全文化建设是一个漫长的过程，其作用发挥也是逐步显现的，因此制定好安全文化发展的总体规划，坚持实施，才能成为保障航空安全的有力措施。西方航空发达国家的安全规章、技术标准和工作程序是长期实践经验的总结，科技具有共通性，所以我国民航在营造航空安全文化的时候可以将东西方文化的长处相融合，直接为我所用。

知识链接 2-3

关于深化民航安全管理体系建设的几点思考

安全管理体系（SMS）是国际民航组织倡导的关于安全的系统化方法，主要包括安全政策、风险管理、安全保证和安全促进四个方面。SMS要求建立安全政策和安全目标，以风险管理为核心，通过对组织内部的组织结构、责任制度和资源等系列要素进行系统管理，实现既定的安全政策和目标，是安全管理的有效保障措施。按照国际民航组织的要求，结合中国民航航空安全工作的实际，中国民航自2006年起在行业内大力推进安全管理体系，并逐步完成了航空公司、机场、空管、维修和空防安全等系统的安全管理体系建设。

安全管理体系的全面建设和适用，对中国民航防控安全风险，提升运行品质起到了积极的促进作用。但具体适用过程中，仍存在以下两个突出问题。

一是重建设、轻运用。民航局在推进各领域SMS建设时，陆续发布了航空公司、机场、空管和维修单位SMS建设的咨询通告或建设指南，运用强制性要求，明确各领域推进的时限要求,并以局方的审核验收作为正式建成的标准。因此,各领域内迅速建立起安全管理体系所要求的各类手册、制度以及相关的记录台账等,内容可谓非常完备。但很多单位对SMS的工作就停留于此,并没有基于SMS理念,按照相关手册要求开展系统安全管理。局方检查发现,企业SMS各项手册、制度等都有,但具体管理中却没有运用,一切都在纸面上,手册也常被束之高阁。

二是重理论、轻实效。有些单位建立了SMS,成立了专门机构,配备了专门人员,也积极开展理论研究和宣贯,对行业内好的做法经验进行吸收和借鉴,并能适时地开展风险分析,输出《风险通告》等管理成果,指导实际运行。但因为对SMS的特点、意义和核心等关键性要素缺乏足够的认识和了解,导致过多注重理论上的可行性、形式上的闭环效果,外加很多时候利用"拿来主义"进行坐享其成的使用,而没有注重SMS在企业安全运行中的实际效能,忽略了将SMS真正有效地融入企业的实际运行当中。因此尽管做了大量工作,但效果总是不理想,SMS管理手段运用的前后安全状况并没有发生很大的改变。SMS逐渐有了做虚的走势和空化的态势。航空公司会好一些,机场越来越明显。

上述问题已引起民航局的高度重视,民航局已明确将"深化安全管理体系建设"作为进一步深化民航改革工作的主要任务之一;民航华东地区管理局也将在今明两年内完成辖区机场、公司等单位SMS效能评估。在这样一个大背景下,各单位如何强化对SMS的认识?如何对自身SMS运行情况进行检验?如何深化SMS建设,切实发挥对企业运行的积极作用,提升安全管理水平?笔者对此进行了深入思考,现谈谈自己的看法,与广大同行进行探讨。

一、摆正对SMS的观念定位

SMS是带有一定强制性的模式,并通过多种手段来开展管理的管理工具,带有部分强制模式,但它绝不是建立一个适用所有组织的模型。SMS一定是和本单位相匹配的系统,不是"拿来主义"就能完全解决问题。各单位必须把观念统一到上述的定位上来。

二、明确SMS的性质特点

SMS第一个特点是部分要求属于强制性,第二个特点是部分要求属于推荐性。强制性意味着必须完成,比如安全决策、政策、制度安排、编制设置和人员配置,这些都是刚性的,不能含糊。凡是刚性的、国际民航组织要求的,中国民航必须率先执行好。如何做?一方面把强制性要求融入政策和制度中,建设系统时把强制要求融入公司最高层的制度安排和机制的设定中;另一方面把推荐性要求融入文化和管理中。对此各级领导,尤其是主要负责人,要充分了解SMS系统,弄懂吃透,做到"入乎其内、出乎其外"。

三、认清SMS在企业文化导向上的意义

简单地说,SMS的意义就是变事后管理为事前管理。企业的文化元素更多充斥的是"谁出了事,就一定要严肃处罚"的事后管理模式。这没有错,但这个过程最终会形成一种文化导向,即不能出错,出了错就会受处罚。这种导向的正面意义会激励人、提醒人不要出错,负面意义就是推责任,跟我没关系。然而在民航安全生产和服务的链条当中,很多问题是无法明晰到要素的,属于"中间地带",军事用语叫"结合部",这一部分就容易推诿。因此,事后管理的负面导向就会使很多人变得不负责任,多一事不如少一事。而SMS就是将事后管理

转变成事前管理,避免事后管理的负面文化导向。

四、把握 SMS 的重点功能

SMS 的重点功能就是风险防控,"风险防控"这一根筋,由三个支架支撑。第一个支架就是风险识别。什么是风险,风险在哪里,怎么把风险找出来?重点靠员工。如果员工不动,风险识别就是虚的。第二个支架是风险评估,到底它有可能导致什么?重点靠职能部门,一个是综合的职能部门,一个是一线操作的职能部门,要对员工报告的情况进行评价和评估。第三个支撑点就是风险防控。风险防控措施出来了,如何决策?主要靠领导。领导不作为,就是失职。

五、抓住 SMS 功能发挥的核心主体

SMS 功能发挥的核心主体是员工。没有员工的参与,SMS 系统永远不起作用,正如古人所讲"民无耕,官无税"。因此 SMS 系统建立后,如何用机制使所有的员工都动起来是根本。怎么使员工动起来,核心问题是解决员工的思想认识问题。很多员工客观上存在着"安全跟我没关系,管安全是领导的事"的想法。按 SMS 理念,这些想法至少不适合。因此,转变员工的思想认识非常重要。只有让所有员工都动起来,才能不漏掉所有风险源,在诸多风险源中才能抓住最主要矛盾。

六、用好 SMS 推进的方法

怎么推进并完善 SMS 系统建设?最基本的方法论就是"让安全变成习惯,让习惯变成规范",持续关注 SMS 系统生成及完善的过程。在此方法论指导下,营造健康的安全文化,通过文化的引领和感召,启发激励员工的职业意识,提升职业素质,强化良好作风养成,营造一种"人人讲安全""人人重安全""人人保安全"的良好习惯和氛围,在此过程中,不断沉淀好的方式和习惯,通过制度规范起来加以推广,这是 SMS 的核心精髓。

七、给予 SMS 建设持续的精力保证

国外把 SMS 称为"安全和经营相结合的典范"。为什么我们很多时候找不到这种感觉?就是因为大部分单位对 SMS 还处在懵懵懂懂,一知半解之中。始终没有找到 SMS 系统对企业安全运行到底好处在哪。因此各单位必须在 SMS"从无到有,从有到有用"的过程中,给予足够的重视,持续集中力量和精力,使它真正成为保驾企业安全运行的"利器"。SMS 不是企业有了问题才用,即使有的企业目前运行状态良好,仍要充分运用 SMS 手段来强化安全管理,正所谓"居安思危、思则有备、有备无患"。

资料来源:http://news.carnoc.com/list/342/342792.html

本章小结

1. 安全风险被定义为:以可预见的最坏情况作基准,对一种危险后果从预测的概率和严重性角度进行评估。

2. 安全风险管理过程主要包括:(1)危险识别;(2)评估安全风险的概率;(3)评估安全风险的严重性;(4)评估安全风险的可容忍度;(5)安全风险的控制或缓解措施。

3. 安全风险控制或缓解战略一般有三种:规避、减少和风险隔离。

4. 安全管理体系是有组织的管理安全的方法,包括必要的组织结构、责任制度、政策、程序以及工具。

5. 安全管理体系有三个特点,这三个特点是:系统性、主动性和明确性。

6. SMS 中有 4 个组成部分,包括代表 SMS 两个核心运行程序和支持这两个核心运行程序的组织安排,具体包括:安全政策和目标、安全风险管理、安全保证和安全促进。

综合练习

思考题

1. 简述安全风险的概念。
2. 安全风险管理过程的具体步骤是什么?
3. 如何确定安全风险的可容忍度?
4. 安全管理体系有哪些特征?
5. 简述安全管理体系的组成部分和要素。

第三章

人为因素与航空安全管理

本章学习目标

- 掌握航空安全管理人为因素的内涵；
- 掌握机组人员的致灾因素；
- 掌握维修人为差错的内在因素和外在因素；
- 掌握空管人员的致灾因素；
- 掌握机场工作人员的致灾因素。

 **导引案例**

特内里费空难

特内里费空难(Tenerife Disaster,或称为加那利空难)是指在1977年3月27日傍晚于西班牙北非外海自治属地加那利群岛的洛司罗迪欧机场发生的波音747跑道相撞事件。由于发生事故的两架飞机都是满载油料与人员的波音747大型客机,因此事件造成两机上共有583人在"地狱之火"中丧生,其中,荷航飞机上的248人全部遇难,泛美航班上则有61人奇迹般得以生还。

根据机场工作人员的说法,荷兰航空公司客机的驾驶员没有得到地面指挥中心的正式起飞指令,就在起飞滑行道上滑行,正是由于这一错误行为,导致了可怕的后果。因为当时美国泛美航空公司的客机已经在跑道上滑行,当两架飞机都开始起飞的时候,自然无法避让,最终两机以极高的速度相互撞击,先是剧烈爆炸,然后起火,很多乘客当场身亡(如图3-1所示)。

图 3-1 特内里费空难现场

资料来源：http://baike.baidu.com/item/%E7%89%B9%E5%86%85%E9%87%8C%E8%B4%B9%E7%A9%BA%E9%9A%BE/3910908?fr=aladdin

航空安全的人为因素中,人指航空运输参与者,主要包括机组人员、维修人员、空管人员和机场工作人员等。由于人为差错和工作失误等人为原因,影响到航空安全,导致航空事故或航空灾害发生的致灾因素为航空安全的人为因素。

人是航空安全中最积极、最活跃、最主动的影响因素。机组成员对飞行安全起决定性作用，处在核心位置；与飞机运行安全相关的其他人员主要指空中乘务员、航空安全员、工程机务人员、商务人员、各类保障人员和各级管理人员。导致航空灾害的关键人员是机组人员，其他人为因素则是通过飞机及相关设备、飞行环境而发生作用。

中国民用航空局对1949—1999年发生的二等和重大以上的事故统计分析显示，人为因素约占88%，其中约65%的直接责任者是飞行员或机组成员。据统计，20世纪50年代到90年代，世界民航事故中的人为因素由早期占45%逐年增加到80%以上。其中发生有人员死亡的飞行事故原因统计中，飞行员原因占65%左右。国内外研究表明，人为差错的发生不仅取决于人本身，整个航空安全生产体系都存在导致人为差错的可能。航空业的飞速发展，先进航空技术及运行管理系统的广泛应用，不断诱发新的人为差错，成为航空灾害最主要的致灾因素。

第一节　机组人员致灾因素

根据国际民航飞行事故统计数据可知，1959—1990年，由于机组行为失误造成的飞机失事事故占事故总数的70%～77%。中国民用航空局的统计数据表明，我国20世纪90年代机组直接责任事故占事故总数的52.2%；另根据中国民航对1990—1994年发生的29起运输飞行事故原因的分析可知，人为因素占事故总数的89%，其中机组行为失误的因素达到57.7%，主要表现在机组操纵不当(18.8%)、机组违反飞行程序和规章(11.8%)、机组成员配合不好(11.8%)和机组判断错误(8.9%)等方面。

民航系统人员认为近年来造成我国民航事故的机组因素中，居首位的是机组操纵不当，其次是机组违章驾驶，再次是机组判断失误，其他依次为机长技术能力不强、机组配合失调、机长心理素质欠佳、复飞决断不及时和机组不能正确使用设备等（见表3-1）。

表3-1　我国航空事故的机组因素调查结果

结果序号	我国航空事故的机组因素	百分比(%)
1	机组操纵不当	47.53
2	机组违规驾驶	40.30
3	机组判断失误	39.54
4	机长技术能力不足	36.88
5	机组配合失调	30.42
6	机长心理素质欠佳	29.66
7	复飞决断不及时	16.35
8	机组不能正确使用设备	15.21
9	其他	2.28

由此可见，调查结果与实际情况比较接近，表明民航系统人员对机组人为失误的致灾因

素有比较深刻的认识。然而,国内外对民航领域人为失误的研究,多集中在对飞行员个体行为的研究,而对机组群体行为失误很少关注。人的外部行为表现受其内在心理的支配和控制,机组人员的行为也不例外。机组行为失误大多是属于心理性质的,往往是人、机、环境因素相互作用的结果。因此,不仅要对民航机组个体行为失误的内因和外因进行分析,而且还要分析机组管理不善对群体行为失误的影响,从而有针对性地采取相应的管理对策。

机组是一个在空中飞行的非常特殊的工作群体,机组管理相对独立于航空组织的管理,故将机组管理因素放在本章进行综合分析。机组人员致灾因素如图3-2所示。

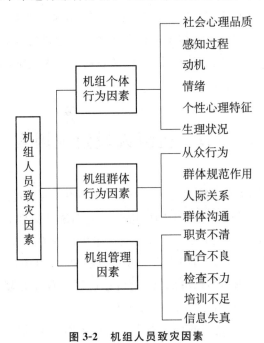

图 3-2 机组人员致灾因素

一、机组个体行为因素

20世纪80年代,高科技的飞速发展使现代飞机设计日臻完善,机械故障减少,但飞行高度、速度、巡航时间的增加,以及显示系统、操作系统的高度自动化,使飞行员的生理、心理负担增大。对飞行失事的调查系统显示,飞行员正逐渐成为飞行安全环路中的重要限制因素。机组人员的个体心理是群体行为的形成基础,其社会心理品质、感知过程、动机、情绪、气质、性格、能力和生理状况等都与机组行为差错有着内在的联系。

(一)社会心理品质与行为失误

社会心理品质涉及价值观、社会态度、道德感和责任感等,直接影响机组行为表现,与飞行安全密切相关。在飞行环境中,大多数机组人员具有良好的社会心理品质,对人民的生命财产负责,注重飞行安全,遵守飞行规则,较少出现行为失误。但少数机组成员社会心理品质不良,缺乏社会责任感,漠视飞行规则,以自我为中心处理与他人的关系,行为轻率,容易出现失误。

(二)感知过程与行为失误

飞行员失误涉及感知错误、判断错误和动作错误等,是造成飞行事故的直接原因。感知错误的原因主要是心理准备不足、情绪过度紧张和麻痹、知觉水平低、反应迟钝、注意力分散和记忆力差等。感知错误、经验缺乏和应变能力差,往往导致判断错误,而感知错误、判断错误会导致操纵错误。在特定的飞行阶段,随着工作负荷加重,飞行员的感知过程也发生一系列变化。

注意是一种始终伴随着认知过程的心理状态,它好像一种过滤器,具有选择性和集中性,使人有选择地输入信息,并将注意的焦点聚集在所要输入、加工、提取和输出的信息上。然而,人在同一时刻加工信息的能力有限,如果输入信息量过大,人的思维就会处于混沌状态;若再加上信息质量不高或受到客观条件干扰,注意的集中性就会受到破坏。在特定的飞行阶段,由于信息量激增,注意容量有限,使飞行员在高负荷的工作条件下注意力的分配和转移产生困难,注意范围狭窄以及受到无关刺激的干扰,使信息量超出了飞行员的注意容量。显然,处在这样的状态下,人的认知过程便会受到破坏。注意力过于集中于某一方面而忽视其他方面所诱发的飞行员错误,也是导致飞行事故的重要原因。

高负荷工作会使飞行员产生紧张和焦虑情绪,这会给飞行员的正常操作带来一定困难。当具有突发性、意外性、复杂性、紧迫性和危险性的应急情况出现时,不仅会增大飞行员的工作负荷,更增大了他们的心理负荷。此时,飞行员的精神往往会过于紧张,情绪会变得极不稳定;一旦应急情况超出驾驶员的应对能力,飞行员的工作能力会急剧下降,通常表现为感知能力下降,注意范围缩小,出现不应有的遗漏现象,如找不到常用的仪表或电门开关,甚至不知道看什么或对要执行的操作"视而不见"。思维能力、记忆力下降,主要表现为综合接收各种信息的能力下降,误判率明显增高,操纵动作出现遗漏;动作反应迟缓,操纵动作失误,如本该收襟翼而将起落架收起;常出现不假思索的冲动性动作。动作的可靠性大为降低,甚至出现行为倒退现象等,这些现象对飞行安全造成了极大的威胁。

案例链接 3-1

2·4 台湾复兴航空客机坠河事件

2015年2月4日10时56分,台湾复兴航空公司一架航班号为GE235、编号为B-22816的ATR-72-600型民航客机在从台北飞往金门过程撞到高架桥,在基隆河坠机(见图3-3)。

截至2015年2月12日,事件共导致43人死亡,15人受伤。此外,事故波及环东大道上一部出租车,致2人受伤。

2015年2月4日16时10分,飞机上俗称黑匣子的座舱通话记录器和飞行记录器被搜救人员寻获。

2015年2月4日21时,经过10余小时的努力,失事客机残骸从基隆河中打捞上岸。

根据黑匣子解读内容,失事客机在起飞过程中,2号发动机失效,机组错误地关闭了1号发动机,事后又意识到关错了发动机,试图再启动没有故障的1号发动机,但是由于飞机当时的动力依靠故障的2号发动机,飞机没有足够的动力维持高度和速度,1号发动机也未能及时启动起来,飞机在没有动力的状态下最终失速坠毁。

资料来源:https://baike.baidu.com/item/2％C2％B74％E5％8F％B0％E6％B9％BE％E5％A4％8D％E5％85％B4％E8％88％AA％E7％A9％BA％E5％AE％A2％E6％9C％BA％E5％9D％A0％E6％B2％B3％E4％BA％8B％E4％BB％B6/16721175? fr=aladdin

图3-3 事故现场

(三)动机与行为失误

动机是决定机组人员是否追求安全目标的动力源泉。有时,安全动机会与其他动机产生冲突。当主导动机是安全动机时,会驱使机组把安全放在第一位,避免违章行为;而当其他动机占优势时,就可能导致忽视安全飞行。例如,飞行员可能会出于强烈的自我表现动机,通过超速或强行降落等冒险举动,表现自己超群的技术和本领,炫耀自己的能力。机组成员的动机存在个体差异,而各种动机的冲突是造成人际失调和配合不当的内在原因。出于某种动机,机组成员可能产生畏惧心理、逆反心理或依赖心理。畏惧心理表现在机组成员技能水平低,缺乏自信,胆怯怕事,遇到紧急情况手足无措。逆反心理是由于自我表现的动机、嫉妒心导致的抵触心态或行为方式对立。依赖心理是由于对机组其他成员的期望值过高而产生的。这些心理障碍影响机组成员的配合,极易造成机组行为失误。

(四)情绪与行为失误

情绪是人对客观事物是否满足自身需要的态度的反映,对于能满足自身需要的事物,就会引起积极的情绪;反之,就会引起消极的情绪。同时,情绪具有感染力,每个成员的情绪对机组群体气氛都有影响。在良好的氛围下,机组人员感知敏锐,判断准确,操纵得当;而在不良的氛围下,就可能使机组人员情绪低落,容易产生违章行为。此外,在特殊情况下,由于情绪过度紧张使大脑神经兴奋或抑制,系统失调,注意力突然中断,表现出知觉的狭窄和行为的死板倾向,造成正常动作程序发生"短路"错误,决策和操纵行为失误,最终导致飞行事故。过分自信、骄傲自大的情绪是飞行安全的陷阱,国外的经验是拿到执照300～500飞行小时的飞行员,最易产生过分自信情绪,失事也较多。稳定的安全飞行状态会使驾驶员产生麻痹情绪,形成一种满不在乎的心态,一旦出现特殊情况就可能会惊慌失措,导致判断和操纵行为失误。另外,情绪上的长期压力和适应障碍,也会使心理疲劳频繁出现而导致失误。

(五) 个性心理特征与行为失误

个性心理特征主要包括气质、性格和能力。飞行员的个性心理特征对机组行为失误有明显的影响,是决定机组整体表现的重要因素。

1. 气质

按照希波克拉特的"体液说",气质可分为多血质、胆汁质、黏液质和抑郁质。

多血质的人,热情活泼,反应灵敏,善于人际交往,明显外倾,兴趣广泛,但情绪不够稳定,注意力容易转移。这种类型的飞行员在有变化的飞行条件下表现良好;但在工作单调乏味时情绪不稳定;长途飞行时,甚至容易打瞌睡。

胆汁质型的人精力充沛,情绪冲动而难以克制。反应速度快,明显外倾,但工作缺乏条理性。这种类型的飞行员,固执己见,脾气急躁,态度直率,语言动作快,情绪冲动时难以克制。但通过安全教育和监督管理,可以使之成为不错的飞行员。

黏液质型的人安静沉着,行动迟缓,情绪平和,不外露,自制力强,不善于交际。这种类型的飞行员能遵守飞行规则,很少违章,担任长途飞行任务时耐力强,能出色地完成任务;但遇到特殊情况时反应慢,应变能力较差。

抑郁质型的人敏感、多疑,感情脆弱,反应速度慢,感受性强,情绪体验深刻,严重内倾,这种类型的人不适合从事飞行工作。

民航学院在选拔飞行学员时会进行心理测试,有严重气质缺陷的人会被拒之门外。然而,多数人是某两种气质类型的中间型或混合型。每一种类型都兼有积极和消极的特点;而且由于考生在做心理测试时会掩饰自己的气质缺陷,使测试的信度和效度受影响,因此存在潜在的安全隐患。

2. 性格

根据卡特尔的性格因素理论,乐群性、情绪激动性、有恒性、独立性和自律性因素低分者的行为特征,会对安全飞行产生不利影响。如:情绪激动性低分者的特征是情绪易激动,难以应付现实中的挫折,易受环境影响而动摇。这类人常感烦恼不安,身心疲乏,甚至失眠等。幻想性、忧虑性和紧张性因素高分者会对安全驾驶产生负面效应。如:忧虑性因素高分者的特征是忧虑烦恼,常觉人生暗淡渺茫,患得患失,缺乏自信,一旦遇有险情便会惊慌失措。

3. 能力

一个优秀的飞行员应该具备熟练的驾驶技术、丰富的知识和卓越的判断能力。熟练的驾驶技术是指熟练掌握飞机的驾驶技巧及机上设备的使用,这在训练中必须达到。理论考核成绩优异的驾驶员仍然会在事故中丧生,原因在于知识只有在正确地使用时才能有价值。飞行的学习过程实际上包括熟练地掌握驾驶技巧和正确决策能力的培养,而具有卓越的判断能力才能产生正确的决策。在民航事故中,大约2/3的事故与机组有关,而其中50%与飞行员的错误决策或错误判断有关。飞行员在空中最重要的任务就是综合分析各种情况,适时做出正确决策。飞行员都受过严格的训练,实际上很少有人不知如何操纵飞行,例如飞行员都知道着陆前如何放起落架,但相关事故及征候却时有发生。由此看来,飞行员决策能力差是导致行为失误的关键。

作为机组的核心任务,机长必须具备驾驶能力、组织能力、决策能力、沟通能力和应变能力,而驾驶能力主要受素质、知识、技能以及实践活动的影响。

阿联酋航空公司一架客机在空中发生客舱冒烟的情况,飞机紧急降落后,机长一意孤行,拒绝听取机组其他成员和ATC的建议,没有执行"旅客紧急撤离"程序,失去了扭转局面的良机。导致客舱门一打开,氧气助燃使明火浓烟四起,造成旅客伤亡和飞机损坏的严重事故。机长缺乏航空知识和经验,驾驶能力、应变能力和协作能力低下,性格偏执,刚愎自用,未能发挥机组的集体智慧,是导致这起空难的主要人为因素。因此,在培养机组成员良好的个性心理特征的同时,需考虑成员不同个性特征的合理匹配与互补,创造良好的机组群体绩效。

案例链接 3-2

8·24黑龙江伊春坠机事故

2010年8月24日21时38分08秒,河南航空有限公司机型为ERJ-190、注册编号为B-3130的飞机执行哈尔滨至伊春的VD8387班次定期客运航班任务在黑龙江省伊春市林都机场30号跑道进近时距离跑道690米处(北纬47°44′52″,东经129°02′34″)坠毁,部分乘客在坠毁时被甩出机舱。机上乘客共计96人,其中儿童5人。事故造成44人遇难,52人受伤,直接经济损失30 891万元。该事故属可控飞行撞地。

事故发生的主要原因是由于机长技术不过关以及应变能力不足造成的。事后调查发现河南航空部分飞行员存在飞行中随意性大、执行公司运行手册不严格等突出问题。根据河南航空飞行技术管理记录,机长齐全军飞行超限事件数量大、种类多、时间跨度大,特别是与进近着陆相关的进近坡度大、偏离或低于下滑道、下降率大、着陆目测偏差较大等超限事件频繁出现。河南航空对机长齐全军长期存在的操纵技术粗糙、进近着陆不稳定等问题失察。此外,飞机撞地后,没有组织指挥旅客撤离,没有救助受伤人员,而是擅自撤离飞机。

资料来源:https://baike.baidu.com/item/8%C2%B724%E9%BB%91%E9%BE%99%E6%B1%9F%E4%BC%8A%E6%98%A5%E5%9D%A0%E6%9C%BA%E4%BA%8B%E6%95%85/10336646?fr=aladdin

(六)生理状况与行为失误

飞行员的生理状况也是致灾因素之一,受到疲劳、健康状况、饮酒及药物等因素的影响。

1. 疲劳

疲劳是严重威胁飞行活动的隐患之一,据1988年美国航空航天局航空安全委员会报道,在已公布的飞行事故中,约有21%的事故与疲劳有关。导致疲劳的主要因素是缺乏睡眠和昼夜节律混乱。由于航班跨时区飞行和轮班制作业,飞行员的体内环境与外部环境的同步活动被打破,表现出昼夜生物节律混乱。飞行员休息时不能很快入睡,睡眠质量差,导致疲劳的加深。而睡眠缺乏和疲劳积累又反过来加重昼夜生物节律的混乱，在高度紧张的工作环境中，或在从事仪表监视等单调无聊的工作中，飞行员会感到脑力疲劳，警觉性和注意力严重下降，造成思维迟钝和操作缓慢。

2. 健康状况

一般来说，飞行员的生理状况较好，并进行定期的身体检查，但长期的超负荷工作，会导致健康状况出现一些小问题，如感冒、胃溃疡、失眠等困扰着他们。此外，其他生理不适也可能造成不良的后果。

3. 饮酒

虽然酒后飞行是绝对禁止的，但由于飞行员高风险的工作性质，个别飞行员产生了"今朝有酒今朝醉"的思想，有时会忍不住饮酒；尽管有的飞行员能克制自己不在飞行前饮酒，但由于休息时饮酒过量导致酒精慢性中毒，也会对其意识状态产生消极影响。

4. 药物

有些药物存在潜在的副作用，会导致飞行员意识不清、头昏脑涨或嗜睡等，对飞行安全威胁极大。

此外，生物节律理论认为人的身心状况取决于体力曲线、智力曲线和情绪曲线。有关研究表明，当飞行员的体力曲线处于低潮时，其精力不济；当人的智力曲线处于低潮时，记忆能力、判断能力和分析能力会下降；当人的情绪曲线处于临界状态时，情绪波动大，自制力下降，容易导致工作失误。但这一方面的实证研究尚有待深入探索。

无论飞机的自动化程序有多高级，飞行员始终是航空系统中最有价值、最主要的因素。由于人类自身的局限性，飞行员是易变化的、不可靠的因素。人的易变性决定人有犯错误的倾向。飞行员应充分利用一切可获得的资源（人、设备和信息），认识到自身缺陷并加以弥补，处理好人—人关系，使机组团队的工作效率高于个人行动总和，通过预防或管理机组人员的差错来改善安全状况，从而把发生差错的可能性降到最低。

案例链接 3-3

独立航空 1851 号班机空难

独立航空 1851 号班机是由美国独立航空（Independent Air）营运的一班由意大利贝尔加莫经葡萄牙亚速尔群岛飞往多米尼加共和国蓬塔卡纳的旅游包机。一架载有 137 名意大利旅客及 7 名美国机组人员的波音 707 于 1989 年 2 月 8 日执行此班包机，在亚速尔群岛撞山坠毁，机上 144 人全部遇难。此事故为葡萄牙最严重的航空事故。

经过事故调查发现，除了塔台管制员的错误，主要原因是机组没有遵守规定的操作程序而造成一系列人为差错。机长飞行经验丰富，但因他的脚刚做过矫形手术，尚未完全康复，出事一周前曾发生过因脚难受而不能用脚蹬方向舵的情况，这难免会影响正常操纵飞机。航空公司的资料表明，飞行员对近地报警系统发出警报的平均反应时间是 5.4 秒，然而当时近地报警系统发出警报持续了 7 秒钟，机长却未采取任何紧急措施，脚伤是难以排除的失误原因。

副驾驶是重要的责任人。副驾驶被雇用才几个月,此前不久曾经历了母亲去世和个人破产的伤心事,并且经常受到过敏的困扰,靠服用抗组胺剂自我治疗。事故调查结论证实,机组在23分钟的通信中,共建立、延迟和打断通信联系49次;副驾驶在高频和甚高频通信中共发送17份电报,但因语言错误或未使用标准航空用语,重复了其中8份电报,其不合常理的频繁差错,很可能与其服用有抑制作用的药物有关。由于副驾驶通信技术差、精力不集中,导致无线电通信多次错误,没能及时发现高度表调定值错误,导致机组秩序混乱,最终造成机毁人亡。

资料来源:李奎,李雪强. 航空安全管理[M]. 北京:航空工业出版社,2011.

二、机组群体行为因素

航空飞行要求多工种协同操作,因而飞行组和乘务组之间、各机组成员之间必须具有高度的协调性,这使得群体心理的作用十分突出。机组群体心理的影响主要表现在群体意志影响成员的行为。

(一) 从众行为的影响

个体在群体中,往往不知不觉地受到无形的影响,表现出与群体内多数人的感知、判断和行为相一致的现象,即从众行为。在一个遵纪守法的机组中,个别倾向冒险的人会在群体的压力下注重飞行安全;如果在一个漠视安全的机组里,少数平时遵守规章制度的人也会顺从群体的违章行为。机组成员在彼此相互影响下,会发生一种认同效应或同化现象,个体差异会明显缩小。

(二) 群体规范作用的影响

群体规范作用的强弱取决于群体意识的强弱。在安全意识较强的机组里,成员大多能保持安全的操作行为;相反,在安全意识薄弱的机组里,成员们为了抢时省力或自我表现,往往做出不安全行为而导致失误。机组群体规范行为可以满足成员个体的心理需要、增加勇气和信心,有助于消除单调和疲劳,激发工作动机,提高工作效率,产生社会助长作用;反之,则产生社会抑制作用。

(三) 人际关系的影响

大量的飞行事故调查表明,现代飞行失事,尤其是自动化座舱的飞行事故,多由座舱秩序混乱、缺乏正确的领导机制和集体决策失误导致,这暴露了机组人员的人际关系问题。机长和机组成员之间、机组成员之间的关系失调,会直接影响机长领导和指挥的有效性,影响机组成员的同心协力和密切配合,影响个人工作能力的发挥与机组整体效率。当机长指挥不力,而机组人员的参与意识差时,飞行事故在所难免。

（四）群体沟通的影响

机组的群体沟通渠道不畅，沟通不及时或效果差，是导致航空灾害的重要因素之一。若不能让每名机组人员都感到自己的价值和责任，缺乏良好的沟通机制和气氛，就无法使他们积极收听、反馈以及及时表达自己的观点，自觉提供所掌握的重要信息。例如，副驾驶在对机长的行为有疑问时，怕自己提醒出错而不提醒；双机长飞行时，双方都认为对方该知道的都知道而不进行交流；信息沟通的过程中产生误解却未及时发现或纠正，都是十分有害的。

三、机组管理因素

机组群体行为失误的成因错综复杂，但其共性是由于人的机能不确定性与飞机或航空环境等因素相互作用而产生的，民航机组的群体规范、分工协作、人际关系和信息沟通等群体行为，直接影响机组整体功能的发挥。以下主要分析机组管理不善对群体行为失误的影响。

（一）职责不清，管理低效

现代民航业的机组管理，已从机长命令成员服从的阶段，转变为机组自觉执行飞行手册的规定、机长分权给其他成员的机组密切协作阶段。然而，我国航空公司存在机组分工不明、职责不清的现象。如主控飞行员将操纵飞行、通信工作独揽一身，旁人无法判断其操纵是否符合航管意图，发生错误的可能性将大大增加；对某些紧急情况没有明确预案，以致无人监控飞机状态，不能及时发现参数超限和事故征兆，从而不能进行有效的事前控制。

我国民航一架伊尔-14在一次机场训练着陆时，副驾驶忘记放下起落架，机长和机械员都未注意；报务员去后舱休息听到警告喇叭响，也没有意识到失误。当地面发出"复飞"指令时，机组误认为是因为跑道上有人。机长看清跑道上无人，依然决定着陆。结果直到螺旋桨触地，才发觉未放下起落架，但为时已晚。这一教训说明，机组人员缺乏强烈的责任感，把训练当成走形式，麻痹大意，是导致机组行为失误的间接原因。要发挥机长的核心作用，关键在于培养和强化机长的组织管理能力，明确各机组成员的岗位职责，合理分工、授权与监控，从而预防和减少群体行为失误。

（二）配合不良，人际失调

在飞行过程中，机组成员团结协作、配合默契，就会产生"1＋1＞2"的效应；反之，机组成员各行其是，互不协作，就可能导致群体行为失误，甚至酿成飞行事故。要从根本上解决问题，应当建设安全文化，形成全员安全意识；强化驾驶舱资源管理，协调机组的人—机—环境关系；开展机组配合训练，如敏感性训练、组队训练等，促进机组团队建设。

1994年8月10日，韩国大韩航空公司的一架A300客机在济州岛准备降落时遇大雨，加拿大籍的机长要着陆，韩国籍副驾驶要复飞，两人争执不下导致动作不协调，且没有采取减速措施，飞机高速接地后冲出跑道，撞上防护栏起火烧毁。由于机组成员之间发生认识上的冲突而导致配合不良、决策失误和操纵不当，导致了这起典型事故。

（三）检查不力，防错不当

机组资源管理（CRM）强调机组成员作为一个整体进行工作，它能保证机组不会因个人失误而导致整体出差错。例如，除非是主控飞机的飞行员、非主控飞机的飞行员、空中交通管制员和近地警告系统这几个独立的安全系统同时失效，否则，是不会发生飞行员操纵飞机撞地事件的。交叉检查是检查主体充分利用尽可能的判断手段，对检查客体进行证实性核查，力求找出不妥之处，及时加以弥补，以确保飞机安全运行。假如飞行员个人飞错高度的可能性为 1/500，若副驾驶参与交叉检查，则同类错误率可降为 1/250 000；如若驾驶舱内的观察员已加入这种检查程序，经三人共同"过滤"，错误发生率将下降到 1/125 000 000。然而在飞行中，由于防错不当、交叉检查不力而导致机组失误时有发生。例如，副驾驶输入 MC 数据出错，机长没有进行交叉检查，特别是航路数据临时有变时，若按原有航路飞行，后果是非常危险的；检查单落实不到位，主控与非主控飞行员之间没有落实"要求/相应"程序，若出现人为差错就无法挽回。

（四）培训不足，知识缺乏

随着自动化程度的提高，机组功能已从操作型转变为管理型，知识和信息对航空安全的作用越来越重要。在简单的重复性操作中人犯错误地概率为 1/100～1/1 000；但经过学习和训练，错误率可下降到 1/1 000～1/10 000，也就是说，人为失误是不可避免的，但能通过学习或训练得到控制而减少。然而，由于对机组人员的在职培训不到位，导致原有的知识和技能难以适应工作的需要。

1994 年 4 月 2 日，中国台湾中华航空公司的一架客机在名古屋机场准备着陆时，飞行人员发生感知和判断错误，误用了"起飞程序"使用自动驾驶仪，导致飞行失速坠地。在发生误操纵的情况下，假如飞行人员知识丰富，积极采取应变措施，是完全可以避免灾难发生的。

此外，经验对飞行安全也是至关重要的，1994 年 1 月 7 日，美国联合捷运航空公司一架喷气式 41 飞机，在向哥伦布港机场进近着陆时撞在附近的建筑物上失事。事故原因是机长和副驾驶都缺乏驾驶这种机型的经验，对该机型的驾驶舱仪表及自动驾驶仪了解不够，对飞机失速警报反应迟缓且操纵失误。针对以上问题，短期对策是飞行组成员改机型前必须接受严格的知识技能培训和考核，规定副驾驶由经验丰富的飞行员带飞若干小时后才能正式上岗，副驾驶具有某机型的飞行经验后才能转为机长。长期对策是优化机组人员结构，进行持续性的岗位培训和心理训练，提高机组人员的业务和心理素质。

（五）信息失真，沟通不畅

群体沟通的障碍主要表现在语义的障碍、知识经验的局限性、需要和动机等心理因素的影响、知觉的选择性等方面。譬如，民航用英语通话是同国际接轨的有效步骤，但英语有一词多义和不同单词读音相同的情况，存在着造成误解的可能性。20 世纪 90 年代初，国外一架波音 747 飞机，因飞行员将"Descent two four zero zero"误认为"Descent to four zero zero"，导致毁灭性的空难。由于飞行组和乘务组之间缺乏沟通、了解和尊重，也可能导致飞行事故的发生。国外一架双发喷气客机进入夜间巡航阶段不久,飞行组突然感到飞机抖动并闻到烟味。飞行组认为右发动机提供驾驶舱的空气,而且它曾发生过故障,于是在慌乱中错误地判定右发动机出现故障,关掉右发动机并广播通知乘客。然而,客舱中的乘务组和乘客却清楚地看到左发动机在冒烟喷火。因飞行组通告后不要求乘务组反馈,而乘务组发现异常后未主动与飞行组沟通,使飞行组没能纠正失误并重新启动右发动机,结果导致机毁人亡。因此,消除信息沟通中的发信、编码、传输、译码、接受及反馈各环节的障碍,减少信息失真或失效,将单向沟通改为双向沟通,是达到有效的群体沟通的基本途径。

航空飞行是一项复杂的系统工程,来自150多个工种的信息流源源不断地流向驾驶舱,只有发挥机组的总体力量,明确分工,密切合作,才能全面地处理纷繁复杂的信息并转化为合理的行动。针对当前我国民航机组管理的问题,关键在于建立民航灾害预警系统,构建一种能对同性质民航事故具有免疫功能,并能预防和矫正各种民航灾害现象的"自组织"机制。对机组行为进行过程监测与信息处理,并运用机组因素预警指标对监测信息进行识别、诊断和预控,从而有效地预防和矫正机组行为错误。

案例链接 3-4

1993年中国东方航空MD82福州落地意外

1993年11月13日,中国北方航空公司MD-82型B-2141号飞机执行北京—乌鲁木齐航班任务,在机场进近过程中飞机撞高压线后坠地,飞机烧毁。机上旅客92人,其中8人遇难。机组10人,其中4人遇难。

事故经过

CJ6901号班机向乌鲁木齐地窝堡机场进近。塔台向班机通报:"场压947百帕,高度表拨正值1 024百帕",因管制用语不规范和飞行员的误解,飞行员将管制所提供的修正海平面气压错误地理解为场面气压,并进行了错误的高度表拨正,致使左座高度表读数高出飞机实际距地高度2 128英尺。因高度表拨正错误,左座飞行员按照错误的高度指示断开自动驾驶系统,离开了下滑道,右座飞行员未发现高度指示不正常。地面迫近警告系统(GPWS)随即发出两次"GLIDE SLOPE"(低于下滑道)的语音警告,机组人员并未理睬。其后,GPWS又发出四次"PULL UP"(拉起)报警,机组成员也未能听懂。当发现下降高度过低时,机组重启自动驾驶系统,但未加油门,导致飞机失速,撞上地面高压线,坠毁于地窝堡机场跑道外2.2千米处。4名飞行员和8名乘客在事故中遇难。

原因分析

(1) 机组调错高度表,加上天气状况不佳,机组一直未意识到飞机处于低高度飞行。

(2) 航空管制人员用语错误,使用不规范的"高度表拨正值"导致机组发生误会。

(3) 机组能力不足,未能听懂近地警告系统的多次警告,在目视条件差的情况下盲目进近,未按仪表、盲降进近指示,错误下降高度,复飞时操作错误。

资料来源:http://iask.sina.com.cn/b/2195996.html

第二节　维修人员致灾因素

机组是决定航空安全的一项最重要的因素,但维修人员对航空安全的影响作用也不容忽视。如果机务维修人员的整体素质好,能够及时发现问题,并给予快速、高质量的维修,就能给飞行人员提供适航、安全、可靠的飞机。否则,会提高机械故障发生的概率,增加飞行人员的压力,加大机组出错的可能性,甚至会酿成飞行事故。

统计表明,因机械机务原因造成的飞行事故在事故总数中占有很大的比例。根据国际民航组织的统计,1980—1991年,全世界因维修和检查不当造成的空难事故有47起,占同期事故总数的12%;迄今为止,业已查明的13种事故原因中,维修失误仅次于不按程序飞行和起降造成的事故,居第二位。尽管近年来,由机械机务原因造成的飞行事故在减少,但维修中的人为差错仍是重要的致灾因素。

有关数据表明:20%~30%的空中停车、50%的航班延误或取消是由维修差错引起的。由维修引起的事故犹如一座大海中的冰山,能看见的浮在海面的冰山的一小部分是少数由维修差错引起的航空事件,而多数由维修差错引起的事件则沉在水下。维修差错会造成重大的不安全事件,如空中停车、地面返回,空中返航,还会造成一些常见事件,如未通过功能验收而造成的返修,后者虽然因造成的损失不大常被忽视,但实际上形成了安全隐患。分析在维修中人为致灾因素的成因,对预防航空灾害是非常有益的。

有研究表明,15%~20%的维修差错是由维修人员的知识、技能和能力造成的,剩余的80%~85%的差错是由工作条件、工作和任务指标、任务和设备特点、心理负荷及生理压力等因素引起的。

一、维修人为差错的内在因素

(一)人员素质缺陷

维修人员的素质包括思想素质、业务素质、心理素质和身体素质等。思想素质和业务素质缺陷,是造成维修人为差错的重要原因。思想素质主要指价值观、思想品德、职业素养和工作态度等。一个责任心不强、工作态度消极的维修人员,难免出错频繁。业务素质主要指维修工作所需的知识、技能和能力,以及所受训练、个人智商和经验。一个专业基础差、理论素养低、知识陈旧、业务能力跟不上技术发展的维修人员,是无法胜任本职工作的。此外,英语水平低,看不懂国外飞机的一些工艺规程、维修程序等,也是导致工作失误的原因之一。心理素质不佳,过于自卑或自满大意,过于自我表现,缺乏人际沟通能力和合作意识,都会影响维修工作质量。

(二)操作违反规范

工作随意,不按规章制度办事,操作违反规范,是导致人为差错的主要原因。1988年阿洛哈航空公司的一架波音737飞机在夏威夷发生事故,就是由于没有按程序检查维修,未能及时发现机体结构恶化的情况,而导致飞机在飞行中机体的上部损毁。1985年8月12日,日航波音747DR飞机的坠毁造成机上520人死亡,4人受伤。事故原因就是该机候补承压隔板发生的故障修理不当,造成其强度下降。最终导致这起航空灾害。

(三)心理负荷过重

由于任务进度、工作压力、工作责任所造成的心理负荷过重,也是导致人为差错的因素。航空公司对机务维修人员的工作考核,非常看重是否造成了航班延误或取消,考核成绩不仅与维修人员的收入有关,而且与其主管的工作业绩和收入有关。为了保证航班正点运行,维修人员不得不在一定的时间内抢修飞机,心理压力很大。

(四)生理压力过大

生理压力包括疲劳、病痛、因倒班引起的生理节律紊乱。航空公司开通"红眼航班"之后,机务维修人员倒班所造成的持续工作时间过长、生物钟紊乱等现象,对维修工作的质量保证产生了消极的影响。当飞机出现严重故障时,维修人员连续高强度的工作,难免造成生理疲劳,导致工作中出现错漏遗忘。如果出现疲劳或身体不适而造成不适宜工作时,仍然坚持工作,就容易造成失误。

二、维修人为差错的外在因素

(一)工作条件的影响

工作条件是导致人为差错的重要因素,如设备、工具、照明、温度、管理、换班和规章制度的影响。例如,盛夏季节,有的机场地面温度近50℃,维修人员在户外作业时汗流浃背,身体不适难免心情烦躁不安,容易引起注意力分散,丢三落四,造成一些失误。工作条件与人的内在因素相互作用会导致工作失误。某机场机务工作人员在做飞机航后工作时,误将液压油加入发动机滑油箱中,幸好加了一半时发现错误,报告车间及部值班经理后,连夜放掉了所有的滑油,并对油罐进行清洗,否则后果不堪设想,根据《民航航空安全严重差错标准》规定,这是一起严重差错引起的不安全事件。分析其原因,一是维修人员安全意识不强,加上当时已近深夜,身体比较疲劳;二是油品保管及存放不当,没有设立专人保管工具和用具;三是与夜间照明条件有关。为此,机务部按要求立即进行安全整顿,查找安全隐患,加强员工的业务学习,制定有效措施,防止类似差错再次发生。

(二)工作指示的影响

工作指示包括书面和口头通报、维修程序和实际操作。工作指示不明确,内容不具体,甚至不合理或操作性差,直接影响维修人员的工作质量。

(三)任务和设备特点的影响

任务及设备特点对人为差错的影响也不容忽视。任务计划不当、重复单调、复杂烦琐、突然变更或无章可循,以及设备性能、运转情况、人机接口问题等,都有可能造成维修中的差错。

(四)机务管理的影响

飞机的机务维修工作频度高、体能强度消耗大,若某项目存在出现差错的可能,差错发生的概率就会较其他维护项目大。在多次反复操作下,一旦操作者大意就有可能出错。通过对维护同种飞机、任务大致相同的几个维修单位的统计数据进行比较,发现出现差错少的单位都有一套好的管理办法并取得管理成效。随着航空器越来越复杂,对技术条件要求越来越高,各部门及专业界线已越来越模糊。发生航空灾害的原因往往是几个环节都存在缺陷,问题隐患虽经过两个甚至更多检查关,但最终的引发事故还是难以避免。主要原因是组织管理薄弱,计划控制缺少防错措施,质量检验的方式、内容和时机不合理,某些检查人员本身业务水平低或工作不负责任,使检查流于形式。各航空公司的机务维修人员,通过在公司内部的横向比较,在待遇上或重视程度上存在相当大的差距,而维修人员思想不稳定、心理不平衡是造成人为差错的重要原因之一。

1990年6月8日,某航空公司机务夜班维修值班经理早早地来到班上,这是他在5周中的第一个夜班。值班经理发现任务很重,特别是因为领班和注册机械工都不上班,他就是班上唯一经波音737注册的机械工,他必须承担起维修、分派工作和帮助其他机械工的任务。且工作计划表明下一个白班将缺少人手,并且BAe-111飞机的清洗工作必须按时完成。BAe-111的机长风挡需要更换。为了使飞机按时交给清洗组,值班经理决定自己更换风挡。

大约在凌晨3点,他找出维修手册,查阅更换风挡的操作程序。虽然他有两年没有更换过风挡,在简单地查阅手册后,相信这是一项简单的工作。而且因为这项工作不是在"致命点"上的任务,所以不需要有两名检查人员的确认签名。在卸下风挡后,他注意到一些螺钉已经损坏或锈蚀,于是决定更换这些螺钉。风挡螺钉的零件号为A211-7D。在紧固件货架处光线很暗,而且标签已破损,他知道正确的零件号,但只是将旧螺钉同新螺钉放在一起对比尺寸便认定这是正确的零件。他取出84个A21J-7D螺钉和一些用于边角位置的较长的螺钉。但更换时他拿的螺钉型号为A211-8C。用于安装风挡的专用扭矩限制螺丝刀没有经过校准,但在没有其他可用工具的情况下,值班经理要求仓库领班将这只未经校准的螺丝刀设定在20英寸1磅时对两个量规进行了校核,认为可用,随即开始安装这些螺钉,这架飞机已经拖入了飞机棚,大门关闭。关上的门使工作台无法放到机头前面的正确位置,于是他将工作台放在机头一侧。工作台的摆放是一个很不恰当的位置,他必须跨过机头操作,因而他在安装时无法看到螺钉。他拧紧螺钉,直到他感到类似卡规脱落的感觉。他并不知道他的感觉实际上不是螺丝刀的扭矩限制作用,而是螺钉滑入托板螺帽丝扣。而且他也看不到螺帽周围未填实的埋头孔区,而这在正常情况下是很容易看清的。因为这不是"致命点"任务,所以在签署前未进行压力检测。

两天后,飞机飞到 5 300 米高度时,突然一声巨响,机长的风挡脱落,机长部分身体被吸出风挡开口处,机上乘务员急忙进来,轮流抓住机长的腿,以免他被吸出飞机。巨大的气流迎面而来,幸亏副驾驶沉着应对,控制飞机使之急速下降。飞机着陆后,机长被送往医院,检查发现机长有骨折和冻伤的情况。

从这个案例来看,维修人员违规操作,是导致人为差错的最主要原因。维修人员一开始就没有按规章制度办事,没有仔细查阅维修手册关于更换风挡的程序,轻视更换风挡的工作,没有认真核对零件号的正确性,只靠肉眼目测螺钉长短,工作随意性强。作业位置不当,未按规章进行安装操作,也没有检查是否固定到位,凭感觉想当然。此外,当时只有他一人当班,任务进度、工作压力和工作责任对他造成的心理负荷大。那天是他在 5 周中的第一个夜班,大约在凌晨 3 点开始更换风挡,因倒班引起的生物钟紊乱,容易造成生理疲劳、注意力分散,导致工作中出现错漏遗忘。机务管理存在漏洞表现在,维修质量控制缺少防错措施,质量检验的方式、内容和时机不当。出于这项工作不是在"致命点"上的任务,所以不需要两名检查人员的签名,因此导致违章操作没能被及时发现或制止,维修质量问题未被及时察觉;安装完毕后,在签署前没有进行压力检测,导致严重的安全隐患无人知晓,最终造成飞行事故。

飞机维修工作是一种动态的、多变量的、人为因素起主要作用的开放系统,系统中不确定的因素多,逻辑关系复杂,基本事件的发生概率也很难确定。造成维修人员人为差错的主要原因,可归纳为"主观和客观"两方面或来自于人、机、环境、管理等因素。大多数人都认为维修人员是人为差错发生的最主要因素,对已发生的人为差错只寻找维修人员的直接原因,就事论事,而忽视了飞机维修管理和维修系统上的不足之处。其实最关键、最根本的因素是管理因素,因为管理因素可以直接或间接地影响和决定人、机、环境因素。当然,维修人员的综合素质、飞机设计方面的缺陷、维修环境(场地、工具设备和灯光等)也是很重要的因素。只有深刻认识人为差错的偶然性和必然性之间的辩证关系,努力在管理、制度、程序和法制上狠下功夫,努力提高人员素质、维修质量,改善工作环境,消除各种不安全因素,才可以从根本上解决维修人员人为差错问题,保证飞行安全。

案例链接 3-5

中华航空 611 号班机空难

中华航空 611 号班机空难,又称"澎湖空难",是指 2002 年 5 月 25 日中华航空公司(以下简称"华航")一架由当时的台湾中正国际机场飞往香港国际机场(赤鱲角机场)的客机解体坠毁事故。当天一架波音 747-200 型、编号 B-18255(旧机号 B-1866)客机执行此定期航班,搭载 206 名乘客及 19 名机组成员(包括正副驾驶及飞航工程师),在半途中于澎湖县马公市东北方 23 海里的 34 900 英尺(约 10 640 米)高空处解体坠毁,造成机上人员全数罹难,是发生在台湾境内死伤最惨重的空难。

事故发生原因

(1) 1980 年 2 月 7 日,该航机曾在香港启德机场执行 CI009 号班机时因机尾擦地损伤机尾蒙皮,造成飞机失压,当天被运回台湾,次日进行了临时维修。

(2) 损伤到机尾后,华航于1980年5月23日至26日做了永久性维修:用一块面积与受损蒙皮相等的铝板覆盖该处(根据波音的维修指引,新蒙皮的面积须较受损的蒙皮面积增加至少30%),并没有依波音所订的结构维修手册(Boeing Structural Repair Manual,SRM)把整块蒙皮更换,但负责维修的人员于维修记录上写明依照波音维修指引进行维修。

(3) 22年来,后续维修人员相信该维修记录而未更进一步检查。该修补部分因此累积了金属疲劳的现象。1988年阿罗哈航空243号班机事故之后,机务规范要求对飞机可能产生腐蚀的位置进行直接目视检查;这种检查被归入华航的飞机维护程序里面。虽然华航这架飞机在服务期内对这个部位进行过若干次内部检查。其中最后一次例行检查是事故发生之前大约4年,所拍摄的照片显示了在该架飞机尾部修复舱壁四周处肉眼可见的烟熏污渍,这是由于1995年之前允许机上乘客在增压机舱内吸烟所产生的烟雾在此处微小缺陷的舱内外气压差形成的气流向外泄漏所致。这些深色痕迹(锈迹)预示着下面可能隐藏着结构损伤。

(4) 该处裂开后,造成飞机机尾脱落并失控,最后因舱体突然失压,结构解体,导致失控坠毁。根据事故后回收的机身残骸,该处裂痕至少长达90.5英寸(约2.3米),而研究显示在高空中飞机上的裂痕超过58英寸(约1.5米)时就会有结构崩毁的可能。

综上所述可知,这次事故发生的主要原因是由于维修人员未按照维修手册进行维修而造成的。由此可见,维修人员的维修对于飞行安全的重要性。

资料来源:https://baike.baidu.com/item/%E4%B8%AD%E5%8D%8E%E8%88%AA%E7%A9%BA611%E5%8F%B7%E7%8F%AD%E6%9C%BA/8296641

第三节 空管人员致灾因素

空中交通管制是一项高风险、高工作负荷的智力劳动,空管人员就像乐队的指挥一样,指挥每一架进入本管制区的飞机。空管人员一方面要不断地获取信息,分析评估动态,果断做出判断决策,发出指令信息,随时为运行中的航空器配备安全的管制间隔,及时处理各种突发特情;另一方面空管人员可利用的思考时间很短,而发出的指令直接影响航班空中飞行状态和航空安全,管制活动是在空管员、飞行员和有关设备的共同作用下进行的。任何一个环节出现问题都可能引发飞行冲突甚至航空灾害。如调度工作的差错,容易造成飞机在空中相撞的悲剧。

案例链接 3-6

萨格勒布空难

萨格勒布空难指的是1976年9月10日发生在当年南斯拉夫萨格勒布(今日克罗地亚

的首都)附近的 Vrbovec 市上空,一架英国航空的客机与一架伊内克斯-亚德里亚航空在当地时间 10 时 14 分,于该空域发生相撞,两机上共 176 人全部遇难。

南斯拉夫的萨格勒布机场是空中交通的枢纽。当时,英国航空公司的一架"三叉戟"客机从南向北正向萨格勒布机场靠近,它接到地面的指示是:保持飞机的飞行高度和其他飞行指数。为"三叉戟"分配的有三条空中"走廊":8 840 米,10 100 米和 11 300 米,空管员应保证其中一个高度为这架飞机降落时使用。"三叉戟"飞机按地面的指令,在 10 100 米高空的飞行通道继续飞向萨格勒布,这时,南斯拉夫航空公司的一架 DC-9 型客机也向萨格勒布机场飞来,这架飞机的航道分配和"三叉戟"客机相接近。当时,调度人员为在萨格勒布地区上空的其他几架飞机分配了航道,但将南斯拉夫的客机错误地引向已经分配给"三叉戟"客机的通道,即 10 100 米高空。在 1/1 000 秒的时间内,两机迎面相撞,176 条生命转瞬间血肉横飞,惨不忍睹。

这起事故的全部责任在于空中指挥差错。尽管那一天地面雷达设备失灵是客观因素,但这个机场有备用雷达,由于当时晴空万里,管制中心没有启用备用雷达,这也是致命的错误。空管人员的判断和指挥失误,是造成这起航空灾害的主要因素。

资料来源:https://baike.baidu.com/item/%E8%90%A8%E6%A0%BC%E5%8B%92%E5%B8%83%E7%A9%BA%E9%9A%BE/4437019? fr=aladdin

一、空管人员素质缺陷

空管人员的思想素质、业务素质和心理素质等方面的缺陷,是严重威胁航空安全的致灾因素。

空管人员思想素质差,缺乏责任心,安全观念淡薄,纪律松弛,是飞行安全的大忌。从国内 1999 年以来多起空管不安全事件分析可以看出,麻痹大意、责任心不强、主观臆断和违规操作是其主要原因,其根源在于思想混乱,意识不清,缺乏理性思维。事实上,技术全面的空管员也会犯错误,人为差错与空管员的管制作风和敬业精神密切相关。

业务素质缺陷,主要表现在空管员与空中交通管制相关的专业知识储备不足,缺乏必要的工作技能。其原因主要有两个:一是天赋不足,从事管制工作的基本素质有很大的缺陷;二是缺乏良好的培养和培训,空管理论不扎实,业务技能薄弱。这类空管员在空管指挥中能力有限,出现人为差错的概率高。一旦遇到特殊情况,往往不能处置得当,使管制工作陷于被动与混乱。

心理素质缺陷主要指空管不具备从事管制工作所需的能力,包括评估决策能力、情绪控制能力、应变创造能力、语言表达能力、情景意识能力、精力分配能力、预测统筹能力、立体感知能力、记忆和心算能力等。例如,情绪控制能力差的管制员,当飞行流量大时,就会思绪混乱,语调失控;当飞行流量小时,则精力难以集中。此外,空管员还可能将生活中的消极情绪带到工作中,对自身的失误过分自责或对自己的管制能力过分自信,对机组的配合情况不满而产生厌烦情绪等不良心理状况。

语言表达能力不足的空管员，口齿不清，词不达意，容易造成信息失真和管制差错。情景意识能力指管制工作中时刻保持高度的警觉性和洞察力，清楚管制区内所有的航态，了解目前形势、未来形势和处置措施。由于管制工作是一种纯脑力劳动，没有实体刺激，易产生厌倦感。空管员如果产生厌倦情绪，理解能力降低，行为控制能力减弱，随意性大，反应迟钝，神情恍惚，冲突意识减弱，不能准确全面地获得必要的信息，易错易忘易漏，非常危险。

有一次，国内两架航班飞机同在 7 800 米高度汇聚飞行。其中一航班机组向空管员询问前方 40 千米飞机动态时，管制员才意识到潜在的飞行冲突，立即指挥该航班飞机下降高度 7 200 米保持，并指挥另一班机左转 270°避让，两机同高度时，最小间隔为 23.6 千米，如果不是及时处理得当，后果不堪设想。这起安全隐患的原因，一是空管员情景意识能力不强，没有及时发现潜在的飞行冲突，导致两机同高度汇聚飞行；二是管制员在接受相邻地区移交飞机位置时未及时对移交高度进行调整。

二、空管人员操作违规

有章不循是导致空管人员人为差错的关键因素。有的空管人员在管制工作中不按规范行事，凭自己的想象，断章取义，形成错误的管制概念和管制行为准则，以至于遇到问题时造成混乱；或者凭经验、想当然，形成了思维定式，而忽略了规范，从而引发管制冲突甚至事故。

某进近管制员没有按规定严格监控飞机飞行动态，因此没有发现机组复诵指令的错误，也没有严密监视机组对管制指令的执行情况，造成两架航班飞机发生严重飞行冲突，两机相对飞行，最小高度差仅为 180 米，水平间隔 10.1 千米。某地区域空管员在没有依据进程单确认有无影响的情况下，便同意接收一架军航飞机（高度 10 200 米）的移交。当接到电话提醒军航飞机与同高度的某航空公司航班可能有飞行冲突后，空管员立即指挥某航空公司航班下降到 9 000 米，军航飞机左转航向 360°，最后两机平行正切时的侧向间隔为 27.6 千米，造成一起严重差错事件。

三、空管人员身心状况不佳

由于社会对空管行业重视不够，淡化了空管员专业性强、责任大及风险高的行业特点，使空管人员缺乏职业的自豪感、崇高感和神圣感；而空管行业内部竞争和激励机制不健全，高风险的劳动投入和相对低的经济收入不协调，使空管员心态不平衡，不公平感强烈。空管人员的心理状况不佳，如情绪低落、情感郁闷、愤愤不平或焦虑不安等，都会使其工作中出现异常，不但不能发挥其主观能动性，而且容易导致差错。此外，空管人员的生理状况，如健康情况、疲劳情况、用药情况、酒精和错觉等，都在一定程度上影响航空安全。

人的生理和心理状况往往是密不可分的，实践证明，身体疲劳、心理负担重、生病等不良身心状态，是导致在工作中发生无意识状态并出现差错的主要原因。空管人员在工作中长期监视显示屏，容易产生心理和视觉疲劳，如果不能分析和掌握空管人员注意力的广度、集中性、稳定性以及注意力分配和转移的特点，采取增强空管员注意力的有效办法，则难以防范注意力分散导致的人为差错。

有些人为差错是在无意识状态下发生的,如管制工作中的"口误"现象,即头脑中想的是对的,说出来的指令却是错的;又如已经发现相对或汇聚飞行有潜在的冲突,已经制定出调配预案,但发出的指令却与预案截然相反,并且没有察觉到错误;更严重的是,处于无意识状态的空管员可能完全没有意识到明显的冲突。几年前某地发生过车辆上了机场跑道,塔台管制员却忘记这一动态而指挥飞机落地,幸亏机长及时发现后复飞,如果当天能见度较差,机长不能及时发现道面上的车辆,将导致严重的航空灾害。

四、空管班组配合不当

虽然个人难免出错,但集体的智慧、团队的力量及多层次安全防护系统可以弥补个人的失误。空管人员个人的沟通协调能力很重要,而加强班组资源管理更为重要。

人工的空管系统对监督检查是开放的,督察员和同事可以检查空管员的行为,可以对其能力进行判断,在他超负荷工作时提供帮助,在他忽视重要问题时进行提醒。现实中曾多次发生过由于空管班组交叉检查不到位、配合不当所导致的事故。

应建立空管人员技术档案,合理搭配值班力量,营造一个配合默契、分工协作、相互监督提醒和取长补短的管制氛围,实现"1+1>2"的管理效果。

五、空管工作负荷影响

随着航空运输业的飞速发展,空中交通流量增长很快,相比之下,现有的空域结构、航线、航路的网络布局、通信导航设备等管制条件难以适应空中交通流量的快速增长,导致一些机场、航路交叉点出现较为频繁的飞行冲突,空管员的工作变得紧张而繁重,工作压力增大。机场终端区交通拥挤和空管员工作负荷过重已成为现实问题。

在工作负荷过重和心理紧张加剧的情况下,感情交流和慰藉非常重要。如果空管员缺乏与他人的感情交流,缺乏合理的释压和宣泄渠道,就可能造成一系列的思想或心理问题。工作负荷一旦超过了极限,空管人员就难以保证安全;但工作负荷太小,又会导致厌倦、注意力不集中或技能丧失等问题,这些在交通密度低的时段显得十分突出。

六、空管通话信息失真

空管员因素对航空安全的影响,除了其自身的因素以外,更重要的是在飞行过程中与机组成员间的相互作用问题。据美国运输安全委员会所做的一份报告显示:造成信息缺乏而引发的事故所占比例已达70%。而美国国家航空航天局(NASA)根据航空安全报告制度(ASRS)的资料研究分析后得出的如下统计,更能说明陆空通话信息失真。在事故中所占的比例:通话内容不正确,如数据、判断、解释错误等约占14.8%;航空用语含糊不清,如使用非标准用语等,约占9.9%;内容不充分,如在通话理解方面提供必要信息不充分,约占5%;接受者无监控,约占 10.3%。其他因素所占比例也不小。这些因素导致通话信息缺失,产生隐患,致使机组做出错误决策,从而出现飞行事故。2002 年 3 月 12 日晚,法国一架空客 A320 飞机从图卢兹飞往巴黎途中,当飞机驾驶员向地面的空管人员发出"机上着火"(fire on board)的信息时,空管人员听成了"机上有 5 人"(five men on board),以为飞机被人劫持了,立即通知了有关部门。不久,两架战斗机前去"拦截"这架客机。法国总理闻讯后,误以为法国也要遭遇 9·11 恐怖袭击事件,匆忙赶回办公室。客机后来被迫返回图卢兹,机上乘客不得不转换其他航班飞往目的地。这起事件虽然造成的有形损失不大,但无形的损失是难以估计的。

七、空管人员自动化适应不良

空管自动化是航空技术进步的体现,但也给空管人员带来了新的问题。数据自动化会减少空管员所需的一些重要信息,如许多口头传达的信息不能以数字表达,在自动化过程中就会被省略;数据自动化可以包含重要的定量信息,但不再包含定性信息,空管员使用这些信息时,不能掌握它的可靠性和持久性。与传统的纸质进程单相比,电子进程单减少了防止差错的手段。在自动化形式中,外形相同的字母或数字认错、相邻行间数据的读错、外形相似的数据块看错和含糊的功能键标牌的误解等,都容易造成视觉差错和认读差错。

自动化系统会抑制人的灵活性,强制实行标准化,可能会导致新的人为差错和误解。当解决问题、决策和预测有了自动化协助,空管员更加自主,更多的任务将是通过人机交互完成,而不是通过与同事或飞行员的交互监督和确认来完成,因此可能制约团队功能的发挥。一些任务在自动化系统中自动完成,空管员不必了解和记忆管制下的交通状况,然而一旦系统失效,管制员将无法接替系统工作。虽然,我国的空管自动化尚在探索开发之中,但由此带来的新问题,有必要引起足够的警惕。

第四节 机场工作人员致灾因素

一、安检人员工作失误

安全检查是为预防危害民用航空安全的非法行为发生而采取的一种防范措施,由机场安检部门依据国家有关规定实施,其对象为乘坐国际、国内民航班机的中外籍旅客及其携带的行李物品;进入机场隔离区的人员及其携带的物品;货主委托民航空运的货物(经国家特别准许者除外)等。目的是防止将枪支、弹药、武器、易燃易爆、剧毒、放射性物质及其他危害航空安全的危险品带上或装载上飞机,保障民航飞机和乘客生命财产安全。安检人员的工作失误,是导致航空灾害的重要因素,下面对安检人员致灾因素进行简要的分析。

（一）岗位适应性不良

安检工作是一项责任重大的工作，要求从业人员具有高度的政治责任感和高尚的职业道德；具备相应的知识和技能，能熟练地操作仪器，了解仪器的特性和局限性；有稳定的心理状态和旺盛的精力；还要胆大心细，善于察言观色，及早发现可疑分子的蛛丝马迹。然而，有的安检人员没有经过严格的培训，尚未满见习期便独当一面，这会造成工作效率低下和工作失误。

（二）工作规范性欠佳

安全检查的方法有两种，一种是技术检查，旅客必须通过安全门或接受手提式金属探测器的检查。行李货物则必须接受X射线安全仪器检查，即通过X射线冲击荧光屏，从观察窗上显示出物品图像，检查员由此进行判断物品是安全的还是可疑的。对可疑物品，要开包检查或用其他方法检测。另一种是手工检查，旅客人身由同性别的安全检查人员用手触摸检查，必要时可进行搜身，并对其随身携带物品开包检查。这两种方法可以单独采用，也可以兼用，都有严格的工作程序和操作规范。但现实中，有的安检人员却违章操作，工作规范性差。

有一个劫机犯被捕后坦白说，他事前故意将一把指甲剪放在裤兜里，当通过国内某机场安全门时，仪器发出报警信号，他装作歉意地掏出指甲剪，检查员未按规定再做进一步检查就放行了，根本没发现他身上还藏着凶器，于是疑犯揣着凶器上了飞机。

（三）工作时间过长

操机工作时间过长，易造成操作人员视力模糊和精力不集中，发生错读、漏读图像事件，或漏检危险、违禁物品等，造成严重的安全隐患。

总之，许多劫机事件，都是因为安检漏洞而造成了严重的后果。1988年的洛克比空难是第一起由于安保措施不力造成大批人员死亡的航空灾害。安检人员没有检查出藏在行李中的炸弹，而且在发现旅客未登机后没有将其行李卸下来。安检人员的责任重大，必须杜绝工作中的差错。

案例链接 3-7

洛克比空难

洛克比空难（The Lockerbie Bombing）发生于北京时间1988年12月22日3:03（格林尼治时间1988年12月21日19:03）。当日，泛美航空公司PA103航班飞行德国法兰克福—英国伦敦—美国纽约—美国底特律航线。它成为恐怖袭击的目标，飞机在英国边境小镇洛克比上空爆炸解体（见图3-4）。巨大的火球从天而降，狠狠地砸在了苏格兰小镇洛克比的谢伍德新月广场上，航班上259名乘客和机组人员无一幸存，地面上11名洛克比居民死于非命，史称洛克比空难。这次空难被视为利比亚针对美国的一次报复性恐怖袭击，是9·11

事件发生前针对美国的最严重的恐怖袭击事件。

图 3-4　洛克比空难

事故经过

英国格林尼治时间 19:03，也就是飞机起飞后 38 分钟，才进入苏格兰领空数分钟，航行高度 9 100 米时，前货物舱(第 41 段)里面的 280～400 克塑胶炸药被引爆，触发起连串事件，令飞机迅速毁灭。

虽然机上的爆炸相对不大——在 220 英尺(67 米)长的机身旁边炸出一个 20 平方英寸(130 平方厘米)的洞，飞机的解体却十分迅速。航空失事调查人员报告道，机翼可能在炸弹引爆三秒后已跟主要机身分离。

英国航空事故调查局(British Air Accidents Investigation Branch)的官方报告指出，虽然飞机放下了氧气面罩，但是没有证据显示飞机曾发出遇难呼号。由于爆炸已破坏通信装置，并迅速将飞行记录仪的电力截断，因此机组人员对身边发生的事情做出的最后反应并没有被记录下来。

事故原因

在随后对两名被控的放置炸弹的利比亚人的审讯中，法官接受苏格兰警方所提供的证据：那个装有爆炸品的棕色 Samsonite 硬手提箱，是马耳他航空航班 KM180 上另外托运的行李，由马耳他鲁卡机场(Luqa Airport)运至法兰克福。它由 KM180 转至 PA103A，再在希斯路机场转机。

资料来源：https://baike.baidu.com/item/%E6%B4%9B%E5%85%8B%E6%AF%94%E7%A9%BA%E9%9A%BE/5327344?fr=aladdin

二、地面指挥人员工作失误

地面指挥人员负责机场日常生产运行指挥协调、施工与生产运行的协调与管理、专机保障、Ⅱ类仪表着陆系统运行指挥协调、机场重大活动和异常天气的指挥协调、紧急情况处置以及机场运行情况通报等。地面指挥人员的工作失误，严重威胁航空安全。

国内一架航班飞机停在某机场一座廊桥，得到推出许可后，机组按正常程序与地面联系推出，推出过程中与另一航空公司一架停在相邻廊桥的飞机发生碰剐，造成该飞机左水平尾翼尖和左升降舵翼尖的放电刷折断，另一架飞机右水平尾翼下方及升降舵下方被刮伤。这起事件就是由于机场地面指挥失误而造成的。

三、机场配载人员工作失误

飞机的配载工作是重要的地面保障工作，如果货物实际配平超限，则有可能导致飞机在空中失衡或失控，甚至造成机毁人亡的后果。

一架航班飞机在到达机场落地后，机长发现飞机前货舱内有1吨多货物在舱单上没有注明。尽管货物预配及实际配平在允许范围内，但这是一起机场配载中心工作人员工作失误的严重差错事件。分析事件原因，主要是工作人员安全意识淡薄，没有按规章制度操作；而其他工作人员没有按照规章进行检查，监督不力。

案例链接 3-8

又一架飞机机头上翘、机尾坐地 还因配载失衡！

由于货物装载不均衡，乌克兰国际航空一架波音737-900飞机（注册号UR-PSK）在以色列特拉维夫本·古里安机场内机头翘起，机尾"坐地"（如图3-5所示）。

图3-5 飞机配载失衡

由于货物装载不平衡造成飞机机头上翘、机尾坐地的事件常有发生。

2009年在浦东国际机场一架津巴布韦麦道-11客机失火并冲出跑道，机尾擦地的重要原因就是货物装载有问题。

2007年，美国双子座货运航空公司一架麦道-11货机在阿联酋迪拜国际机场装货过程中机头翘起，机尾擦地，造成飞机轻微损坏。

2007年，意大利货运航空公司一架麦道-11飞机（注册号EI-UPI）在米兰马尔蓬萨机场装卸货物过程中，机尾突然下落撞地，造成飞机轻微损坏。

2006年，墨西哥城机场，巴西Varig航空公司的一架麦道-11货机因配载原因发生尾部坐地、机头翘起的事故。

2004年10月14日，英国MK航空公司一架波音747-200F货机在加拿大哈利法克斯起飞时由于载重平衡问题导致坠毁。

1997年8月7日,芬兰航空公司一架DC-8货机在迈阿密机场起飞不久即失速坠毁,导致飞机坠毁的主要原因是载重平衡和飞机装载控制混乱。

配载是合理控制航空器的业载重量,通过客、货、邮、行的舱位装载调整航空器重心位置,从而使航空器重心处于安全范围之内。由于航空器在飞行过程中没有着力点,所以严格按照规定的载量运输并保持重心平衡是十分重要的安全要求。航空公司或机场的配载部门的主要职责,是向机组、相关单位以特定文件格式如实地报告航班装载信息,并保证装载能够满足飞机的各种限制条件,达到安全、经济的目的。事关广大旅客的生命财产安全和民航业的公众形象,配载工作责任重大,平衡安全不容有失。

资料来源:http://news.carnoc.com/list/345/345458.html

四、机场监护人员工作失误

机场监护人员的工作失误,会造成严重的安全隐患。一次,一个精神病患者从国内某机场行李转盘钻入机场隔离区,混上摆渡车并登上某航班,直到工作人员在机上清点客人时才发现他无票登机,立即将其送交公安部门处理。这起严重差错事件的主要原因:一是行李转盘通道监护责任没落实;二是航空公司更换飞机未通知机场公司;三是监护员对先行登机客人未及时清查;四是航空公司服务人员未在登机口验票清点人数。表面上看,这是一起令人哭笑不得的意外事件,但暴露出地面安全保障的漏洞。一个精神失常的患者可以轻易地混上飞机,可以想象,若是经过训练的恐怖分子,更会有机可乘。因此,必须改善机场监护工作的薄弱环节,及时消灭安全隐患。

航空灾害成因虽是多方面的,但大都与人的因素有关,人的行为因素在飞行过程中最为关键,而且改善的余地很大。对机组人员、维修人员、空管人员和机场工作人员等人为因素致灾原因进行分析,目的是更好地了解人怎样才能最安全、最有效地与技术相结合,通过预警、预测、控制和引导人的行为,并融入培训、管理政策或操作程序之中,有效减少人为失误或差错,提高航空安全水平,减少航空灾害。

案例链接 3-9

昆明机场少年坠机事件

2004年11月11日上午,两名流浪少年在昆明机场偷偷爬进了一架从昆明飞往重庆的客机起落架舱内,一人在飞机起飞时当场摔死,另一名则奇迹般地"飞"抵重庆江北机场。这一事件暴露出昆明机场存在着严重的安全隐患。

这架客机11日上午8时许从昆明机场起飞,刚起飞就坠落一黑色物体,机场安全运输部的工作人员发现坠落物是一少年尸体,随即报昆明机场现场指挥中心,机场紧急关闭跑道。

据昆明机场副总经理王进胜事后告诉记者,现场指挥中心立即将此情况通报给昆明空管中心等有关部门,但"后者并未要求返航"。飞机经过近1小时的飞行后降落在重庆江北机场。机场的搬运工搬运乘客行李时意外地在飞机起落架舱内发现了一少年,立即送医院救治。此少年随后被警方带回昆明。

昆明机场坠机事件中幸存者、年仅13岁的少年梁某说:"我在救助站认识了束某(坠机事件中不幸死亡的少年),他告诉我他去过很多地方。10日上午,束某约我逃出救助站,带我到了昆明机场。我们想看一下飞机,还想进去玩一会儿,就从机场围栏钻了进去。他先爬进起落架舱里,后来让我也上去。后来飞机起飞了,就下不去了。"

"飞机开始移动时,我俩忙着抓东西。我抓住了轮子上方的一截金属杆,束某什么也没抓到。后来飞机速度越来越快,起飞后我看见他一闪就不见了。"

"那么高,我想掉下去他一定会摔死。飞机到高空后刚开始风有点大,有点冷,后来舱门关闭后就不冷了,还热了一阵子,我还脱了一件衣服。飞机的声音太大了,一直是轰轰轰的,我的耳朵现在还有回音。"

事件发生的当天,民航西南地区管理局调查组即抵达昆明,公安、安全飞行和武警等部门对两名少年如何进入机场停机坪、为何飞机起飞前没被发现等情况进行详细调查。

据昆明机场公布的调查结论,11月10日上午11时30分,14岁的束某和13岁的梁某自行离开昆明市救助管理站。当天傍晚,两人从昆明机场北面已停止使用的云南联合航空公司候机楼旁的围栏钻入,进入停机坪玩耍。他们先后到过3号桥、4号桥、5号桥停靠的飞机旁,然后走到军用停机坪的草坪内休息过夜。第二天清晨,两人爬入停靠在4号桥的川航飞机起落架舱内,随后飞机起飞,束某坠机死亡,梁某随机飞到重庆后奇迹般生还。

"昆明机场巡视不力,责任无法推卸,但不应该承担全部责任。"昆明机场副总经理王进胜向记者解释,由于昆明机场属于军民合用机场,各管一摊,孩子是在昆明空军场站草坪玩耍、过夜的;其次夜间担任飞机警卫任务的是武警部队;至于起飞前的检查,是川航委托的地面机务人员检查;起飞后发现异常情况,机场方面"也及时报告给了空管部门"。这位负责人称,现在由于机场离市区太近、附近建筑物多,老百姓翻越机场围栏的情况时有发生。

空军昆明机场站是否有警戒不严的情况?承担机场警卫任务的武警机场中队是否该承担一定责任?记者通过多种途径试图采访,均遭拒绝。

飞机起飞前为何没有进行正常的航前检查?王进胜是这样解释的:波音飞机起飞前有检查起落架的要求,也有检查清单,但"空中客车"的检查项目表上却没有这项要求。四川航空公司的这架"空中客车"是今年11月1日才开始在昆明机场过夜的,从11月1日到11月11日,昆明机场没有对这架飞机的起落架做过检查。

飞机坠落一人后为何没有及时返航?昆明空管中心当日值班副主任王荣耀告诉记者:"第一,飞机返航有明确的规定和条件,并不是一有情况就要求返航;第二,事发当天上午8时至8时24分,共有六架飞机起飞,当时搞不清楚物体是从哪一架飞机上掉下来的;第三,空管中心已经通知起飞的六架飞机机组人员,对机舱、仪表等进行检查,当时没有发现异常情况。"

资料来源:http://news.sina.com.cn/c/2004-11-16/23034937910.shtml

本章小结

1. 航空安全管理的人为因素,是指由于航空运输参与者,主要包括机组人员、维修人员、空管人员和机场工作人员等人为差错和工作失误等原因,影响到航空安全,导致航空事故和航空灾害发生的致灾因素。

2. 国际民航飞行事故统计数据,从 1959 年到 1990 年,由于机组行为失误造成的飞机失事占总数的 70%～77%。机组人员致灾因素有:机组个体行为因素、机组群体行为因素和机组管理因素。

3. 维修人员对航空安全的影响作用也不容忽视。如果机务维修人员的整体素质好,能够及时发现问题,并能给予快速、高质量的维修,就能给飞行人员提供适航、安全、可靠的飞机;否则,会提高机械故障发生的概率,增加飞行人员的压力,增加机组出错的机会,甚至会酿成飞行事故。

4. 空管人员的思想素质、业务素质和心理素质等方面的缺陷,是严重威胁航空安全的致灾因素。

综合练习

思考题

1. 飞行员需要什么样的个性心理特征?
2. 维修人为差错的内在因素有哪些?
3. 空管人员的致灾因素有哪些?
4. 安全检查的目的是什么?
5. 机场配载人员的失误可能会引发什么样的后果?

第四章

环境因素与航空安全管理

本章学习目标

- 了解环境因素所包含的要素；
- 掌握影响航空安全的政治因素；
- 掌握影响航空安全的自然环境因素；
- 掌握影响航空安全的人工环境因素；
- 掌握影响航空安全的飞行工作环境因素。

 **导引案例**

中国国际航空 129 号班机空难

中国国际航空公司 129 号班机空难发生于 2002 年 4 月 15 日，是从中国北京到韩国釜山的定期航线，当时使用波音 767-200ER 客机，机身编号为 B-2552，机长是吴新禄，他在空难后生还。意外原因主要是天气恶劣，加上机场设备故障和机长吴新禄因为一系列对话而分心，导致了客机撞山坠毁，造成包括 11 名机组人员、155 名乘客在内的 166 人中的 128 人不幸罹难。

事故经过

中国国际航空公司（以下称国航）的波音 767-200ER 型客机在当日早上 8 时 37 分（当地时间）从北京首都国际机场起飞。大约两小时后飞抵韩国的釜山金海国际机场，当时正下着小雨而且有雾。韩国时间 11 时 20 分，金海国际机场控制塔指示国航 129 号航班降落 36L 跑道，可是飞机因能见度太低而重飞。后来飞机尝试在 18R 跑道降落，可是机长过度注意当时的天气状况及与塔台通话，而没有注意到飞机已低于安全高度，当机长发现时已来不及重飞。最后，飞机于 11 时 40 分坠毁于机场附近的山上，并断开数截及着火。机上只有 38 人生还，包括肇事的机长。

事故原因

（1）当航机重飞并转往 18R 跑道的时候，机组人员并没有按照中国国际航空的运作及训练指引。他们没有注意该广体航机（波音 767-200ER）着陆的最低适合天气，及在再次进场的时候，并没有留意进场失败的应对方式。

（2）机组人员并没有适当的管理机舱内的人员，导致机组人员对航机重飞转往 18R 跑道降落的事情没有保持救援现场警觉，最终导致飞机偏离预定航向，并使飞机转向的时间被延迟。

（3）当机组人员在转往 18R 跑道的时候没能目视发现 18R 跑道，但是他们并没有立即取消进场，此举直接导致了飞机撞山。

（4）撞山前 5 秒，副机长建议机长再次爬升飞机，机长并没有做出回应，副机长也没有自行取消进场。

除了以上因素意外，恶劣的天气及航空交通管制人员处理不当也是事故原因。韩国釜山机场对此次事故有不可逃避的责任：

（1）当时在釜山金海机场的见习塔台管制员——朴俊永（Park Junyong），没有持有韩国建设交通部颁发的执业执照，朴某对波音767的特性并不十分了解，并且错误地要求飞机下降到213.5米的高度，而正确的高度应该是335.5米。

（2）釜山金海国际机场方面并没有告知机组人员机场当时的天气情况。129号班机出事之前的其他8个航班都因为恶劣天气而转向其他机场降落。

（3）当时机场的雷达和助航灯光系统都有问题。

资料来源：https://baike.baidu.com/item/%E4%B8%AD%E5%9B%BD%E5%9B%BD%E9%99%85%E8%88%AA%E7%A9%BA129%E5%8F%B7%E7%8F%AD%E6%9C%BA%E7%A9%BA%E9%9A%BE/10311389?fr=aladdin

环境因素指影响航空安全运行的社会环境、自然环境和人工环境等。航空安全生产系统的作业场所跨省、跨国、跨洋，点多、线长、面广。飞行的自然环境主要指飞行地带和空域，航路及其周围的地形地貌，山丘和河川以及大气物理现象；飞行的人工环境主要指飞行场所的机场、航路、通信、导航、灯光、标志以及保障飞行安全生产的各种固定设施和物体。管理体制、运行机制和规章制度也可以归为人工环境，但这些要素作用于人—机—环境系统，而不直接作用于航空灾害，其效果通过人—机—环境系统及时或延期表现出来，故另行分析。

第一节　社会环境因素

我国民航从业人员认为对航空安全影响最大的社会环境因素是民航体制改革，其次是恐怖主义，其余依次为市场竞争激烈、民航发展速度、国家政策法规、国际关系及国际相关法规等，如表4-1所示。

表4-1　影响航空安全的社会环境因素

结果排序	影响航空安全的社会环境因素	百分比（%）
1	民航体制改革	69.20
2	恐怖主义	46.01
3	市场竞争激烈	35.74
4	民航发展速度	34.60
5	国家政策法规	20.91
6	国际关系	4.56
7	国际相关法规	3.80
8	其他	2.28

一、政治环境因素

政治环境全方面地影响着整个世界也影响着航空安全，并存在一些可能导致航空灾难的因素。

（一）政治局势动荡

一个国家政局是否稳定，直接影响着民航业和航空企业的发展，影响着人们的社会文化生活。统计资料表明，我国民航发展史上有三次事故高峰期，其中两次都与当时的社会状况有关。第一次是1956—1958年，当时正是我国"肃反"和"反右"运动的后期以及"大跃进"前期；第二次是1970—1977年，当时正处于"文化大革命"的中期和后期。这说明政局不稳定，容易造成人们思想波动和管理混乱，这是重要的致灾因素。

（二）政策法规影响

相关政策法规也会对航空安全造成影响。例如，国际上的有关法律和条约，使劫机犯得不到政治庇佑，从而有效地减少了个人的空中劫持行为。20世纪80年代，大陆刑事犯劫机去台湾，台湾当局出于政治目的予以"优待"，结果造成劫机去台湾的事件频发，两岸达成互相遣返劫机犯的协议之后，劫机去台湾的事件迅速减少。

（三）非法干涉破坏

由于世界各国政治、经济发展不平衡，国际社会存在着种种矛盾和冲突，使民航飞机成为以政治为目的的个人或恐怖组织的威胁工具或攻击目标。多年来，非法干涉破坏导致了大量的航空灾害，危害巨大。

1. 空中劫持

从20世纪60年代中期开始，解放巴勒斯坦人民阵线把劫机作为政治武器。恐怖行动一直针对国家挂旗航空公司进行袭击。几年来，航空运输业保安系统面临着恐怖组织的严峻挑战。1994年之后的5年，出于政治目的的劫机事件曾一度中断。然而1999年12月，印度航空公司客机被劫持事件中，劫机犯杀害1名旅客后要求释放关押在印度监狱中的克什米尔伊斯兰教原教旨主义游击队员。印度被迫释放了3名游击队员，劫机犯获得了一辆汽车后迅速逃离。这起事件使劫机犯觉得有机可乘，在一定程度上助长了恐怖分子劫机以乘客为人质的倾向。自从恐怖分子以劫机作为实现政治目的手段以来，劫机事件愈演愈烈。

2. 人为破坏

社会上有些反政府、反社会倾向的极端分子，出于种种动机在飞机上安放炸弹，造成人为破坏导致的航空灾难。人为破坏有时与劫机是联系在一起的。初期的劫机并不伤害旅客，只是在着陆后炸毁飞机，后来发展到在飞行的飞机中放置炸弹，最严重的情况就是以满载旅客的飞机作为"炸弹"攻击高层建筑物，如骇人听闻的9·11事件。

3. 违法行为

旅客携带易燃、易爆等危险品，接听手机，擅自打开舱门和打架等违法行为，都可能成为致灾因素。

(四)军事力量攻击

1. 军方误伤

民航飞机被军方误伤的主要原因:一是机组管理失误,如过分接近战场或航线确定失误,二是军方识别错误。例如,1988年7月3日,美国军舰"文森斯"号在霍尔木兹海峡用导弹误击伊朗民航空中客车A300,导致机上290人全部遇难。

2001年10月4日,俄罗斯西伯航空公司一架图-154飞机在执行由以色列特拉维夫飞往俄罗斯新西伯利亚客运包机飞行任务时,在靠近俄罗斯阿德列尔的黑海上空,被乌克兰在军事演习中发出的一枚地空导弹击落坠海,机上12名机组人员和66名旅客全部遇难。这架图-154飞机是在演习区外计划中的航线飞行时被击落的。民航飞机被军方误伤后,尽管肇事者最后总是有种种冠冕堂皇的理由,但众多的无辜者却因此而失去了宝贵的生命。

2. 拦截失当

拦截是受命于国家的军用飞机将未经许可进入本国领土的外国航空器驱逐出境或追令其在本国机场着陆进行检查的合法行为。尽管国际民航组织对拦截做出了有关规定,缔约国也清楚拦截不是攻击,但拦截失当的悲剧仍然会发生。1983年,韩国航空公司的一架波音747客机因偏航误入苏联领空,被苏联用军用飞机拦截并且击毁后坠入大海,机上240名旅客和29名机组人员无一生还。

案例链接 4-1

中国历史上的劫机案:1993年劫机潮震惊世界

1993年,我国的劫机曾达到高峰,有资料显示,这一年中国大陆民航共发生劫机事件21起,劫机成功的10起,劫机目的地均为台湾,海峡上空出现了令整个世界都为之瞠目的劫机潮。每当发生劫机事件,旅客和机组人员都是最直接的受害者。劫机事件频繁发生,对民航机组人员和乘客的心理造成了极大的压力,同时航空公司还要承担巨额的经济损失,中国民航的声誉也严重受损。

下面介绍的是在1993年被歹徒成功劫持飞往台湾的9起劫机事件的基本情况:

4·6南航波音757劫机事件

1993年4月6日,中国南方航空公司一架执行深圳—北京的航班CZ3157(机型:B757-200)被刘保才、黄树刚劫持。被劫持飞机于当天上午10时许降落于台湾桃园国际机场,无人员伤亡。随后两人即被台湾有关方面羁押。1993年底,被台湾地区的司法机关判处10年有期徒刑,刘二审时改判7年,刑满后不得在台居留。

6·24厦航波音737劫机事件

1993年6月24日,厦门航空公司一架执行常州—厦门的航班MF8514(机型:B737-200)被张文龙劫持。下午3时31分,被劫降落在桃园中正国际机场。乘务长被张文龙用刀刺伤。此后台湾地区的司法机关以强暴胁迫劫持航空器罪判处张文龙有期徒刑9年。1999

年 2 月,张文龙被假释。

8·10 国航波音 767 遭遇劫机

1993 年 8 月 10 日,中国国际航空公司一架执行厦门—雅加达的航班 CA973(机型：B767-200ER)被师月坡劫持,被迫飞往台湾。飞机于中午 12 时 23 分降落在台北桃园机场,师月坡被台湾警方带下飞机。到台湾后,师月坡一直称他劫机是出于政治原因,丝毫没敢透露其真正动机是逃避债务。台湾地区的司法机关判处师月坡有期徒刑 9 年。

9·30 川航 TU154 劫机事件

1993 年 9 月 30 日,四川航空公司一架执行济南—广州的航班 3U592(机型：TU154)被杨明德、韩凤英劫持,要求飞机改飞台湾,15 时 35 分飞机安全降落在台湾桃园机场,人机均安。除劫机犯杨明德、韩凤英和其子杨洋被台湾警方扣留在台北外,其余 54 名旅客和 11 名机组成员均随飞机于当晚安全返回。台湾地区的司法机关判处杨明德有期徒刑 9 年、韩凤英有期徒刑 6 年。

11·5 厦航波音 737 劫机事件

1993 年 11 月 5 日,厦门航空公司一架执行广州—厦门的航班 MF8301(机型：B737)被张海劫持,胁迫转飞台湾。航班被迫降落在台湾桃园机场。下机后,张海当即被台湾警方扣押,台湾桃园地方法院判处张海有期徒刑 10 年。

11·12 北航 MD82 劫机事件

1993 年 11 月 12 日,中国北方航空公司一架执行长春—福州的航班 CJ6353(机型：MD82)被韩书学、李向誉劫持,强迫飞机飞往台湾,后降落台湾桃园机场。乘务长的脖子被刀割伤。韩书学和李向誉被台湾方面以违反民用航空法为由分别判处有期徒刑 11 年和 13 年。

12·8 北航 MD82 再遇劫机

1993 年 12 月 8 日,中国北方航空公司一架执行沈阳—青岛—福州的航班(机型：MD82)被高军劫持。当日,高军途中持手术刀挟持空姐,并称身上带有炸弹,劫持该航班降落在台湾台北桃园机场。高军被台湾方面判刑 10 年,2001 年 2 月被假释。

12·12 厦航波音 737 劫机事件

1993 年 12 月 12 日,厦门航空公司一架执行哈尔滨—厦门的航班 MF8606(机型：B737-200)被祁大全劫持。当日,祁大全以引爆炸药为威胁,要求飞机飞往台湾,飞机于当日下午 4 时零 4 分降落台湾中正机场,祁大全被当地警方带走,被台湾桃园地方法院以强暴胁迫航空器罪判处有期徒刑 12 年。

12·28 福建航空劫机事件

1993 年 12 月 28 日,福建航空公司一架执行赣州—厦门的航班 IV518(机型：Y7)被罗昌华、王玉英劫持。当日,罗昌华将 3 支雷管藏匿于掏空的五号电池内,携妻子、儿子躲过安检。当飞机飞至福建省漳浦县空域时,罗昌华以雷管相威胁,将飞机劫持到台湾桃园中正国际机场。飞机降落台北桃园机场后,台湾警方羁押了罗昌华、王玉英。罗、王两人于 1994 年 6 月被台湾高等法院以劫持航空器罪判处有期徒刑 9 年、7 年。

资料来源：http://news.china.com/history/all/11025807/20160706/22998431.html

二、经济环境因素

(一) 经济体制改革

1985—1993年是我国民航史上第三次事故高峰期,这段时期正是我国民航体制改革的时期。体制改革是我国民航发展的必由之路,在促进民航企业发展的同时,也带来了一些负面影响,如原有的政治关系必然改变,大量的人事变动使员工形成思想波动,进而影响到工作效果。此外,民航管理体制实行政企分开后,民航体系分为航空公司、机场、空管和油料等实体,它们自主经营,进行市场竞争,出现了经济利益的冲突。机场划归地方管理,有些原地方领导进入机场领导层,不了解民航工作性质,认为机场不直接管飞机,安全责任不大,甚至人事干部不了解民航专业工种,对机场专业工作岗位从机构设置到人员编制都不能正常配备。一旦民航企业完全进入市场经济,航空企业的安全问题会更加尖锐。

(二) 市场竞争激烈

随着航空市场竞争日益激烈,导致国内航空公司争客源和货源,纷纷开通"红眼航班";当经济效益和安全冲突时,有的领导往往以经济利益为重心,导致漠视安全的短期行为;有的航空企业为了降低成本,减员增效,减少安全管理人员、机务维修人员等关键岗位人员,聘用劳务工过多,压缩培训费用,延长设备使用和维修周期。这些对市场竞争不良应对的"高招",严重威胁着航空安全。

(三) 经济发展水平

一个国家的经济环境直接影响着民航业的发展,影响着民航的基础设施建设和技术水平。1987—1996年,西方国家制造的大喷气机事故率(每百万架次)最低的地区和国家有北美洲(0.5)、欧洲(0.9)、日本(0.6)和澳大利亚(0.2);非洲的事故率最高(13.0),是美国的26倍,世界平均事故率的8.67倍,其余是南美洲(5.7)、东南亚(13.0),由此可见,一个地区和国家的经济发展水平与航空事故率具有一定的关系。

以飞机进近事故为例,根据对世界重大进近着陆事故的统计分析,拉丁美洲、非洲的每百万降落架次发生事故次数名列前茅,而北美洲、欧洲最低。除了机场的自然环境之外,机场人工环境对航空安全的影响作用很大。人工环境包括进近着陆灯、标准进近航道、进近着陆雷达、目标进近下滑道指示器、精确进近着陆航道显示器、自动情报服务系统和飞行情报系统等。经济落后的国家,机场的人工环境较差,会在一定程度上对航空安全造成威胁。相对而言,我国事故多发机场除了地形和气象条件复杂外,不少机场的进近着陆设备服务设施较差,与当地经济发展水平有一定的关系。不过,近年来我国的航空事故万时率呈递减趋势,充分说明了经济的发展对航空安全具有促进作用。

第二节 自然环境因素

航空安全生产系统必须考虑自然环境中地形、地貌、风雨、雷电、温度等因素对安全生产的影响。大雾、大雪、冻雨、大雨、雷暴、大风、风切变、低云、沙尘暴、冰雹和高温等自然变化,一般被认为是人力难以改变的,甚至是人力难以抵抗的力量。因此,航空安全生产具有一定的不确定性。航空灾害的发生,往往与人类认识自然、掌握自然及利用自然不力有关。必须充分注意自然环境中各因素对安全生产的影响,加强和发挥安全生产体系功能。

一、天气条件恶劣

恶劣天气条件是一种客观的自然环境因素,它包括风切变、雷暴、飞机地面结冰、飞行结冰、颠簸、积雨云和低云、高温天气、跑道污染及火山灰等。

民航从业人员认为对航空安全影响较大的天气、环境因素是风切变、雷雨,其余依次为鸟害、大雾、沙尘暴和机场净空等,如表4-2所示。

表 4-2 影响航空安全的天气环境因素

结果排序	影响航空安全的天气环境因素	百分比(%)
1	风切变	82.13
2	雷雨	79.85
3	鸟害	27.38
4	大雾	25.10
5	沙尘暴	16.35
6	机场净空	10.65

从近年的事故统计数据来看,我国航空公司因天气原因直接导致的事故只有一次,但在飞行机组原因造成的事故中,曾有多次是在恶劣天气条件下发生的。在运输飞行事故中,涉及雷雨、风切变和结冰等恶劣天气事件占11.00%,对我国航空公司1949—1999年的38次航空公司交通灾害(不含通用航空公司)按月份统计发现:1月、11月和12月是事故高发期,这说明冬季的气候条件与航空灾害具有一定的相关性。此外,云、雾、降水、烟、风沙和浮尘等现象可使能见度降低,当机场的水平和倾斜能见度降低到临界值以下而造成视程障碍时,飞机的起飞和着陆就会发生困难。

(一)风切变

风切变是指相邻(上下或左右)两部分空气间的风向和风速都有显著差异的现象。风切变是风的不连续性造成的,具有时间短、尺度小、强度大的特点。大约20%的航空事故与风切变有关。低空的风切变通常发生在600米高度以内,即飞机的起飞和着陆飞行阶段。雷暴等不稳定的强对流天气、锋面过渡带和低空逆温层,是最易产生低空风切变的天气背景和环境,机场周围山脉较多或复杂地形也是风切变形成的诱因。机场上空的风切变风向、风速突然发生急剧变化,会使驾驶员难以控制航速和航向以保持机身平衡,容易造成航空事故。1994年7月2日,风切变导致美国合众国航空公司的一架DC-9-31飞机坠毁,机上57人中37人死亡。

(二)雷雨

雷雨是在强烈垂直发展的积雨云内所产生的一种剧烈天气现象,它发生时电闪雷鸣,并伴有疾风骤雨和强烈的湍流,有时还会夹杂着冰雹。如果飞机不慎进入积雨云中,强烈的气流会造成飞机中度以上颠簸,如果极为强烈的话,可以使飞机的飞行高度在瞬间上升或下降几十米甚至几百米,剧烈震动时飞机上的仪表指示往往滞后,不能准确地反映飞机瞬间的飞行状态,如果飞行员的操作稍有不慎,飞行事故便可能发生。同时,积雨云中的雷电对飞机的威胁更大,轻则无线电罗盘失灵、电源损坏,重则机毁人亡。1997年10月10日,阿根廷一架DC-9-32飞机在飞行途中遭遇强烈的雷电袭击,飞机在避开雷暴和剧烈的湍流时失控坠毁,造成机上74人全部遇难。2000年武汉6·22空难的元凶主要是雷雨。

(三)大雾

机场的能见度对飞行安全至关重要。大雾天气地面能见度太低,使飞机无法正常起降。飞机是高速行驶的运输工具,若飞行人员在决断高度和范围时看不清跑道,飞机则无法着陆,甚至可能与地面建筑物相撞。

(四)云

机场上空高度较低的云会使飞行员看不清跑道,直接影响飞机的起降。其中,危害最大的云是对流云,飞机一旦进入其中,易遭到电击,使仪表失灵,油箱爆炸,或者造成强烈颠簸、结冰,使操纵失灵,发生飞行事故。

(五)吹雪

吹雪也是造成机场低能见度的原因。当地面有积雪,强风将积雪吹起飞舞在近地面空中,使得能见度小于10千米。如果雪片被风吹起,高度超过2米,称为高吹雪;如果高度不超过2米,称为低吹雪。

(六)结冰

飞机结冰是指飞机机体表面某些部位聚集冰层的现象。它主要由云中过冷水滴或降水中的过冷雨碰到飞机机体后结冰形成,也可由水汽直接在机体表面凝结而成。飞机结冰会使飞机的空气动力性能变坏,使飞机的升力减小,阻力增大,影响飞机的安全性和操作性。在旋翼和螺旋桨叶上结冰,会造成飞机剧烈颤动;发动机进气道结冰,可能会损坏飞机;风挡结冰,妨碍目视飞行;天线结冰,影响通信或造成通信中断;机翼结冰,严重威胁飞行安全,造成了多起重大事故。1989年3月10日,加拿大安大略航空公司的一架福克28飞机坠毁,24

人死亡;1994年10月31日,美国的一架ATR27短程客机坠毁,机上68人全部死亡。

(七) 地形波

地形波是气流经过山区时受地形影响而形成的波状运动。气流较强时运动也比较强烈。根据气流和风的垂直分布,地形波可分为层流、定常涡动流、波状流和滚转状流等4种类型。地形波中的垂直气流可使飞机的飞行高度突然下降,严重的可造成撞山事故;地形波中强烈的湍流,可造成飞机颠簸;在地形波中垂直加速度较大的地方,可使飞机的气压高度表的指示产生误差,当飞机在机场附近低空飞行时,更容易发生航空事故。

(八) 气温和气压

这些因素影响飞机起飞和着陆时的滑跑距离,影响飞机的升降和载重以及燃料的消耗。专家指出,飞机的准确落地和高空飞行离不开场压和标准大气压,而气温对飞机的载重和起飞、降落过程的滑跑距离影响较大。随着气温的升高,空气的密度变小,飞机产生的升力变小,飞机载重减少,同时使起飞滑跑距离变长。此外,风沙、浮尘等也会造成机场的低能见度,直接影响着飞机的安全起降。

二、地理环境复杂

机场的地理位置对航空器的安全起降非常重要。机场位于地理环境较复杂的地带,如机场周围有高地、山脉等,航空器发生事故的可能性会更大。

统计得出,我国下列机场附近曾发生了2次或2次以上航空灾害:重庆白市驿机场4次;乌鲁木齐机场2次;昆明机场2次;贵阳磊庄机场2次;沈阳东塔机场2次;长沙大托铺机场2次;桂林奇峰岭机场2次。这些机场大多具有较复杂的地形和气象条件,有些机场进近着陆设备和服务设施较差,有些机场几方面的隐患都有。

2002年,中国国际航空公司的CA129号航班飞进韩国领空。当时天气不好,大雾弥漫,班机遇上一阵阵气流,颠簸得很厉害。飞机预计上午10时30分在韩国釜山金海机场降落。飞机要从跑道南端着陆,但在降落中突然刮起强烈的西南风使飞机无法找到降落时机。飞机重新飞到跑道北端准备降落。机舱内,乘客们都按照广播要求系好安全带端坐在座位上。突然,飞机撞到了山上,机尾部舱壁粉碎飞散,空难的悲剧发生了。尽管事故原因多种多样,但大雾和气流,以及机场附近的地形条件,是部分致灾原因。金海机场的地形复杂,跑道北侧4.5千米处就是高低错落的山峰,南侧面向大海。若再加上飞机起降过程中遭遇较恶劣的气象条件,容易发生航空灾害。

案例链接 4-2

2000年以来恶劣天气下发生的17起重大空难!

2014年7月23日,复兴航空公司GE222航班在澎湖上空失联,机型ATR 72,乘客54

人,机组4人,由高雄飞往澎湖马公,因台风影响,天气不佳,紧急迫降失败,坠毁在澎湖县湖西乡西溪村62号空地,截至目前,媒体报道称,事件造成47人死亡(未确定)、11人受伤。另外波及附近2栋民宅造成火警。

恶劣天气可能导致航空事故,例如风切变、雾、寒冷天气引致机翼结冰、暴风雪或暴雨、火山灰和乱流等。2000年以来,恶劣天气成为多起空难事故的主要原因或诱因。

(1) 2000年10月31日,新加坡航空006航班在象神台风的暴雨下于台北桃园国际机场起飞,由于机组人员操作错误导致航班进入错误的跑道,起飞时撞到障碍物坠毁。机上83人罹难。

(2) 2003年1月8日,土耳其航空公司634航班从伊斯坦布尔阿塔图尔克机场前往迪亚巴克尔机场,在最后降落前坠毁在浓雾中。机上5名机组人员和75名乘客中的70名乘客丧生,幸存下来的5名乘客也身受重伤。

(3) 2005年2月3日,阿富汗卡姆航空904号航班在一场暴风雪中坠毁,机上96名乘客和8名机组人员全部遇难。

(4) 2005年8月2日,法国航空358号航班在多伦多降落时,因机组失误以及恶劣天气,未能在跑道结束前减速停止,冲出跑道末端并起火燃烧,所幸所有乘客与机组人员都及时逃出,无人死亡。由于降落时的天气状况,造成组员压力过大引发操作失误。另外,在当时天气恶劣的情况下,塔台仍要求358号班机降落在全长只有2.7千米的24L跑道(该机场最短的跑道),亦令情况雪上加霜。

(5) 2005年12月8日,美国西南航空1248号航班在降落芝加哥中途国际机场时遇上暴风雪,最后冲出跑道并撞上跑道外一条公路上的一辆汽车,虽然全机人员生还,但令被撞的汽车上的一名六岁男童死亡。

(6) 2007年9月16日,One-Two-GO航空269号航班(MD-82飞机)由泰国曼谷飞往普吉岛,疑似遇上风切变,降落时滑出跑道,造成机身断裂爆炸起火,丧生人数超过89人。

(7) 2008年6月10日,苏丹航空一架客机在喀土穆国际机场降落时因遇上恶劣天气,在跑道上失控并冲出跑道,继而引发大火,1名机组人员及29名乘客死亡,另有6名乘客失踪。

(8) 2009年6月30日,也门航空626号航班在接近科摩罗赛义德·易卜拉欣王子国际机场附近时试图着陆但未成功,随后在空中做出了一个U形转弯后,在凌晨1点51分与莫罗尼机场失去联系,坠毁于科摩罗群岛附近海域。当时天气状况不佳,风速达到了每小时61千米。

(9) 2009年12月22日,美国航空331号航班在牙买加京斯敦国际机场降落时因天气恶劣及机场导航灯故障,全机滑出跑道尽头并断为三截,所幸无人因此而丧生。

(10) 2010年4月10日,一架载有波兰总统莱赫·卡钦斯基、政府和立法机构众多高官的图-154型专机在俄罗斯斯摩棱斯克坠毁,机上包括机组人员在内共97人全部遇难,驾驶失误导致了这起悲剧的发生。依据俄罗斯专家所解读出黑匣子的录音内容显示,飞机飞行时性能良好,也无任何技术问题,完全是人为因素的结果。录音内容显示,机场塔台航管对飞机驾驶发出的警告指令,机场浓雾不宜降落,飞机驾驶员亦未接受建议指令改至其他机场降落,仍然试图降落,最终失败酿成悲剧。

（11）2010年7月28日，巴基斯坦低成本航空公司蓝色航空（Air Blue）202号航班由卡拉奇飞往伊斯兰堡，在降落前坠毁于伊斯兰堡北部。机上有146名乘客和6名机组成员共152人。事发后，巴政府宣布举国哀悼一天，并取消了一次内阁会议。大雨、多雾天气被认为是坠机发生的主要原因。

（12）2011年1月9日19时45分，伊朗航空277号航班在即将降落乌尔米耶机场时坠毁，当时机上有105人，其中77人死亡，26人受伤。报道称导致此次空难的原因可能是"天气原因"。由于空难地点的降雪一直持续着，导致救援工作陷入胶着。

（13）2012年4月20日，巴基斯坦Bhoja Air航空213号航班从卡拉奇真纳国际机场起飞，由于恶劣天气坠毁在伊斯兰堡贝娜齐尔·布托国际机场。机上127人在空难中丧生。Bhoja Air认为，由于飞机降落时，天空中大雨倾盆，雷电交加，飞机的坠毁可能是因为被闪电击中。

（14）2013年1月29日，哈萨克斯坦SCAT航空公司760航班在距离阿拉木图机场5千米处坠毁，机上共有5名机组人员和16名乘客，无人生还。SCAT航空公司初步推断，客机坠毁原因是当地天气条件不佳，能见度有限。阿拉木图及周边地区29日笼罩在大雾中，空气潮湿。

（15）2013年2月13日，乌克兰一架载有足球迷的安-24客机在顿涅茨克紧急降落时冲出跑道并着火，造成至少5人死亡。飞机重着陆后继续向前冲，并在脱离跑道700米的地方停下来。飞机起火，机身裂开。事故发生时，机场附近正被浓雾笼罩。

（16）2013年3月4日，刚果（金）一架福克50飞机在恶劣天气中降落在刚果（金）东部戈马市机场时坠毁。据飞机运营商CAA航空公司称，至少已造成5人遇难。飞机在降落到戈马机场过程中坠毁在居民区中，飞机残骸散落在约1千米的范围内。恶劣的天气状况很可能是导致坠机的主要原因。

（17）2013年10月16日，老挝航空301号航班的ATR 72飞机，疑似因气候不佳，冲入距离机场8千米（5英里）的湄公河中，机上共载有44名乘客和5名机组人员，事故使全机共49人不幸罹难。事故原因仍在调查中。

资料来源：http://news.carnoc.com/list/288/288918.html

第三节 人工环境因素

人工环境涉及机场、航路以及通信、导航、雷达等设施的设计配置。不良的人工环境，与其他致灾因素相互作用，会共同导致航空灾害的发生。

一、机场环境因素

航空器整个飞行过程中，进近着陆阶段和起飞阶段是最容易发生事故的阶段，其中进近着陆阶段被航空运输界称为"航空杀手",在众多致灾因素中,机场环境因素尽管不是主要因素,但这些因素却构成了航空事故链中的重要一环。

(一)鸟害

鸟害是指飞机飞行过程中与飞行中的鸟类发生相撞,引起飞机机械损伤、飞机动力装置受损、失去动力,进一步引发飞机失去控制,在起飞和进近着陆阶段造成起飞中断、偏冲出跑道,甚至造成航空器坠毁的严重事故。鸟击事故较多发生在机场附近600米高度以下的空域,飞鸟或者突然被吸入发动机,造成发动机损坏甚至停止工作;或者撞击飞机驾驶舱的玻璃,直接影响飞行员的工作;还有飞鸟会撞进飞机的起落架,使起落架工作失灵。鸟击飞机、撞坏飞机雷达天线罩、阻塞飞机起落架以及鸟被风扇和涡轮切碎吸入发动机等都会对飞机造成不同程度的损害,甚至造成机毁人亡的事故。

1993年,国际民航组织的41个成员国共发生鸟击飞机事故3 427起。全世界民航运输业每年因鸟击大约造成1 300台发动机毁坏。1995年9月22日,美国一架波音707飞机在起飞抬前轮时撞上一群加拿大鹅,造成2台发动机毁坏,飞机坠毁,机上24人全部遇难;2000年4月19日,非洲航空公司一架安-8飞机起飞后不久一台发动机遭到鸟击。飞机在返回机场时没有能保持住高度而坠毁。机上20名旅客和4名机组人员全部遇难。

我国不少机场附近发生过鸟击飞机现象多起,造成了不安全事件甚至事故。可见,鸟害是非常严重的致灾因素。

案例链接 4-3

全美航空1549号航班迫降事件

全美航空1549号班机是一班从纽约拉瓜迪亚机场到北卡罗来纳州的夏洛特,再飞往西雅图的每日航班。在2009年1月15日那天起飞后6分钟在纽约哈德逊河紧急迫降。

事件经过

当天下午,肇事空中客车A320-200客机编号N106US,由机长萨伦伯格负责执行,于下午3时26分在纽约拉瓜迪亚机场起飞。

但起飞1分钟左右,机长向机场塔台报告,指飞机上两具引擎都撞上鸟而失去动力,要求立即折返机场。机场方面随即指示1549号班机立即折返,但萨伦伯格机长发现不能掉头折返机场,于是准备安排客机飞往新泽西的泰特伯勒机场作紧急降落;但其后机长又发现当时飞机的高度及下降速率,无法让客机安全降落于泰特伯勒机场。

于是,机长决定避开人烟稠密地区,冒险让客机紧急降落在贯穿纽约市的哈德逊河上。拉瓜迪亚塔台在机长告知即将降落哈德逊河23秒后失去与班机联系。

飞机飞进哈德逊河河道上空,并以滑翔方式缓缓下降。飞机机尾首先触水,其后以机腹接触水面滑行,飞机左侧的一号引擎于水面滑行期间脱落沉入河底。最后,飞机于曼克顿附近停止滑行,机身大致保持完整。

事件初报确定,飞机失去动力的原因是因为飞机于爬升期间遇上一群加拿大黑雁

（见图 4-1），引擎可能吸入数只这类候鸟，结果飞机承受不了这庞大撞击力而停止运作。飞机于出事后两天被打捞出水面，以详细调查更多失事原因。

图 4-1　鸟撞飞机

资料来源：https://baike.baidu.com/item/％E5％85％A8％E7％BE％8E％E8％88％AA％E7％A9BA1549％E5％8F％B7％E8％88％AA％E7％8F％AD％E8％BF％AB％E9％99％8D％E4％BA％8B％E4％BB％B6/8255826?fr=aladdin

（二）机场净空

机场净空是指按照国际民航组织规定，以机场为中心，在半径为 15 千米的范围以内，制定的对建筑物高度限制的飞行空间。机场净空是机场的生命线，是保障航班安全的基本适航条件。机场净空影响到机场的天气标准，机场净空条件好，天气标准就低；反之，机场净空条件差，天气标准就提高，航空器的起降变得复杂，飞行事故随时都可能发生。

（三）场道条件

1. 障碍物

场道两端有障碍物，如停放的车辆、航空器、其他设备、行进和滞留的人员、牲畜等没有在规定安全范围内，致使航空器起降时有撞上障碍物的可能性。

2. 道面清洁

道面有金属物、石子、纸屑、树枝等杂物没有被清理掉，在航空器起降时，容易被吸入发动机或其他部位，轻则造成机身划伤，重则破坏航空器动力系统，造成严重事故。

3. 道面强度

跑道使用时间较长，经冰冻或水泡，容易造成道面强度不够，如不及时修复，就会成为安全隐患。

4. 道面积水、积冰

不及时清理道面积水或积冰会降低跑道的摩擦因数，航空器在湿跑道和积水跑道上着陆时，经常发生滑水事故。据统计，1983—1992 年美国各种飞机发生滑水事故 32 起。大多数的滑水事故是由于跑道结构不好或跑道设计错误而造成。

案例链接 4-4

桃园机场跑道柏油破碎　致航班起飞时尾翼受损

2014 年底完工,2015 年初才开放使用的桃园机场南跑道于 2015 年 11 月 3 日发生滑行道柏油破碎,当天长荣航空一架飞往太原班机在起飞时,柏油碎石块被轮胎卷起击中飞机的左边水平尾翼翼尖,造成翼尖受损(如图 4-2 所示),虽然飞机顺利抵达太原,但受损程度已低于最低适航放飞标准,无法执行返程任务,长荣只好紧急调派另一架空机搭载维修的物料以及维修人员前往太原,并搭载原本要搭乘受损飞机回台的 159 名旅客,长荣表示,由此衍生的飞机修护、调机,以及航班延误的旅客住宿、餐点等额外费用,损失金额达千万台币。

图 4-2　受损机翼

长荣航空这架编号 B16218 的 A321-200 飞机,在 10 点 26 分使用 23L 跑道起飞时,因跑道状况不良,疑似发生轮胎碾过跑道上的异物,机长检查仪表板一切正常,机组员从窗户以目视检查也未发生异状,航机正常飞抵太原,抵达后,在检查时发现飞机左边水平尾翼翼尖受损(凹陷约 1.5m×1.5m),确认该机无法执行返程任务,必须拆解受损的水平尾翼,做进一步的结构性检查及更换料件,并因此要做全机检查,估计需要 3 个工作日才能正常派遣,严重影响机队正常调派。

长荣表示,除了这架飞机的延误,相关航班必须临时做调度,影响航班包括函馆、香港、澳门、大阪、济南等 13 个班次,延误时间从 40 分钟到 3 小时不等,造成逾两千名旅客行程延误。

资料来源:http://www.chinanews.com/tw/2015/11-01/7599713.shtml

(四) 助航灯光

机场助航灯光系统由进近灯光系统、跑道灯光系统和滑行道灯光系统组成,各具有不同的功能和作用。下滑灯属于进近灯光系统,在跑道两边各一路,对飞机进近和着陆起着关键的作用,是飞机降落的引导标识。如果机场没有导航灯,将直接导致夜航无法保障,对航空安全构成极大的威胁。

（五）飞行物干扰

机场一般位于城市郊区，周边是空阔的地带，有些人喜欢到机场附近放风筝，飞翔的风筝干扰了驾驶员的视线，影响飞机的安全起降；若风筝被卷入发动机，航空事故甚至灾害的发生将难以避免。此外，气球对安全飞行的危险也很大。2002年"五一"前夕，不明巨大气球挡住了武汉天河机场飞机飞行下降滑道，导致4个到达航班和4个出发航班延误。

（六）烟雾

很多机场的周边是农村，农民可能在机场附近燃烧秸秆、稻草和树叶等，燃烧时产生的滚滚浓烟会降低机场周围的能见度，形成安全事故的隐患。

（七）鞭炮、烟花

如果有人在机场周围燃放鞭炮和烟花，在夜晚降落的航班将无法区分机场地面导航塔的灯光和焰火的火光，导致飞机难以安全降落。

二、空中管制环境因素

（一）航路空域环境

航线设计不合理、空域管理不当、空中交通流量过大，都会对航空安全产生影响。

（二）通信导航环境

通信环境差，如通信设备落后或出现故障、信号干扰导致信息失真、通信中断等，可能会成为致灾因素。例如，某区域雷达发生故障（只能收，不能发），5分钟后雷达死机，使得4架飞机盘旋等待，1架备降，3架地面等待，造成了一起不安全事件。

（三）空中交通冲突

空中交通活动相互占用或相互作用特定飞行安全保护空间的情况被称为空中交通冲突。空中交通冲突直接威胁着空中交通活动的安全。具有多种冲突形式，不同的冲突形式对应着不同的空中交通危险等级。依据空中交通活动所在的多维空间特性，冲突情况可以分为下列不同的几何形态。

(1) 空中交通垂直冲突。它是指在不符合水平间隔标准（或时间间隔标准）的情况下，空中交通活动之间的小于或即将小于垂直间隔标准的情况。

(2) 空中交通水平冲突。它是指在不符合垂直间隔标准的情况下，空中交通活动之间的水平方向上所在的小于或即将小于水平间隔（纵向或横向）的情况。

(3) 空中交通时间冲突。时间通常是水平间隔的另一种非精密表达方式，它是指空中交通活动之间在不符合垂直间隔的情况下，小于或即将小于规定时间间隔的冲突情况。空中交通冲突处理是现代空中交通管理的重要环节。处理冲突应根据空中交通的发生可能和发展趋势，采用不同的冲突处理方法。

第四节　飞行工作环境因素

飞行工作环境因素是影响机组行为失误的外因，是造成航空灾害的间接原因。飞行工作环境因涉及的方面较多，这里主要从两个方面进行分析。

一、时间压力的影响

统计资料表明，有相当数量的飞行事故是由于飞行员的时间分配和管理不合理，造成时间压力而导致的。飞行员一旦对时间管理出现异常，便可能进入高应激状态和高负荷工作状态，进而引发事故。

1997年3月，在加那利群岛的特纳利夫岛发生了两架波音747班机相撞事故，造成了航空史上最惨重的灾难之一。当时荷兰航空公司的航班正在起飞，而泛美航空公司的航班正在跑道上滑行，两架飞机相撞后起火，导致583人遇难，仅有61人生还。为期18个月的事故调查结果表明，时间压力是一系列诱发机组失误的根源。当天，天气不良已经导致了航班迫降，迫于时间压力，荷兰航空公司飞行员在忙乱中没有遵照批准的程序，也没有及时中断起飞，而误解命令和指示是造成这一悲剧的直接原因。

航班大部分飞行阶段都采用了精心设计的标准程序，如起飞前检查单、请示起飞许可等一系列的项目和动作。但在飞行前阶段则不然，飞行员需要查看飞行计划、气象信息，同时要注意燃油装载、派遣单与放行、飞机维护和最低设备清单项目等，所有这些工作都在很短的时间内进行，因此飞行员常常因为怕航班晚点而感到时间紧迫，压力很大。在进近着陆阶段，尽管大多数工作和计划是程序设计好的，但盘旋等待、复飞、天气突变等现象却是临时出现的，容易使飞行员感到焦虑不安，更会给那些飞行准备不充分、经验很少或心理承受能力差的飞行员带来沉重的心理压力。

时间压力的影响因素可分为自我因素和环境因素两类。自我因素往往会导致自我时间压力，指由于飞行准备不充分或工作安排、时间分配不合理而造成的飞行员主观上的时间紧迫感；环境时间压力是指外部环境和条件带给飞行员的时间紧迫感，它是客观存在的，环境时间压力在飞行中表现很频繁，例如不良的气象条件、飞行计划安排太紧、飞机故障、空域拥挤和等待旅客或货物等。环境时间压力与自我时间压力往往相伴而生，它们互相作用的后果是使飞行员进入高应激状态，判断、决策能力和操纵能力严重下降，很可能导致事故征候或事故。

二、工作负荷的影响

工作负荷与飞行事故关系密切，工作负荷过高或过低，都会对飞行员的行为产生不良影响导致错误率的增大,从而诱发飞行事故。

高负荷的工作条件会对飞行员的身体和心理造成极大压力,当工作负荷超过了飞行员的工作能力底限时就会引发飞行事故。在"起飞、爬升""进近、着陆"的前后两分钟内,机场区域1.5千米范围内的特殊飞行阶段中,由于驾驶员的操纵增多,工作负荷大,是极易增加驾驶员出错的环境。飞机着陆阶段的事故率占43.4%,高居整个飞行过程事故率之首,其主要原因正是由于飞行员操纵工作量的激增和长途飞行的疲劳,形成飞行阶段中最高的工作负荷。

机载设备的自动化程度增高,造成工作负荷过低,随之而来的飞行员新型差错,是造成航空灾害的重要原因之一。随着自动化技术的应用,驾驶员操纵飞机的方法发生了极大变化。飞行员不仅是操纵员,而且是系统监督员和管理员。自动化技术有许多优点,但大量新设备的使用、多功能的仪表和复杂的信号都给飞行员带来了新问题。

知识链接 4-1

鸟撞的鸟击防治

防治鸟击对航空安全起着非常重要的作用,防治的主要思路是减少鸟类活动与飞行器起降的重叠。

被动的鸟击防治主要是观察鸟情。在机场建设之初就需要对所在地的生态环境做出评估,尽量避免在鸟类栖息地和迁徙补给地附近建设机场;机场塔台和空中交通管制部门须随时观测机场地面和上空的鸟类活动状况,遇到大量鸟类聚集和活动时,及时关闭跑道、停止飞机起降、要求飞机拉升高度,从而减少发生鸟击的概率。现在观察鸟情主要依靠目视和雷达侦测,一些国家和地区的机场在自动终端情报服务中加有鸟情通报,以指导飞行员规避鸟类活动区域。机组人员在起降过程中也须注意观察鸟情,在低空飞行时控制飞行速度,以减少撞击的破坏力。

主动的鸟击防治主要是驱赶鸟类离开机场空域,驱赶的方式主要是恐吓、破坏栖息环境和迁移栖息地。

恐吓是最简单和最直接的驱赶鸟类方式。比较流行的有煤气炮、恐怖眼、录音驱鸟、猎杀、豢养猛禽等方法。煤气炮在许多机场都有配备,是一种以煤气为燃料的爆炸装置,机场地面工作人员定时燃放煤气炮,发出巨大声响,以驱赶鸟类,但是长期使用煤气炮会使得鸟类对其声响产生耐受,影响驱赶效果;恐怖眼是绘制有巨大眼睛图案的气球,由于鸟类对眼睛图案比较敏感,随风飘舞的恐怖眼会起到很好的驱赶效果,但是长期使用恐怖眼同样会面临耐受问题;录音驱鸟使用配有高音喇叭的汽车播放猛禽的鸣叫或鸟类受到虐待时凄厉叫声的录音,活动于机场的鸟类受到录音的刺激会很快逃离,这种驱鸟方式受到地域的限制,必须使用本地鸟类的录音才会有较好的驱赶效果;猎杀是最原始的驱鸟方式,但是非常有效,长期的猎杀会有效控制鸟类数量,但是这种方式由于伦理和生态保护的原因遭到较多的反对;豢养猛禽是一种以鸟治鸟的方式,在机场人工驯化和饲养一定数量的猛禽,定时放飞,形成较高的密度,令野生鸟类感受到威胁,从而离开机场,豢养较大型的猛禽不仅可以驱赶鸟类,还能够捕杀生活在机场的哺乳动物,减少食物的供应同样能够驱使鸟类离开机场,在欧洲、北美、俄罗斯的一些机场,豢养猛禽驱赶鸟类都取得了极大的成功。

破坏栖息环境是另一种避免鸟击的方式,妥善处理机场及附近社区产生的生活垃圾,投放鼠药和捕鼠器,选择本地鸟类不喜欢的草种树种进行机场的绿化,及时处理机场草坪令鸟类无法藏身,清理机场附近的湿地、树林等适宜鸟类栖息的环境,以及使用鸟类厌恶但对环境没有影响的化学制剂,都会令鸟类放弃机场及附近地区作为栖息地,从而减少在机场附近的活动,降低发生鸟击的概率。

迁移栖息地是比较困难的方式,在远离机场的区域针对造成机场鸟击事故的主要鸟种建立有针对性的保护区,建设栖息地,吸引机场附近的鸟类。在上海,九段沙湿地保护区的建立就成功地吸引了原本栖息在浦东国际机场附近栖息的鸟类,降低了该机场的鸟击事故发生率。

鸟击防治需要综合各种方式,任何一种方式单独使用都将面对鸟类的耐受,在使用一段时间后失效。同时,进行鸟击防治必须深入研究本地鸟类的生物学和行为特征,有针对性地进行防治。

资料来源:https://baike.baidu.com/item/%E9%B8%9F%E6%92%9E/2224645?fr=aladdin

本章小结

1. 环境致灾因素指影响航空安全运行的社会环境、自然环境和人工环境等。航空安全生产系统的作业场所跨省、跨国、跨洋,点多、线长、面广。

2. 飞行的自然环境主要指飞行地带和空域、航路及其周围的地形地貌、山丘和河川以及大气物理现象;飞行的人工环境主要指飞行场所的机场、航路、通信、导航、灯光、标志以及保障飞行安全生产的各种固定设施和物体。

3. 民航系统人员认为对航空安全影响最大的社会环境因素是民航体制改革,其次是恐怖主义,其余依次为市场竞争激烈、民航发展速度、国家政策法规、国际关系及国际相关法规。

4. 政治环境全方位地影响着整个世界,也影响着航空安全,并存在一些可能导致航空灾害的因素。

5. 航空安全生产系统必须考虑自然环境中地形、地貌、风雨、雷电和温度等因素对安全生产的影响。大雾、大雪、冻雨、大雨、雷暴、大风、风切变、低云、沙尘暴、冰雹和高温等自然变故,一般被认为是人力难以改变的,甚至是人力难以抵抗的力量。因此,航空安全生产具有一定的不确定性。航空灾害的发生,往往与人类认识自然、掌握自然及利用自然不力有关。必须充分注意自然环境中各种因素对安全生产的影响,加强和发挥安全生产体系的整体功能。

综合练习

思考题

1. 你认为对航空安全影响较大的天气环境因素有哪些？
2. 怎样认识和克服"鸟害"？
3. 试论空中交通冲突及其形态。
4. 飞行工作环境因素涉及哪些方面？
5. 如何理解飞行员的时间压力和工作负荷？

第五章

公共航空运输安全管理

本章学习目标

- 掌握航空公司安全管理的重点；
- 掌握飞行安全管理的重点内容；
- 理解运行控制部门的主要职责；
- 掌握航空公司突发事件的一般处置程序；
- 掌握航空公司各类突发事件的具体应对措施。

美国航空 965 号班机空难

美国航空 965 号班机（AA965）是美国航空一班从美国迈阿密前往哥伦比亚考卡山谷省首府卡利的定期航班。1995 年 12 月 20 日，飞行此航班的一架波音 757-223 客机（机身编号：N651AA）于降落前 5 分钟在考卡山谷省布加附近撞山坠毁。机上 163 人仅 4 人及一只狗生还。这次空难是美国史上首宗致命的波音 757 事故，也是涉及波音 757 的首宗坠机事故。当时是继洛克比空难后最严重的美国的航空公司的空难，亦是 1995 年度及哥伦比亚史上最严重的空难。

事故经过

事发当日，美国航空以一架机身编号为 N651AA 的波音 757-223 客机执行迈阿密国际机场至卡利阿方索·邦尼拉·阿拉贡国际机场的航班。客机原定于美国东岸时间下午 4 时 40 分起飞，但因为当天的风雪影响东北部航班，航机首先延迟了 30 分钟以等待从东北部到迈阿密乘搭这班航机的乘客。但最终客机未能等及所有原定的乘客到达，于 5 时 14 分离开登机门。及后飞机因为迈阿密国际机场繁忙的假日交通量而需在滑行道上等候，结果飞机在傍晚 6 时 35 分起飞，整整延迟了 2 小时。由于时近圣诞，机上的 155 名乘客主要是回哥伦比亚庆祝圣诞的人、游客及商人。另外，机上有 8 名机员。

由于反政府游击队于 1992 年的攻击，阿方索·邦尼拉·阿拉贡国际机场的管制员并没有雷达监察航机的航向及飞行高度。965 号班机上的机组人员只能依靠无线电与管制员联络及以仪表飞行通过指定信标进场。该机场的进场航线由数个无线电信标组成，指示机师飞过卡利附近的山峰和峡谷进场。早在 965 号班机起飞前，地勤人员已把这些无线电信标输入飞机的飞行管理系统（FMS），故理论上凭着这些预先输入的资料和机师的控制，飞机能安全地抵达阿方索·邦尼拉·阿拉贡国际机场。但因为当时阿方索·邦尼拉·阿拉贡国际机场附近无风，管制员向 965 号班机的机组人员建议将原本绕到 01 跑道降落的航线改成直接在 19 跑道降落。由于航机已延误 2 小时，故机组人员同意此安排。但机组人员误解了管制员话中"直接"的意思，故直接把预先输入飞行管理系统的无线电信标清除。其后管制员要求航机飞抵卡利北方的图尔瓦（Tuluá）VOR 信标时回报，此时机组人员方知犯错，立即张开地图找寻该信标的坐标。同时，为了增加可用的时间，他们打开航机的扰流板以减慢航机的速度及增加下滑速率。

但当机组人员找到图尔瓦的坐标时,他们已经飞过该处。于是他们决定继续航向下一进场点——Rozo。9 时 37 分,965 号班机获管制员批准飞过 Rozo 后使用 Rozo 1 标准进场航路(STAR)在 19 跑道着陆。获得批准后,他们尝试将 Rozo 的坐标输入飞行管理系统。根据他们的地图,Rozo 无定向信标的代号是"R"。可是,哥伦比亚当局重复使用了"R"这个代号,另一个代号"R"的无定向信标是位于首都波哥大附近的 Romeo 无定向信标。而航机的飞行管理系统使用的 Rozo 无定向信标代号不是"R",而是信标的全名——"ROZO"。加上当一个国家重复使用无定向信标代号的时候,通常把最大城市的信标放在首位。故当机长在名单中选择第一个代号"R"的信标的时候,他实际上已经指示飞行管理系统把航机驶到波哥大,而航机亦立即向东掉头。9 时 39 分,由于 Rozo 1 航路不需大幅度转向,故机师发现输入错误,于是解除自动驾驶系统,指令航机右转。但当他们发现这个错误的时候,航机已逼近一个与原定航线平行,高 3 000 米(12 000 英尺)高的山丘。

9 时 41 分,在航机撞山前 9 秒,地面迫近警告系统(GPWS)的警报响起,警告航机即将撞山。机师跟副机长立即拉起机头,尝试避免撞向前方山丘。但打开的扰流板减低了爬升速率,结果航机在近山顶位置撞山。965 号班机预定晚上 9 时 45 分着陆,但飞机撞山后,与进场管制失去联络。由于事发一带是一片森林,位置偏远,加上搜救队的直升机没有夜视装备,故只能在第二日早上开始搜索。其后于残骸中救出 7 名幸存者,可是其中 3 人之后伤重不治,令幸存者人数下降至 4 人。

事故原因

哥伦比亚民航局于 1996 年 9 月透过美国国家运输安全委员会公布调查报告。在调查报告中,哥伦比亚民航局提出了数个空难的可能肇因。

(1) 机组人员未能适当地运用自动导航系统,以致他们未能适当地计划及实行以 19 跑道进场阿方索·邦尼拉·阿拉贡国际机场。

(2) 机组人员在出现数个不建议继续进场的状况下,仍然坚持继续进场。

(3) 机组人员欠缺对垂直导航、地面迫近警告系统的警报应变能力,及对重要的无线电导向信标间的相对距离并没有认知。

(4) 机组人员未能在航机的紧急情况转用传统的无线电导向方式进场,继续依赖当时会令他们困惑及令他们的工作量大大增加的自动导向系统。

(5) 机组人员一直尝试加速进场及着陆的程序,以减少潜在的延误时间。

(6) 机组人员在尝试避免撞山时忘记了收起打开的扰流板(根据事后调查,若机组人员在地面迫近警告系统的警报响起时立即收回伸出的扰流板,航机是可以避免撞山的)。

(7) 飞行管理系统的逻辑问题:当使用其他方法进场时,必须删除原本已经输入系统的所有坐标。

(8) 飞行管理系统使用的导航资讯与地图所用的有差别。

资料来源:https://baike.baidu.com/item/%E7%BE%8E%E5%9B%BD%E8%88%AA%E7%A9%BA965%E5%8F%B7%E7%8F%AD%E6%9C%BA%E7%A9%BA%E9%9A%BE/2918707

第一节 概 述

民用航空运输分为公共航空运输和通用航空运输。公共航空运输主要包括旅客运输和货物运输。通用航空涉及的内容繁多,范围很广,包括工业作业、农业作业和其他作业(如航空体育、飞行训练、文化娱乐和医疗抢险等)。目前,我国的通用航空安全管理参照公共航空运输安全管理模式进行。所以本章主要针对公共航空运输安全管理与突发事件的内容进行讲解。

一、公共航空运输

公共航空运输也称为航空运输,是指以航空器进行经营性的客货运输的航空活动。它的经营性表明这是一种商业活动,以盈利为目的。它又是运输活动,这种航空活动是交通运输的一个组成部门,与铁路、公路、水路和管道运输共同组成了国家的交通运输系统。尽管航空运输在运输量方面和其他运输方式比是较少的,但由于快速、远距离运输的能力及高效益,航空运输在总产值上的排名不断提升,而且在经济全球化的浪潮中和国际交往上发挥着不可替代的、越来越大的作用。

公共航空运输企业就是航空公司,航空公司必须首先获得民航主管部门颁发的运行合格证书才能开始运营。它使用的飞行器可以是自己拥有的,也可以是租赁的。

当今社会的运转速度和经济节奏不断加快,各种交易、交往日益频繁,人员、物资、资本和信息的流动速度显著提升、流量持续增长。而航空运输作为当前最为快捷、高效的客、货运输方式,被越来越多地采用。根据国家统计局的统计,2013 年航空客、货运输总量分别达到 3.54 亿人次和 561.3 万吨,较 2009 年分别增长了 53.25% 和 25.99%。与此同时,我国航空运输行业的经营规模也快速扩大,民用航空航线数量由 2009 年的 1 592 条大幅增加至 2013 年的 2 876 条,民用飞机数量从 2009 年的 2 181 架增加至 2013 年的 4 004 架,航线里程也从 2009 年的 234.51 万千米增加到 2013 年的 410.60 万千米。图 5-1 为 2009—2013 年航空客、货运输总量。

图 5-1 2009—2013 年航空客、货运输总量

二、通用航空运输

通用航空运输指使用民用航空器从事公共航空运输以外的民用航空活动,包括从事工业、农业、林业、渔业和建筑业的作业飞行以及医疗卫生、抢险救灾、气象探测等方面的飞行活动。

从事通用航空活动,应当具备下列条件。

(1) 有与所从事的通用航空活动相适应,符合保证飞行安全要求的民用航空器。

(2) 有必需的依法取得执照的航空人员。

(3) 符合法律、行政法规规定的其他条件。

从事经营性通用航空,限于企业法人。从事非经营性通用航空的,应当向国务院民用航空主管部门办理登记。从事经营性通用航空的,应当向国务院民用航空主管部门申请领取通用航空经营许可证,并依法办理工商登记;未取得经营许可证的,工商行政管理部门不得办理工商登记。通用航空企业从事经营性通用航空活动,应当与用户订立书面合同,但是紧急情况下的救护或者救灾飞行除外。组织实施作业飞行时,应当采取有效措施,保证飞行安全,保护环境和生态平衡,防止对环境、居民、作物或者牲畜等造成损害。

通用航空应用范围十分广泛,其经营项目按照《通用航空经营许可管理规定》(民航总局令第176号)的规定,共四大类34项。

(1) 甲类:陆上石油服务、海上石油服务、直升机机外载荷飞行、人工降水、医疗救护、航空探矿、空中游览、公务飞行、私用或商用飞行驾驶执照培训、直升机引航作业、航空器代管、出租飞行、通用航空包机飞行等。

(2) 乙类:航空摄影、空中广告、海洋监测、渔业飞行、气象探测、科学实验、城市消防、空中巡查等。

(3) 丙类:飞机播种、空中施肥、空中喷洒植物生长调节剂、空中除草、防治农林业病虫害、草原灭鼠、防治卫生害虫、航空护林等。

(4) 飞行俱乐部:以小型或限制类适航证的航空器、飞行器、航空运动器材和起降场地,为社会公众提供私用驾驶执照培训、航空运动训练飞行、航空运动表演飞行及个人娱乐飞行等服务。

2012年全世界约有通用飞机36万架,占所有民用飞机的90%。其中,美国拥有通用飞机22.3万架,占世界总量的61.9%。

2012年,全球通用飞机交付量为2 133架,是1994年的1.9倍;销售收入为188.73亿美元,同比下降0.89%。其中,活塞发动机飞机、涡轮螺旋桨飞机及商务喷射机的交付量分别为881架、580架和672架;销售收入分别为4.28亿美元、13.40亿美元和171.05亿美元。

从区域交付量看,2012年由大到小依次为北美洲、欧洲、亚太地区、拉丁美洲及中东和非洲地区。

近年来,我国通用航空业发展迅速,截至 2015 年年底,通用机场超过 300 个,通用航空企业 281 家,在册通用航空器 1 874 架,2015 年飞行量达 73.2 万小时。但总体上看,我国通用航空业规模仍然较小,基础设施建设相对滞后,低空空域管理改革进展缓慢,航空器自主研发制造能力不足,通用航空运营服务薄弱,与经济社会发展和新兴航空消费需求仍有较大差距。

2016 年 5 月 17 日,国务院办公厅印发《关于促进通用航空业发展的指导意见》(以下简称《意见》),对进一步促进通用航空业发展作出部署。

《意见》提出,到 2020 年,建成 500 个以上通用机场,基本实现地级以上城市拥有通用机场或兼顾通用航空服务的运输机场,覆盖农产品主产区、主要林区、50%以上的 5A 级旅游景区。通用航空器达到 5 000 架以上,年飞行量 200 万小时以上,培育一批具有市场竞争力的通用航空企业。通用航空器研发制造水平和自主化率有较大提升,国产通用航空器在通用航空机队中的比例明显提高。通用航空业经济规模超过 1 万亿元,初步形成安全、有序、协调的发展格局。

第二节　航空公司安全管理

公共航空运输安全是指人员不受伤害,财务不受损失,航空运输服务处于稳定、持续的正常状态。航空公司安全管理重点关注飞行安全管理、运行控制安全管理、客舱安全管理、维修安全管理、地面保障安全管理以及货运安全管理等方面。

一、飞行安全管理

飞行安全管理主要包括飞行运行、飞行技术管理、机组资源管理,飞行过程相关的环节必须符合航空公司的运行规范和相关手册要求。

1. 飞行运行

飞行运行是航空公司的核心部分,其安全水平直接影响整个航空公司的安全状况,而且也影响着旅客的人身及财产安全、航空公司声誉、经济效益乃至航空公司的生存。飞行过程的各个阶段必须达到规定的标准。机组在执行航空运输任务时,每次飞行基本分为四个阶段:

(1) 飞行预先准备阶段。这一阶段是在机组领受飞行任务后预先进行的准备工作,机组要熟悉飞行航线、航站、作业区的天气情况和航行、通信系统,起降、备降机场资料及航线地形、地貌、特殊飞行规定等情况;了解本次航班任务的客、货、邮载重情况;编制飞行计划;同时,要重点关注前三班飞行时飞机故障等情况,并制定特殊情况下的应急处置措施及空防措施等。

(2) 飞行直接准备阶段。该阶段机组对执行飞行任务进行更加详细和充分的准备,了解飞行航线、作业区、航站天气实况和预报、飞行活动情况，计算起飞、滑跑距离和起飞重量；根据预报进行领航和油料计算，填写领航计划，并对飞机进行检查（如图5-2所示）；办理、领取飞行有关文件、航行通告，计算载重平衡，办理商务手续，与塔台校波、校对资料等；准备特殊情况下的可能处置。

图 5-2　飞行员检查飞机

（3）飞行实施阶段。该阶段机组按照规定操作飞机，检查发动机和各系统工作情况，并按照预定计划飞行。在飞行过程中，如果遇到特殊情况，应按照准备阶段制定的应急处置措施应对，快速有序地组织旅客撤离飞机；如发生事故，应保护现场，如实反映情况。飞行过程中，机组还应随时观察气象情况，绕开危险天气；保持与塔台、着陆雷达系统指挥台通话，收听鉴别导航台频率、呼号；检查修正航道，掌握飞机位置，注意高度变化；飞机降落后，向调度和值班经理报告飞行情况，填写、送交有关飞行文件。

在飞行过程中，机长和副驾驶承担重要的安全职责。机长在飞行期间负责机组人员和机上旅客、货物的安全；为确保飞机、机上人员和财产的安全，机长有权采取必要的措施，机上所有人员必须服从；机长负责指导和监督机组成员正确履行其职责，完成航班飞行任务，确保飞行安全，对与飞行有关的所有事情具有最终决定权，并对做出的决定负责；当飞行中遇到不正常的情况时，机长应及时向运行控制部门报告，提供必要的信息。副驾驶在飞行运行中根据工作标准和操作程序完成其职责；当发现任何差错，不安全、不合法的运行或者危险情况时，应及时提醒机长，必要时应做出反应；在机长丧失能力、无法正常履行其职责时，代替机长职责。

（4）飞行讲评阶段。该阶段主要是机组在飞行后进行讲评，总结完成任务情况和飞行工作中的经验教训。

为了确保飞行安全，飞行过程控制中应重点关注机组人员的思想状况、身体状况、飞行技术以及天气情况和机务五个方面。

2. 飞行技术管理

飞行技术管理是飞行安全管理的重要方面之一，航空公司一般都设置有飞行技术管理部。飞行技术管理主要包括飞行标准及规章制度管理、飞行训练管理、飞行信息管理和飞行操作技术管理等方面的内容。

（1）飞行标准及规章制度管理。航空公司根据民航局颁布的飞行技术标准、规章和规定以及民航地区管理局发布的有关飞行标准方面的通告，制定本公司飞行技术管理的各项标准及规章制度，和公司各机型的飞行程序、技术标准。

（2）飞行训练管理。飞行训练质量是保证飞行安全的基础，航空公司的飞行技术管理部门制定本公司各机型的训练大纲，并检查监督训练工作和技术把关落实情况以及飞行人员复训计划落实情况。

（3）飞行信息管理和飞行操作技术管理。飞行信息管理是对飞行安全技术资料的信息管理，飞行操作技术管理对飞行操作技术进行监控工作。

案例链接 5-1

1987 年西北航空 255 航班空难事件

1987 年 8 月 16 日美国东部时间 20 时 46 分左右，西北航空 255 航班从底特律国际机场起飞，还未升高就开始滚转，左翼击中跑道末端灯杆，被整齐切断约 1/3，开始冒烟，接着左翼划过地面，出现火花，然后 90°反转，右翼撞上地面一处房屋撕裂，摔到地面并继续滑行，撞上机场附近一棵大树，爆炸。

除一 4 岁小女孩受重伤外，其余 154 人全部遇难，为当时美国史上第二大空难。

当天状况：起飞前有暴风雨，机长与副机长准备 F 跑道起飞，正在执行起飞前几百项检查，此时刮来一阵强风，由于 F 跑道处于顺风方向，而飞机应于逆风方向起飞（这样刮过机翼上方的气流将减小飞机上方压力，相当于机翼受到向上托举的力，有助于起飞），于是在起飞前几分钟，调度台要求 255 号航班改到反方向的 C3 跑道逆风起飞。这个调度消息打断了副机长的起飞检查，于是在转到 C3 跑道后，由于任务被打断，两位机长忘记了继续执行起飞前的例行检查就直接起飞（事实上，由于地面一片漆黑，两位机长在向 C3 滑行的过程中还迷了路，转到 C3 跑道后，距离起飞时间已经延误了 45 分钟，这 45 分钟可能会影响到他们接下来的航行任务）。结果他们忘记了执行起飞最基本的一项操作——打开襟翼与缝翼（在起飞时机翼需要打开它们以增大受力面积，成功起飞。与此同时，还有其他操作未进行，但这项是致命项）。于是飞机开始滚转，坠毁。

事实上，如果襟翼与缝翼未打开就进行起飞，是会有警报声响起，但事故调查组未在黑匣子中听到类似警告，在走访其他飞行员的过程中得知，该飞机的警报经常在没起飞的情况下进行报警，而且恼人的声音会一直持续，于是很多飞行员都会直接拔掉断路器阻止警报声。

再回头来看当时执行起飞检查的方式：因为有几百项检查，飞行员不可能凭记忆进行每一项，所以检查任务都是一条一条列在一张窄条上的，大概 20 个或者更多个项目一张，检查完一张就撕掉一张。于是，如果机长正在进行某项检查时被调度台的对话打断，那么他有很大的可能会忘记自己执行到了哪一项，这个时候如果从头开始，就意味着要重新进行十几项甚至几十项检查。于是很多经验丰富的机长会直接跳过这张检查清单。

于是事故当天的过程被还原了——天气恶劣,飞机延误,机组人员着急起飞,机长正在进行起飞检查,被调度台打断,转去其他跑道,途中迷路,就位后忘记继续检查,拔掉的断路器导致警报失效,襟翼与缝翼未打开就起飞,飞机坠落。

资料来源:http://www.jianshu.com/p/3d82803bc04b

3. 机组资源管理

机组资源管理(CRM)是近二十年来研究飞行事故中人的因素问题而提出的人—机系统的更深层次的课题。CRM 可以定义为能够最佳利用一切可用资源(设备、程序和人)的管理系统,以达到促进安全和提高飞行效率的目的。

CRM 着重于在组织有序的航空系统中掌控飞行所需的认识和人际关系方面的技术。所谓认识技术是指沟通和一系列的与团队工作相关的行为活动。和其他行业一样,航空系统中,这些技能常常是互相交叉的,也与航空所需技能相重叠。此外,这种关系不局限于机组内部,即使是单人驾驶飞行,也存在与其他飞机、各种地面保障机构的关系。例如当人们处于疲劳、烦恼、精力不集中等情况下,对周围的情况变化的认知就会不那么敏锐,而这种敏锐对飞行不正常或紧急情况时的应急处置特别重要。

CRM 的训练内容范围广泛,包括从机组人员的群体心理、飞行员个人在群体中的作用到控制系统操作以及环境影响等各个方面。在人—机—环境—任务系统中,人是主要因素,但管理的作用不可忽视。管理是软科学,表现为计划、组织、指挥、控制和协调等活动内容。在事故研究中,引入管理的概念,把管理作为飞行事故中的一个因素,使人—机—环境—任务这个系统工程更为有机化,任何一个事故并非单纯一个原因,而是一连串的失误构成的事故链,有效的管理可以打断事故链,在预防事故中起整合作用,这使得驾驶舱资源管理的角色更加突出。

案例链接 5-2

北方航空事故征候

1997 年 6 月 9 日,北方航空公司一架 MD82 飞机在日本宇部机场五边精密进近时,天气刚好处于天气标准边缘。当飞行人员操纵飞机出云,看见跑道和引进灯时,飞机位置偏离跑道中心较多,机组成员立即提醒机长复飞。但机长不听提醒,过分自信,盲目逞强,采取边修正位置边进近着陆的错误行为,严重违反了"在不具备正常着陆条件时必须果断复飞"的标准,结果飞机着陆带坡度,造成右机翼着陆灯擦坏的严重事故征候。

资料来源:孙佳.民航安全管理与应急处置[M].北京:中国民航出版社,2012.

二、运行控制安全管理

航空公司运作的过程就是运行控制部门对航班的放行和运行监控。运行控制部门是航空公司的核心部门,对航班运行全程进行控制,在及时通报信息、控制运行风险、确保飞行安全上发挥重大作用。

运行控制部门主要负责航线、航班训练的计划申请、外部协调工作以及签订有关航务签派协议;负责日常航班、飞行训练的组织实施,收集并提供相关资料,掌握放飞标准;负责航务、签派人员的业务培训和技术执照的管理,确保有足够的符合法规要求的航务、签派人员承担公司运行的控制责任;负责航路导航数据、飞机性能数据的准确性;监督落实民航航空营运、签派有关法规和规章,负责编制航务手册、签派手册。

运行控制是指合格证持有人使用用于飞行动态控制的系统和程序,对某次飞行的起始、持续和终止行使控制权的过程。运行控制安全管理主要体现航前运行评估、航中签派放行和运行监控以及航后运行品质管理三个方面。

1. 航前运行评估

航班运行前,需要对各种运行条件进行全面的分析与评估,以确保本次航班的运行申请、程序与标准得到批准,这是确保安全运行的基本前提。航前运行评估涉及正常(特殊)航线、机型、时刻和机场等批准,所需导航性能、区域导航、涡轮发动机飞机延伸航程运行,缩小最低垂直间隔等特殊运行方式的批准,市场销售情况、飞机适航状况、天气条件、载重平衡、飞行性能、机场运行条件、机组搭配与资格、空管流量控制和空地通信等方面的批准。在这些评估条件中,应重点关注飞行性能、机场运行条件、机组搭配与资格、空管流控和空地通信等几个方面。

案例链接 5-3

配载平衡 失之毫厘,谬以千里

民航资源网 2017 年 2 月 18 日消息:澳洲航空因误把 87 名小学生体重计算为成人体重重量,导致航班将旅客体重隐载近 3.5 吨,直接导致此架波音 737 客机在起飞时出现了机头过重的险情,因机组临时处置得当才得以避免。

配载需要合理控制航空器的业载重量,通过旅客、货物、邮件、行李的舱位装载调整航空器重心位置,从而使航空器重心处于安全范围之内,并要求数据绝对准确。配载在制作舱单时要从航班号、飞机号、人数、行李件数、重量等一项项基本数据逐一进行核对,缺一不可。舱单上每一项数值是否在规定范围之内都会直接影响机组的操纵难度,飞机一旦在空中平衡失控,就有可能造成机毁人亡的重大事故。

为了严把配载关口,配载工作需要进行双复核,即责任配载员根据航班截止数据制作舱单核对后,交由检查员再次核对,工作实践中表明双复核确实能发挥及时纠错的作用。责任配载员在送机时要核对飞机机号与舱单机号是否一致,而后才能将舱单交给机组,通过再次复核降低差错率,如果飞机号与舱单不一致,机长使用不符的数据操作又会造成一系列不可估算的影响。

配载的工作如履薄冰、如临深渊,不能有一丝一毫的麻痹大意,配载需要反复核对基本的数据,降低人为因素造成的风险,这些风险不可预估,配载员深知失之毫厘,谬以千里,安全生产"零容忍"的重要性。

资料来源:http://news.carnoc.com/list/392/392353.html

2. 航中签派放行和运行监控

(1) 签派放行

签派放行是运行控制工作的一个重要阶段,它是确保每一个航班运行前严把安全关口的两个关键环节,也是保障后续运行顺畅的重要步骤。其主要职责是分析和评估在航班运行时段内所有运行条件是否足以保证本次航班按照计划安全地运行,当满足放行标准的时候即可在放行单上签字放行航班,并承担相应的法律责任;反之,推迟放行。始终达不到放行条件时,根据航班计划,建议取消航班。

在签派放行阶段,助理飞行签派员收集气象、航行情报等涉及运行的各类信息资料,为签派员和机长实施签派放行提供所需信息资料保障;飞行签派员向机长提供可能影响该次飞行安全的机场条件和导航设施等方面的报告或者信息,向机长提供所飞航路和机场的天气实况报告和天气预报,包括晴空颠簸、雷暴、低空风切变等危险天气现象;签派值班主任对飞行签派业务工作进行质量管理与控制。

(2) 运行监控

在航班起飞后,运控中心签派员即开始对该航班进行严格的运行监控。监控航班飞行状态,掌握航路、目的地机场和备降机场的天气情况和影响飞行安全的航行通告等其他各类信息,向飞行机组提供有效的地面支援,同时对当天公司的所有航班进行合理化调整,保证航班的安全正常运行。运控中心对航班的运行监控就是对航班运行总体情况的掌握和控制,包括对不正常航班的调整和控制。当航班不能按签派放行单继续飞行,必须返航或备降时,与机长共同决定更改签派放行单;并通知有关部门做好保障准备;根据机组飞行后的情况汇报,记录有关的重要情况。

3. 航后运行品质管理

在航班任务执行完成之后,对本次飞行进行及时总结分析,根据是否有不安全或不正常运行,对运行品质进行分析。其主要工作包括通过对运行体系不安全信息的收集分析评估安全风险,制定风险控制方案;对航班计划油量的准确性和航班计划执行的稳定性进行评估,并提出修正建议等。运行品质管理的相关信息,可以为航空公司提高航班计划稳定性、提升运行管理品质及不安全事件调查等提供依据和支持。

知识链接 5-1

飞行签派员到底是做什么的?

飞行签派员是负责航空公司现场运行的计划、组织、指挥、协调和监控初级管理人员,此外还负有应急指挥、协助交通和战备管理等职责,国际上也称之为运行员或运行控制员,

FAA 称之为 Aircraft Dispatcher。一般飞行签派员在航空公司隶属于运行控制中心，广泛意义上讲运控中心是航空公司的核心枢纽中心，航班安全运行的各种数据信息都会第一时间在这里汇聚，涉及航班运行成本控制、燃油，人货过站成本、时间成本，航班的安全，天气状况，飞机通信应急指挥等全部都由运控中心管辖，而飞行签派员作为运控中心核心中的核心，其司职职责包含飞机跟踪监控、航班放行、加班包机保障、本场训练、航路优选、改航绕飞、返航备降、航班申请、通信守听和航务业务保障等工作，这么说起来还是很难理解，以下从飞机的跟踪监控、运行控制和签派放行三个方面为大家——道来（图 5-3 为南航大连分公司签派人员在查询记录航班情况）。

图 5-3　南航大连分公司签派人员在查询记录航班情况

首先，对飞机的跟踪监控，大家知道飞机一旦被派发执行航班，那么航空公司就会实时地了解航班执飞的状态，签派员通过高频、甚高频、卫星电话以及 ACARS（飞机通信寻址与报告系统）等方式与机组取得联系，卫星电话大家都知道，签派员选择航班航线对应的地面联络站，选择相应的 AED ID，再加上代码就可以直接与飞机取得联系，这也是最直接、最可靠的联系飞机的方式，这里额外说下甚高频和高频的联系方式。

甚高频，一般是指飞机起飞后在到达目的地或者备降地降落前 30 分钟，飞机进入相应管制区时，签派员与飞机机组联系的一种方式，是近距离联络沟通使用最多的一种方式，甚高频具有声音清晰，呼叫方便，及时的优点。值得指出的是，一般签派员会对甚高频通信内容进行不间断守听（是守不是收），以便随时应对协调处置航班执飞过程中出现的不正常状况。

高频，飞机机组在执飞航班时，有时候因为飞机故障、客货舱异常情况、目的地天气等原因需要与签派员取得联系，这时他们使用的一般就是高频通信，高频通信的优点是呼叫范围大，但是有时候受距离或干扰影响，声音不稳定，不够清晰。

其次，签派员对飞机运行控制方面的工作：这方面是针对航班执飞飞机的航线时间、地点的控制协调，比如由于天气原因，或者管制区流量控制原因或者军方空域管制原因等需要调整航向（绕飞），航行时间、返航/备降以及航班延误造成的停飞或临时航向申请等，都需要机组经过签派员的分析研究，下发指令才能执行。

打个比方，当航班遇到恶劣天气（台风、火山灰、雷雨区等）造成正常航路短时内无法执行时，需要通过航路的更改，达到避让危险区域，保障航班安全运行，同时减少航班长时间等待。签派员就会通过重要天气图、气象席位、情报席位和气象网站媒体等各种途径获得恶劣天气信息。向气象席位、情报席位进一步了解恶劣天气详细信息，分析台风、火山灰、雷雨区的移动方向、速度、覆盖范围和发展趋势，研究对正常航路的影响。根据分析结果，研究改航的可行性方案。方案包括航路改航、起飞机场、目的地机场改航和巡航高度改航等方案。

然后，签派员对飞机签派放行的工作，这方面工作可能普通游客更容易理解，通俗点讲，签派员对飞机起飞前的各种状态必须负责，包含飞机起飞重量、飞机的航线油量（起飞重量、有无减载、降落高度等）、航线方向、巡航高度、目的地情况，包含天气、海拔，甚至按照手册结合自己的经验给机组设置飞行、起飞、降落高度，对跑道长度……

打个比方，飞机是否有减载，影响飞机起飞、落地等结构重量？是否增加起飞油量？是否影响起飞和落地标准？是否满足航线运行和气象要求？是否有对飞行高度、飞行区域、机载无线电和机载导航设备的影响？是否影响航班载量？评估天气和航行通告，结合机长运行标准，评估起飞机场、目的地机场、备降机场、航路天气和相关航行通告。

最明显的是签派员查看机组信息，如果发现是新机长执飞航班，在考虑机组飞行时间和执勤时间限制的基础上，有权限考虑提高飞机起降标准。

需要特别指出的是，通常航班执飞之前，当班机组也会对飞机状态进行评估以便判断是否符合执飞条件，签派员的签派放行决策意见如果与机组的机长意见不同，这个时候就需要双方进行沟通协商，只有达成放行意见一致的情况下，飞机才能正常执飞。

最后，与其他岗位相比，签派员不同于商务调度员，对于现场的物流、客运和服务等工作并不直接负责，而是责成商务调度员来完成；签派员也不同于空中交通管制员，后者作为政府部门空中交通管理职能的履行者，而航空公司的签派员不负有此项职责，只能代表公司。

签派员责任重大，当然其必须掌握的知识也非常多，除了对正常的飞行器（有的会对特定型号比如 B737、777 等飞机的电子系统，飞控系统）性能了解，对航空气象识别判断的能力，还要对航空器资源决策，飞行机组，法规，机场，通信，空管流控，甚至飞行动力学等方面都需要了解，FAA 对 Aircraft Dispatcher 的要求参考 FAR 14 的 65、91、121 等章节，CAAC 对签派员的要求参考 CCAR-121FS，这里就不再赘述。

当前，民航业空前发展，特别是中国民航，FAA 和 EASA 在很早之前就强调了签派员在整个民航运输中的重要程度，特别是在商务航线越来越繁忙，民航客流越来越大的情况下，签派员的工作更为重要。因此，中国民航在近几年也加强了针对签派员的培训和考核，针对签派员岗位技能提升的措施也越来越多，相信在中国民航的推动下，签派员这一岗位在整个民航系统中会越来越被重视。

资料来源：http://news.carnoc.com/list/284/284730.html

三、客舱安全管理

客舱安全是航空安全最直接、最重要的部分之一,没有客舱安全,就没有飞行安全。在飞行中,客舱中的突发事件可能危及旅客及客舱乘务员的安全。据不完全统计数据显示,1993年至2009年,国内发生的客舱颠簸事件共造成旅客受伤44人,乘务员受伤29人。因此,客舱安全是安全管理中不容忽视的方面。

客舱安全管理主要包括日常安全管理和飞行实施中的客舱安全。

1. 日常安全管理

航空公司对客舱安全管理应有良好的政策导向,明确乘务工作必须将保证客舱安全列为第一要务,管理机制和方法应与其相协调。航空公司在满足规章的一般要求基础上,根据自身实际情况,不断提高对客舱安全的主动关注,对客舱安全管理进行主动的自我诊断、改进和完善。

日常的安全管理还体现在乘务人员的安全培训中,培训中应重视对乘务员的安全意识、法律意识、安全技能和自我履行安全责任的能力的培养和提高。日常训练使乘务员达到熟悉航空理论并在正常和紧急情况下都能正确使用机上设备的目标。美国在2000年就提出了乘务员需要接受在紧急情况下如何处理旅客的客舱行李的培训,强调了乘务员在发布指令时应明确航空公司处理紧急撤离时旅客携带行李情况的专门程序,这个程序作为乘务员培训的项目之一。在乘务员做紧急撤离训练时,还要专门训练如何处理这种情况,这个程序应包括如何处置旅客行李。图5-4为乘务员接受应急撤离跳滑梯训练。

图 5-4 乘务员应急撤离跳滑梯训练

2. 飞行实施中的客舱安全

在飞行前,乘务组应根据要求进行精心准备,上机后对相关设施设备进行检查。乘务长对乘务组成员合理分工;检查客舱安全应急设施和服务设施,确认其完整、可靠;对机上供应品、食品和客舱清洁检查确认,并在交接单上签字;确认旅客登机前的客舱准备工作完成情况并向机长报告。其他乘务人员应完成飞行前的客舱直接准备工作,检查各自所在区域的紧急设备是否在待用状态、是否完好以及各个紧急设备的所在位置。

起飞前的安全检查,是保证安全的重中之重。安全检查包括要求旅客将便携式电子设备的电源置于关断状态;所有旅客就座并系紧安全带,儿童需系紧安全带或由成人抱好;对于所有出口座位及靠通道一侧的座位,如果无人就座,应将其座位上的安全带固定好;确认旅客行李物品存放妥当,所有行李架关闭;通道、应急出口不得摆放行李物品;小桌板收直扣好,座椅靠背处于垂直位,脚垫收起;旅客座位上无饮料杯、餐具等杂物;门帘、窗帘打开并固定;窗口遮光板收起;关闭厨房电源;固定厨房、盥洗室的设备和物品;盥洗室无人占用(锁闭);录像显示器复位,将可伸展至通道的电影屏幕收好。图5-5为乘务员进行客舱安全检查。

图 5-5　乘务员进行客舱安全检查

在航班飞行中,乘务员应对客舱进行实时监控,巡视客舱设备运行状况,消除任何可能出现的安全隐患,保证客舱安全。遇有特殊或紧急情况时,及时向机长报告并按机长的指令做好对特殊或者紧急情况的处置。

四、维修安全管理

维修安全管理的目的是保证飞机本身的安全,即通过保证飞机的适航性,保证飞行安全。机务维修严格按照民航局有关适航规章、条例和标准的要求,实施对飞机的维修和控制,通过高质量的工作,达到持续符合适航标准的目的。航空公司一般对机务人员进行严格的业务技术训练,注重对机务人员机型原理和实际操作的培训,提高维修技能和分析排除故障的能力;加强机务维修工程管理和可靠性管理,依据制造厂商的各类技术资料,根据公司飞机的使用特点和实际状况,制定有效的维修方案和可靠性管理方案,并认真加以执行;严格机务维修工作的过程质量控制,严格执行各类工作单、卡和各项技术标准,严谨工作作风,提高维修质量。图5-6为航空器维修场景。

飞机维修主要负责各类机型的航线维修、定检、附件修理和重要加、改装,承担其他航空公司委托代理的各种飞机的维修。根据民航规章要求,航空公司维修系统设有工程技术部门、维修计划和控制部门、质量部门和培训管理部门。工程技术部门负责制定维修方案和最低设备清单的相关部分,并制定具体的飞机维修技术要求或者改装方案。维修计划和控制部门根据工程技术部门制定的维修方案、维修技术要求和改装方案选择和安排实施维修工作,保证飞机运行和维修中必要合格器材的供应、统计和监控飞机及其部件的使用和维修状况。质量部门对各类人员和单位进行评估、对单机适航性状况进行监控,并实施维修差错管理和质量调查;同时,质量部门应当具有独立的质量审核职能。培训管理部门负责执行维修系统的培训政策,组织实施对维修系统人员(包括协议维修单位中的有关人员和合格证持有人授权的维修放行人员)的培训,并建立和保存人员技术档案和培训记录。

图 5-6　航空器维修现场

案例链接 5-4

日本航空 123 号班机空难事件

日本航空 123 号航班空难事件发生于 1985 年 8 月 12 日,班机是波音 747-100SR,飞机编号为 JA8119。搭载 509 名乘客及 15 名机组员,从日本东京的羽田机场,预定飞往大阪伊丹机场。飞机因维修不当造成飞行时尾部压力罩破裂发生爆炸性减压并失去液压操纵,飞机在群马县御巢鹰山区附近的高天原山坠毁,520 人遇难,包括宝冢剧团著名演员北原遥子,名歌星坂本九。但有 4 名女性奇迹生还(1 名未执勤的空服员、一对母女以及 1 个 12 岁女孩)。此次空难事件是世界上涉及单一架次飞机的空难中,死伤最惨重的。

事故原因

(1) 1978 年 6 月 2 日,该飞机以 JAL115 航班在大阪的伊丹机场曾损伤到机尾。

(2) 机尾受损后,日航工程师没有妥善修补。在替换损伤的压力隔板时,应当使用一整块接合板连接两块需要连接的面板,并在上面使用两排铆钉固定,但维修人员使用了新的接合板,上面只有一排铆钉。这使得接合点附近金属蒙皮所承受的应力明显增加,对金属疲劳的抵抗力下降了 70% 之多。在维修后几年的飞航过程中,因客舱内部的多次加压和减压,此处金属疲劳不断累积。依照事后调查人员的计算,这次修补只能耐受 10 000 次左右的飞行,而事故班次已经是维修后的第 12 319 次飞行。

(3) 飞机爬升至 7 000 米左右高空时,压力壁面板累积的金属疲劳达到了极限,无法再承受气压差而破裂。机舱内因此发生爆炸减压,高压空气冲进机尾,直接将垂直尾翼吹落,连带扯断了主要的液压管线,导致机师无法正常操控飞机。

资料来源:https://baike.baidu.com/item/%E6%97%A5%E6%9C%AC%E8%88%AA%E7%A9%BA123%E5%8F%B7%E7%8F%AD%E6%9C%BA%E7%A9%BA%E9%9A%BE%E4%BA%8B%E4%BB%B6/5453220?fr=aladdin

五、地面保障管理

地面保障负责国际国内旅客运输、货邮运输、机票销售管理;负责地面服务、货物装卸的管理;负责运输载重平衡、货物运价管理;负责航班信息的收集、整理、分析、发布;负责行李查询、服务咨询的管理;负责 VIP 及航班不正常服务管理;负责国际国内航班机上清洁管理;负责与航班相关的延伸服务管理;负责外国航空公司地面代理管理;负责外国航空公司雇员的管理;负责外国政府和企业商务飞行的地面代理。

航空公司一般通过严格人员业务培训,规范操作流程,认真做好值机验证和旅客行李控制工作,时刻掌握登机旅客动向,及时准确地向机长提供飞机平衡数据,把好营运安全关口;严格地面保障各类人员的上岗培训,认真组织拟订各项地面保障计划,控制好所属单位安全要素、要点,做好客舱清洁、机供品配送等工作,加强对现场操作流程的监控,规范各类机动车辆(如摆渡车/VIP 车、清污水车、垃圾车等)的管理和使用操作程序,保证运行安全。图 5-7 是工作人员办理值机手续场景。

图 5-7　工作人员办理值机手续

案例链接 5-5

厦门机场惊现汽车飞机相撞事故

2011 年 11 月 11 日早上 7 点 45 分左右,厦门高崎国际机场一辆工作车撞上了飞机(如图 5-8 所示),导致航班延误。8 点半左右,厦门机场事故现场已经拉起了警戒线。新浪航空与厦门机场询问客机与汽车相撞事件,厦门机场表示会将具体情况进行通报。

随后山东航空公司回应表示:11 日早上 7:30 左右,山航一架飞机在厦门基地航前准备时,因地面车辆不慎刮伤前起落架舱门,山航按照民航的适航标准已组织工程师进行抢修。山航已与有关单位协商,妥善做好旅客后续服务保障工作,并对因航班延误给旅客带来的不便深表歉意。

图 5-8　汽车与飞机相撞

资料来源：http://news.cnnb.com.cn/system/2011/11/12/007144960.shtml

六、货运安全管理

近年来，我国航空货物运输量年均增幅超过 20%，约为世界航空货运业平均增速的 4 倍，2011 年中国民航货邮运输量 557.5 万吨。货物运输量激增以及客观环境和条件变化，对货运安全管理工作提出了新的要求。航空公司货运安全管理主要集中于危险品运输的安全管理。

为了按照局方要求进行危险品运输，保障运输安全，航空公司应制定危险品手册，并获得局方的认可。危险品手册至少应包括下列内容。

（1）航空公司危险品航空运输的总政策。

（2）有关危险品航空运输管理和监督的机构和职责。

（3）危险品航空运输的技术要求及其操作程序。

（4）旅客和机组人员携带危险品的限制。

（5）危险品事件的报告程序。

（6）托运货物和旅客行李中隐含的危险品的预防。

（7）运营人使用自身航空器运输运营人物资的管理程序。

（8）人员的训练。

（9）通知机长的信息。

（10）应急程序以及其他有关安全的资料或说明。

同时，运营人应采取所有必要措施，确保运营人及其代理人雇员在履行相关职责时，充分了解危险品手册中与其职责相关的内容，并确保危险品的操作和运输按照其危险品手册中规定的程序和指南实施。

运营人危险品运输安全管理主要体现在货物收运、装载和存储等环节中。

运营人应当制订检查措施防止普通货物中隐含危险品,接收危险品进行航空运输应当符合下列要求:(1)除技术细则另有要求外,交运货物应附有完整的危险品航空运输文件;(2)按照技术细则的接收程序对包装件、合成包装件或盛装危险品的专用货箱进行过检查;(3)确认危险品航空运输文件由托运人签字,并且签字人已按本规定的要求训练合格。

装有危险品的包装件和合成包装件以及装有放射性物质的专用货箱应当按照技术细则的规定装载;除技术细则规定允许的情况之外,危险品不得装载在驾驶舱或有旅客乘坐的航空器客舱内;装有性质不相容危险品的包装件,不得在航空器上相邻放置或装在发生泄漏时可相互产生作用的位置上;毒害品和感染性物质的包装件应根据技术细则的规定装载在航空器上;装有放射性物质的包装件装载在航空器上时,应按照技术细则的规定将其与人员、活动物和未冲洗的胶卷分隔开。

运营人应确保收运危险品的存储符合下列要求:(1)国家法律、法规对相关危险品存储的要求;(2)技术细则中有关危险品存储、分离与隔离的要求。

案例链接 5-6

未申报的危险品导致坠机

1996年5月11日,美国 VALUJET 航空公司一架从迈阿密飞往亚特兰大的 DC-9 客机,起飞10分钟后坠毁在机场附近的大沼泽地中,105名乘客和5名机组人员全部遇难。

调查分析:坠地前机舱内起火。起火原因:货舱内有119个隐瞒申报的危险物品"氧气发生器",该"氧气发生器"放置不当,起飞后由于震动而升温爆炸并引起火灾。2000年8月,美国联邦法官做出判决,要求 Saber 科技维修公司(托运人)对此事故赔偿1 100万美元。

资料来源:http://www.cd-hk.net/bkxx/2115.html

第三节 航空公司突发事件及应对措施

航空器的运行中可能会出现一些突发事件,对突发事件的处置是否及时、得当与事件造成的后果有着密切的联系。航空公司的突发事件涉及航空器事故、航空器被劫持事件、非法干扰事件、航空器发现爆炸物或受到爆炸物威胁、危险品泄漏突发事件、医疗卫生事件、航空器紧急迫降事件、客舱突发紧急事件和大面积航班延误等方面,本节将对这些可能会出现的突发事件的应急处置进行介绍。

航空公司突发事件应急处置中涉及各个部门和岗位,航空公司一般会成立各个应急处置工作组,如航空器处置、客货处置、安全保卫、后勤保障、信息发布、应急救援、家属援助等,以达到迅速、及时、有效应对突发事件的目的。

航空公司的应急处置人员应熟悉本公司的应急处置规则、程序,熟悉本部门的应急处置职责,熟悉各自的应急处置职责,具有团队协作精神,统一听从应急指挥中心的指令,遵守保密性原则。

一、航空公司突发事件一般处置程序

航空公司突发事件一般处置程序包括信息报告、启动应急程序、现场救援、善后处理等。

1. 信息报告

在发生突发事件后,首先收到信息的人员要立即向主管部门报告事件的概要。签派收到信息后,核实信息,并立即报告运行主任。

2. 启动应急程序

根据事件等级,运行主任启动相应的公司应急处置程序,并行使临时指挥权进行应急救援行动。各应急处置小组紧急到应急指挥中心集结,在应急总指挥的指挥下行动。

紧急调配飞机运送应急指挥相关人员、应急处置人员或其他相关专家和人员到达事发地;事发地无法安排旅客行程时,由航空公司进行调机运输旅客至目的地。

3. 现场救援

在突发事件现场救援中,航空公司各处置小组按照应急处置的原则和各自的职责进行处置,具体内容如下。

(1) 运行签派:确定事件的具体位置;与事故所在地应急部门联系,对事故动态进行详细了解;通知应急处置各小组成员紧急集结,利用一切手段与航班机组、空管部门取得联系。获取相关信息;建立与现场应急救援间的通信联系;收集、封存该航班的签派放行原始材料。

(2) 协调指挥:整理保存各小组收集的飞机、航班的资料;与飞行机组、空中交通管制部门、飞机降落机场、事发地应急部门及有关部门保持密切的联系;负责组织应急救援调机工作;收集事件航班的全部伤亡情况;协调各部门间的行动。

(3) 地面服务部门、飞行部门、机务部门、客舱部门:收集、封存所有该航班的原始材料及所有相关情况;选派相应机型的飞行技术专家、机务专家。

(4) 安全保卫部门:立即组织人员赶往事故现场,组织应急指挥中心及应急处置的保卫工作;建立与当地警方的联系;负责对应急指挥中心、旅客及旅客家属安置场所的保卫工作;负责协助警方维护事故现场的保卫工作;负责信息发布现场的保卫工作,对事故航班的财产进行保护。

(5) 信息保障部门:保证应急指挥中心应急系统的使用,保证应急指挥中心应急电话的畅通,为应急救援小组准备移动的通信工具,保障应急指挥中心与应急现场的通信联系、信息传递。

(6) 航空器处置:提供关于飞行技术、机务方面的技术支持;提供调机机组,准备急救飞行;组织人员负责接待机组家庭成员;完成飞机的准备工作。

(7) 客货处置:对事件中的未受伤旅客进行集中、组织、安排;负责对旅客身份的鉴别工作;负责安排事故航班旅客家属的联系工作;实施家庭救援计划的前期准备;按照计划开展家庭救援工作。

(8) 信息发布:保持与外界媒体的联系、协调;负责事故现场的摄录像、拍照;收集外界媒体对事故情况的报道及社会反应情况,向应急总指挥报告。

(9) 家属援助:开展家庭救援;对航班旅客进行精神安抚;接待、安置航班旅客、旅客家属;继续进行航班旅客的身份鉴别工作。

(10) 事故调查:相关人员赶往事件现场,配合相关部门进行事故的调查取证。

4. 善后处理

根据现场救援情况,应急总指挥宣布解除应急处置程序,各小组继续实施旅客的家庭救援计划,参加事故调查。

二、航空器事故应对措施

航空器事故是指对于有人驾驶航空器而言,从任何人登上航空器准备飞行直至所有这类人员下了航空器为止的时间内,或对于无人驾驶航空器而言。从航空器为飞行目的准备移动直至飞行结束停止移动且主要推进系统停车的时间内所发生的与航空器运行有关的事件,在此事件中:

(1) 由于下述情况,人员遭受致命伤或重伤:在航空器内,或与航空器的任何部分包括已脱离航空器的部分直接接触,或直接暴露于喷气尾喷,但由于自然原因、由自己或由他人造成的受伤,或由于藏在通常供旅客和机组使用区域外的偷乘飞机者造成的受伤除外。

(2) 航空器受到损坏或结构故障,并且对航空器的结构强度、性能或飞行特性造成不利影响,和通常需要大修或更换有关受损部件。

(3) 航空器失踪或处于完全无法接近的地方。

航空器事故应对过程中的重点工作包括:(1) 运行签派人员应首先确定事件的具体位置,并与事故所在地应急部门联系,对事故动态进行详细的了解;建立与现场应急救援间的通信联系。(2) 航空器处置人员提供关于飞行技术、机务方面的技术支持;提供调机机组,准备急救飞行;组织人员负责接待机组家庭成员;完成飞机的准备工作。(3) 客货处置人员将事件中未受伤的旅客进行集中组织、安排;负责对旅客身份的鉴别工作;负责安排事故航班旅客家属的联系工作;实施家庭救援计划的前期准备;按照计划开展家庭救援工作。(4) 家庭救援人员对航班旅客进行精神安抚;接待、安置航班旅客、旅客家属;继续进行航班旅客的身份鉴别工作。

案例链接 5-7

MH370事件

MH370航班为马来西亚航空公司航班,由吉隆坡国际机场飞往北京首都国际机场。MH370航班上载有227名乘客(其中中国大陆153人,中国台湾1人),机组人员12名。

2014年3月8日0:42,航班在马来西亚吉隆坡国际机场起飞,计划6:30在北京降落。1:20,航班在马来西亚和越南的交界处与胡志明管控区失去联系,且并未收到失踪飞机的求救信号。马航称这架燃料充足的波音777飞机可以比正常飞行时间多飞行2个小时,这意味着即使该飞机仍在飞行,在北京时间3月8日上午8:30时也已经将全部燃油耗尽。

2014年10月10日,澳大利亚交通安全局发布的关于马航MH370的中期报告确认,MH370航班可能因为燃油耗尽在印度洋上方低速盘旋后最终坠入海面。2015年1月29日,马来西亚民航局宣布,马航MH370航班失事,并推定机上227名乘客和12名机组人员已遇难。

2015年3月8日,马来西亚民航局发布了584页的中期报告。7月29日在位于印度洋上的法属留尼汪岛发现的飞机残骸,确认属于马航MH370客机,在失踪了500多个昼夜之后,MH370航班的残骸首次被发现。11月21日,李克强宣布出资2 000万澳元继续搜救马航MH370。

2016年6月,一名叫Blaine Gibson的马航MH370搜索人员公布了在马达加斯加海岸上寻找到的一些可能属于机上遇难人员的个人物品照片,并希望家属们前来认领。8月,马来西亚官方首次承认,马来西亚航空公司MH370航班的机长扎哈里·艾哈迈德·沙阿曾在自己家中模拟飞行过与这架客机疑似坠入南印度洋相似的路线。9月,马来西亚交通部长廖中莱表示,在非洲坦桑尼亚海滩发现的大块飞机碎片,证实是坠入印度海的马航MH370客机残骸之一。澳大利亚交通安全局(ATSB)2016年11月2日发布有关MH370搜寻的最新报告,称在飞机坠入海中时,处于无人控制的状态。

资料来源:http://baike.baidu.com/

三、航空器被劫持事件应对措施

航空器被劫持是指航空器在地面或空中飞行期间,遭到恐怖分子、犯罪嫌疑人用武器、爆炸物、危险物品等,以暴力或其他方式胁迫机组改变原定所飞航线、降落机场;或以暴力方式挟持机上所载人员要求飞机飞往预定降落机场以外的其他境内、外机场降落;或以暴力手段侵害机上旅客、机组人员,致使航空器上的旅客、机组人员生命安全受到严重威胁;或以报复国家、社会、故意制造事端为目的,用飞机当作炸弹来袭击地面要害部位、重要设施,分为空中被劫持和地面被劫持。

航空器被劫持事件应对过程中应遵循尽最大努力在地面解决的原则。如航空器在地面时,应设法阻止被劫持飞机起飞或再次起飞;如航空器在空中时,应设法争取飞机降落,争取地面解决。

航空器被劫持事件的应对措施的重点工作包括:(1)运行主任指挥各部门应急工作,如果被劫持航空器在地面,应立即将此飞机与周围的其他航空器远离,或根据机场的应急方案将飞机脱离到机场的指定区域。(2)运行签派通过与飞机机组或航行管制部门通信联系,了解劫机者的人数、性别、手段、目的、国籍,劫机者的意图,可能降落的机场,并将应急指挥中心的指示设法传达给飞机机组。(3) 航空器处置人员组织机务部门向专业警方人员提供介绍飞机的结构;准备备份飞行机组、乘务组、随机机务人员、随机的器材;完成飞机的准备工作。(4) 安全保卫人员建立与当地警方、国家反劫机办、反恐机构联系;负责应急指挥中心、旅客安置场所的保卫工作;协助警方维护事故现场的保卫工作;负责信息发布现场的保卫工作。

案例链接 5-8

新疆和田劫机事件

2012年6月29日,天津航空公司一架E190飞机执行新疆和田至乌鲁木齐GS7554航班任务,12时25分起飞后,在空中遭遇6名歹徒的暴力劫持。9名机组人员在旅客协助下制伏劫机歹徒,飞机于12时47分安全返航降落和田机场,成功挫败一起暴力恐怖劫机事件,保障了国家和人民群众生命财产安全。在事件处置过程中,飞行机组坚决果断、指挥有力,安全员和乘务员英勇无畏、舍生忘死,乘机旅客临危不惧、挺身而出,2名安全员、2名乘务员和多名旅客在搏斗中光荣负伤,展示了大无畏的革命英雄主义和集体主义精神。

新疆维吾尔自治区政府发言人侯汉敏称,歹徒全部为维吾尔族男性,以伪装的拐杖为武器,意图进入驾驶舱。侯汉敏早晨12点25分,从新疆的和田到乌鲁木齐一个航班上,起飞10分钟,有6名歹徒用暴力的方式要砸开驾驶舱的门,企图要进行劫机,机组人员和乘客共同制伏了歹徒,飞机后来返回到和田机场并安全着陆,飞机上的其他乘客安全返回。

2012年12月11日,新疆和田"6·29"暴力恐怖劫机案在和田地区中级人民法院一审公开审理宣判,分别判处被告人木沙·玉素甫、艾热西地卡力·依明、吾麦尔·依明死刑,剥夺政治权利终身;判处被告人阿里木·木沙无期徒刑,剥夺政治权利终身。

法庭审理认为,被告人木沙·玉素甫、艾热西地卡力·依明组织、领导恐怖组织,策划、指挥并直接参与劫持航空器,在飞机上实施爆炸,致多人受伤、公私财产遭受重大损失,是首要分子;吾麦尔·依明积极参加恐怖组织,参与劫持航空器,并在飞机上实施爆炸,是主犯;阿里木·木沙积极参加恐怖组织,参与实施劫持航空器及爆炸犯罪,但在犯罪过程中作用相对较轻,且认罪态度较好,遂依法做出上述判决。

资料来源:https://baike.baidu.com/item/6％C2％B729％E6％96％B0％E7％96％86％E5％92％8C％E7％94％B0％E5％8A％AB％E6％9C％BA％E4％BA％8B％E4％BB％B6/7412806?fr=aladdin&fromid=7359033&fromtitle=％E6％96％B0％E7％96％86％E5％92％8C％E7％94％B0％E5％8A％AB％E6％9C％BA％E4％BA％8B％E4％BB％B6

四、非法干扰事件应对措施

非法干扰行为是指违反有关航空安全规定,危害或足以危害民用机场、飞机运行安全秩序,以及人员生命和财产安全的行为。在非法干扰事件处置中应遵循确保机上及其他旅客和相关人员安全的原则。如航空器在地面时,迅速通过地面的公安部门,由警方进行处理;如航空器在空中时,由空中警察首先进行处理,飞机落地后交公安部门处理。

非法干扰事件应对措施中的重点工作包括:(1)飞行签派人员通知保卫部门赶往现场;通知地面服务部门联系当地的警方,将具体的情况报告;通知空中警察支队;确定停机位置;将地面的计划通报飞行机组。(2)地面服务部门将情况报告当地警方;通报机场应急部门;选派专门人员保障此航班;配合保卫部门做好保安的预防措施;做好安排其他旅客的预案;准备地面保障车辆。(3)保卫部门派保卫人员赶往航班的现场;做好配合机场保安部门清舱的准备工作;配合警方做好调查的工作。(4)空中警察派人赶往航班现场;与机上空中警察联系取得详细真实的情况;写出报告提交运行控制部门值班主任。

知识链接 5-2

"空闹"明确列入非法干扰行为

为了进一步完善我国民用航空法律制度,中国民用航空局8日发布了《中华人民共和国民用航空法》修订征求意见稿,面向社会公开征求意见。本次修订突出强化航空安全监管和消费者权益保护,以保障民用航空活动安全有序发展、维护民用航空活动当事人各方权益、促进民用航空事业发展为目的,完善行业依法治理的制度基础,为建设民航强国提供有力的法治保障。

限于民航法制定时的客观环境,现行法对于有些重要的安全管理内容未作规定。本次修订增加了安全发展的一般原则,明确安全生产各环节的主体责任、明确适航指令的法律地位、完善民航管制单位运行管理制度、完善机场净空保护制度、强化公共航空运输企业航空器有效追踪能力建设,在明确危险品运输许可的同时,对相关义务主体提出要求。

本次修订明确了安全保卫工作原则、机构职责、安全检查、安全保卫方案、非法干扰行为、安保工作的人财物和技术保障措施、鼓励公众参与民航安保以及给予安保工作的必要奖励等原则性内容,并完善了法律责任。本次修订对危及民用航空安全和秩序的非法干扰行为进行了明确,除了劫机、扣留人质等,违反规定使用手机或者其他禁止使用的电子设备的;在航空器内使用火种、吸烟的;强占航空器内座位、行李架的,堵塞、强占值机柜台、安检通道及登机口的;辱骂、殴打机组人员、安检员、机场地面服务工作人员的行为均被列入。

在现行民航法维护旅客、托运人作为航空消费者权益的基础上,本次修订进一步加强保护措施,切实保护消费者。具体包括:从法律层面对运输总条件进行规定,明确运输总条件是航空运输合同的组成部分;增加了对残疾人乘机的保护;进一步明确航班延误处置的原则性要求,要求民航企业应当做好旅客信息通告和相应的服务工作。此外,在取得公共航空运输企业经营许可证的条件中,增加提供充分保险的要求;明确空难家属的援助制度;规定了航空器事故先行支付制度,进一步强化受害人保护;以及规定了同国籍民用航空器碰撞后损害赔偿法律适用问题等。

在航空运输责任制度方面,本稿规定了对人身损害赔偿均采用双梯度制度;国内旅客、行李、货物运输的赔偿责任限额及其复审机制由国务院民用航空主管部门制定,报国务院批准后执行。民航局指出,目前的方案,既考虑了相关制度的稳定,又综合了消费者和承运人两方面的具体情况,最大限度保护消费者权利。

资料来源:http://news.carnoc.com/list/359/359769.html

案例链接 5-9

乘客打架迫航班返航　涉事两人被拘留 10 天

2016 年 12 月 16 日早上自北京首都国际机场飞往海口的一航班,飞机起飞 1 小时后,因两名乘客打架返航。昨天下午,记者从首都机场公安获悉,两名打架乘客均因涉嫌扰乱公共场所秩序,被处以治安拘留 10 天的处罚。

据该航班乘客说,飞机起飞后,她听到两名乘客发生争吵,"因为座位离得较远,我没听清他们在吵什么,但后来两人便有了肢体接触,还有人受伤了,机组说需要医疗救护,然后飞机就返航了"。有知情人透露,打架两人中一方眉骨处受伤。

据了解,此航班在昨天早上 6 点 20 分于北京起飞,到达河北省中南部附近上空开始返航,并在早上 7 点 59 分返回首都机场。

昨天下午,记者从中国国际航空公司获悉,此航班已于昨天上午 10 点 10 分再次起飞,并于当天下午 1 点 48 分顺利落地,共延误 3 小时左右。

记者从首都机场公安获悉,12 月 16 日上午,两名乘坐 CA1361 航班的乘客系在机上因琐事发生口角后,继而发生肢体接触,影响了客舱内的正常秩序。飞机返航后,警方将两人带走。

目前,两人均因涉嫌扰乱公共场所秩序,被处以治安拘留 10 天的处罚。

中国民用航空局 2016 年 8 月 8 日发布了《中华人民共和国民用航空法》修订征求意见稿,其中第一百五十条之八"非法干扰行为的列举"危及民用航空安全和秩序的非法干扰行为包括:

(一)劫持飞行中或者地面上的航空器;

(二)在航空器上或机场扣留人质;

(三)强行闯入航空器、机场或者航空设施场所,冲闯航空器驾驶舱,强行拦截航空器;

(四)非法将武器、危险装置或者材料带入航空器、机场或者空中交通管制单位;

(五)谎报险情、制造混乱、散布诸如危害飞行中或地面上的航空器、机场或民航设施场所内的旅客、机组、地面人员或者公众安全的虚假信息。

(六)违反规定使用手机或者其他禁止使用的电子设备的;

(七)在航空器内使用火种、吸烟的;

(八)强占航空器内座位、行李架的,堵塞、强占值机柜台、安检通道及登机口的;

(九)盗窃、故意损坏、擅自移动航空器设备以及机场内其他航空设施设备,强行打开飞行中航空器应急舱门的;

(十)妨碍机组人员、安检员履行职责或者煽动旅客妨碍机组人员、安检员履行职责的;

(十一)在航空器内打架斗殴、寻衅滋事的;

（十二）破坏用于民用航空用途的信息和通信技术系统及用于空中交通管制设备设施的；

（十三）辱骂、殴打机组人员、安检员、机场地面服务工作人员的；

（十四）危及民用航空安全和扰乱航空器内、机场秩序的其他行为。

资料来源：http://news.carnoc.com/list/383/383213.html

五、危险品泄漏事件应对措施

危险品泄漏事件是指航空器上运载的具有严重放射性、污染性的危险品，因航空器颠簸、失压、包装不严、破损等原因造成危险物质泄漏、挥发，致使航空器上的人员出现身体不适、昏迷、失去知觉，或对飞机造成大面积的污染，设备受到严重腐蚀，危及飞行安全的事件，分为空中危险品泄漏和地面危险品泄漏两种情况。

1. 空中危险物品事件应对措施

空中危险品事件应对措施中的重点工作包括：(1) 运行控制部门应查明飞机上有无危险物品，机组准备采取的措施；查明危险物品造成机上设备失效、飞机受污染情况，是否危及飞行安全，事件是否得到初步处理并得到控制。(2) 客货小组人员参与抢救机上的旅客，将旅客安排到现场临时救治地点或安全地带，并做好安置服务。(3) 航空安全保卫值班人员，应迅速到达出事现场参与处置。航空器落地后，尽快用绳索或明显标志划定临时警戒区域，安排人员对飞机停放区域进行警戒等。

2. 地面危险物品事件应对措施

地面危险品事件应对措施中的重点工作包括：(1) 运行控制部门立即查明发生事故的区域位置、交通线路情况；及时与机场应急部门或附近的医疗、环保、防疫部门取得联系，请机场及有关部门参与处置或救援工作。(2) 客货小组人员组织实施对现场受伤人员、货物、邮件及行李的抢救保护；调动旅客摆渡车、行李传送带车集装箱板、装卸平台车等车辆或设备，装卸人员到达指定位置；对抢救出来的货邮、贵重物品及时清点。安排专人进行警戒或看管；并对货邮进行检查，防止发生失火及泄漏。(3) 安全保卫人员及时与公安、消防部门取得联系，说明事件地点、现场状况、危险物品性质可用消防器材情况，请求支援；配合交通部门疏导事故现场周围交通，协助道路管制，引导救援车辆通行。

案例链接 5-10

波士顿空难

1973 年，美国泛美航空公司一架从纽约起飞的货包机在空中起火，在波士顿机场迫降时飞机坠毁，3 名机组人员全部遇难，此次空难的原因是飞机上装有未申报的危险品——硝酸发生泄漏。

加利福尼亚一家电子厂将一批由零件、设备和化工产品组成的货物运往其在苏格兰的工厂，一部分从加利福尼亚运出，另一部分货物包括160只装有硝酸的木箱从新泽西运往。

这两部分货物在纽约组成一票货物称为电子设备。没有填写"危险物品申报单"，也没有遇到任何质疑。

在拼板时，由于无适合飞机的轮廓，于是拼板监管建议工人将一些包装件倒置而忽略了某些包装件上的向上标签。因为有些外包装上根本没有向上标签，并且外包装上也没有任何表明是危险物品的标记，同时也没有危险物品申报单，所以拼板监管没有理由不同意把它们倒置。

拼板完成5小时后装上了飞机。没有发现有任何泄漏和不正常现象。

另有一些危险物品填写了危险物品申报单，但是机长通知单被卷在了一个手提箱的把手上并放了飞机的厨房里，机长并没有在上面签字，当然他不知道飞机上有危险品。

飞机到达巡航高度不久，机组人员闻到了烟味，他们认为是飞机的电器设备发生了问题并试图去隔离它。同时机组决定返航，但此时的烟雾越来越大，已无法返航。于是他们决定在波士顿机场紧急迫降，就在降落的时候飞机撞到地面，3名机组人员全部遇难，飞机坠毁，货物抛洒在波士顿湾。

调查研究表明：命中注定的事，早晚会发生。

货主说知道应填写危险物品申报单，于是他在一张空白单上签了字并把它交给了纽约的货运代理，化工厂用卡车将化学物品送到货运代理，由于化工厂不是将此货物运往苏格兰的货主，所以没有被要求填写危险物品申报单。

货运代理将此化学物品交给包装代理，包装代理不知道硝酸应怎样包装，但知道木屑可以作为酒精的吸附材料，所以认为用于硝酸也可以。于是每只木箱中装5升硝酸，并用木屑作为吸附材料。包装代理的一些职工没有在外包装上正确做标记和标下签，且危险物品的运输文件在整个过程中不知在什么地方丢失。

实验结果表明，取一个装有硝酸的木箱，将硝酸的瓶口松开并放倒，8分钟后木箱开始冒出烟，16分钟后，在箱子上的针孔中可看到火焰，22分钟时，整个木箱起火，32分钟后整个木箱化为灰烬。

本案例中，实际起火的木箱最多只有2个，但它导致了整架飞机的坠毁。

资料来源：http://mini.eastday.com/a/170306160127788.html

六、航空器发现爆炸物或受到爆炸物威胁应对措施

航空器发现爆炸物或受到爆炸物威胁事件是指嫌疑人以口头、书面或其他途径警告航空公司经营人，某一航空器上有爆炸装置，以此来满足其目的的行为，致使航空器上的旅客、机组人员生命安全受到严重威胁，分为空中发现爆炸物和地面发现爆炸物。

在航空器发现爆炸物或受到爆炸物威胁事件应对措施中应遵循以下原则：任何部门和个人在接到航班有爆炸物品的信息后，应立即报告应急指挥中心；在任何情况下，任何

非专业人员不要接触、移动被认为是爆炸物品的可疑物。航空器在空中发现有爆炸物或受到爆炸物威胁时的处置原则：选择就近的合适备降机场降落，争取在地面处理；航空器在地面时，应紧急撤离旅客；航空器在空中时，应尽量使旅客远离该可疑物品，但不要引起机内恐慌；爆炸物的检查、排除必须要由专业人员完成，任何非专业人员不得进行此项工作。

案例链接 5-11

北京飞港航班受"炸弹"威胁备降武汉

湖北机场集团 2015 年 3 月 10 日晚发布消息称，当天下午一架北京飞往香港航班受到炸弹威胁，紧急备降武汉天河机场。飞机降落后，机场警方协同武汉公安特警和武警湖北总队反劫机中队利用专业防爆设备对航空器进行严格排查，确认该航班上未发现任何危险物品。

当天 14 时 7 分，武汉机场接到信息称，由北京飞往香港的香港航空 HX337 次航班受到炸弹威胁，请求紧急备降武汉天河机场。湖北机场集团公司随即启动了应急救援预案二级响应。

接到信息后，武汉机场警方立即启动非法干扰应急处置预案，调集 60 余名民警、20 余台警车全部集结到位。14 时 15 分，机场消防、急救、飞管、安检及驻场武警等机场应急救援力量 20 余台处置车辆、150 余人全部集结到位，机场海关、边检、检验检疫等联检口岸单位应急处置工作人员全部到位。

14 时 31 分，该航班安全降落武汉天河机场，飞机停稳后，武汉机场警方第一时间疏散机上旅客和机组人员，搜查排除爆炸物并对旅客、货物、行李进行二次检查。同时协同武汉市公安局特警和武警湖北总队反劫机中队利用专业防爆设备对航空器进行再次搜排爆检查，经严格排查，确认该航班上未发现任何危险物品。

湖北机场集团相关负责人称，该事件处置期间，未对武汉天河机场正常运营造成任何影响，此事件系虚假炸弹威胁。班机在排除隐患后，预计 21：00 将再次从武汉飞赴香港。

据悉，HX337 航班于当天中午从首都国际机场起飞，机上载有近 300 名乘客及机组人员，目前所有乘客均得到安全妥善安置。此案当地公安机关正在进一步侦查中。

资料来源：http://news.cnfol.com/chanyejingji/20150310/20280635.shtml

七、医疗卫生事件应急处置

医疗卫生事件是指航空器进入过国际卫生组织或中国政府发布警告的大面积传染病区域的事件，或地面、飞行中出现旅客突发病症、死亡的事件。

在处理医疗卫生事件中应特别注意以下几个方面：参加航班地面保障工作的人员要做好自我保护的措施；航空器到位后，要等到检疫部门到场并同意开舱门时才可打开舱门；由

检疫部门按规定对航空器进行处置工作,检疫部门同意后方可继续使用该航空器。医疗卫生事件处置中的重点工作如下:

(1) 运行签派建立与飞行机组或管制部门的联系(空地通信系统、卫星电话);确认航班号,飞机号,飞机位置,旅客的姓名、国籍、疾病或受伤人员数量、大致症状和所需要的医疗服务的种类,飞机上采取的措施,机组的意图;联系目的地机场或备降机场的航站或代理部门。

(2) 运行部门将具体情况报告应急总指挥、降落机场应急部门;将应急总指挥的指令下达到执行部门;如飞机在地面,确定旅客下飞机进行紧急治疗,对飞机进行清舱检查;如飞机在空中,在机上有空余座位时,提醒乘务人员将病症旅客与其他旅客隔离;如果大面积污染、有死亡需要尽量协调机场安排远离候机楼的机位;组织、协调处理过程。

(3) 地面服务部门提供航班基本信息,病症旅客的陪同人员名单、家属及联系方式;联系并协助机场检疫部门、海关部门、移民局;协助医疗部门的抢救工作;协助检疫部门对飞机、行李、货物的检疫;协助安全检查部门对飞机的清舱工作;旅客的组织工作;安排旅客的后续航班;负责旅客及旅客家属的联系。

(4) 客舱部门立即派人到运行控制中心对机上的乘务员做出协助、技术指导;乘务人员协助地面的工作;写出情况报告,上交到运行主任。

(5) 后勤保障部门应立即派医疗人员赶往现场,协助当地医疗机构进行工作;准备地面的交通车辆,保证机组成员、其他旅客的地面交通;医疗人员协助做好检疫部门的工作。

(6) 货运部门协助检疫部门对货物邮件的检查工作;报告货物的品名、性质。

2003年"非典"期间,航空公司采取了有效的应对措施,主要包括:(1) 加强对飞行员和乘务员的"把关"。空勤人员出现发热、咳嗽、呼吸加速、气促等症状和体征的,不得参加飞行,并立即报告单位,及时就诊。(2) 航空公司加强对航空器的通风和卫生消毒处理,对于运送过有非典型肺炎病人和疑似病人的航空器,进行空气和物体表面消毒处理。(3) 飞机上发现非典型肺炎或疑似非典型肺炎的病人时,采取以下措施:机上立即通知空中交通管制部门,向机场现场指挥部报告;乘务人员对病人或疑似病人进行隔离,禁止各舱位间人员流动,对密切接触者采取戴口罩等预防措施。(4) 机组人员要配备棉纱口罩等防护用品,航空器要配备与座位数相应的棉纱口罩和消毒用品。

案例链接 5-12

机上旅客突发疾病　长龙航空紧急生命救助

2017年4月8日上午,在杭州萧山国际机场候机楼,浙江电视台"1818黄金眼"栏目记者对旅客杜先生和浙江长龙航空乘务长徐丽莎进行采访,采访中旅客杜先生对长龙航空当班乘务组和地服人员高度负责任的态度和无微不至的服务表示由衷的感谢与赞许(见图5-9)。

4月7日22点左右,浙江长龙航空GJ8756绵阳—杭州航班上的旅客杜先生从洗手间出来后,告知乘务员他无法动弹,同时出现面部抽搐症状,随即乘务员报告乘务长徐丽莎。

在乘务长徐丽莎报告机长有旅客突发急症并寻找医护人员后,机上李女士向乘务员表明她是护士,在乘务员查看李女士相关证件后,乘务组与李护士一起对杜先生进行救助。

图5-9　旅客杜先生对长龙航空乘务人员和地服人员表示由衷感谢

杜先生此次乘机并无陪同人员,在察看症状后,李护士建议乘务组落地后寻求医疗机构的帮助。乘务长徐丽莎立即将情况报告机长,机长将情况上报公司,长龙航空高度重视,明确立即派航医前往机坪待命,在飞机下降期间,旅客杜先生由乘务员朱慧倩及带飞教员王稀珠和李护士进行照看。

22:50,飞机在杭州落地,在航医的紧急救治与指导下,乘务员武航飞将杜先生背下飞机送上救护车,地服人员韩杭军陪同旅客前往医院进行进一步检查与治疗。

在去往医院的途中,旅客虽然在抽搐,但是神智依然清醒。韩杭军遂帮助其联系了家人,得知杜先生家人均在外地,无法及时赶到杭州。到达医院后,韩杭军毫不犹豫地留下来继续陪同杜先生,为杜先生办理好有关的安置手续,并协助医护人员将杜先生迅速推到急救室。当主治医生告诉韩杭军杜先生暂无生命危险时,韩杭军才终于松了一口气,同时进一步向主治大夫沟通了解杜先生的病情以及建议的后续诊疗安排。经过及时的救助和细心的照顾,当晚杜先生转危为安。

资料来源:http://news.carnoc.com/list/398/398665.html

八、航空器紧急迫降事件应对措施

航空器迫降是指航空器在空中由于设备故障、失火、燃油不足、发现爆炸物等原因,必须采取紧急迫降措施的事件,分为机场内迫降和机场外迫降。

航空器紧急迫降事件应对措施中的重点工作包括:(1)运行签派人员了解飞机的情况、迫降机场的天气情况、航行通告、预计到达迫降机场的时间、使用的跑道、飞机剩余的油量。(2)协调指挥人员收集保存各小组收集的飞机、航班的资料;保持与飞行机组、空中交通管制部门、飞机迫降机场、迫降机场应急部门、政府相关部门的联系;协调各部门间的行动。

案例链接 5-13

全美航空 1549 号航班迫降事件

美国纽约当地时间 2009 年 1 月 15 日下午,美国航空一架空客 A320 客机起飞后不久在纽约哈德逊河紧急迫降。经及时救助,机上 155 人(其中包括两名机师和三名乘务人员)在飞机沉没之前全部获救。

这架客机从纽约长岛拉瓜迪亚机场飞往北卡罗来纳州夏洛特,起飞约 90 秒后因飞鸟撞击导致飞机的两个发动机失灵。机长随即呼叫长岛地面控制中心,称客机遭遇"双重鸟击"。由于两个发动机均无法运行,客机难以返回起飞机场或降落到备降机场,机长果断决定改向哈德逊河方向滑翔。

凭借着出色的驾驶技术,机长将客机以尽可能慢的速度和最佳角度迫降在河面,客机并没有立即沉入河底,这给随后的救援提供了宝贵时间。而飞机上的乘客在乘务员的指挥下,有秩序地逃出紧急舱门,站在浮在水面的机翼上等待救援,如图 5-10 所示。

图 5-10 旅客在机翼上等待救援

纽约市消防部门 15 时 31 分接到首个报警电话,消防车不到 5 分钟便抵达事发现场。河对岸的新泽西州威霍肯市警方、消防队员和医疗救护人员也在几分钟内到达,海岸警卫队等机构也迅速赶到支援。

经过数小时的全力救援,全体人员获救,机长萨伦伯格和多名警员进入机舱,确认乘客和机组人员全部获救后才最后离开机舱。

资料来源:https://baike.baidu.com/item/%E5%85%A8%E7%BE%8E%E8%88%AA%E7%A9%BA1549%E5%8F%B7%E8%88%AA%E7%8F%AD%E8%BF%AB%E9%99%8D%E4%BA%8B%E4%BB%B6/8255826?fr=aladdin

九、客舱突发紧急事件应对措施

客舱内常会发生一些突发的紧急事件,这些紧急情况的发生都会影响到旅客人身安全,常见的客舱突发紧急事件有机上失火、客舱失压、空中颠簸、水上迫降和航空器事故等。这些都是客舱中常常会遇到的紧急情况,客舱的乘务员应时刻注意这些紧急情况的发生,一旦有危险情况或突发情况发生,就应该马上做出判断,把对旅客的危险和影响降到最低,从而保证客舱安全与旅客的人身安全。这里重点介绍机上失火和客舱失压的应急处置。

1. 机上失火的应急处置

在飞行过程中可能引起机上火灾的原因有多种,包括烤炉内存有异物或加热时间过长、电器设备操作或使用不当、洗手间内抽水马达故障、旅客携有易燃物品等。根据起火的原因,机上失火的种类大致可分为四类:可燃烧的物质,如织物、纸、木、塑料和橡胶等的燃烧;易燃的液体,如汽油、滑油、油脂、溶剂和油漆等物质引起的火灾;电器设备失火;易燃的固体,如镁、氢和钠等物质引起的火灾。

(1) 一般处置程序

发生机上火灾时,客舱乘务员应立即采取应对措施,一般的灭火程序是:寻找火源,确定火的性质,切断电源;取用相应的灭火瓶灭火,并戴好防烟面罩,做好自身的保护;收集所有的灭火设备到火场,监视现场情况,保证余火灭尽,随时向机长报告现场情况;灭火时,如果条件允许,要三人组成灭火小组,一名负责灭火,一名负责联络通信,一名负责协助。

在进行机上火灾灭火时应注意保持驾驶舱门的关闭,并始终保持与驾驶舱的联系;搬走火源附近的易燃物或氧气瓶等;灭火人员应戴上防烟面罩,必要时穿上防火衣;随时准备撤离旅客,保持旅客的情绪稳定;停止通风工作,控制火情。

(2) 保护措施

在机上发生火灾时,客舱乘务员及旅客应采取措施保护自身的安全:迅速调整火源附近旅客座位;指挥旅客身体放低;用手或其他布类物品罩住口鼻呼吸(衣服、小毛巾等,如果湿的更好),以避免吸入有毒气体;穿上长袖衣服,防止皮肤暴露;客舱乘务员应迅速戴好防烟面罩并保持低姿态或用毛巾类物品捂住口鼻。

2. 客舱失压的应对措施

客舱失压分为两种类型,缓慢失压和快速失压。缓慢失压是指逐渐失去客舱压力,它可能是因机舱门或应急窗的密封泄漏或因增压系统发生故障而引起的。快速失压是指迅速失去客舱压力,它可能是密封破裂的金属疲劳、炸弹爆炸或武器射击而引起的。在极端情况下,可以把快速失压归类为爆炸性失压。

发生客舱失压一般会引起缺氧反应,缓慢失压会使机上人员犯困和感到疲劳、氧气面罩可能脱落、应急用氧广播开始、失密警告灯亮、在机舱门和窗口周围可能有光线进入、人员耳朵不舒服等反应;快速失压会引起飞机结构突然损坏并出现强烈震动、有物体在客舱内飘飞、客舱内温度下降、有很响的气流声及薄雾出现、机上人员感觉压耳痛、飞机作大角度的应急下降、系好安全带灯亮等反应。

发生客舱失压后,机组和客舱乘务员应立即采取如下应对措施。

(1) 机组对失压的直接处置

机组成员应立即戴上氧气面罩,把飞行高度迅速下降到大约 10 000 英尺的高度上,并打开"禁止吸烟"和"系好安全带"的信号灯。

(2) 客舱乘务员对失压的直接处置

客舱乘务员应立即停止服务工作,戴上最近的氧气面罩;迅速坐在就近的座位上,系好安全带,如果没有空座位,则蹲在地上,抓住就近的结实机构固定住自己;在佩戴氧气面罩的情况下,呼喊指示旅客戴好面罩、系好安全带;观察周围情况,帮助指导旅客用氧(指示旅客摘下眼镜,指示已经戴上面罩的成年人协助坐在旁边的儿童,指示带儿童旅行的旅客先给大人戴上面罩再协助儿童);如机体有损坏,应立即使用内话报告机长;等待机长指令。

(3) 到达安全高度后进行客舱检查

在机长发布到达安全高度可以安全走动指令后,客舱乘务员应检查旅客和客舱:携带手提式氧气瓶,检查旅客用氧情况,首先护理受伤的旅客;为需要继续使用氧气的旅客提供手提式氧气瓶;检查客舱破损情况,如飞机结构有损坏,应重新安排旅客座位,远离危险区域;检查客舱有无烟火,必要时实施灭火程序。

案例链接 5-14

电子烟电池机上起火　烧伤乘客大腿

马印航空(Malindo Air Flight)一架班机于 2015 年 12 月 24 日发生电子烟电池起火事件,乘客被轻度烧伤,航班安全降落。

事件发生于下午 6 点 45 分,这架波音 737-800 飞机正从亚庇飞往吉隆坡。

雪邦警方称,当时一名乘客正在座位上看机上娱乐视频,大腿上放着一个袋子,袋子里装着电子烟,电子烟的开关不知道什么时候被触发,接着起火。

"小火导致乘客的大腿和左臂轻度烧伤。"另一名刚好是医生的乘客立刻对他进行了处置。

机组成员把火迅速扑灭,飞机 8 点 44 分安全降落在吉隆坡机场。受伤乘客被送往警察局接受询问。

FAA 对航空公司发出的安全警告说:"许多运输业或其他产业的案例显示,电子烟内的加热组件会被意外触发,导致过热或起火。"联合国国际民航组织(ICAO)去年 12 月也发出过类似警告。

资料来源:http://news.carnoc.com/list/327/327199.html

十、大面积航班延误应对措施

大面积航班延误是指因为天气、机场设施、突发事件等原因造成进出机场航班出现较多、较长延误的情况。当大面积航班延误发生后,航班大量延误、旅客大批滞留,给航空公司的运行和效益带来很大影响。

大面积航班延误应对措施中的重点工作如下。

(1) 运行指挥

根据当日航班运行、旅客待运情况,按照航空公司制定的大面积航班延误应急处置原则评估执行放行的先后次序;按照先后次序,动态控制席位,合理安排航班与飞机的衔接和先后顺序,将信息发布给相关保障部门,并注意延误信息等动态信息的及时发送;在制作计算机飞行计划时,应根据预计地面等待时间和航班受影响严重程度,适当增加额外燃油;放行席位根据先后顺序向机组提供再次放行需要的天气报告、航行通告、签派放行单和计算机飞行计划等。

(2) 现场组织督查

运行控制部门根据航班调整后的先后顺序,安排现场监控工作,落实现场保障工作;汇总各保障单位的落实情况,并向运行控制部门通报。

(3) 机组保障

运行控制部门将航班调整情况、延误情况等及时通知飞行部门、机组排班部门,并注意值勤时间,提前向运行控制及机组排班部门提出预警和合理建议;汇总飞行部门、客舱部门的落实情况和机组排班部门的反馈,向运行控制部门通报。

(4) 旅客服务保障

旅客服务和地面保障部门应将出港航班的旅客人数、要客信息、旅客中转联程情况提供给运行控制部门;地面服务保障部门根据航班先后顺序,科学组织旅客登机;地面服务保障部门根据航班延误情况,适当安排旅客休息。

(5) 机务保障

机务工程部门应尽快了解掌握相关飞机的状况,并通报运行控制部门;现场维护人员应根据航班先后顺序,做好飞机保障工作;跟踪、检查现场维护工作的落实情况。

案例链接 5-15

昆明长水机场多个航班延误致部分值机柜台被砸

在一场大雾天气下,昆明长水国际机场迎来了新年的首场大考。在确认所有航班取消后,当日有近万名旅客滞留机场,如何在最短时间内将旅客接送到30千米外的昆明市区安排住宿,成为社会关注的焦点。

2013年1月3日,由于大雾导致昆明机场440个航班取消,昆明长水机场第二天安排航班共906架次,民航所有员工(包括休假)都全力保障更多的航班飞出去,落进来。

但由于流量控制,昆明长水机场今晚仍然有大面积延误,截至21时,昆明机场进港306架次,出港226架次。现场多个值机柜台被砸,有部分登机柜台工作人员撤退,甚至有乘客用电脑系统自己在查航班情况,也有旅客堵住登机口导致很多航班无法正常出港,还有乘客用广播呼唤机场和航空公司工作人员。因为天气状况良好,相关部门希望旅客能积极配合机场、航空公司工作,有秩序地登机,避免人为原因的延误。机场方面表示,会跟各航空公司协调,保障安排航班当天全部飞完,保证大部分滞留旅客当天得以离开。

据一些熟悉昆明机场的人士说,原来在巫家坝机场很少出现严重的大雾天气,大雾天气和新机场的地理位置有关。云南省气象台首席预报员普贵明介绍说,昨天(1月3日)的大雾天气主要是受西南暖湿气流和冷空气配合,出现了"平流雾",随着水汽的增加,在长水机场出现了比较大的雾。而长水机场属于云南冷空气的入口,又是昆明准静止锋常影响的区域,所以一旦有西南暖湿气流配合,大雾天气相对巫家坝机场多得多。

资料来源:http://bbs.tiexue.net/post_6527794_1.html?s=data

知识链接 5-3

民航局关于大面积航班延误时各单位的主体职责

一、航空公司

(一)航空公司承担航班运行的主体责任,航班能否运行由航空公司自主决定。

(二)当预计出现大面积航班延误时,航空公司应根据预计延误情况,果断调整航班计划(取消、合并或延误),并将航班动态信息告知旅客,避免大量人员聚集机场。机场、空管部门要滚动发布机场运行状态,为航空公司决策提供支撑。

(三)航空公司负责对旅客的信息发布。航空公司要准确掌握旅客的联系方式,通过官方网站、呼叫中心、短信、邮件、电话、广播和新媒体等方式,将航班延误、合并或取消信息及时准确地告知旅客,避免旅客到机场聚集。航空公司应要求销售代理人准确记录旅客信息,航班延误时及时将航空公司的航班延误信息传递给旅客。信息告知要具有连续性,告知旅客航班最新动态以及应何时到机场。要在候机楼内向旅客通报航班延误原因以及航班动态等信息。

(四)航空公司应及时将航班动态信息告知机场,机场候机楼显示屏应及时更新航班动态信息,确保与航空公司信息一致。

(五)发生大面积航班延误时,航空公司值班领导或航空公司代表要亲临一线,协调解决航班延误后运行和服务中存在的问题。

(六)航空公司总部要对分公司和子公司、过夜基地、驻外营业部及地服代理等充分授权,确保航班延误时分公司和子公司、地面代理公司不需另行请示即可为旅客提供退票、签转、食宿和经济补偿等服务。

(七)大面积航班延误时,航空公司要不受客票限制条件影响,免费为旅客办理退票和改签手续。所有航空公司都应依协议相互签转旅客;没有协议的,按全价结算(差异化服务标准的航空公司除外)。

(八)航空公司要加强对空中和地面服务一线员工的培训,提高服务技能,增强主动为旅客服务意识,防止和减少与旅客的矛盾冲突。

(九)航空公司要采取多种方式宣传航空运输知识,特别是航班延误处置与航空安全的相关规定、旅客的权利和义务,使旅客遵守法律,合法维权。

二、机场管理机构

(一)发生大面积航班延误时,机场管理机构应启动旅客服务协调机制,协调承运人、地面服务代理人、机场公安、海关、边防和检验检疫等单位,组织实施相关服务工作。机场管理机构应制定机制启动、运行实施方案,并报地区管理局、监管局。

(二)认真做好航班备降后的服务工作。严格执行民航局《航班备降工作规则》,加大对航班备降机位和保障设施设备的投入,提高航班备降保障能力。实时向航空公司和空管部门通报可用于备降的停机位数量,并按照规定接受航班备降,无特殊情况,不得拒绝航班备降。紧急情况下,机组选择的备降机场必须无条件接受航班备降。备降机场应当积极协调驻场各联检单位,确保备降服务保障工作顺利进行。

(三)建立统一的信息发布工作制度及对外宣传平台,设立新闻发言人,主动与媒体沟通,向社会公布航班延误情况。候机楼内电视或电子显示屏要播放与航班延误相关的信息。

(四)为旅客提供现场指导服务。在旅客候机区设立综合服务柜台,配备标志醒目的服务协助人员,帮助旅客排忧解难。

(五)设立医疗服务机构,做好旅客医疗服务工作。

(六)大面积航班延误时,机场要取得地方政府的支持,利用多种资源做好善后工作。

三、空管部门

(一)加强天气监测能力建设,进一步提高气象预报准确性。

(二)发生大面积航班延误时,空管部门应协调承运人、机场和地面服务代理人等单位,启动航班放行协调机制,对延误航班实行放行排序,并及时公布放行顺序。

(三)及时发布天气动态信息和预测情况。在预知流量控制和航班延误等相关情况时,要充分利用航班运行协同决策系统(CDM),以及电话/传真等形式向航空公司和机场及时发布相关流量控制信息、通报航班延误后的放行信息。

(四)大面积航班延误后,应在预计起飞前的足够时间内向航空公司、机场提供航班预计放行时间,以便做好旅客登机的组织工作。

四、自营地面业务的航空公司和地面服务代理企业

(一)自营地面业务的航空公司,要按规定配备足够的运行保障设备和物资,包括旅客客梯车、电源车、牵引车和冬季除冰雪设备等,不得因设施设备不足影响航班正常。

(二)按规定配备足够的航班运行保障设施设备,避免因保障能力不足引发航班延误。

(三)完善与航空公司的代理协议。明确双方的职责和权限,特别是要明确航班延误标准、收费标准,并严格执行协议。

五、机场公安部门

(一)增加警力进行候机楼现场巡察,维护候机楼治安秩序。

(二)对于违反法律法规的占机、冲击办理乘机手续柜台、安检通道、登机口、机坪、跑道和滑行道,破坏服务设施、攻击服务人员等行为,及时到场,严格执法,果断处理,维护机场、航班正常运行秩序。

(三)机场公安部门应与地方公安机关建立联动机制。发生大面积航班延误时,机场公安部门应增加对候机楼现场巡察警力,严格执法,切实维护候机楼治安秩序,必要时请求地方公安机关予以协助。

资料来源:http://yn.xinhuanet.com/newscenter/2014-10/29/c_133751786_5.htm

本章小结

1. 航空公司安全管理重点关注飞行安全管理、运行控制安全管理、客舱安全管理、维修

安全管理、地面保障安全管理以及货物运输安全管理等方面。

2. 飞行运行主要包括四个阶段：飞行预先准备阶段、飞行直接准备阶段、飞行实施阶段和飞行讲评阶段。

3. 运行控制安全管理主要体现航前运行评估、航中签派放行和运行监控以及航后运行品质管理三个方面。

4. 航空公司突发事件一般处置程序包括信息报告、启动应急程序、现场救援、信息发布、善后处理等。

5. 航空器被劫持事件应对过程中应遵循尽最大努力在地面解决的原则。如航空器在地面时，应设法阻止被劫持飞机起飞或再次起飞；如航空器在空中时，应设法争取飞机降落，争取地面解决。

6. 在非法干扰事件处置中应遵循确保机上及其他旅客和相关人员安全的原则。

7. 在航空器发现爆炸物或受到爆炸物威胁事件应对措施中应遵循以下原则：任何部门和个人在接到航班有爆炸物品的信息后，应立即报告应急指挥中心；在任何情况下，任何非专业人员不要接触、移动被认为是爆炸物品的可疑物。

综合练习

思考题

1. 航空公司安全管理的重点主要包括哪几个方面？
2. 飞行运行可分为哪几个阶段？
3. 运行控制安全管理主要体现在哪些方面？
4. 航空公司突发事件的一般处置程序是什么？
5. 简述机上失火的应急处置程序。

第六章

民用机场安全管理

本章学习目标

- 了解民用机场运行管理的主要内容;
- 掌握民用机场飞行区安全管理的主要内容;
- 掌握民用机场突发事件及应对措施。

导引案例

锦州机场跑道错台不安全事件

2005年2月21日,锦州机场场务人员检查跑道时发现距跑道北端400米处跑道中心线两侧各有两块板拱起,宽约16米,形成北高南低的错台现象,最大高差达24毫米。锦州机场场务人员发现跑道错台后,立即以快报形式上报了辽宁机场集团公司、民航东北管理局、沈阳运行办(现为辽宁监管办)。同时,锦州机场按照《民用机场飞行区技术标准》的要求,将跑道北端端口内移400米,给出了跑道入口内移标志,同时发布了航行通告。机场场务部门将标有跑道错台位置、入口内移标识的平面图(如图6-1所示)和相关数据,提交给了机场航务部门,航务部门及时发布了航行通告(航行通告中附带上述图纸和数据)。在机场给出跑道入口内移标志时,机场关闭,并发布了航行通告。

图6-1 机场跑道错台

3月6日,辽宁机场集团公司聘请专家对锦州机场道面错台问题产生的原因进行分析研究,确定跑道道面产生错台的主要原因为:此次板块凹陷是多年累加的结果,由于跑道灌缝料老化失去作用,黏土层经雨水冲刷导致跑道基础密实度下降,同时在外力的作用下形成凹陷。鉴于目前的实际情况,同意机场采取用沥青混凝土快速修补的方案进行临时处理,但应加强巡视检查,密切注视该范围板块的情况。

3月9日,机场委托的北京蓝天建筑工程公司进场施工,对凹陷板块进行切割、凿除等工作,采用沥青混凝土快速修补料进行修补,至3月10日中午12时修补工程完工。修补面积为20平方米,道面修补工程质量符合规范要求,通过了沈阳运行办(现辽宁监管办)机场处的验收。随后,锦州机场清除了跑道入口内移标志,跑道全部开放,同时发布了航行通告。

第一节　机场运行管理概述

机场管理一般包括机场运行管理、机场经营管理和资本运作管理等，由于机场的安全与运行是密不可分的一个整体，因此机场安全管理实质上是整个机场运行管理中的一个子系统。

机场管理机构的主要任务是建设、管理好机场，保障机场安全、正常运行，为所有航空器的飞行活动提供安全保障和服务；为旅客提供服务；为驻机场各单位提供工作和生活服务。机场管理机构必须按照机场所具备的条件，保证各种设施、设备处于正常使用状态。

机场运行管理主要包括飞行保障系统、空防保障系统、航站楼保障系统、机坪保障系统、运行指挥系统、应急救援系统，此外还包括信息保障系统、运行支持系统、施工管理系统、消防管理系统等。

一、飞行保障系统

飞行保障系统是机场运行安全管理最为重要的一个环节，主要是保证飞机在机场停放、滑行、起飞、降落以及地面作业过程中的安全。飞行保障系统可细分为净空管理、鸟害防治、道面管理、助航灯光管理和围界管理等。

1. 净空管理

净空管理既包括对超高建筑物等静态障碍物的管理，同时也包括对气球、礼花和烟尘等动态障碍物的管理。

案例链接 6-1

首都机场划定无人机禁飞区

首都机场官方微信公布了机场净空保护区示意图，提示无人机不能在净空区内飞行，影响民航运行安全。为保证民航客机安全，依照相关法规，民用机场净空保护区域为每条跑道两端 20 千米、两侧 10 千米范围。随着首都机场 T3 航站楼和第三条跑道投入使用，首都机场净空保护区扩大，2010 年《北京市民用机场净空保护区域管理若干规定》开始实施，更明确了净空保护区（如图 6-2 所示）禁止从事的活动。从首都机场此次公布的净空保护区域示意图看，首都机场有 3 条跑道，净空保护区呈南北长、东西窄的近似矩形。其西北角为怀柔区怀北镇北台子村、东北角为怀柔区杨宋镇安乐庄村、东南角为通州区潞城镇七级村、西南角为朝阳区南磨房乡南大山子村，总面积约 1 057.6 平方千米，约为五环路面积的 1.5 倍。覆盖了顺义、通州、朝阳、怀柔、昌平 5 个区。

资料来源：机场司.2008 年机场行政执法及不安全事件案例集[M].2008.

图 6-2 首都机场净空保护区

无人机近年来发展迅猛,民用级无人机性能和技术得到提升,已经可以实现高空测绘、高空拍摄等多种民用功能,但无人机如果不慎闯入净空保护区,可能会造成严重后果。风筝、孔明灯以前是机场净空区最大的不明物体威胁,但从去年开始,无人机频繁出现在民航安全会议上。无人机与其他入侵净空区的物体相比,危害更大,在净空区域的民航客机一般都处于起飞或者即将降落阶段,速度是非常快的,现在民用级的无人机,飞行高度低,但这个高度也能与民航客机起降高度相当,再加上无人机体积小,机动性强,民航客机雷达发现难度很大,及时采取避让的可能性降低,无人机一旦吸入发动机,会有机毁人亡的危险。根据相关法律法规,在净空保护区放飞无人机的行为,不但会面临数万元的高额罚款,还将受到10日以上15日以下的行政拘留,造成严重危害的还可能触犯刑法。首都机场提示,相关无人机厂商等单位以及广大无人机爱好者应共同维护好净空保护区域内的净空安全环境。

资料来源:http://epaper.bjnews.com.cn/html/2017-02-18/content_671679.htm?div=-1

2. 机场鸟害预防

机场鸟害预防,就是要减少机场对鸟类的吸引,让鸟类尽量远离机场活动,避免其对航空器安全运行造成危害。预防机场鸟害,一方面,可以从减少机场吸引鸟类的各种因素入手,如减少机场内可作为鸟类觅食的对象,包括老鼠、蚯蚓、昆虫等动物类食物和浆果、种子等植物类食物;减少机场场地表面积水、填平低凹处、完善排水设施、保持排水沟通畅,从而减少水源对鸟类的吸引。另一方面,可以从采用各种驱赶鸟类的方法入手,如采用听觉威慑法、视觉威慑法、化学试剂和捕捉等,从而达到驱赶鸟类的目的。

3. 道面管理

道面管理主要包括对道面标示标志的管理,对雨、雪、冰冻天气下的道面维护、道面杂物管理、道面修补管理以及道面除胶等。另外,还包括对人员、车辆等禁入跑道及滑行道的管理。

4. 助航灯光管理

助航灯光管理主要是指对风向标、各类道面标志、引导标记牌、助航灯光系统的管理。目视助航设施应确保始终处于适用状态，标志物、标志线也应当清晰有效，颜色正确。助航灯光系统和可供夜间使用的引导标记牌的光强、颜色、有效完好率和允许的失效时间，应当符合民航局关于机场飞行区保障的相关技术标准要求。助航灯光管理应着重于避免因滑行引导灯光、标志物、标志线和标记牌等指示不清、设置位置不当而产生混淆或错误指引，造成航空器误滑或人员车辆误入跑道、滑行道的事件。

5. 机场设置围界

机场设置围界是为了实行飞行区封闭式管理，是维持飞行区良好秩序的需要。围界管理工作主要包括围界是自然破损还是人为破坏，是否有人攀爬、翻越围界，是否对应急通道及锁闭设施进行过检查，是否发现无证人员及车辆，是否发现可疑物品及活物，是否发现有人通过围界传递物品等内容。

二、空防保障系统

空防保障系统是为了有效预防和制止人为非法干扰民用航空的犯罪与行为，保证民用航空活动安全、正常、高效运行所进行的各种活动，以及所采取的各项法律法规及规范性文件的总称。空防保障系统包括安全检查系统和安全保卫系统。

安全检查是指对人员（旅客）、行李和货物进行的严格检查，是为防止劫（炸）飞机和其他危害航空安全事件的发生，保障旅客、机组人员和飞机安全所采取的一种强制性的技术性检查。安全检查的设备包括安检门、探测器及其他爆炸物探测装置等。

安全保卫系统主要包括航空器的监护、航站楼的治安、机场入口管理、机场治安管理、重要设施设备保卫、重大社会活动保卫、专机和要客保卫等内容。

根据安全检查和安全保卫的需要，一般可以将机场分成控制区和非控制区两部分。控制区是旅客、行李和货邮进入时要接受安全检查和受到管制的区域。航站楼内的控制区通常以安检通道入口或联检通道入口为界，旅客进入安检通道或联检通道后，即进入受管制区域。托运行李控制区通常以值机柜台为界，行李由值机柜台收取后进入控制区域。货邮进入货站被收取后即进入控制区域。

为了机场安全管理的需要，在进入控制区的通道入口处均设有保安人员看守。进入控制区的工作人员，必须持有相应的证件并佩戴胸牌，进入的车辆必须有相应的牌照。在控制区内的旅客只能在限定的区域内活动，并遵守机场相应的管理规定。进入控制区的行李及货邮也始终处于受控状态。

三、航站楼保障系统

航站楼是为旅客提供服务的区域，航站楼一侧连着机坪，另一侧与地面交通系统相联系。旅客航站楼的基本功能是安排好旅客、行李的流程,为其改变运输方式提供各种设施和服务,使航空运输安全有序。在航站楼区域,旅客可以完成值机、安检、出入关、检验检疫以及登机前的候机、迎送旅客等各项活动。航站楼也是航空公司、机场等民航单位的主要活动场所。航站楼保障管理主要包括航站楼设备管理、廊桥设备管理等。航站楼设备管理主要包括消防设备、值机柜台设备、行李传送设备、离港系统设备、航班显示设备、照明设备和水电冷暖设备等的管理。

航站楼安全管理的一项重点工作是消防安全管理,特别要注意大客流突发紧急情况下的人员疏散,要确保人员紧急撤退路线的畅通,还要定期组织航站楼防火演习和人员疏散撤退演练。另一项重点工作是航站楼的空防安全管理,主要目的是防止犯罪分子在航站楼人员密集区域实施犯罪,对乘客造成人身伤害和财产损失。

四、机坪保障系统

机坪是航空器、运输服务、机务和油料等部门活动的主要场所。机坪保障系统管理一般包括机坪航空器运行管理、机坪车辆人员管理、机坪设施设备管理和机坪标志管理等方面。机场机坪安全管理是民航安全管理的重要组成部分,直接影响到航空器在地面运行和停放期间的安全和地面保障作业的效率。在机坪运行的单位、工种、车辆、人员、交叉运行都很多,各个部门的人员在有限时间内要完成大量保障任务,紧张繁忙,而机坪内的操作往往又分属多个单位,相互协调复杂,同时机坪噪声和较差的灯光条件也增加了安全操作的危险性,因此管理存在较大的难度和风险。

机坪安全管理主要包括对航空器、各类车辆在机坪的运行,机坪设施设备的维护,机坪设备的摆放,机坪运行信息的传递,停机位的使用,机坪的非正常开放与关闭,机坪环境保护以及机坪消防等方面的管理内容。同时,上述各方面也是机坪安全管理的重点环节,在《机坪运行管理手册》中有明确的规定。

五、运行指挥系统

机场运行指挥部门是机场运行的神经中枢,担负着机场运行的计划、组织、指挥、协调、控制和应急救援指挥的重要职责,其作用是保证机场安全、有序、高效地运行。机场以运行指挥部门为核心,将机场生产运行网络、通信信息网络、组织指挥网络、安全保障网络和应急救援网络整合为统一的运行管理体系,实施统一的组织协调指挥,对机场资源实施有效管理,确保机场运行正常进行。机场运行指挥部门的主要职责是落实民航局、地区管理局、当地政府等上级机关有关机场运行方面的指示和要求,协调与驻场单位在生产运行中的各种关系,指挥协调机场各单位确保机场生产运行正常进行。

作为机场运行的核心,机场运行指挥系统通常包括以下主要职能:根据航空公司提供的航班计划,编制本场每天的航班预报,并通过机场运营管理系统向各保障单位或部门发布;收集、传递本场的停机位、登机门和行李传送带等各种运行资源的分配和调整;掌握记录飞行动态和航班信息,及时调整航班信息并向相关单位和部门发布;发布航班生产,保障服务指令;参与专机、重要飞行及要客等重要航班保障工作;收听塔台与机组的对话,如获悉重要异常情况,立即组织处置和报告;紧急情况发生时,负责应急救援工作的启动与协调;监督机场代理航班的保障过程,协调航班生产工作,报告航班生产异常情况;与航管部门、航空公司及驻场单位进行协调,交流航班生产、保障服务信息;对机场航班正常率情况进行统计;收集航班服务保障情况,分析航班延误原因等。

六、应急救援系统

机场应急救援是指对发生在机场和邻近区域内的航空器突发事件和各类非航空器突发事件所采取的预防、响应和恢复的计划和活动。每个机场均应建立符合应急救援要求的应急救援体系,包括制定应急救援预案、建立应急救援工作领导小组、设立应急救援总指挥和应急救援指挥中心、与地方人民政府相关单位签订支援协议,并开展相应的日常管理。在机场发生航空器突发事件和非航空器突发事件时,能及时有效地组织机场及驻场各有关部门实施应急救援,协助事故调查部门完善事故调查工作,并组织残损航空器搬移。应急救援的对象是指在机场及其邻近区域内,航空器或机场设施发生或者可能发生的严重损坏以及其他导致或者可能导致人员伤亡和财产严重损失的情况。

机场应急救援的目的是为了有效应对民用运输机场突发事件,避免或者减少人员伤亡和财产损失,尽快恢复机场正常运行秩序。建立一套完善的应急救援管理体系,可以使应急救援工作规范化,提高应急反应能力。整合发挥各管理部门的合力作用,减少人员伤亡及财产损失,提高应急救援工作整体水平。当机场区域发生各种突发事件时,能迅速有效、协调统一地开展救援,减少损失和迅速组织恢复正常状态。机场应急救援工作应当遵循最大限度地抢救人员生命和减少财产损失,预案完善、准备充分、救援及时、处置有效的原则。

第二节 机场安全管理

机场安全管理是确保机场运行安全的核心工作,对于航空器在机场的起降、地面运行以及其他地面保障系统的安全至关重要。其中航空器运行是关注的重点内容,因此下面将着重介绍与航空器运行密切相关的飞行区安全管理、机坪安全管理、目视助航设施管理、机场净空和电磁环境保护、机场鸟害及其他动物侵入防范、除冰雪管理、不停航施工管理以及应急救援管理。

一、飞行区安全管理

飞行区安全管理是机场安全管理的核心部分,飞行区日常管理和维护对确保航空器安全运行具有重要意义。

机场在飞行区安全管理方面应当重点做好以下工作：第一，保证机场跑道、滑行道和机坪等道面的表面状况基本完好、符合标准，对出现的各类破损要进行及时维修。同时还要做好飞行区日常巡视检查，及时发现和解决问题。第二，保证各种目视助航设施，包括标志、标志物、标记牌和助航灯光的完好有效。第三，保证机场跑道具有良好的摩阻性。为此，要对道面摩擦系数进行检测，还要及时清除降低道面摩阻性的各种污染，包括机轮胶迹、冰雪等。第四，保证升降带和其他土面区的平整和强度，控制土质区植草的高度。第五，进行有效的环境控制，主要包括机场净空管理、机场鸟击防范和机场巡场路、围界的维护。第六，做好机场排水、防洪设施的维护管理，防止道面、土质区积水。第七，做好飞行区保洁，及时清除垃圾、杂物和威胁航空器安全的外来物。第八，对于可能降雪的机场，要做好飞行区道面的除冰除雪工作。

（一）飞行区设施维护

机场的跑道、滑行道、机坪的几何构型以及平面尺寸对航空器起飞、降落、滑行及其他活动非常重要，因此必须符合民航各项规定和标准的要求，并确保始终处于适用状态。当机场道面出现破损时，应当及时按照抢修预案进行修补，尽量减少道面破损和修补对机场运行的影响。道面破损的修补应当符合有关标准要求。当跑道表面摩擦系数低于规定的维护规划值时，应及时清除道面的橡胶，或采取其他改善措施。飞行区土面区应尽可能多植草，固定土面。在升降带平整区和跑道端安全区内，除航行所需的助航设备或装置外，不能有突出于土面、对偏出跑道的航空器造成损害的物体和障碍物。航行所需的助航设备或装置应当为易折件，并满足易折性的有关要求。升降带平整区和跑道端安全区内的混凝土、石砌及金属基座、各类井体及井盖等，除非功能需要，否则应当埋到土面下一定的深度。飞行区围界应当完好，具备防钻防攀爬功能，能有效防止动物和人员进入飞行区。飞行区内排水系统应当保持完好、畅通。跑道、快速出口滑行道表面在雨后不应有积水。发生积水、淤塞、漏水、破损时，应当及时疏通和修缮。排水设施应当保持适用状态，渗水系统也应当保持完好、通畅。

（二）飞行区巡视检查

机场飞行区区域面积大，且有多种设施设备。为了确保设施设备正常、适航，必须建立科学、严格的巡视检查制度。机场和空中交通管制部门应当相互协调、密切配合，安排必要的飞行区场地检查所需的时间，对飞行区场地进行检查。

机场飞行区巡视检查的对象主要包括机场道面、飞行区土质区、目视助航设施和机场排水设施等。检查的目的是对正常状态予以确认，对存在问题及时发现。机场飞行区管理部门，应对巡视检查对象和作业方式、工作流程进行深入分析，摸索规律，合理选择巡视检查的人员、路线、时机，力争做到检查质量高、占用时间少。

（三）飞行区道面维护

对于飞行区道面，特别是跑道，为了保持良好的摩阻性，保证道面具有良好的抗滑性，必须及时进行跑道除胶，及时清除各种道面污染。民航局规定，跑道日航空器着陆15架次以上的机场,应当配备跑道摩擦系数测试设备。

由于飞机着陆速度很快,致使接地时轮胎与道面之间产生强烈摩擦而导致极高的温度,使轮胎橡胶瞬间熔化并涂抹在道面纹理中,造成明显的道面橡胶沉积。随着道面胶层的不断加厚,道面摩擦系数明显降低,影响飞机的制动性能,特别是在湿道面状态下,跑道摩擦力显著降低,直接影响飞机的着陆安全。因此,机场跑道要定期进行除胶。跑道的橡胶沉积速度与多种因素有关,其中飞机的起降架次是影响最大的因素。目前道面除胶主要有三种方法:超高压水冲洗法、化学除胶法和机械打磨法。

机场道面可能出现各种污染,如不及时清除,也会对跑道使用性能造成不利影响。泥土是跑道上可能经常出现的污染。在升降带土质区植被不良或没有植被时,被风刮到跑道上的尘土,或经雨水形成的尘泥,都可能嵌入道面的纹理之中,从而影响跑道的摩阻性。道面上还可能出现各种油料,如航空煤油、润滑油等,这些油品不仅会污染、腐蚀道面,也会影响道面的摩阻性。此外,道面上废弃的油漆标志也应彻底清除。当然,对摩阻性影响最大的污染还是冰雪。在机场中,上述污染通常是通过保洁作业、除胶作业和除冰雪作业进行清除的。

(四)飞行区保洁

飞行区保洁是指为了使飞行区的跑道、滑行道、机坪和土质区保持清洁,及时清除污染、杂物,特别是影响航空器安全的外来物,以防止外来物伤害,对飞机的伤害特别是对发动机造成的破坏。应对跑道、滑行道进行定期清扫。停机坪上的杂物除了道面本身损坏的碎石、混合料碎渣及接缝材料外,还有从飞机、车辆上遗落、脱落的零部件、货物和其他杂物,因此机坪上随时都可能出现影响飞行安全的杂物,机坪上只要有飞机活动就应该有值班维护人员随时清扫。道面上出现个别石子杂物宜人工用扫把清除。

机场道面表面可能会受到燃油、润滑油、液压油、标志油漆、橡胶或其他化工物品的污染,污染物可能造成道面滑溜、遮盖地面标志或对道面造成侵蚀,同时也影响场地美观,特别是对道面有侵蚀作用且易燃的油类和其他化工物品应随时清除,以减少其对道面的损伤和防止火灾。

案例链接 6-2

维珍航空 B744 起飞时疑因碾压异物爆胎

2009 年 10 月 28 日,一架维珍大西洋航空公司波音 747-400 型飞机(注册号 G-VROC),执行从南非约翰内斯堡飞往英国伦敦希思罗机场的 VS-602 航班,机上载有 228 名乘客和 18 名机组人员。当其在约翰内斯堡的 03L 跑道上滑跑时,机组人员听到了"巨大的重击声",紧接着驾驶杆出现了中等强度的横向振动,方向舵脚蹬也有震动感。当飞机拉起升空收回起落架后,所有不正常的震动都停止了。机组人员认为可能出现了爆胎,要求检查跑道。其后,工作人员在跑道上发现了一块橡胶、一些蜂窝芯材料和一块金属片。飞机的轮胎压力指标没有显示出任何异常,机组人员与公司讨论后决定继续飞往伦敦。希思罗机场启动应急服务为飞机的降落做好了准备。飞机正常降落后离开跑道在滑行道上停止,应急服务人员检查后确认右主起落架前外侧的轮胎损坏（如图6-3所示）。这架飞机在滑行道关车，然后被拖到停机坪。

图6-3 轮胎损坏情况

2010年11月，英国AAIB发布了此次事件的调查报告，总结如下：轮胎是在飞机起飞地面滑跑过程中，当飞机加速时爆裂的。证据表明，轮胎可能是在碾过一个异物时发生爆胎的。由于一些轮胎材料已无法找到，这个异物的类型还无法确定。

资料来源：中国民航大学民航安全科学研究所．世界民航事故调查跟踪．2011.

二、机坪安全管理

机坪是飞行区供飞机上下旅客、装卸货物或邮件、加油、停放或维修使用的特定场地。机场因规模不同，其机坪的数量也不等，每个机坪由数量不等的机位组成。就我国来说，特大型机场有十几个机坪，几十个甚至上百个机位；小型机场则只有一个机坪，两三个机位。候机楼附近的机坪称为近机位机坪，旅客通常通过连接飞机与候机楼的廊道型旅客桥（廊桥）登机或离机。离候机楼远的机坪称为远机位机坪，旅客通过客梯车或机上自备梯登机或离机，候机楼与飞机停放机位之间的连接过程则由机坪摆渡车来完成。

（一）机坪运行设备

在机坪上运行的主要设备包括旅客服务设备、飞机装卸设备和飞机服务设备。

旅客服务设备有廊桥、客梯车和摆渡车等；飞机装卸设备有行李牵引车、行李拖斗、升降平台车、叉车、传送带车、食品车和清扫车等；飞机服务设备有清水车、污水车、油车、管道车、飞机拖车、电源车、维修平台车和可升降飞机除冰车等（见图6-4、图6-5、图6-6）。

图6-4 传送带车在进行"传送"服务

图 6-5　无动力客梯车操作员推动梯车靠接飞机

图 6-6　牵引车准备推出飞机

（二）机坪事故类型及预防

机坪是地面车辆和人员作业较为密集的区域，因此在作业时操作人员要特别注意严格遵守操作规范，对危险区域和危险环节重点加强防范，避免航空器损坏或人员受伤的情况发生。

为避免机坪不安全事件的发生，要重点加强机坪车辆行驶速度的控制。严格遵守行车速度规定，严格按照行车路线驾驶车辆，接近飞机时要根据相关规定减速慢行，避免以过快的车速靠近航空器。此外，在天气状况不佳的情况下，要及时开启大灯及雾灯，交通状况拥挤时要确定所驾驶的行李车或其他地面车辆与前后车辆保持安全距离。车辆停靠时应以不影响交通为原则，车辆停稳后及时使用轮挡固定车辆位置，避免车辆靠近飞机发动机。在机坪作业人员训练中，应强化拖车、行李车等车辆的操作规范。机坪作业人员在作业时应佩戴好个人防护装备，如安全帽、耳罩耳塞、反光背心和手套等，以避免意外事故和职业伤害。

国际机场协会对机坪事故进行了分类，根据 ACI 的分类标准，机坪事故主要包括以下类型：机坪主要设备因操作不当对停放飞机造成的事故；机坪设备因操作不当对移动中飞机造成的事故；飞机尾喷流对机坪设施设备损坏造成的事故；机坪设备对机坪设备造成的事故；机坪设备对机场设施造成的事故；机坪飞机或设备因油料泄漏造成的事故。

上述各类事故中，对机坪上飞机造成损伤的情况一般包括飞机与飞机相撞、飞机与设施设备相撞、机坪飞机与车辆相撞、机坪地面杂物造成飞机损坏以及恶劣天气造成机坪飞机损坏等。这些事故往往是由于对外部车辆管理不力，或者是由于机坪车行道及人行道设计方面存在问题，或者地面设备车辆操作人员操作方面存在问题造成的。因此，在进行机坪安全管理时，重点应加强对地面车辆行车路线规划、人员操作技能等方面的管理。

案例链接 6-3

荷兰航空 B744 阿姆斯特丹除冰时撞翻除冰车

2010 年 11 月 30 日，一架荷兰皇家航空公司的波音 747-400 型客机，执行 KL-785 航班从荷兰阿姆斯特丹飞往荷属安地列斯群岛圣马丁，机上载有 240 人。起飞前该机在远机位已经完成除冰工作并且正从机位中推出，转弯时飞机撞击到仍处于半伸展状态的一辆除冰车的液压升降平台并且将除冰车撞翻(如图6-7所示),导致液压升降平台顶部的座舱摔落到地面上。应急服务部门用了1个小时才将里面的操作人员营救出来。除冰人员脊椎骨折,受了重伤,但是好在生命体征稳定,飞机尾部也受到了严重损伤。

图6-7 撞翻的除冰车

2012年3月,荷兰安全委员会(DSB)发布了此次事故的荷兰语最终调查报告,总结此次事故发生的可能原因如下:除冰工作仍在进行时飞机开始滑行。除冰的监控人员在除冰未完成的情况下发出了除冰已完成的信息。除冰监控人员对于自己的工作以及对通信设备的使用缺少足够的经验。

资料来源:中国民航大学民航安全科学研究所. 世界民航事故调查跟踪. 2012.10

三、目视助航设施管理

目视助航设施是确保飞机在机场正常起降的重要因素,机场应当确保目视助航设施始终处于适用状态,并提供与实际天气情况相适应的目视助航设施服务。

(一)目视助航设施

目视助航设施主要分为两大类:一类是引导标志、标记牌,包括跑道标志、滑行道中线和边线标志、滑行引导标记牌以及跑道等待位置标志和标记牌;另一类是助航灯光,包括跑道灯光(如图6-8所示)、滑行道中线灯(或中线反光标志物)和滑行道边线灯(或边线反光标志物)。这些设施和设备共同构成了飞机在机场起降的目视辅助系统,对起飞和降落过程,尤其是低能见度条件下的起降,起着重要的辅助作用。

图6-8 跑道边灯

各类标志物、标志线应当清晰有效,颜色正确;助航灯光系统和可供夜间使用的引导标记牌的光强、颜色、有效完好率、失效时间,应当符合民航规章标准的要求。为了避免因滑行引导灯光、标志物、标志线和标志牌等指示不清、设置位置不当而产生混淆或错误指引,造成航空器误滑或者人员、车辆误入跑道、滑行道的事件,机场应当定期对机场目视助航设施进行评估,对新开航机场或在机场启用新的跑道、滑行道和机坪之前也要进行评估。

机场应当定期对助航灯光系统的各类灯具进行检测,保证各类灯具的光强、颜色持续符合民航相关技术标准规定的要求。

(二)标志线维护

机场飞行区的标志线需要经常性地刷新或补漆。对道面标志漆的要求是耐磨、抗老化、与道面黏结牢固,可采用冷涂道路标线漆。道路标线漆按其化学成分分为丙烯酸漆、油基橡胶漆、油树脂基漆、乳化漆等。如果是仅供白天使用的机场,油漆不要求有反光;当供夜间使用时,可在涂刷标志线时加少量玻璃微珠来改善其反光效果。

喷涂的道面标志线,要求与道面黏结性好、耐老化能力强、与道面反差大,湿膜厚度要达到规定的要求,涂刷均匀不能有虚边和起泡现象,尺寸误差不能超过一定的范围。标志线喷涂可采用画线机和画线车。刚画过的标志线要注意保护,待标志线表面干燥后,再开放交通。

案例链接 6-4

福州机场飞机着陆滑行过程中跑滑灯光瞬间熄灭事件

2004年3月2日,福州长乐机场发生了飞机着陆滑行过程中关闭跑道及其他助航灯光,导致跑道灯光瞬间熄灭的不安全事件。2004年3月1日,福州长乐机场建设管理部南灯光站运行值班员于当天21:30询问机场塔台当日航班何时结束,塔台告知当日航班将于3月2日1:30结束。3月2日2时29分,南灯光站值班员凭感觉误认为航班已经结束,于是在没有得到塔台值班员的指令,且不能确认航班结束与否的情况下,违反操作规程,擅自通过灯光监控中心的电脑将全场22个回路的灯光逐一关闭。而当时厦航福州分公司的三亚至福州的8346航班(该航班延误1小时18分)正在着陆。该飞机在降落拉平时,机组观察到助航灯光逐渐减暗,且在接地后滑行500米左右,跑道灯光完全熄灭。此时,灯光站值班员听见了厦航8346飞机落地后发动机反喷的噪声,才意识到本场还有航班起降,于是又重新开启了灯光。在该飞机完全停止时,机场灯光恢复。

经民航华东地区管理局认定,这是一起因当日机场灯光值班员违章操作,造成厦航8346航班在滑行过程中跑道灯光瞬间熄灭的严重差错事件。当日机场灯光值班员在未接到机场塔台关灯指令的情况下,凭主观意志关闭助航灯光,严重违反机场助航灯光操作规程,也违反了高压电气严禁"预约"操作的规定;在未确认当日航班结束的情况下,当晚两名灯光值班员就提前睡觉,严重违反灯光站的岗位值班制度,属典型的提前脱岗事件;灯光值班员安全意识淡薄,当他一觉醒来发现灯光未关闭时,仅下意识表现出害怕灯光无端开启时间过长会被领导批评就立即关闭灯光,而不知道按规定程序确认航班是否结束;灯光站沟通、协调不够,机场南、北灯光站和塔台共有5名值班员,除南灯光站值班员疏忽了通过塔台证实这个渠道外,当晚北灯光站维修员在接到南灯光站值班员询问是否实施灯光检修时,也未提醒航班是否结束,而只是答复当晚下雨,不作检修,可以关灯,反映出南北灯光站之间相互协调不畅、相互提醒不到位的问题。

针对此次事件暴露出来的问题和教训,华东管理局对该事件进行了通报,要求机场公司进一步完善机场灯光站的岗位职责和操作流程,特别是灯光站运行值班人员严禁"预约"实施电气操作的详细规定;认真学习各类规章制度和电气操作规程,使全体机场员工熟悉基本工作程序和操作方法,增强组织纪律观念,增强工作责任观念,杜绝各种违章操作的行为。

资料来源:机场司.2008年机场行政执法及不安全事件案例集.2008.10

四、机场净空和电磁环境保护

机场净空保护主要是对机场周边影响飞行安全的障碍物进行高度控制。广义地讲,就是要创造一个适航、安全的近空空域(如图6-9所示)。在这一空域中,不仅没有超高的固定障碍物,也没有诸如电磁环境干扰、飘浮物、烟雾、粉尘、灯光、鸟类、施工机械和车辆等影响飞行安全的事物。

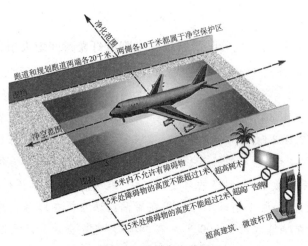

图6-9 机场净空范围

目前,我国的许多城市依据国家法律法规的要求都制定颁布了当地民用机场净空及电磁环境保护法规。在机场的净空保护工作中,机场方面应与当地政府城市规划行政主管部门积极协调和配合,根据相关行业技术标准的要求,制作机场障碍物限制图。按照相关法律、法规、规章和标准,制定、发布机场净空保护的具体管理规定,建立政府部门与机场的定期协调机制,规定机场净空保护区域内新建、改扩建建筑物或构筑物的审批程序以及新增障碍物的处置程序,保持原有障碍物标识清晰有效的管理办法等。

（一）机场净空障碍物管理

在机场净空保护区域内，机场进行净空障碍物管理时，主要应避免下列情形的出现：修建在空中排放大量烟雾、粉尘的建筑物或设施；修建靶场、爆炸物仓库等建筑物或设施；设置影响机场目视助航设施使用或机组人员视线的灯光、标志或物体；种植影响飞行安全或者影响机场助航设施使用的植物；放飞影响飞行安全的鸟类、无人驾驶自由气球、系留气球和其他升空物体；焚烧产生大量烟雾的农作物秸秆、垃圾等物质，燃放烟花、焰火；设置易吸引鸟类及其他动物的露天垃圾场、屠宰场、养殖场等。

机场应严格根据技术标准，对保护区内的障碍物进行控制。精密进近跑道的无障碍区域内，除轻型、易折的助航设施设备外不得存在其他固定物体。当跑道用于航空器进近时，移动物体不得高出限制面。

在机场障碍物限制面范围以内或以外地区的障碍物，都应当进行标志和照明，并进行适当的管理。高出进近面、过渡面、锥形面和内水平面的现有物体即视为障碍物，如果影响飞行安全或航空器正常运行，应当予以拆除。对于不高出进近面、但对目视或非目视助航设施的性能可能产生不良影响的物体，应当设法消除该物体对这些设施的影响。任何建筑物、构筑物经空中交通管理部门研究认为对航空器活动地区、内水平面或锥形面范围内的航空器的运行有危害时，应当被视为障碍物，并应当尽可能地予以拆除。

（二）电磁环境管理

机场电磁环境保护区域包括设置在机场总体规划区域内的民用航空无线电台站电磁环境保护区域和机场飞行区电磁环境保护区域。机场电磁环境保护区域由民航地区管理局配合民用机场所在地的地方无线电管理机构按照国家有关规定或者标准共同划定、调整。

民用航空无线电台站电磁环境保护区域，是指按照国家有关规定、标准或者技术规范划定的地域和空间范围。机场飞行区电磁环境保护区域，是指影响民用航空器运行安全的机场电磁环境区域，即民用机场管制地带内的空间范围。在机场飞行区电磁环境保护区域内设置工业、科技、医疗设施，修建电气化铁路、高压输电线路等设施，不能干扰机场飞行区电磁环境。

机场应当及时将最新的机场电磁环境保护区域报当地政府有关部门备案，建立机场电磁环境保护区巡检制度，并对下列可能影响航空电磁环境的行为进行重点监控并采取相应措施：修建可能影响航空电磁环境的高压输电线、架空金属线、铁路、公路、无线电发射设备试验发射场；存放金属堆积物；种植高大植物；掘土、采砂、采石等改变地形地貌的活动；修建其他可能影响民用机场电磁环境的建筑物或者设施以及进行可能影响航空电磁环境的活动。

案例链接 6-5

湖南5大机场划电磁保护区

在机场附近，一座高压线塔、一栋高大建筑、一棵参天大树，都有可能对机场的电磁环境产生影响,干扰飞机的起飞和归航。随着湖南省经济社会和民航事业快速发展,航空专用频率受外来信号干扰日趋严重,特别是破坏民航电磁环境的行为呈增长态势,导致民航安全运行管理难度越来越大,严重影响飞行安全。据了解,困扰于对民航飞行安全产生影响的"无源干扰"和"有源干扰"两类信号,近年来,湖南省民航电磁环境屡遭外界破坏。处于京广航道上的醴陵导航台,因周边大兴土木,造成该导航台无线电波传输受到干扰;沪昆航道上的芷江导航台,也因周边建筑物超高,影响其信号传输;尤其是位于宁乡老粮仓的导航台,是飞机进出长沙黄花机场极为关键的节点,因周边农网改造导致电磁环境受到破坏。因此,净化省内民航机场电磁环境迫在眉睫。

2016年12月,湖南正式发布《湖南省民用机场及民用航空无线电台(站)电磁环境保护区管理规定》(以下简称《规定》),对长沙黄花机场等省内现有5大机场划定电磁保护区。

《规定》对湖南省民用机场及民用航空无线电台(站)电磁环境保护区的划定、保护和管理做出了明确的规定,尤其是对省内现有5大机场,长沙黄花国际机场、张家界荷花机场、常德桃花源机场、怀化芷江机场、永州零陵机场和衡阳南岳机场,对机场总体规划区域和机场飞行区域的电磁环境保护,均划定明确范围。以长沙黄花国际机场为例,分别从机场跑道的两个端口出发,各自按跑道方向向外延伸1 000米,再沿垂直跑道方向各向外延伸500米,所形成的多边形区域,再加上机场规划用地共同组成的区域为机场总规划区域电磁保护区。据了解,该区域主要位于长沙县内,包括黄花镇、干杉镇、高岸村、谷塘村和凤凰村等。

同时,《规定》也公布了第一批17个湖南省民用机场及民用航空导航台、4个航管雷达站以及12个甚高频电台电磁环境保护区域。区域设置多以无线台(站)中央天线为中心,半径500米至5 000米范围内为该台(站)电磁环境保护区。根据电磁环境保护要求,这些区域内,禁止修建架空高压输电线、架空金属线、铁路、公路、电力排灌站,不得存放金属堆积物,不得种植高大植物,不得从事掘土、采砂、采石等改变地形地貌的活动。如需设置有可能产生干扰信号的设备,必须事先取得相关部门许可。

资料来源:http://news.carnoc.com/list/371/371477.html

五、机场鸟害及其他动物侵入防范

(一)机场鸟害问题

机场动物危害防范,主要是指对可能危及航空器及其飞行安全的动物进行控制。其中最主要的是鸟击防范,此外还包括对各种野生和家饲动物的控制。

飞机的各种部位都可能遭受鸟击,比较常见的部位是发动机、机翼、风挡玻璃、起落架和雷达罩等。其中,最严重的情况是鸟击对飞机发动机的破坏。飞鸟一旦被吸入发动机,就可能造成发动机气流变形、阻塞、打坏发动机机轮片等致命破坏而引发重大事故。除了直接对飞机造成破坏外,大型群鸟在机场的活动还可能造成飞机复飞、中断起飞、航班延误和跑道关闭等,严重影响机场的正常运行。

根据统计,鸟击事故中 90% 以上发生在 700 米以下,75% 发生在机场附近的 300 米以下,这与鸟类喜欢低空活动、饮水觅食有直接关系。春、秋两季为鸟击事故高发期,这与候鸟迁徙、雏鸟学飞和成鸟换羽等有关。从事故发生时间看,白天最多,夜间次之,而晨昏较少。

(二)机场鸟害防范管理

鸟害防范,就是要进行环境整治,消除适鸟条件,同时对侵入机场的鸟类进行驱赶。机场应当采取综合措施,防止鸟类和其他动物对航空器运行安全产生危害,最大限度地避免鸟类和其他动物撞击航空器。

机场一般均配备有专门的驱鸟设备进行驱鸟活动,如驱鸟车、驱鸟灯、驱鸟炮等。机场还会根据所处地域和环境制定自身的鸟害防范方案,对机场生态环境、鸟情巡视、驱鸟设备的配备和使用、重点防治鸟种、鸟情信息的收集分析和通报等制定相应的措施。

驱鸟工作的手段和方法主要有惊吓、设置障碍物、诱杀或捕捉等。通常情况下,两种以上方法组合使用将会收到更好的效果;实行全天连续性巡逻驱赶也是非常有效的手段。

(三)其他动物防范管理

除鸟类外,机场飞行区还可能出现其他动物。例如,啮齿类动物,如鼠、兔等,一方面可能招引鹰等猛禽,另一方面这些动物有打洞的习性,对飞行区土质区及其排水造成危害,鼠类甚至可能咬断助航灯光等的线缆造成事故。狗、羊等动物如果进了飞行区,甚至上了跑道,也会对航空器造成威胁。对于这些动物的防范,主要是加强对围界的管理,不要使围界出现缺口,或围界护栏间隙过大。另外,非雨季排水管涵没有水时,也可能成为动物进入飞行区的通道,应采取加护栏、算子等方式予以防范。

案例链接 6-6

三亚机场推出驱鸟剂自动喷雾装置

鸟类是人类的朋友,却是飞机的天敌,鸟害防治工作日益成为国内各机场安全运行保障的重点。三亚凤凰国际机场场务工作人员集思广益,通过整合现有资源,在人工巡视、切断鸟类食物源、架设捕鸟网等措施基础上,推出驱鸟剂自动喷雾装置,有效解决保护区内驱鸟作业受限的难题。

由于民航业的特殊性,在航班运行期间,人员、车辆禁止进入机场飞行区保护区域开展驱鸟作业。为解决此类问题,凤凰机场运行保障部场务工作人员借助农业喷灌原理,反复试验,通过在每段水管中加装多个喷头,利用开关设置在保护区外的增压设备让驱鸟药剂随时喷出,可降低保护区内鸟类出现的频率,减少鸟击事件发生的次数,为航班安全起降保驾护航。

夜间驱鸟作为驱鸟工作的薄弱环节,凤凰机场场务工作人员主动协调技术人员,在不影响围界报警系统正常运行的前提下,通过电脑和控制操作平台加装音频输出,借助系统中的扬声器分时段、分区域适时播放驱鸟爆音,有效减少了夜间鸟击事件的发生次数。

资料来源:http://news.carnoc.com/list/387/387469.html

六、除冰雪管理

(一)常用除冰雪方式

机场常用的除冰雪方法包括机械法、热力法和化学法。

机械法就是采用推雪车、抛雪车、吹雪车和扫雪车等除雪车辆配合工作,清除道面上的积雪。推雪车通过各种形式的推雪板将道面上的雪推向道面的一侧(集雪作用),从而在道面上开出道路(开路作用)。抛雪车、吹雪车一般跟在推雪车后作业,作用是将推雪车堆积的雪堆抛洒到开阔地带。小雪堆可采用吹雪车,大雪堆采用抛雪车,提高清除效率。扫雪车的作用是清扫推雪车、抛雪车作业后遗留的少量冰雪残余物。

热力除雪法就是利用除雪设备发出的热能将难以清除的冰状雪,或道面已结成的冰融化清除。例如,装备喷气发动机的吹雪车就是典型的热力除雪设备,目前在我国许多机场都有应用。它将高温高速的发动机尾喷气流对准积雪、结冰喷吹,最后使之消融。热吹除雪设备对湿雪、干雪、雪浆均能适用,但除雪效率低,燃油耗量大,对道面、填缝料、标志和助航灯光等都可能造成损伤。

化学除冰,包括防止结冰和融化结冰两重含义,通常是通过将可降低水的冰点的化学物质施放在道面上实现。常见的氯化钠、尿素等除冰方法都属于化学除冰的范畴。但是,有些化学物质对机场道面、道面嵌缝料和土质区及其植物可能具有腐蚀、污染作用。为了获得更好的除冰效果,可以采用机场道面专用除冰剂。

(二)机场除冰雪管理与组织

有降雪或道面结冰情况的机场,应成立机场除冰雪专门协调机构,负责对除冰雪工作进行指导和协调。还要制订除冰雪预案,并认真组织实施,最大限度地消除冰雪天气对机场正常运行的影响。除冰雪预案应遵循跑道、滑行道、机坪和车辆服务通道能够同步开放使用的原则,避免因局部原因而影响机场的开放使用。

机场应根据本场气候条件并参照过去 5 年的冰雪情况配备除冰雪设备(如图 6-10、图 6-11、图 6-12 所示)。如,年旅客吞吐量 500 万人次以上的机场,除冰雪设备配备应能够达到编队除雪,具备边下雪边清除跑道积雪的能力,保证机场持续开放运行。

机场在除冰雪作业过程中,应注意保护跑道、滑行道边灯及其他助航设备。目视助航设施上的积雪以及所有影响导航设备电磁信号的冰雪,应及时清除。

位于经常降雪或降雪量较大地区的机场,应事先确定冰雪堆放场地。在机坪上堆放冰雪,不得影响航空器、服务车辆的运行,并不得被航空器气流吹起。雪停后,应及时将机坪上的冰雪全部清除。当机场某一区域除冰雪完毕后,机场应对该区域进行检查,符合条件后,应及时将开放的区域报告空中交通管理部门。

图 6-10　抛雪车清理机坪积雪

图 6-11　除雪战队蓄势待发

图 6-12　大型除雪车跑道编队作业

承担航空器除冰作业的机场应会同航空运输企业、空中交通管理部门结合本机场的实际情况,制订航空器除冰预案,配备必要的除冰车辆、设备和物资,并认真组织演练,最大限度地消除大气对航空器正常运行的影响。位于经常降雪或降雪量较大地区、年旅客吞吐量 200 万人次以上的机场,应设置航空器集中除冰坪。

案例链接 6-7

呼和浩特机场"不停航" 除雪模式经受暴雪考验

2月21日,也是2017年春运保障工作的最后一天,气象局预报的降雪如期而至,实测呼和浩特机场本场积雪深度15厘米,达暴雪等级。除雪保障队伍不负众望,浴"雪"奋战19小时,"不停航"除雪模式顺利通过暴雪考验。

为确保航班运行正常,除冰雪作业小组全体作业人员于20日22:00到岗备勤。21日5:00,本场开始降雪,呼和浩特机场飞行区管理部随后出动所有作业车辆对跑道进行第一轮除冰雪作业,并于6:59再次对跑道进行编队除冰雪作业。由于降雪量较大,除雪编队连续作业两轮,保障本场早高峰时段航班顺利运行。本次降雪量大、速度快、持续时间长,道面积雪覆盖迅速,飞行区管理部启动除雪作业"终极"预案,作业队伍开启"跑道—滑行道—机坪"连续、循环作战模式。"终极"预案摒弃了停车待命,除雪编队完成跑滑作业后,立即化整为零转战机坪清雪。呼和浩特机场飞行区管理部倾部门全力配合除冰雪作业,安排专人将餐食、热水送达每个除雪车内,除雪作业人员利用机坪清雪作业间隙"充电"后随即投入战斗,时刻保持人车动态待命。整个作业期间,摩擦系数测试车对跑道摩擦系数持续监测,跑道摩擦系数成为作战区域的转换信号。根据道面情况,除雪编队于 8:15、10:55、20:50 对跑道完成三轮道面除冰雪作业。22:00,本场降雪结束,飞行区管理部继续对机坪积雪进行清理,至 22 日 0:10 完成本次除冰雪保障工作。

本次降雪,共对跑道摩擦系数测试 12 次,出动跑道除雪 6 轮。人员到岗待命 7 小时,持续作业 19 小时,保障工作共计出动除雪人员 27 人,车辆 28 台,机坪人工除雪 12 人,临时调用外包车辆 3 台、人员 3 人,消耗除冰液 44 吨,航煤消耗 6 200 余升,柴油 5 000 余升。

面对暴雪天气状况,飞行区管理部充分准备、周密安排、持续奋战,最终保证春运圆满收官。

资料来源:http://news.carnoc.com/list/393/393251.html

七、不停航施工管理

不停航施工是指机场不关闭或部分时段关闭并按照航班计划接收和放行航空器的情况下,在飞行区内实施的工程施工。不停航施工不包括在飞行区内进行的日常维护工作。机场应制定不停航施工管理规定,进行监督管理,最大限度地减少不停航施工对机场正常运行的影响,避免危及机场运行安全。机场不停航施工工程主要包括:飞行区土质地带大面积处理工程;围界、飞行区排水设施改造工程;跑道、滑行道、机坪的改扩建工程;助航灯光及电缆的扩建或更新改造工程等。

机场一般负责航站区、停车楼等区域施工的统一协调和管理。对于上述施工,机场应与其他相关单位和部门共同编制施工组织管理方案,对可能影响安全的不停航施工情况采取必要的措施,并尽可能降低对运行的影响。

不停航施工必须取得民航主管部门的批准,施工期间的运行安全由机场负责保障。实施不停航施工的单位,应服从机场的统一协调和管理。机场对不停航施工的管理主要包括以下内容:对施工图设计等有关不停航施工的安全措施进行审查;与建设单位签订安全责任书;建立由各相关单位和部门代表组成的协调工作制度;定期召开施工安全协调会议,协调施工活动;对施工单位的人员培训情况进行抽查;对施工单位遵守机场所制定的人员和车辆进出飞行区的管理规定以及车辆灯光、标识颜色是否符合标准的情况进行检查;经常对施工现场进行检查,及时消除安全隐患。

案例链接 6-8

深航飞机落地后误入修建尚未开放使用的快滑道事件

2008 年 1 月 12 日,深航机组执行广州—长沙航班,在长沙机场使用 36 号跑道落地,天气适航。塔台指挥飞机从 C 滑行道脱离跑道。飞机滑跑到位于 C 道口南侧的正在施工未开放使用的 K3 快速出口滑行道道口时,机长自称观察到了 C 道口指示牌,误将 K3 快速出口滑行道当作 C 滑行道,操纵飞机进入了该快速出口滑行道。飞机进入 K3 快速出口滑行道后,机长和副驾驶都感到了比较明显的震动,立即刹车。经塔台管制员证实后,机组报告:飞机已经进入快速出口滑行道,请示使用牵引车将飞机拖出跑道。飞机起落架没有结构性损伤,发动机未受损,机身未发现被外来物击打的痕迹。本次事件共造成 8 个航班备降,10 个航班在地面等待而延误。

民航总局结论:主要原因是机场 K3 滑行道没有设置禁行标志、机组观察不周、空管没有提醒机组。民航中南地区管理局根据民航总局提出对机场不停航施工严格管理的指示,根据 CCAR-163《民用机场不停航施工管理规定》第十九条规定给予湖南省机场管理集团有限公司长沙黄花国际机场罚款人民币 1 万元整的行政处罚。

事发时,长沙黄花机场 K3 快速出口滑行道施工情况:K3 快速出口滑行道于 2008 年 1 月 2 日开工,1 月 12 日完成了部分碾压混凝土和 2 厘米应力吸收层,沥青面层、灯光系统、滑行引导标志线、标记牌等都未到施工时间没有做;跑道边灯完好;C 垂直联络滑行道位于正在施工中的 K3 快速出口滑行道北侧,C 滑行道适航,C 滑行道标记牌设置正确;机场发布了跑道道面盖被和跑道延长工程施工的航行通告。长沙黄花机场对正在修建的 K3 快速出口滑行道入口处未设置不适用地区灯光,航行通告没有具体写明新建快速出口滑行道。

机组飞行前准备不足,在滑至位于 C 垂直联络滑行道前尚未建成的 K3 快速出口滑行道时(C 滑行道标记牌在飞机滑行的前方,飞机还没有滑过标记牌),机长误将 K3 快速出口滑行道视为 C 垂直联络滑行道,造成该机误入 K3 快速出口滑行道。

事发前,湖南监管办依据 CCAR-163《民用机场不停航施工管理规定》和 2007 年 12 月 10 日公布尚未施行的 CCAR-140《民用机场运行安全管理规定》要求,在运行监察中进行风险管理、严格监管、安全关口前移、积极查找和发现安全隐患,在监察中,发现在建的 K1、K2 快速出口滑行道和 2 条联络滑行道存在安全隐患,于 2007 年 12 月 17 日向机场扩建指挥部下发了《整改通知书》和《整改建议书》,要求对每条施工的快速出口滑行道都设置不适用地区灯光和关闭标志,并多次电话要求机场扩建指挥部进行整改。机场扩建指挥部虽然对修建基本完工的 K1、K2 快速出口滑行道和 2 条联络滑行道进行了整改,但是未及时对后来开工的 K3 快速出口滑行道采取相应的不停航施工措施。

资料来源:机场司.2008 年机场行政执法及不安全事件案例集.2008.10

八、应急救援管理

机场应急救援管理是机场安全管理中的重要部分,机场应急救援保障是机场日常安全运行的有效保障。科学有效的应急救援管理将为成功的应急救援处置提供有力保障。

应急救援管理主要包括以下五个方面:第一,要确保机场应急救援预案完善、有效、符合实际,能满足救援的实际需求。第二,要加强应急救援培训、训练和演练工作,确保应急救援指挥和处置人员熟悉应急救援预案,以便在救援时能快速启动预案、迅速按照预案要求开展救援行动。第三,要按要求配备应急救援设备,加强应急救援设备保养和维护,以便应急救援设备有效。第四,要完善应急救援专职或兼职队伍建设,确保应急救援管理人员的专业化。第五,要确保应急救援日常管理工作按计划、按要求开展,需加强应急救援日常监管工作。

(一) 应急救援预案管理

机场应当按照国家、地方人民政府的有关规定和民航管理部门的法规要求,制定机场应急救援预案。该预案应当征得地方人民政府的同意,并经民航管理部门批准后实施。该预案内容应该符合相关法规要求,并及时更新,确保预案有效。该预案应当纳入地方人民政府突发事件应急救援预案体系,并协调统一。

(二) 应急救援培训、训练和演练管理

机场各应急救援单位应加强应急救援培训管理,确保参加应急救援各单位的值班领导、部门领导及员工熟知本单位、本部门及本岗位在应急救援工作中的职责和预案,从而确保在应急救援处置中,救援人员能按要求、按规范开展应急救援,提高应急救援的有效性和及时性。参加应急救援的各单位应当每年至少对按照机场应急救援预案承担救援工作职责的相关岗位的工作人员进行一次培训。对于专职应急救援管理人员、指挥人员、消防战斗员和医疗救护人员应当进行经常性的培训,培训内容包括应急救援基础理论、法规规章、技术标准、岗位职责、突发事件应急救援预案、医疗急救常识、消防知识、旅客疏散引导及其他相关技能。在机场航站楼工作的所有人员应当每年至少接受一次消防器材使用、人员疏散引导和熟悉建筑物布局等方面的培训。

机场各应急救援单位应加强应急救援训练管理,确保应急救援人员在训练中熟悉应急救援理论基础知识、技能和实际操作,并增强身体素质。

机场各应急救援单位应加强演练管理,按法规要求定期开展应急救援演练,并有效开展演练督导、总结讲评和整改工作,确保应急救援预案得到有效检验。

(三) 应急救援设备设施管理

机场各应急救援单位应按照相关法规和实际需求配备数量充足的应急救援设备设施,并加强设备设施的保养、维护,确保应急救援设备在机场运行期间始终处于适用状态和有效状态。

(四) 应急救援人员管理

机场各应急救援单位应按照法规和实际要求配备应急救援专职或兼职人员,确保应急救援各项日常管理工作得到有效开展,同时确保在发生应急救援突发事件时,有数量充足、专业有效的人员处置应急救援。

(五) 应急救援日常监管

机场各应急救援单位应加强应急救援日常监管,建立日常监管制度,确保上述提及的应急救援预案、培训、训练、演练、设备和人员等各项应急救援管理按计划和要求开展。

案例链接 6-9

哈尔滨机场组织开展应急救援演练

2017年4月14日,哈尔滨机场组织开展了应急救援演练,全面检验各应急救援保障单位熟悉掌握机场紧急情况的现场处置、协调配合和实战能力,以提升机场综合保障能力。

此次应急救援演练模拟某航空公司航班因航空器故障在哈尔滨机场紧急迫降,冲出跑道,前起落架折断,左侧发动机起火的场景。演练分为航空器紧急事件集结待命、应急救援两个部分。上午9时30分,演练拉开序幕。塔台接到机组通报的故障信息后立即通知现场运行指挥中心。哈尔滨机场迅速启动应急救援预案,机场消防、公安、医疗和驻场武警等救援单位火速赶往集结区域待命,做好应急准备。接到"各单位紧急出动,火速开展应急救援工作"的指令后,公安、消防和医疗等救援单位严格按照责任分工,迅速组织乘机旅客撤离,启动消防灭火、医疗紧急救援等一系列应急处置程序。演练过程中,各救援单位参演人员冷静沉着、协同配合,圆满完成了航空器灭火、旅客紧急疏散和医疗救护等各项科目的演练。

此次演练从实战出发,各应急救援单位按照哈尔滨机场集结待命标准的相关要求出动人员和车辆,携带必要的设备和工具,实兵、实装及时准确地按照规定路线开展紧急集结和救援演练。此次演练共出动人员135人,车辆25台。通过演练,全面检验了各应急救援保障单位快速反应、协调配合和应急处置能力。此次紧急集结和救援演练达到了锻炼队伍,提高指挥能力,增强忧患意识的预期目的和效果,为今后遇到突发事件快速反应、妥善处置积累了丰富的实战经验。

资料来源:http://news.carnoc.com/list/399/399801.html

第三节 机场突发事件及应对措施

根据以往的事故统计分析可知,多数的航空器事故都发生在飞机起飞和初始爬升以及进近和最后着陆两个阶段,在这两个阶段发生事故的数量占到了全世界航空事故总数的60%,有的国家在特定时期甚至高达80%。这些事故大多发生在机场或者机场周边,因此,机场应急救援的一个主要任务就是要在机场及周边发生航空器突发事件时,能及时有效地组织实施应急救援、协助事故调查部门开展事故调查工作,并组织残损航空器搬移。

一、航空器事故应急救援处置

当飞机在机场或其周边发生坠落时,绝大多数情况下都会发生起火燃烧。对于机场应急救援而言,首要的一点就是要控制火势,为乘客逃生创造条件和争取宝贵的时间。因此,一般情况下要求消防车在3分钟之内到达事故现场并立即开展救援处置。

如果整个航空器出现燃烧情况,首先要压制机身外部火焰,同时采用泡沫或其他阻断介质覆盖冷却机身,降低高温对乘客的影响,为机身内部人员的生存提供条件。可以重点考虑扑灭油箱、发动机和起落架等部位的火。

如果飞机油箱出现破裂,大量燃油会洒落到地面燃烧,应特别注意将火焰与机身分隔开,避免出现爆炸等更为严重的后果,可以采取分段灭火等方式,逐步覆盖整个火灾区域,消灭燃油着火。如果航空器与洒落地面的燃油同时着火,应首先扑灭机身上的火焰,冷却机身,再向机身下部和周围地面喷射泡沫,将地面火焰与机身隔开,控制燃油火使其不向机身蔓延,为展开救援工作创造条件,最后消灭地面燃油火。

飞机坠落时,机身结构可能变形,使舱门、紧急出口等无法开启。机场消防人员应尽一切可能,以最快的速度、最有效的方法,救出机身内部所有人员。首先,要消灭机身内部火焰,排烟降温,对内部人员施加保护。如采用打碎火焰附近的机身舷窗,采用多点进攻的方法,消灭机身内部火焰,然后用雾状水排烟,降低舱内温度,对机身内人员施加水雾保护。其次,在条件许可的情况下,消防人员应迅速打开飞机舱门和应急出口,深入机身内部,对伤残者实施救援。然后,如果飞机尾部毁坏折断,消防人员可通过尾部增压舱隔墙入孔,从尾部进入机身内部实施救援。最后,在舱门、紧急出口无法开启的情况下,消防人员应用斧头、撬棒和机动破拆工具等实施破拆救援。破拆位置应选择在舱内座位水平线以上、行李架以下的舷窗之间,或在机舱顶部中心线两侧。在飞机上一般有用红色或黄色标记明确的破拆位置点。

二、飞机迫降跑道喷施泡沫处置

当航空器存在起落架故障的时候,如果强行着陆,很有可能会导致航空器结构损坏或发生着火,但为了保证旅客的生命安全,又不得不采取迫降的方式降落,这就要求机场要在第一时间做好相应的防护措施。

航空器迫降一般采取草地迫降、跑道迫降或者先跑道后滑向草地。从保护航空器结构来看,航空器在跑道迫降时,机身和跑道的摩擦系数要远远小于在草地上迫降时的系数,同时,由于草地碾压不良容易造成航空器翻滚等事件,因此目前各国一般都采取在跑道上迫降的做法,要尽量避免在草地迫降。在航空器迫降过程中,跑道喷施泡沫的方法能够有效地降低航空器发生火灾或者造成结构损伤的概率,是国际通行的飞机迫降应急救援防护措施之一。

具体而言,跑道喷施泡沫有以下几个方面的好处:一是可以减少机身和跑道摩擦引起的火花,从而减少火灾发生的危险;二是可以降低航空器的结构损伤;三是可以降低机身和道面的摩擦系数,减少泄漏燃油起火的危险。

国际民航组织的推荐措施中规定,由于常见泡沫排放时间的长短不同,在跑道上喷施泡沫时只能使用蛋白质泡沫。同时,机场在喷施泡沫后,必须保证车辆和泡沫储备量能够达到机场运行消防等级的要求。从理论上看,泡沫厚度越高,对于减少航空器起火越有利,但是由于泡沫有可能受到当时气温和风的影响,所以厚度不可能太厚,国际民航组织推荐的泡沫厚度为35~50毫米。

为了保证机场能够有效迅速地完成跑道喷施泡沫工作,一般释放泡沫宽度的原则是,对于4发喷气式飞机,泡沫宽度大于内侧发动机宽度;对于螺旋桨飞机,应该大于外侧发动机宽度。泡沫的长度根据起落架失效的位置和飞机的构型不同而有所区别。

起落架处于收起状态的航空器迫降时,由于机身和道面之间的地效作用,航空器机身接地点同正常接地点不同,根据故障起落架位置和航空器构型不同,接地点要在正常接地点的后部。

在实施航空器紧急着陆应急救援工作时,应当控制好喷施泡沫的时间。在喷施泡沫以后,应当给所喷施的泡沫一段老化时间,一般为15分钟,使泡沫中的水分能够充分浸湿道面,为随后实施迫降的航空器提供保护。

三、残损航空器搬移处置

残损航空器搬移是航空器紧急事件在完成应急救援和必要的现场调查之后,为尽快恢复机场运行秩序,保证民航运输生产的顺利而进行的事故恢复的重要内容之一。按照一般灾害学理论,航空器搬移和修复必要的助航设备、设施是机场应急救援管理的最后一个程序。随着航空运输业务量的不断增大和更大型航空器的投入使用,残损航空器的搬移已成为应急救援后续工作中一个越来越突出的问题。

航空器在机场运行过程中可能发生多种紧急事件,从一般性事件,如轮胎爆破或航空器冲出跑道或滑行道,到较大的事故,包括航空器部分或全部解体,这些事件严重影响机场的正常运行。目前,处理这类事件所需要的设备和组织并不是很广泛。近年来,航空器的体积和质量逐渐增大,更增加了这项工作的难度,搬移一架大型航空器所需要的时间更长。残损航空器搬移涉及各种机型以及航空器在各种损坏情况下搬移的实施、搬移设备设施的使用等,是一件技术性很强的工作,处置不当可能对航空器造成二次损伤以及严重影响机场的正常运行。

我国各民用机场的航空器恢复设备配备按照民航机场特种车辆、专用设备配备标准配置,涉及航空器事故恢复的设备按照飞行区技术等级和旅客吞吐量两个参数衡量。用于搬移残损航空器的设备一般分为特有设备,如换轮胎设备、千斤顶垫和拖把;专用车辆和其他特殊的搬移设备,如气动起重袋、压缩袋、便携式电源设备及一般起重和卷扬设备;重型设备和通路设备,如重型吊车、运输车和修路设备。

残损航空器搬移属于应急救援的后续处置工作,按照国际民用航空公约以及我国民航局的相关要求,残损航空器搬移由航空公司负责。为保证残损航空器搬移工作得到有效处置,各机场、航空公司都要制订残损航空器搬移计划,并且两者必须进行有机的衔接,明确在残损航空器搬移中机场和航空公司的责任和义务。在航空公司不具备相应搬移能力的情况下,机场要承担搬移航空器的服务。机场应当适时组织残损航空器搬移的模拟演练,并邀请相关航空公司参加,进行相关设备操作和搬移程序的培训,确保残损航空器搬移预案的落实。

由于航空器搬移具有复杂性和责任性,航空器搬移工作的实施首先要考虑所有工作人员的安全,同时要保证航空器不受到再次损坏并将跑道关闭时间减到最少。为减少总搬移时间,一些工作可以同时进行。在搬移过程中应注意做好以下方面工作。

1. 移去货物及放油

搬移前,应当使航空器的总重量尽可能减到最小,例如移去航油、货物等。检查机上是否有危险品,如果有,要采取安全措施或在必要时搬移这些物品。在搬移航空器之前,采用符合消防安全的方法放干航空器油箱,并记录油箱排放量和油箱识别标志,同时消防车应在现场进行警戒。

2. 切断电源以及关闭氧气瓶

为防止起火,保证现场安全,应切断电源并关闭氧气瓶,保持航空器的内部通风。

3. 拍照和录像

在搬移过程中,应当拍照并录像。此过程应当注重从不同方向观察航空器的全景,已损坏的或分离的部分也应拍照,驾驶舱内的开关和控制键状态也要拍照记录。

4. 顶升和拴系

在航空器的顶升及搬移过程中,应当确保航空器栓系牢固。航空器顶升过程中,应注意顶升部位和航空器重心位置的可靠与准确。航空器移动中,仅靠机体与搬移设备之间的摩擦力固定是不安全的,应当在机体的主要部位与牵引设备之间建立稳固的固定,保证搬移的顺利进行。

5. 搬移

在搬移过程中,应保持与空中交通管制部门的通信联系,注意行驶中的安全。要采取措施保证航空器在滑行过程中得到较好的控制。对于较大的航空器,可以采用后面牵引重型车辆的办法,帮助控制。

案例链接 6-10

一条小小金属条引发空难

2000年7月25日,法国航空的一架协和式客机(航班号为4590号,注册号为F-BTSC)在从法国巴黎夏尔·戴高乐国际机场起飞后不久便坠毁在巴黎市郊的戈内斯,空难共造成113人死亡(地面4人),此事件也最终导致协和式客机退出历史舞台。该空难发生距离现在已经有17年了。

当天下午 4 点 40 分，法航 4590 号航班从戴高乐机场 26 号跑道起飞，当飞机以时速 320 千米滑行时，突然飞机后方失火，由于飞机已经滑行了 1 200 米，跑道仅剩余 2 千米，飞机不得不强行起飞。3 分钟后，协和号的左翼拖着长长的火焰升空，几秒后，起火的机翼便开始解体，方向舵亦遭到摧毁，导致飞机开始向左倾倒。4 点 45 分，法航 4590 号坠毁于机场附近戈内斯镇的一家旅馆处。

坠机后不到 8 分钟，便有数十辆消防车和救护车赶到现场，这场悲剧的空难背后不仅仅是机上的乘客，还包括旅馆里的客人。当地的消防队花费 3 个小时才扑灭烈火，当时的新闻画面显示，客机和旅馆的残骸被烧得面目全非，事故一共造成 113 人罹难，除了机上乘客外，还有 4 名旅馆的旅客，包括两名服务生。救援队员开始从事故现场拖出尸体，大部分都被烧得面目全非，法医只得靠牙科记录来辨别罹难者。

官方调查报告认为，空难发生当天，跑道上留有一条由美国大陆航空的麦道 DC-10 客机（编号 N13067，执行飞往纽瓦克的大陆航空 55 号班机）一号发动机跌出的金属条，在法航 4590 航班起飞前仍未清走。在 4590 航班客机起飞时，飞机机轮辗过该零件，导致轮胎爆裂，轮胎的碎片以高速射向机翼的油缸，造成的震荡波导致油箱盖受压并打开，大量燃油泄漏；另外一块较小的轮胎碎片割断起落架的电缆线，导致火花引燃漏油起火。起火时机场的航管人员虽有发现并通报该航班机长，但因飞机已滑行至 V1 速度不得不起飞，机长原先想飞到 5 千米外的巴黎—勒布尔热机场迫降。但是二号发动机已经关闭，然后一号发动机着火，继而烧毁机翼，导致机翼熔化，令飞机无法攀升及加速，最后失速坠毁于机场一里外的一家旅馆，导致 9 名机组人员及 100 名乘客和地面 4 人死亡。一块长达 43 厘米的金属条就是这起空难的罪魁祸首。

协和式客机为一款超音速客机，巡航速度达到 2.2 马赫（2 330 千米/小时），为法国宇航和英国飞机公司共同研发制造。1969 年 3 月 2 日首飞，1976 年开始投入正式运营。协和飞机是当时世界上唯一一种投入商业运营的超音速客机，此次空难是其营运生涯的第一次也是唯一一次的灾难性事故。在此次事故之前，协和飞机被誉为世界上最安全的民航客机。自然，在发生第一次事故前任何客机从事故率上来讲都"最安全"，因为每千米飞行里程的旅客丧生数目皆为零。在这次事故发生后，协和飞机成为世界上排行"最危险"的民航客机，每 100 万次航班的丧生旅客数为 12.5 人，最终也导致协和飞机在 2003 年提早退役。

资料来源：http://news.carnoc.com/list/358/358419.html

本章小结

1. 机场运行管理主要包括飞行保障系统、空防保障系统、航站楼保障系统、机坪保障系统、运行指挥系统、应急救援系统，此外还包括信息保障系统、运行支持系统、施工管理系统和消防管理系统等。

2. 机场安全管理是确保机场运行安全的核心工作，对于航空器在机场的起降、地面运行以及其他地面保障系统的安全至关重要。机场安全管理的主要内容是飞行区安全管理、机坪安全管理、目视助航设施管理、机场净空和电磁环境保护、机场鸟害及动物侵入防范、除冰雪管理以及不停航施工管理。

3. 机场应急救援的主要任务就是要在机场及周边发生航空器突发事件时,能及时有效地组织实施应急救援、协助事故调查部门开展事故调查工作,并组织残损航空器搬移。

综合练习

思考题

1. 机场运行管理主要包括哪些内容?
2. 民航机场在飞行区安全管理方面应当重点做好哪些工作?
3. 机坪事故主要包括哪些类型?
4. 如何进行机场鸟害防范管理?
5. 简述航空器事故应急救援处置程序。

第七章

空中交通服务安全管理

本章学习目标

- 了解民航空中交通管理的构成及其任务；
- 掌握民航空中交通服务的内容；
- 理解涉及空中交通服务的重大安全风险事件的类型；
- 掌握民航空中交通服务的安全管理要点；
- 掌握空中交通服务突发事件及应对措施。

 **导引案例**

东航两机险相撞详情披露　管制员临下班忘飞机动态

有 147 名旅客的东航 A320 型客机在距离另一架东航客机 A330 仅 250 米的时候掠地而起,在约 110 节(200 千米/小时)的滑行速下,A320 机长何超用最大推力带杆起飞,以 19 米的最短垂直距离避开了下方 266 名旅客。这是在 2016 年 10 月 11 日上海虹桥机场的 36L 跑道上(如图 7-1 所示),险些成为"中国民航史最惨烈事故"的一幕,"还差 3 秒,两架飞机就撞上了"。10 月 14 日,民航局召开紧急安全视频会,通告了"10·11"事故调查的初步结论。这是一起塔台管制员遗忘飞机动态,违反工作标准,造成的一起人为原因严重事故征候。性质极为严重,属于 A 类跑道入侵。管制员的疏忽懈怠是事件的主要原因,另外(A330)机组成员的工作也存在瑕疵。

图 7-1　东航客机冲突

11 日 12 时,从北京飞抵上海的 A330 得到虹桥机场的空管指令,穿越 36L 跑道准备停靠航站楼;同时,前往天津的 A320 接到塔台指令也于 12 时 3 分驶入 36L 跑道。1 分钟后,A320 得到塔台指令,可以起飞。不过,当 A320 在飞机滑行速度达到约 110 节(200 千米/小时)时,发现了正准备横穿 36L 跑道的 A330,随后,A320 向塔台确认跑道情况,此时滑行速度已达 130 节(240 千米/小时)。紧急情况下,A320 机组副驾驶操纵迟疑,点刹车后被机长何超迅速接过操纵,果断 TOGA(最大推力)带杆起飞,以 7.03 度/秒速率,带杆到机械止动位,A320 惊险掠过 A330 上方。之后,A320 飞行正常,413 名旅客与 26 名机组成员因此避免了生命危险。

虹桥机场客机冲突事件的原因目前已明确，机场塔台—管制员的疏忽是主要原因，另外（A330）机组成员在和塔台的对接工作上也存有瑕疵。据调查组内部通告显示，这是一起塔台管制员遗忘飞机动态，违反工作标准而造成的人为原因严重事故，管制员违反相关规定，盲目指挥，双岗制责任落实不到位。虹桥机场的塔台管制员工作模式是两小时换一班，与跑道直接相关的席位有指挥席和监控席，指挥席负责对空指挥，监控席负责对指挥席的指挥进行监控，同时负责与各席位及相邻管制单位的协调。事件发生时，将近指挥席管制员的下班时间，而监控席管制员有事不在，由另一名同事顶替。当时，临近下班的管制员到了一种比较放松的状态，有些懈怠，忘了（A320）飞机的起飞，因此差点酿祸。

而 A330 方面，通告提到，A330 机组存在 SOP（标准操作程序）的问题，观察不周，不按规定，关闭了应答机。带飞左副驾驶不知道东航穿越跑道程序。没有交叉检查，没有互相证实。在空管给出穿越许可，机组目视确认的情况下，飞机才可以穿越跑道。很显然，此次 A330 机组并没有检查净空。A330 机组人员看到了其侧的 A320，但误以为 A320 是在等候其穿过跑道，于是才横穿 36L 跑道，"一穿过去就发现不对，于是加速穿越，避免了两机相撞"。正常人看到飞机跑道侵入的第一反应是刹车，反推减速板。但只有经验丰富的飞行员才能马上判断，在这种情况下，飞机是停不下来的。A320 机组人员，尤其机长何超因此被赞"忠实履行了机长的职责"。通告提到："A320 机组处理非常到位，临危决断，立了大功。"

民航局对此要求切实改进六个方面的工作，一是切实加强管制员资质管理，二是切实加强一线人员培训，三是切实加强执行规章的监管，四是防止超能力运行，五是切实优化管制运行程序，六是切实改善管制员生活保障。在民航业运量持续增加，双跑道甚至多跑道机场不断增加的情况下，应制定合理的制度，依靠可靠的科技，以确保安全和效率的平衡问题。

资料来源：http://news.carnoc.com/list/372/372977.html

第一节 概 述

一、民航空中交通管理简介

（一）民航空中交通管理的构成及其任务

民航空中交通管理是空中交通服务（Air Traffic Service，ATS）、空中交通流量管理（Air Traffic Flow Management，ATFM）和空域管理（Airspace Management，ASM）的总称，是国家实施空域管理，保障飞行安全，实现航空高效运输的有序运行，乃至捍卫国家空域权益的核心系统。图 7-2 为空中交通管理的组成结构图。

中国民用航空局在相应规章中对这三个部分的基本任务做了明确的规定。

（1）空中交通服务（包括空中交通管制服务、航空情报服务和告警服务）的任务是防止航空器与航空器相撞及在机动区内航空器与障碍物相撞,维护和加快空中交通的有序流动;通过提供及时、准确、完整的民用航空活动所需的航空情报来保障空中航行的安全、正常和效率。此外,当航空器出现紧急情况时,向有关组织发出需要搜寻援救航空器的通知,并根据需要协助该组织或协调该项工作的进行。

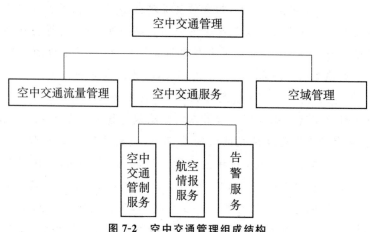

图7-2 空中交通管理组成结构

（2）空中交通流量管理的任务是在空中交通流量接近或达到空中交通管制可用能力时,适时地进行调整,保证空中交通流量最佳地流入或通过相应区域,尽可能提高机场、空域可用容量的利用率。

（3）空域管理的任务是依据既定空域结构条件,实现对空域的充分利用,尽可能满足经营人对空域的需求。

由上可见,空中交通服务的着眼点是对现有的民航飞行活动予以引导和管理,流量管理则是保障空中交通的通畅和高效率,而空域管理的管理重点是如何有效利用空域。虽然空中交通管理的三个部分管理范畴不同,但无论是哪一部分,它的功能都是确保飞行活动,乃至整个航空系统安全和高效地运行。

（二）空中交通管制体制和运行组织结构

就全国来说,空中交通管理实行"统一管制、分别指挥"的体制,即在国务院、中央军委空中交通管制委员会的领导下,由空军负责实施全国的飞行管制,军用飞机由空军和海军航空兵实施指挥,民用飞行和外航飞行由民航实施指挥。就民航内部来说,空管系统实行"分级管理"的体制,即中国民用航空局空中交通管理局（以下简称民航局空管局）、地区空管局、空管分局（站）三级管理（如图7-3所示）。民航局空管局领导管理民航七大地区空管局及其下属的民航各空管单位,驻省会城市(直辖市)民航空管单位简称空中交通管理分局,其余民院空管单位均简称为空中交通管理站。民航局空管局是民航局管理全国空中交通服务,民用航空通信、导航、监视、航空气象、航行情报的职能机构。民航各级管制部门按照民航管制区域的划分,对在本区域内飞行的航空器实施管制。

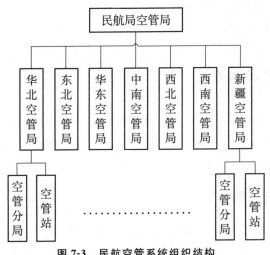

图 7-3 民航空管系统组织结构

二、民航空中交通管理的发展

民航空中交通管理是随着飞机活动的不断增加、飞机性能的不断改进和飞行管理水平的不断提高而产生和发展的。20 世纪 30 年代以前,当时飞机的飞行距离最多只有几百千米,而且只能在白天天气好的情况下飞行,因此只需按照目视的原则制定目视飞行规则。在飞行密度大且繁忙的机场,由一个管理人员进行管理,以确保空中交通的安全有序运行。当时的管制员只是用红旗和绿旗来控制飞机的起飞和降落,但由于这种方式受天气和黑夜的影响,所以很快就由信号灯取代了旗子,处于机场最高位置的塔台也随后建立起来了。

1934 年至 1945 年,由于更加频繁的飞行活动,目视飞行规则已经难以满足需要。因此,各航空发达国家纷纷成立了空中交通主管机构,制定了使用仪表进行安全飞行的规则,并建立起全国规模的航路网和相应的航站、塔台、管制中心或航路交通管制中心。这些管制中心的任务就是接收各航站发来的飞行计划,再根据驾驶员的位置报告将其填写在飞行进程单上,然后确定飞机间的相互位置关系,发布指令,实施管理,这种管制方法通常称为程序管制。

1945 年至 20 世纪 80 年代,第二次世界大战带来了航空技术的飞跃性进步,开始把战时发展起来的雷达技术应用于空中交通管制领域,随后出现了二次雷达系统,可以在管制员屏幕上显示出飞机的位置、呼号、高度和速度等参数,再加上陆空通话系统的发展,促使重要地区用雷达管制取代了传统的程序管制。

20 世纪 80 年代后期至今,随着科学技术的不断发展和计算机、卫星系统在民航中的广泛应用,空中交通管理进入了具有更大范围、更深层次,着眼于整个航线网管理的阶段,而空中交通管制则成为其中的一个重要组成部分。在不久的将来,新航行系统将使民航空中交通管理进入新的发展阶段。所谓新航行系统是由通信、导航、监视和空中交通管理四个部分组成,其中通信、导航、监视系统是基础设施,空中交通管理是管理体制、配套设施及其引用软件的组合。新航行系统在航空中的应用将为航空运输的安全性、有效性和灵活性带来巨大的变革,随之安全管理重点以及方法和手段也会发生变化。

三、民航空中交通服务

空中交通服务是指对航空器的空中活动进行管理和控制的业务。它包括空中交通管制服务(Air Traffic Control,ATC)、航空情报服务(Aeronautical Information Service,AIS)和告警服务(Alerting Service,AS)三部分。

(一)空中交通管制服务

空中交通管制是指利用通信、导航技术和监控手段对飞机飞行活动进行监视和控制,保证飞行安全和有秩序。飞行空中交通管制的目的是防止航空器与航空器相撞及在机动区内航空器与障碍物相撞,维护和加快空中交通的有序流动。由此确定了空中交通管制的任务包括以下几个方面。

(1) 为每个航空器提供其他航空器的即时信息和预定动态,即它们将要运动的方向和变化的情报。

(2) 根据收到的信息确定各个航空器彼此之间的相对位置。

(3) 发出管制许可、使用许可和情报,防止在其管制下的航空器相撞,加速和保障空中交通流动通畅。

(4) 用管制许可来保证在控制空域内高效率的空中交通流动和各航班之间的足够间隔,从而保证飞行安全。

(5) 从航空器的动态资料和发给航空器管制放行许可的记录来分析空中交通状况,从而对管制的方法和间隔的使用进行改进,使空中交通的流量提高。

空中交通管制系统,按照管制范围的不同分为三个部分,即机场管制、区域管制和进近管制。

1. 机场管制

机场管制服务由机场管制塔台提供,因此管制员也称为塔台管制员。图 7-4 为塔台工作场景。他们在塔台的高层,靠目视来管理飞机在机场上空和地面的运动。近年来,机场地面监视雷达的使用使管制员的工作质量和效率有很大提高。

图 7-4 塔台工作场景

为防止航空器在机场运行中相撞,机场管制服务的范围如下。
(1) 确保航空器在机场交通管制区的空中飞行;
(2) 确保航空器的起飞和降落的安全;
(3) 确保航空器在机坪上的安全、顺序运动;
(4) 防止飞机在运动中与地面车辆和地面障碍物的碰撞。

从上述任务来看,前两项是空中的,后两项是地面的,因而较大的机场塔台把任务分为两部分,分别由机场地面交通管制员和空中管制员负责。

机场地面交通管制员的主要任务是控制在跑道之外的机场地面上,包括滑行道、机坪上的所有航空器的运动。通常情况下,在繁忙机场的机坪上可能同时有几架飞机在运动,还有各种车辆、行人的移动。地面交通管制员负责给出飞机的发动机启动许可和进入滑行道的许可。而到达的飞机,当飞机滑出跑道进入滑行道后,由地面管制员安排飞机运行至停机坪或候机楼。

机场空中交通管制员的主要任务是负责飞机进入跑道上的运动和按目视飞行规则在机场控制的起落航线上飞行的交通管制。具体方式:给出起飞或着陆的许可和引导在起落航线上飞行的起飞和着陆的飞机,并安排飞机的起降顺序,安排合理的飞机放行间隔,以保证飞行安全。特别是在一条跑道既用于起飞又用于着陆的情况下,机场空中交通管制员要很好地安排起飞和着陆飞机之间的时间档次。

在不太繁忙的机场,通常只有一个塔台管制员负责整个机场从天空到地面的全部航空器的运动。

飞机在机场起飞和降落要按一定的航线飞行,这种飞行航线叫作起落航线。在目视气象条件下,飞机按照这种航线飞行,由塔台管制员控制。

2. 进近管制

进近管制是指对按仪表飞行规则飞行的航空器的起飞和着陆的管制。进近管制是塔台管制和航路管制的中间环节,在这个阶段是事故的多发时段。因此,进近管制必须做好和塔台管制与航路管制的衔接,必要时还要分担他们的部分工作。进近管制要向航空器提供进近管制服务、飞行情报服务和防撞告警。由于进近管制的对象是按仪表飞行的飞机,因而进近管制员是依靠无线电通信和雷达设备来监控飞机的,不需要看到飞机。进近管制室一般设置在机场塔台下部,便于和塔台管制进行协调。

进近管制的范围称为进近管制区,它下接机场管制区,上接航路管制区。由于交接的需要,这几个区域之间可以是部分重叠的,范围大约在机场90千米半径之内,高度5 000米以下。在这个区域内,飞机起飞离场进入航线,或是由下降离开航线转入进近,直至落地。进近管制要负责飞机的离场进入航线和进近着陆。

3. 区域管制

区域管制也称为航路管制。航空器在航线上的飞行由区域管制中心提供空中交通管制服务,每一个区域管制中心负责一定区域上空的航路、航线网的空中交通的管理。区域管制所提供的服务主要是6 000米以上的在大范围内运行的航空器,这些航空器绝大多数是喷气式飞机。中国划分了21个高空管制区,现在正在按照行政大区建设10个大的高空管制中心,每个管制中心负责在整个区域内的空中交通管制。

区域管制员的任务是:根据飞机的飞行计划,批准飞机在其管区内的飞行,保证飞行的间隔,然后把飞机移交到相邻空域,或把到达目的地的飞机移交给进近管制。在繁忙的空域,区域管制中心把空域分成几个扇面,每个扇面只负责特定部分空域或特定的几条航路上的管制。区域管制员依靠空地通信、地面通信和远程雷达设备来确定飞机的位置,按照规定的程序调度飞机,保持飞行的间隔和顺序。区域管制中心一般都设在大城市附近,以便于保障繁忙的通信网络和复杂设备的使用。

案例链接 7-1

乌柏林根空难

俄罗斯巴什基尔航空第2937次班机(BTC2937)是一架Tu-154型客机,原计划由俄罗斯首都莫斯科飞往西班牙的巴塞罗那。DHL快递公司第611次航班(DHX611)是一架波音757-200SF型货机,原航线是从巴林国际机场经意大利的贝加莫国际机场飞往比利时的布鲁塞尔。两架飞机于当地时间2002年7月1日21时35分在德国南部康士坦茨湖畔邻瑞士的城市乌柏林根上空发生相撞。

瑞士方事故调查团认定空中交通管制系统的处置失当以及俄罗斯巴什基尔航空第2937次班机机长在危急时刻的处置是导致此次灾难发生的主要原因。

事发当日值班的丹麦籍空管员彼得·尼尔森事后遇刺身亡,行凶者是一名俄罗斯北奥塞梯人建筑师维塔利·卡罗耶夫,他在此次空难中失去了自己的妻子和两个孩子。此次空难常称为乌柏林根空难。

事发当日两架班机同在约11 000米的高度以互相冲突的航道飞行,尽管两机已经进入德国领空,但此地区空域由位于瑞士苏黎世的空管公司"瑞士航空导航服务公司"(Skyguide)负责。当晚瑞士航空导航服务公司空管中心只有空管员彼得·尼尔森一人值班,他同时在两个控制台上进行调度操作,直到空难发生前1分钟他才发现两架班机的航线冲突,随后,他首先同BTC2937次班机取得了联系,通知其飞行员降低高度300米以避免同DHX611次班机相撞。

俄方机组依照指挥开始下降高度,但几秒后,飞机的空中防撞系统(TCAS)提示他们将飞机拉高。几乎在同一时刻,另一方611次班机上的空中防撞系统提示机组下降飞机高度。如果两架航班上的飞行员都按各自的防撞系统提示操作,即可避免这场灾难。611次航班遵照防撞系统的提示下降了高度,由于他们将注意力都集中在了雷达屏幕上的2937航班,而没有及时将自身状况通知空管员。在碰撞发生前8秒钟,611次航班的垂降速度已经低于碰撞范围,依照空管的要求达到了每分钟730米。而此时另一方的俄国飞行员则是按照空管员的指示也在继续下降高度,并第二次将他们的磁方位向同一方向又更改了10°。

随后,尼尔森再次提示2937次班机下降高度,由于事发当晚空管中心的主雷达正在维修中,这意味着空管员必须在很慢的系统速度下指挥往来航班,而这也导致了尼尔森向2937

机组提供的611次班机的方位信息出现错误。就这样,俄航班遵照空管员的指示而忽视了来自防撞系统的警告,继续下降高度。不过,随着机上防撞系统指示有飞机越来越接近及不断提示要爬升,机组人员已开始质疑空管员的指示。两机在相撞前3.8秒终于可以互相目视对方,尽管俄方机组员已立即爬升飞行高度,但毕竟为时已晚。

终于,两架班机在 10 068 米左右高空相撞,611次航班的垂直尾翼从2937次航班机身左下方划过,Tu-154客机随即爆炸并解体为两段,611次班机则失去控制并勉强飞行了7千米,两分钟后坠毁在一个山腰附近,其一部引擎在坠机前爆炸并脱离机翼,两架航班上共计71名乘客及机组人员全数遇难。

资料来源:https://baike.baidu.com/item/%E4%B9%8C%E6%9F%8F%E6%9E%97%E6%A0%B9%E7%A9%BA%E9%9A%BE/3618518? fr=aladdin

(二)航空情报服务

航空情报服务是向飞行中的航空器提供有益于安全且能有效地实施飞行的建议和情报的服务。主要包括提供、收集、整理、审核、编辑各种民用航空情报原始资料和数据,为飞行员、管制员和与航行有关的系统与单位设计、制作、发布和提供准确的飞行前、飞行中所需的各类航空器情报产品等活动,从而保障空中航行的安全、正常和高效。这部分工作主要由航行情报中心负责。

目前我国一体化的航空情报系列资料由下列内容组成:航空资料汇编,航空资料汇编修订,航空资料汇编补充资料;航行通告及飞行前资料公告;航空资料通报;有效的航行通告校核单和明语摘要。

需要说明的是,航空情报的收集不仅仅是航空情报机构的职责,空域规划和空中交通管制部门、航务管理部门、通信导航监视部门、机场管理机构、机场油料供应部门和气象服务机构等必须主动提供相关原始资料。

航空气象服务是航空情报服务的重要组成部分。航空气象服务的基本任务是探测、收集、分析和处理气象资料,制作和发布航空气象产品。向航空公司、空中交通服务部门、机场运行管理部门、搜寻和救援部门、航行情报服务部门及时、准确地提供民用航空所需要的气象情报和气象服务,以实现减少直至避免因复杂天气造成的飞行事故,为保证飞行安全、正常和高效做出贡献。航空气象服务的主要活动和产品有航空气象探测、航空天气预报、重要气象情报、低空气象情报、机场警报和风切变警报等。

1. 航行情报服务的内容

航行情报服务的具体内容分为航图、航行资料和气象报告三大类,具体内容包括以下几个方面。

(1) 编辑出版《中国民用航空航行手册》和《中华人民共和国航行资料汇编》。

(2) 制定审核机场使用细则,设计审理机场仪表飞行程序。

(3) 汇编出版各种航图(包括机场图、标准仪表进场图、标准仪表离场图、停机位置图、区域图、航路图、机场障碍物 A 型图和进近图等)。

(4) 收集、校核和发布航行通告。

(5) 向机组提供飞行前和飞行后航行情报服务以及空中交通管制工作所需的航行资料:航行通告;重要天气情报;导航服务内容变动的信息;机场设施,飞行区情况,影响飞行的雪、冰和积水等信息;碰撞危险的示警报告;应驾驶员要求有关无线电呼号,真实航迹,以及在水上飞行时水面船只的运动情况等。

2. 航行情报的发送

航行情报主要使用高频通信、甚高频通信和航站自动情报服务(Automatic Terminal Service,ATIS)广播三种手段发送。

航站自动情报服务是由繁忙机场为减少甚高频通信频道负荷而提供的广播服务。广播是连续重复而且不断更新内容的。它主要针对飞机在这个机场上运行需要掌握的有关情况,具体包括以下几个方面。

(1) 机场的名称、代号。

(2) 观测的时间。

(3) 在用跑道情况,跑道系统有无潜在问题。

(4) 跑道道面重要情况。

(5) 是否需要等待。

(6) 地面风向、风速。

(7) 能见度和跑道能见距离。

(8) 1 500 米以下的云层。

(9) 大气温度,露点温度。

(10) 高度表设定以及其他的 ATIS 的指令。

(三) 告警服务

告警服务的任务是向有关组织发出需要搜寻援救航空器的通知,并根据需要协助该组织或者协调该项工作的进行。各级空中交通管制单位对其管制下的一切航空器都有提供告警服务的责任,对非管制飞行的航空器也应尽力提供这种服务,包括向有关方面发出需要搜寻援救航空器的通知,并根据需要协助或协调搜救工作的进行,以便使遇到紧急情况的航空器能够得到及时搜救。

关于搜寻救援工作,国际民航公约附件 12 制定了国际标准和建议措施。附件规定当在飞行中遇到严重威胁航空安全和航空器上人员生命安全的情况时,机长应立即发出规定的遇险信号,同时打开识别器的遇险信号开关。装有应答机的航空器,应将其位置设定为 A7700。情况许可时,还应当用搜寻救援频率 121.5MHz 或 243MHz 报告航空器位置、遇险性质和所需要的救援。海上飞行时,可以用 500MHz 或 218MHz 发出遇险信号。

为了能向遇到紧急情况的民用航空器及时提供告警服务,各级空中交通管制单位必须做好预先准备工作:备有和熟悉本地区搜寻援救民用航空器的方案;了解和熟悉担任搜寻援救的单位及其可以提供的服务和方法;准备针对不同紧急情况的告警预案和必要的资料;地区管理局空中交通管制部门的调度室还应当同与本地区有关的省、自治区或直辖市的海上搜寻援救组织建立直接的通信联络。

案例链接 7-2

客机获空管指令中断起飞　避让即将降落客机

2017年3月23日,挪威航空一架波音737-800客机(注册号LN-NGZ、航班号DY9856)获准在密尔沃基机场19R跑道起飞。客机在起飞加速过程中,塔台空管突然发出"停止"的指令,当时距离机组收到起飞指令55秒。机组复诵后在低速状态下中断起飞。空管询问机组是否可以退回滑行道,机组给出肯定答复后缓慢滑行。

原来,在空管向DY9856航班发出起飞指令前3分钟40秒,空管批准了快捷航空一架ERJ-135客机(代表美联航执飞,注册号N15980、航班号UA-4088)在25L跑道着陆。DY9856航班在F滑行道等待进入19R滑行道。收到起飞指令后,客机加速穿过跑道口。不久客机突然刹车,中断起飞。中断起飞的原因是UA4088航班当时已经在25L跑道短五边位置。25L跑道与19R跑道存在交叉。DY9856航班最后腾出跑道,返回19R跑道与F滑行道交会的等待点。中断起飞后5分钟,DY9856航班顺利起飞。

资料来源:http://news.carnoc.com/list/397/397173.html

四、空中交通管制方式

空中交通管制方式分为程序管制和雷达管制。

(一)程序管制

在雷达引入空中交通管制之前,管制主要是使用无线电通信按照规定的程序来完成的,因此称为程序管制。在雷达引入之后,管制员的感知能力和范围都有了提高,在间隔距离上、情报的传递上有了很大的改进,但在管制的基本程序上并没有太大的变化,因而程序管制仍是整个空中交通管制的基础。

飞行规则、间隔标准以及通信的频率和语音的规定都是程序管制的基本依据,但在具体组织飞行时,程序管制员的基本信息和手段主要来自飞行计划和飞行进程单。

1. 飞行计划

飞行计划是由航空器使用者(航空公司或驾驶员)在飞行前提交给空中交通服务当局的关于该次飞行的详细说明,主要用于空中交通服务单位根据批准的计划,对航空器提供管制、情报等服务,或万一出现航空器发生事故时,作为搜索和救援的基本依据。

飞行计划是国际通用的飞行文件,国际民航组织规定了统一的格式。其内容包括:飞行规则(VFR或IFR)、飞机的编号、飞机型号、真空速、起飞机场、起飞时间、巡航高度、速度、航路、目的机场、预计飞行时间、起飞油量和机长姓名等。

此外,有时还要求填写航空器的颜色和救生设备等作为补充内容。

飞行计划一般需要提前一天提交给起飞机场的空中交通管制部门,紧急情况下可在起飞前 1 小时交付。空中交通管制部门在考虑了空中交通的总体情况并对计划进行审核后,批准计划或与提交的人员协商做出修改后批准。在飞机起飞后,飞行计划由始发机场通过航空电信网发至各飞行情报中心、相关的区域管制中心和目的地机场的管制单位。飞机在飞行中,由于天气或事故改变飞行计划,要立即通知空管单位。飞机到达目的机场后,要立即向机场空管当局做出到达报告。这次飞行计划随之结束。

2. 飞行进程单

各个管制单位收到飞行计划后,填写飞行进程单,用以实行和记录程序管制的过程。图 7-5 为飞行进程单样本。

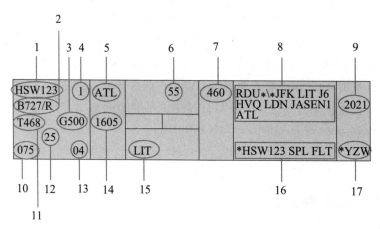

1. 飞机呼号
2. 飞机及设备型号
3. 实际速度
4. 原始飞行计划修正次数
5. 事先定位。这表示飞机原来的位置
6. 飞机穿越此行程的协同定位预计所需时间
7. 飞机飞行高度,用英尺来测量。将此数字乘以 100 即可得到高度
8. 飞行路线。路线必须标出起飞机场和目标机场。在进入您的空域管制区前可以简写
9. 分配给每架飞机的单独塔台代码
10. 电脑生成的此管制区内识别号码
11. 记录到档案的实际空速
12. 扇区号。这表示飞机在哪个扇区里面飞行
13. 行程单数量。这趟飞行的行程单在这个中心的打印数量
14. 飞机越过事先定位的时间
15. 此行程的协同定位
16. 备注栏(唯一可以添加信息的地方)
17. 邻近的空中交通管制区的协同符号

图 7-5 飞行进程单样本

在程序管制中,始发机场的塔台管制员的一项主要工作就是接收飞行进程单,并根据进程单给出飞行许可,然后按实际飞行情况填写进程单,再把这些情报发送出去。

以前,发送是依靠打电话和手抄写,现在则由飞行数据转发打印机自动将这些情报发送出去。区域管制中心根据飞行计划和驾驶员的报告位置及有关信息填写自己的飞行进程单,如发现间隔过小时要采取措施调配间隔。当飞机到达和离去时,填写飞行进程单后并转发出去。每个飞行班次都有一个飞行进程单,管制单位根据飞机到达的前后和飞行的路线,把它们排列起来,然后逐架给出许可,从而保证间隔和飞行顺序。

(二) 雷达管制

雷达管制是依照空中交通管制规则中的条款和雷达类型及性能,对飞行中的航空器进行雷达跟踪监督,随时掌握航空器的航迹位置和有关飞行数据,并主动引导航空器运行。雷达管制包括对一、二次雷达的识别确认;雷达引导;雷达管制最低间隔及雷达的管制移交等。

雷达管制员根据雷达显示,可以了解本管制空域雷达波覆盖范围内所有航空器的精确位置,因此能够大大减小航空器之间的间隔,而且还可以为驾驶员提供导航引导、仪表着陆引导等空中交通管制服务,提高了空中交通管制的安全性、有序性和高效性。

目前在民航管制中使用的雷达种类为一次监视雷达和二次监视雷达。

一次监视雷达发射的一小部分无线电脉冲被目标反射回来并由该雷达收回加以处理和显示,在显示器上只显示一个亮点而无其他数据。二次监视雷达是一种把已测到的目标与一种以应答机形式相配合设备协调起来的雷达系统,能在显示器上显示出标牌、符号、编号、航班号、高度和运行轨迹等特殊编号。

1. 目标的识别

雷达识别是将某一特定的雷达目标或雷达位置符合与某特定航空器相关联的过程。如果把和目标相对应的飞机搞错了,将会导致严重的航行事故。

所以,在向航空器提供雷达管制服务前,雷达管制员应当对航空器进行识别确认,并保持该识别直至雷达管制服务终止。失去识别的,应当立即通知该航空器,并重新识别或终止雷达服务。

雷达的目标识别包括一、二次雷达的目标识别确认。

2. 雷达引导

雷达引导是在使用雷达的基础上,以特定的形式向航空器提供航行引导。雷达管制员应当通过指定航空器的应飞航向实施雷达引导。实施雷达引导时,应当引导航空器尽可能沿便于航空器驾驶员利用地面设备检查自身位置及恢复自主航路的路线飞行,避开已知危险天气。

3. 雷达管制最低间隔

雷达管制最低间隔(以下简称雷达间隔)适用于所有被雷达识别的航空器之间。雷达间隔最低标准如下。

(1) 进近管制不得小于 6 千米,区域管制不得小于 10 千米。

(2) 在相邻管制区使用雷达间隔时,雷达管制的航空器与管制区边界线之间的间隔在未经协调前,进近管制不得小于 3 千米,区域管制不得小于 5 千米。

(3) 在相邻管制区使用非雷达间隔时,雷达管制的航空器与管制区边界线之间的间隔在未经协调前,进近管制不得小于 6 千米,区域管制不得小于 10 千米。

比较上面的数据,可以看出雷达管制大大减小了间隔距离,使机场跑道空域和航路的利用率大大提高,对于民航运输的发展有着巨大的促进作用。

4. 雷达的管制移交

当一架飞机进入一个管制员的控制范围或扇面并被识别之后,在这个范围内管制员要负责这架飞机的安全间隔和管制引导。当飞机要飞出这个范围或扇面时,本范围或扇面管制员要把这架飞机屏幕上的识别符号和管制权移交给下一个管制员。这种移交要按照一定的程序进行,而且在飞机越过两个控制范围的边界前要得到下一个范围管制员的同意,然后做出移交决定。在飞机越过边界前,驾驶员要和下一个范围的管制员建立通信联系,并在飞机越过边界时完成移交。对于接收飞机的管制员来说,要在屏幕上辨认出这架飞机,在判定没有相撞危险时同意飞机进入他的管制范围,但在飞机越过边界之前不能指令飞机改变航行参数。因为,在飞机越过边界那一刻之前飞机仍旧要服从前一个管制员的指令。所以,目标的移交是按照严格的程序并在两个管制员意见一致时协调进行的,这样就可以避免潜在的混乱或事故。在繁忙的机场或空域,由于空中飞机很多,空域被划分成很多扇面,每个扇面由一个管制员负责,这时目标的移交会大量发生,因而目标的识别和移交是雷达管制中的基本程序。

第二节　民航空中交通服务的安全管理

一、涉及空中交通服务的重大安全风险事件

就民航空中交通服务整个运行系统而言,无论是空中交通管制服务,还是航空情报服务或者告警服务,虽然各部分的任务有所不同,但它们共有的功能都是保证飞行安全。尽管由空中交通服务引起的航空事故相对较少,但其结果都是灾难性的。涉及空中交通管制并对航空器及飞行安全构成的重大威胁,可大致分为以下几方面。

(一) 小于最小飞行间隔

航空器的飞行间隔是为了防止航空器相互危险进近和相撞而规定的最小安全距离,通过一整套国际通用的航空器间隔标准来规定。由于各种航空器的航向、速度、高度均不同,因此必须保证航空器之间在纵向、侧向和垂直方向隔开足够的距离,这也是空中交通管制人员的基本任务,否则会造成飞行冲突乃至航空器相撞的悲剧。

(二) 低于最低安全高度

安全高度是为避免航空器在飞行时与地面障碍物相撞而规定的最低高度。针对航空器属于仪表飞行还是目视飞行,在航路上飞行还是进入机场区域飞行等不同情况,均规定最低

安全高度的标准。如果航空器低于最低安全高度飞行,则有可能酿成与地面障碍物相撞的重大事故。

(三)非法侵入跑道

跑道侵入是指在机场发生的任何航空器、车辆或人员误入指定用于航空器着陆和起飞的地面保护区的情况。跑道侵入事件根据差错不同可以分为:飞行员偏差、运行失误和车辆或行人偏差三类。其中,运行失误是指由于空中交通管制的差错而导致不良后果的行为,包括两架或多架航空器之间,或者航空器和障碍物之间低于适用的最小间隔,其中障碍物包括跑道上的车辆、设备、人员。可能引起跑道侵入的交通管制因素包括:无线电通话失效、管制员因素以及其他因素。

案例链接 7-3

南航大连跑道入侵事件遭通报处罚

如果不是大韩航空客机 KE1958 主动向左避让 6 米,韩国清州机场就会在 2016 年 3 月 18 日夜间,发生一起两机地面相撞惨剧,伤亡人数将以百人计。在这次侥幸避开的事故中,南方航空 CZ8444 航班要承担主要责任。在 4 月 8 日中国民航局召开的全行业航空安全电视电话会议上,通报了此次事故征候。事故征候是指:在航空器运行阶段或在机场活动区内发生的与航空器有关,不构成事故但影响或可能影响安全的事件。

3 月 18 日,南航 CZ8444 航班计划由韩国清州飞往大连。通报称:CZ8444 在前往起飞地点过程中,机组错误理解地面指令,飞机在错误的时点、错误的入口拐进跑道。此时大韩航空一架飞机正在落地滑跑,南航飞机机头已经侵入跑道 15 米。大韩航空紧急避让,两机相遇时,大韩航空右翼翼尖距离南航飞机机头只有约 3 米。如果大韩机组发现晚,来不及避让,沿着中心线冲过来;或者跑道只有 45 米宽,或者大韩飞机是重型机,或者翼展再宽一点,相撞在所难免。据韩国《朝鲜日报》事后报道,当时大韩航空 KE1958 正以时速 150 千米在跑道上滑行,南航和大韩航空两架飞机上分别载有乘客并机组成员 137 人和 90 人。

资料来源:http://news.carnoc.com/list/341/341913.html

(四)地空通信失效

民航通信系统主要由航空固定业务和航空移动业务构成。航空固定业务是指固定地点的电信业务,由航空固定电信网来完成,包括话音通信和数据通信业务;而航空移动业务即低空通信业务,是指航空器电台与航空地面对空台与航空器电台之间,或者航空器与航空器电台之间的无线电通信业务,包括甚高频通信、高频通信和航空移动卫星业务。地空通信在管制引导、通报飞行动态、传递飞行情报等方面发挥作用。

由于我国空域资源的配置不合理,加上空管体制的特点、空管的工作性质以及其他特殊因素的影响,管制员与飞行员在通信中会出现协调不利、配合不当的情况,这在一定程度上影响了空中交通的秩序与顺畅,造成航班延误频繁,甚至引发不安全事件或事故征候的发生。管制员与飞行员的通信失误或失效,是威胁空中交通安全的主要危险源。因此,尽量减少或消除管制员与飞行员之间的沟通障碍,确保两者之间的有效通信,对于整个指挥和飞行过程中的相互支持和密切配合至关重要。

(五)无线电干扰

无线电干扰是指无线电通信过程中发生的,导致有用信号接收质量下降、损害或者阻碍的状态或事实。无线电干扰信号主要是通过直接耦合或者间接耦合方式进入接收设备信道或者系统的电磁能量,它可以对无线电通信所需信号的接收产生影响,导致性能下降,质量恶化,信息误差或者丢失,甚至阻断通信的进行。

民用航空无线电专用频率是民航用于飞机调度和导航的通信频率,一旦受到大的干扰,飞机就不能安全飞行,就会出现事故甚至造成空难,后果不堪设想。干扰民用航空无线电专用频率的种类主要有三类:一是没有任何审批手续,私自违法设置的无线电站;二是尽管有相关手续,但因其设置不合理而产生互调干扰的无线电台站;三是少量的高档工业医疗设备。从当前情况看,主要干扰源是违法设置使用无线电台,细分一下,又可归为两类:一类是未经许可违法使用大功率无线电话,另一类是擅自扩大功率的广播电视发射器。目前这两类主要干扰源的基本分布特点是,大功率无线电话的分布逐步从城市转向农村或者乡镇,而民航机场和飞行航道就在远离城市的农村,所以它们越来越多地威胁民航的飞行安全。而擅自扩大功率的广播电视发射机主要分布在城市和县城,由于其发射功率太大,容易与其他发射设备形成互调干扰,影响其他无线电接收设备的正常使用,一直是威胁民航飞行安全的干扰源。

案例链接 7-4

西南空管局采取空中检测手段排除无线电干扰

随着电磁环境的日益复杂,各类非法信号干扰事件日益猖獗,其中广播类干扰事件不断增多。据统计,2016 年截至 7 月底,成都区域内共发生 97 次广播干扰,比 2015 年同期增长 58 次,甚至出现过多个甚高频通信频率同时受到广播干扰的情况,给空管正常运行带来一定隐患。

近年来,除常规地面监测排查外,空中监测无线电干扰也日渐成为排除无线电干扰的有效"利器"。中国民航飞行校验中心作为我国唯一负责通导设备飞行校验的机构,于 2009 年开始不断增强其无线电干扰空中检测能力,先后帮助过中南空管局、天津空管分局、华北空管局开展过专项空中检测,均排查出干扰源。

为积极配合地方无线电管理机构、公安部门开展"打击黑广播"工作,及时掌握成都管制区域空间电磁环境情况,结合近年来较为频繁出现的广播干扰事件,西南空管局积极协调飞行校验中心、管制中心开展了空中无线电干扰监测工作。为做好充分准备,技保中心对前期广播干扰情况进行统计分析,发现主要集中在成都区域 02 扇区 122.8MHz、应急频率

121.5MHz、区域 10 号扇区 125.7MHz、进近 03 号扇区 119.25MHz 等几个频率,并标注干扰出现的集中区域地点。8 月 6 日,周末时间,西南空管局通导部组织运管中心、管制中心、飞服中心、监控中心和技保中心召开干扰排查方案讨论会,通过各方讨论协商,确认飞行排查科目,并且向军方通报了无线电飞行侦测作业计划。

8 月 8 日、9 日两天,地空各方协同配合,经过连续 4 个科目、共计 9 小时的飞行侦测,顺利完成空中排查工作。空中检测人员查获了三个干扰源,分别为:中国之声电台广播对 125.7MHz 的干扰、宜宾新闻广播对 122.8MHz 的干扰、四川新闻广播对 118.95MHz 的干扰。根据飞行机组提供的"无线电干扰控中心检测定位报告",下一步将及时向地方无线电管理部门反映这次空中排查的情况,消除这些广播电台对民航地空通信甚高频频率的干扰。

本次空中无线电干扰排查是西南地区的首次尝试。经实际效果可以看出:空中监测相比于地面排查有着其独特优势,原因在于无线电广播在空中传播时几乎没有反射,这一特征使得空中监测得到的干扰源位置和方向几乎是最准确的信息。当然,实施空中监测也存在成本较高、飞机少需提前协调、无固定飞行程序、机动飞行需临时申请等难题,这也是本次排查后需要提升的方面,需要通过加强干扰信息统计分析、固化飞行流程、完善实施机制等措施进一步予以完善。

资料来源:http://news.carnoc.com/list/360/360831.html

(六)设备故障

空中交通服务设备是指与民航飞行安全密切相关的那些通信、导航、监视及气象设备,主要有:通信设备,包括甚高频地空通信系统、高频地空通信系统、话音通信系统、自动转报系统和记录仪等;导航设备,包括全向信标、测距仪、无方向信标、指点信标和仪表着陆系统等;监视设备,包括航管一次雷达、航管二次雷达、场面监视设备、精密进近雷达、自动相关监视系统和空中交通管制自动化系统等;气象设备,包括气象自动观测系统、自动气象站和风切变探测系统等沿跑道安装的气象探测设备,以及对空气象广播设备。如果设备故障,将直接导致各种空管活动不能正常进行,甚至停滞。

通过对民航空中交通服务系统的初步了解,我们不难发现,系统是由具体实施运行的人员,保障运行的设备,支持、改善运行能力和效率的技术、方法和信息,规范运行行为的规章、制度和标准操作程序,以及影响运行的各种内外部环境等几个方面构成,它们相互作用和相互影响使得运行系统和运行环境变得复杂和多变。而这也正是空中交通服务安全管理的关注领域。

二、民航空中交通服务的安全管理要点

(一)人员及其资质管理

在空中交通服务系统中,承担并具体实施运行的是各类运行人员,如空中交通管制员、

航空情报人员、航空气象人员、各种设备的运行和维护人员等,并通过他们提供各类服务。这些一线运行人员的资质、能力以及是否按章操作等直接影响到运行的安全。因此,对空中交通管制、航空情报、通信导航监视和气象等专业技术人员初始准入及相应岗位人员上岗资质的管理尤为重要。

例如,我国空中交通管制员实行的是执照管理制度。中国民用航空空中交通管制员执照是空中交通管制员执行空中交通管制任务的资格证书,未取得执照者不得单独上岗工作。管制员执照由各地区空管局组织的执照考试(理论部分和实践部分),成绩达到相应标准后,取得相应类别执照,从事与其执照相适应的管制工作。

(二)设备及其管理

作为空中交通服务系统的重要组成部分,空管设备支持着空管生产的正常运行,保障着飞行安全。例如,如果导航设备出现问题,则可能引起导航不精确,并影响航空器之间的安全间隔。因此,确保空管设备按照运行标准正常、安全地运行一直是运行管理和安全管理的重点之一。主要体现在以下几个方面:设备的配置、设置和使用(包括设备的数量、主用设备、备用设备和应急设备的要求)等;设备的技术管理,例如技术管理制度、技术革新、技术安全措施、对技术人员的配备及要求等;设备的运行和保障,例如设备运行标准、岗位责任制和值班制度,设备运行检查和设备运行质量指标的统计和分析,设备的排故和备用设备启用等;设备的维修,例如维护规程、定期维护方案、检修、送修、大修等制度,所用的器材和零部件的储备、维护和保管等。

(三)规章制度及其管理

科学的现代企业规章制度是人类文明与经济发展的产物,成功的企业来源于卓越的管理,而卓越的管理离不开完善的制度和严格的执行。同样,民航空中交通管理行业既要制定严密的规章制度,又要严格地执行规章制度。指导运行活动和行为的规章制度,包括法律法规、规章、手册、检查单、出版物和标准操作程序(SOP)等,都是运行管理和安全管理的基础。无论采用什么样的管理方法和手段。管理目的和重点至少包括以下几个方面:确保制定的文件的内容是准确的、可用的;确保不同文件中的相关内容是不矛盾的,或一致的;确保使用文件的人能及时得到最新有效的文件,不会用错文件;确保文件能得到严格执行或遵守等。

(四)内外部环境及其管理

空管系统的运行依存于系统内外部环境。内部和外部环境及其变化,直接影响着生产运行的正常、稳定和运行一线人员的行为能力和运行安全。

内部环境是组织内部的各种影响因素的总和。内部环境影响包括工作环境在内的诸如温度、光线、噪声、振动和空气质量等因素。以空中交通管制为例,如果有室内光线对荧屏的反射,则造成管制员的工作困难;或者塔台窗户造成的内部光线反射,会使得塔台管制员在使用目视方法获得夜间交通情况时遇到困难。同样,室内设备发出的噪声,也会对准确接收和理解无线电信息造成干扰。

外部环境分为自然环境、地理环境、行业环境、管理环境和政治、经济环境等。

（1）自然环境：包括各种天气现象（诸如能见度、风向、紊流、雾和雷暴等）和突然的天气变化等因素。

（2）地理环境：包括地形、障碍物等因素。例如机场的布局及配置，或者机场建筑物对塔台观察视角的影响等。

（3）行业环境：包括行业特点导致的影响和来自于航空系统内其他运行系统产生的影响。

（4）管理环境：指的是直接影响空中交通服务运行系统重大变更的因素，例如降低最小间隔标准，新操作程序的出台，空中交通管制航路的重组，空域扇区的重新划分，引进新的设备、设施或系统，相关法律法规和规章的制定或修订等。

（5）政治、经济等社会大环境也是直接影响运行环境的重要方面。

任何组织都是在一定环境中从事活动的，任何管理也都要在一定的环境中进行。环境的变化要求管理的内容、手段、方式和方法等随之调整，以利用机会，趋利避害，更好地实施管理。针对影响空中交通运行和安全的各种内、外部环境的管理是一个在组织层面的系统性工作，包括：了解环境因素的变化情况并进行分析研究，确定环境因素对组织的影响；营造积极的、健康的组织文化；建立健全风险管理机制，将影响民航空管运行安全的风险降低到可接受的程度；建立安全评估机制；对运行环境或方式改变后的运行安全情况进行持续监控。

案例链接 7-5

故障航班备降西安　咸阳机场成功为飞机换发

2016年3月15日，西安咸阳国际机场现场运行中心成功处置了一起航班因机械故障备降咸阳机场的特情。

当日，南航深圳分公司CZ3911航班准点从武汉机场起飞前往乌鲁木齐，航行途中，机组发现出现左发时失速告警和滑油滤堵塞警告故障，该航班决定立即紧急备降西安。

13:29，现场运行中心指挥室接到信息后高度重视，及时发布信息启动航空器备降应急处置预案，同时启动咸阳机场应急救援集结待命，此时正值航班起降高峰期，现场指挥员叶威威紧急联系空管塔台管制员，协调南航CZ3911航班使用就近跑道及机位尽快落地，同时，现场指挥员宋健迅速通知消防队、医疗急救部、机坪运行管理部和场务队等相关保障单位立即前往集结点，地勤公司、南航机务迅速赶往406#机位接飞机。13:46，在现场运行中心与空管塔台管制室的密切配合下，南航CZ3911航班使用就近跑道安全落地。

随后，西安地面检查该飞机发现7级和10级放气活门有滑油，检查主磁堵有大量金属屑，需要紧急停场更换航空发动机。在咸阳机场地面保障资源紧张及24小时高密度航班起降的情况下，现场运行中心为故障飞机开辟绿色通道，主动协调空管塔台管制室及地面各保障单位，确定在次日凌晨3点，确保了飞机从南飞行区机位脱移至北飞行区东航机库维修，并积极协调运输备用发动机的车辆、人员和工具顺利进场，完美诠释了真情服务的理念，保证南航高效快捷地完成了换发工作,得到了南航公司的高度认可和感谢。

资料来源:http://news.carnoc.com/list/341/341853.html

第三节 民航空中交通服务突发事件及应对措施

一、复杂气象条件下的应急处置

复杂气象条件是指雷雨、结冰、颠簸、风切变和低能见度等影响飞行安全的恶劣天气。遇到复杂气象条件时,管制员应当了解本管制区内的天气情况和演变趋势以及其对航空器安全运行的影响程度,及时通知在本管制区内运行的航空器。以下仅列举雷雨和风切变气象条件下的应急处置措施。

(一)雷雨天气条件下的应急处置

雷雨天气是对安全飞行影响最大的恶劣天气之一。有雷雨活动时,管制员应当采取如下处置措施。

(1)根据天气预报、实况和雷达观测等资料,掌握雷雨的性质、范围、发展和趋势等。

(2)掌握航空器位置;将航空器驾驶员报告的雷雨情报,及时通报有关的其他航空器。

(3)了解着陆机场、备降机场和航路的天气情况。

(4)航空器驾驶员决定绕飞雷雨时,要及时提供雷雨情报和绕飞建议,申请绕飞空域,调配其他航空器避让。

(二)发生风切变时的应急处置

风切变是一种大气现象,是风速在水平和垂直方向的突然变化。风切变是导致飞行事故的大敌,特别是低空风切变。当发生风切变时管制员的处置措施如下。

(1)机场塔台管制员收到航空器驾驶员关于风切变的报告后,管制员应及时向进近管制室以及在本管制区范围内活动的其他航空器发布。航空器驾驶员报告的风切变信息应当包括以下内容:风切变存在的警告,遭遇风切变的高度或者高度范围,遭遇风切变的时间,风切变对航空器的影响,如水平和垂直速度的变化等。

(2)根据风切变的强度、飞机的性能和当时的天气情况,提醒并指挥飞行员正常着陆、空中等待或飞往备降场。

(3)多机飞行中,当有飞机报告遭遇风切变时,要指挥其他飞机避让开已知的风切变区域。但对于高度较高的、对飞行安全影响不大的风切变,可以指挥飞机有准备地穿越,而对高度较低、对飞行安全影响大的风切变,要指挥飞机在安全高度以上等待,待风切变消失后再落地。

案例链接 7-6

珠海空管塔台管制室通宵保障航班运行安全

2016年8月2日,原本准备正面袭击珠海的台风"妮妲"突然转向在深圳登陆,后续一路向北朝广州挺进,离珠海越来越远。8月2日中午,肆虐珠海机场的狂风暴雨逐步减小,接近13时,天气逐渐达到可以正常起飞落地的标准,珠海机场终于迎来了第一架航班的安全着陆,这意味着今天的航班不会再因为天气原因取消。

值守夜班的珠海空管站塔台管制员们,在登上塔台之前,就预先向相关部门了解了今天后续天气变化发展趋势和航班的延误情况(见图7-6)。虽然"妮妲"大军已经过去,可台风天气系统永远不容小觑,一阵阵雷雨不时覆盖在机场上空,影响航班安全。

图 7-6 珠海空管塔台管制室通宵保障航班运行安全

塔台管制员们在实施管制指挥的同时,不断证实机组意图,提醒机组离地后做好绕飞天气的准备,并及时将地面风向、风速变化情况及雨量特征等重要气象条件传递给空中及地面等待的航班,提醒机组注意起降标准。他们一面通过雷达显示器密切关注航空器航迹、速度等变化情况,一面透过窗外观察起降航班姿态,同时不断扫视跑道道面,确保起降安全。

对于地面长时间等待的航空器,珠海塔台管制员积极与珠海进近协调,利用天气转好的空隙,放飞一定的航班,避免本场航班堆积造成的停机位紧张、旅客滞留等状况。整个夜航时段,塔台管制员们总共保障了50个航班的安全起降,确保旅客的出行安全。截至3日早晨,台风"妮妲"对珠海机场影响已明显降低,本场航班起降逐步恢复正常。

资料来源:http://news.carnoc.com/list/358/358625.html

二、航空器紧急情况下的应急处置

航空器紧急情况包括:航空器失事、航空器空中故障、航空器受到非法干扰(包括劫持、爆炸物威胁)、航空器与航空器相撞、航空器与障碍物相撞和涉及航空器的其他紧急事件等。以下仅列举几项发生航空器紧急情况时,管制员应采取的应急处置措施。

（一）航路飞行中部分发动机失效的应急措施

航路飞行中，航空器驾驶员报告部分发动机失效时，管制员应采取如下措施。

（1）了解航空器驾驶员意图。

（2）提供就近机场的资料和有关的飞行情报。

（3）如果航空器不能保持原指定高度继续飞行，及时调配有关航空器避让。

（4）航空器不能保持最低安全高度，又不能飞往就近机场着陆，航空器驾驶员决定选择场地迫降时，管制员应当记录航空器最后所知位置和时间，尽可能了解迫降情况和地点，并按照搜寻和援救的程序开展工作。

（二）报告紧急油量时的应急处置

紧急油量是指当飞机沿航线（包括正常的仪表进近程序）飞向着陆机场，预计飞抵着陆机场时的剩余油量只能维持飞机以等待速度在着陆机场上空450米（1 500英尺）的高度继续飞行不足30分钟的情况。当航空器报告紧急油量时，管制单位可以采取以下处置措施。

（1）当航空器报告"紧急油量"时，要立刻与航空器驾驶员证实是否宣布"紧急油量"或紧急情况，了解航空器剩余油量可飞时间。

（2）及时向航空器驾驶员提供本区域、相关机场的航行情报与飞行气象信息及空中交通信息。

（3）管制员要按照紧急情况处置的有关规定提供优先服务，组织其他航空器避让，为航空器缩短航程、使用有利高度、减少油耗提供帮助，并且避免因管制原因造成的等待、延迟与复飞。

（4）结合航空器申报的领航计划表及其飞行进程动态信息，利用航空器位置报告和雷达等空中交通监视手段跟踪掌握航空器位置。

（5）要及时将该航空器"紧急油量"状况通报给将要移交的下一管制单位及运行中相关的航空器。

（6）询问机上有无危险货物和机上人数，通知着陆机场有关保障单位和搜寻援救单位做好相应准备。

（7）航空器报告"紧急油量"时，管制单位要按照《民用航空安全信息管理规定》及其相关规定，将航空器发生"紧急油量"的信息及时报送有关民航监管部门。

案例链接 7-7

外航公务机油量不足　多架飞机让路保其备降

一架境外航空公司的公务机飞近南京市上空时发现油量不足，协调相关部门为其开辟直飞航路，同时指挥其他飞机紧急避让，确保该航班安全备降在南京禄口国际机场，江苏空管分局因此受到民航局通报表彰。

江苏空管分局空中管制室近日接报，一架境外航企执行马德里至青岛公务机的航班，在盐城上空紧急报告油量不足,要求备降南京。此时是16:25,正是空中较为繁忙时段。接报后,该局进近管制室人员立即按照航空器紧急油量处置方案,启动应急预案,并及时与相关部门协调,规划出最短直线航路,同步通知机场指挥中心及其他相关部门做好应急准备。

16:34,该航班进入南京管制空域,机组向管制员报告已处于"紧急油量"状态。空管人员再次协调相关部门,暂停南京、常州、扬泰机场航空器起飞,组织十余架飞机空中盘旋避让。16:43,机组报告,强调剩余油量仅能满足一次性降落。两分钟后,负责指挥降落的塔台管制员发现,该航班备降前高度偏高,及时提醒机组降低飞行高度,确保一次落地成功,同时避免由于高度过高造成航空器复飞。机组接报后及时修正高度后,在16:48安全落地。

资料来源:http://news.carnoc.com/list/262/262177.html

(三)发生空中劫持时的应急处置

空中劫持指在航空器内使用暴力或暴力威胁、非法干扰、劫持或以其他不正当方式控制飞行中的航空器或准备采取此类行为,以致危害航空器或其所载人员、财产的安全,或危害航空器上的良好秩序和纪律的行为。

当发生航空器被劫持时,管制员应该:

(1)尽可能核实航空器的识别标志和机型、航空器的位置和高度,了解航空器被劫持的情况、劫机者和驾驶员的意图。

(2)立即报告值班领导并按反劫机工作程序开展工作。

(3)考虑航空器驾驶员可能采取的机动飞行措施,迅速调配其他航空器避让。

(4)根据当时的情况,迅速提供就近机场供航空器驾驶员选用。

(5)航空器着陆后,指示驾驶员将航空器滑到远离候机楼、停机坪、油库的位置。

(6)在全部飞行过程中,使用雷达监视该航空器的动向。

三、跑道侵入的应急处置

由于机场改扩建、多跑道运行、航空器起降次数不断增加等原因,跑道侵入事件时常发生,已成为影响航空运行的重大安全隐患。据研究表明,一个机场的交通量增加20%将使跑道侵入可能性增大140%。因此跑道侵入成为业界频繁讨论的热点和焦点的话题。

国际民航组织(ICAO)对跑道侵入的定义为:在机场发生的任何航空器、车辆或人员误入指定用于航空器着陆和起飞的地面保护区的情况。跑道侵入事件根据差错类型不同,通常可以分为三类。

第一类飞行员偏差:是指飞行员违反航空规则造成跑道侵入的行为。例如,1994年环球航空公司航班427/Superior Aviation Cessna441,圣路易斯国际机场,塞斯纳飞行员操作失误,飞行员控制飞机滑行到错误的跑道与一架正要起飞的环球航空公司的MD-30相撞,

Cessna441 中 2 人遇难。

第二类运行失误:是指空中交通管制而导致以下后果的行为:两架或多架航空器之间,或者航空器和障碍物之间低于适用的最小间隔,其中障碍物包括跑道上的车辆、设备和人员;航空器在得到空中交通管制的许可后在对航空器关闭的跑道上着陆或起飞。

第三类车辆或行人偏差:是指车辆或行人在未得到空中交通管制许可,进入飞行区妨碍飞行运行造成跑道侵入的行为。

案例链接 7-8

北欧航空 686 号班机事故

2001 年 10 月 8 日,北欧航空 686 号班机于意大利米兰连尼治机场(Aeroporto di Milano-Linate,以意大利语发音译为"利那特机场")起飞,准备前往丹麦哥本哈根,执行该航班的是麦道 MD-87。但飞机在跑道加速时,却撞上一架准备前往法国巴黎的一架赛斯纳引证二型(Citation II)公务喷射机,两机共 114 人全部罹难,事件更波及地面 8 人,造成 4 死 4 伤。该事件后来又被称作"连尼治机场空难"。

出事当天,机场笼罩着大雾,令机场能见度只有 200 米。后来的调查报告指出当时机场控制塔并没有正确地指示公务机,令该公务机错误地走进主跑道。而北欧航空的 MD-87 客机此时正在主跑道加速准备起飞,结果两机于早上 8 时 10 分在跑道上相撞,公务机上 4 人死亡,其中 3 位至少生存一段时间,但不幸吸入过多浓烟死亡或烧死;而 686 号班机则失去了右边引擎。此时瑞典籍机长试图尝试起飞,飞机升空了 12 米约 9 秒,但剩余的左边引擎吸入了一些碎片,最终失去了动力,右边的起落架亦折断,飞机又从空中摔下来,机长只得启动推力反向器及刹停飞机,又尝试以机上的飞行操纵装置引导飞机方向避免撞机(当时这种技术被认为是一种高度技巧,现时这种操控方式已被北欧航空采纳为飞行训练的课程之一),但这些举动完全无法令客机停止。最终,飞机以时速 250.70 千米撞向跑道末端附近的行李仓库内,断成三截并立即爆炸起火,机上所有人当场死亡。爆炸引发的大火亦令仓库内的 4 名意大利籍工人死亡,并伤及另外 4 人。事故最终造成 118 人死亡。

经意大利与北欧航空联合调查,将此空难主因归于航管员管理疏失、训练不足,以及机场设备未完善。

涉事的北欧航空 MD-87 客机,经录音证实,该机确实获得塔台的起飞许可,直到失事前均未违反任何规定,且该机组员努力挽救飞机,成为此事件最大受害者。遭撞的赛斯纳公务机,虽误闯主跑道,但由于航管员用词不明确,且未加以确认该机位置,导致此空难发生。调查员认为赛斯纳班机误闯跑道行为虽为事故主因,但并非引发事件的原因。

调查员调查后,将责任与原因归属两者:

(1)调查员检查连尼治机场时,发现该机场之航管设施完全不足。地面标线之模糊程度,在视野良好情况下亦无法明确分辨;机场导引设施不完善,部分信号灯遭杂草遮掩,与标准不符,无法提供正确指示;跑道上出现未标记于机场平面图的标志,导致平面图与实际情况不一致,使平面图毫无参考价值;机场为避免警报频频遭动物及地勤车辆误触,在未考量飞行安全情况下,关闭避免侦测飞机之动作警报器;另也发现机场未安装购买已久,能够侦测于地面滑行飞机的地面雷达。

(2)调查员调阅塔台对话记录时,发现航管员因为训练不足,未熟悉机场之滑行道的标示,导致该机场航管员无法明确引导飞机滑行正确位置,且航管员用词容易误解,容易造成使用该机场之机组员的混淆。

资料来源:http://baike.baidu.com/

跑道侵入根据严重程度可以分为四类。
(1) A类:勉强避免发生碰撞的严重事故征候。
(2) B类:间隔缩小至存在显著的碰撞可能,只有在关键时刻采取纠正、避让措施才能避免发生碰撞的事故征候。
(3) C类:有充足的时间和距离采取措施避免发生碰撞的事故征候。
(4) D类:符合跑道侵入的定义但不会立即产生安全后果的事故征候。

当发生间隔减小以至于双方必须采取极度措施,勉强避免碰撞发生的跑道侵入时,侵入行为发生时跑道上的其他航空器未处于起飞滑跑阶段,管制员应该:发出中止起飞、滑行的指令进行避让,通知航空器机组采取适当的避让措施;向现场指挥中心详细通报侵入跑道人员或车辆的位置、移动方向等信息,要求现场指挥中心迅速派人进行拦截处理。

当发生造成人员重伤、死亡或航空器碰撞事故的跑道侵入时,管制员应该:立即指示事发航空器、车辆或人员原地等待,接受调查;暂停事发跑道的使用;立即通知机场现场指挥中心。

案例链接 7-9

美客机穿越浦东机场　属C类事件未造成严重后果

2016年12月8日19时23分,美国达美航空公司的一架从东京飞往浦东的DAL295航班,落地浦东机场。在机场塔台没有给出指令前,这架飞机就自行穿越跑道,当时在浦东机场跑道上,刚好有一架东航的723航班已接到起飞指令,正准备启动。发现这一情况后,塔台当即取消起飞指令。此事件未造成飞行冲突,浦东机场航班运行也未受到影响。

事件发生后,民航监管部门值班人员当日21时10分到达停机位,对涉事客机进行现场取证,但由于该机机组人员已离开,监管部门于是通知代办,把机组技术资料复印送至监管部门,并封存详细资料,要求该航空公司和涉事机组向监管部门递交书面报告,机组与飞机暂时不得离开。目前,民航华东地区管理局已经派出专门人员,对此事件的原因等展开调查,并督促美国达美航空公司进一步加强安全管理,杜绝安全隐患。

民航华东局相关负责人表示,这次发生的美国客机未按空管指令穿越浦东机场跑道事件,按照我国民航系统对于跑道侵入类别划分,应是C类事件,没有造成严重后果,是一次程度比较轻的跑道侵入事件。DY9856航班最后腾出跑道,返回19R跑道与F滑行道交会的等待点。中断起飞后5分钟,DY9856航班顺利起飞。

资料来源:http://news.carnoc.com/list/382/382149.html

四、地面通信联络失效的应急处置

当与航空器地面通信联络失效时,管制员除查明原因外,应当迅速采取如下措施。
(1) 通过有关管制单位以及空中其他航空器的通信波道,设法与该航空器建立联络。
(2) 使用当地可利用的通信波道连续不断地发出空中交通情报和气象情报。
(3) 开放有关导航设备,使用监视设备掌握航空器位置,要求航空器做可观测到的指定的机场飞行或者发送一个可以被确认的指定信号,以判明其是否收到指令,然后采取措施。
(4) 向有关航空器通报情况,指示相关航空器避让。
(5) 向该航路沿线的有关管制单位发送有关陆空通信联络失效的情报。
(6) 通知有关机场做好备降准备。
(7) 塔台管制单位与进离场航空器不能建立联络时,应当使用辅助联络符号和信号。

失去地空通信联络的航空器需前往备降机场时,在确实判明航空器可以收到管制指示的情况下,管制员应采取如下措施。
(1) 航空器在云下按目视飞行规则飞行时,应当指示航空器仍保持在云下按目视飞行规则飞行。
(2) 航空器按仪表飞行规则飞行时,应当指示航空器按照仪表飞行规则飞行至备降机场。
(3) 航空器改航去备降机场并改变航向后,应当按照规定为航空器指配高度层,如果原高度层符合高度层配备规定,应当指示其保持在原高度层飞行;如果原高度层低于最低安全高度,应当指示其上升到新的高度层飞行。
(4) 通知备降机场管制单位做好准备,并向航空器提供飞往该机场所需的飞行情报。

五、空中交通管制设备故障的应急处置

民航空管重要设施设备包括通信系统设施设备、导航系统设施设备、监视系统设施设备以及附属系统设施设备等。当这些设备设施出现故障时会严重影响飞行安全。

(一) 地面无线电设备完全失效时的应急处置

当空中交通管制使用的地面无线电设备完全失效时,管制员应当采取如下处置措施。
(1) 立即通知相邻管制岗位或者管制单位有关地面无线电设备失效的情况。
(2) 采取措施,设法在121.5MHz应急频率上与航空器建立无线电通信联络。
(3) 评估地面无线电设备完全失效时管制岗位或管制单位的交通形势。

(4) 如果可行,请求可能与航空器建立通信联络的管制岗位或者管制单位提供帮助,为航空器建立雷达或者非雷达间隔,并保持对其的管制。

(5) 在通信联络恢复正常前,要求有关管制岗位或管制单位,让航空器在区域外等待或者改航。

(二) 航空器的发报机无意中阻塞了管制频率时的应急处置

当航空器的发报机无意中阻塞了管制频率,应采取下列处置措施。

(1) 设法识别阻塞频率的航空器。

(2) 确定阻塞频率的航空器后,应设法在121.5MHz应急频率上采用选择呼叫代码(SELCAL),通过航空器运营人的频率及其通信联络方式与航空器建立通信联络。如果航空器在地面上,直接与航空器联络。

(3) 如果与阻塞频率的航空器建立了通信联络,应当要求航空器驾驶员立即采取措施,停止对管制频率的影响。

六、其他特殊情况的处置

(一) 医疗救护的一般处置程序

管制单位收到航空器驾驶员报告机上有病人需要协助时,应当根据以下情况予以处置。

(1) 如果收到航空器驾驶员报告机上有病人需要协助,但并没有正式宣布紧急情况或者病人处于危重状态,管制员应当向航空器驾驶员证实情况是否紧急。如果航空器驾驶员没有表明情况紧急,管制员可以不给予该航空器优先权。

(2) 如果航空器驾驶员表明情况紧急,管制员应当予以协助,给予相应优先权,并且通知有关保障单位。

案例链接 7-10

天津空管搭建空中高速路　挽救昏迷旅客生命

2016年4月24日,民航天津空管分局与相邻军航管制单位密切协作,成功保障了一架载有昏迷旅客的航班优先落地。

当日,管制员接到通知,由福州飞往天津落地某航航班机组报告,机上有一名旅客突然昏迷,浑身抽搐不止,情况十分危急,请求保障优先落地。接到通知后,带班主任随即启动应急预案,及时沟通军航管制部门临时释放空域,并与塔台管制室协商,根据天气情况临时更改落地跑道,为抢救生病旅客争取宝贵时间,搭建绿色空中高速路。

为使特情航班落地后,实现对患病旅客救治的"零距离"对接,管制员及时协调现场指挥中心,安排救护车在指定停机位等候,同时通过地面等待、空中转航向、盘旋等待等机动手段,合理指挥其他几架进出港航班进行避让。9点28分,特情航班在各保障单位的共同努力下,比原计划提前10分钟优先安全落地,为患病旅客得到及时救治争取了宝贵时间。

资料来源:http://news.carnoc.com/list/343/343397.html

(二)鸟击的空管应急处置

鸟击是指航空器在飞行过程中与鸟类、蝙蝠及其他飞行物发生相撞的事件。鸟击严重影响着航空器的运行,轻则航班延误,航空器损伤,重则机毁人亡,给航空业造成了巨大的经济损失。交通管制单位可以采取雷达监视设备来发现鸟的活动,也可以从塔台上观测。收到鸟类活动的情况报告后,应采取如下处置措施。

(1)了解鸟群的种类、大小、位置、飞行方向、大概高度等情报。
(2)通知机场管理机构采取措施驱鸟。
(3)向可能受影响的航空器提供鸟群的相关信息,提醒航空器驾驶员注意观察和避让。
(4)如果接到航空器受到鸟击的报告,应了解飞机受损情况和飞行状况,如发生撞击的时间、地点、高度、飞行阶段、鸟的种类和鸟的数量等数据。
(5)指挥航空器离开鸟情区,注意监视航空器的飞行速度。如情况严重,指挥驾驶员就近机场着陆。
(6)按规定向有关单位报告。

案例链接 7-11

江苏空管精心保障遭鸟击航班安全返航

2012年10月17日,江苏空管分局进近管制室值班员沉着冷静、处置得当、精心指挥一架遭鸟击航班安全返航。

事发当日19时许,一架执行南京至新加坡任务的A320客机从南京机场起飞,起飞不久江苏空管分局接机组报告,飞机遭遇鸟击。进近值班管制员询问机组意图,机组证实确实对飞行无影响,决定正常飞行;同时及时通报塔台,提醒后续起飞航班注意鸟情。

20时,江苏空管接临近管制区通报,该航班由于右侧发动机工作不稳定,机组决定返航。接到消息后,江苏空管分局进近管制大厅内的气氛顿时严肃起来,值班管制员立即准备预案以保障该航班优先着陆,同时加强对空中的动态监控,并向相关部门通报该航班的返航情况,申请空域为航班的优先着陆做好准备。

20时13分,该航班飞抵南京管制区域,值班管制员立即指挥飞机优先着陆,考虑到该航班右侧发动机工作不稳定,高度下降较慢,转弯半径较大,且右转弯较为不便,管制员同时指挥空中其他航空器与其拉开间隔。

20时29分,在江苏空管分局进近管制员的精心指挥和严密监控下,该航班安全落地。

资料来源:http://www.caacnews.com.cn/newsshow.aspx?idnews=204245

知识链接 7-1

解密机场空管员

管制行业究竟是干什么的？

管制行业是一个独立存在的行业，他们的工作地点在候机楼旁边高高的塔台之上。万里高空之下，正是这个群体用最迅速和最准确的接力，24小时不间断地为航班指引出一条安全、顺畅的天路。

管制员的工作类似于地面上指挥、疏导交通的交警，只是他们负责指挥飞机、负责疏导天空中一条条我们肉眼看不见的航路，因此他们也被业界形象地称为"空中交警"。但其实这两者也有不同，如果地面车辆发生拥堵，交警可以随时指挥车辆靠边停靠等待，但是天空中飞行的飞机却不可能因为遇到空中堵塞而"临时停车"，所以这就更需要管制员用他们精湛的技艺和准确的判断在整个飞行过程当中通过对飞机的速度、高度、航向的随时调整，保证航班安全抵达目的地。

天空那么大，天上的飞机难道不是随便飞的吗？

虽然天空那么大，但是飞机不是想怎么飞就怎么飞的，如同地面上的马路一样，天空中也是有一条条我们所看不见的航路的，飞机只有按照既定的航路飞行才能安全顺畅地到达目的地。

究竟什么样的天气会对航班造成影响？

对于北方地区来说，对航班影响较大的天气最常见的就是夏季的雷暴。雷暴一旦形成，许多灾害性天气现象也会伴随发生，比如颠簸、风切变、强降水等，其中风切变（风向风速的急速变化）尤其易于引发飞行事故。此外，强降水、大风以及冬季的大雾等天气也会对飞行产生不同程度影响。

为什么有时候天空明明晴空万里却说飞机由于天气原因无法起飞？

其实旅客们看到的天气往往只是起飞机场的天气，但是实际上天气因素除了考虑起飞机场外，还要同步参考落地机场以及航路上的天气。比如前段时间受台风影响，我国中南和华东多个机场被雷雨覆盖，航路上也有大范围的雷雨区，航班是无法穿越危险天气或者无法保障安全着陆的。所以出于安全考虑，我们会安排航班在地面等待天气的好转，希望大家再遇到因为天气原因造成的航班延误可以多一分理解与包容，因为没有什么比旅客的安全更重要。

航班延误时经常听到是由于受"流量控制"原因，到底什么是流量控制？

民航的航班是在限定的空域内飞行的，也就是我们平常意义上的航路航线。为了保证飞行安全，在航班流量较大的航路或空域范围，空中交通管制部门为避免各个飞机之间出现危险接近或空中相撞等危险情况，会对飞机的流量进行控制，也就是我们常说的流量控制。虽然我们平时开车只要保持很短的距离就可以了，但是天上的飞机因为翼尖涡流等多种因素的考虑，需要保持几千米到几十千米不等的安全间隔。这个前提下，我们就比较容易理解"流量控制"了：如果某个时间段航路上航班过多，就会造成空域"拥挤"，进一步导致无线电指挥的压力和雷达监控的压力加大，容易引发不安全事件。所以整体来说，流控其实更多意义上是为了旅客的出行安全划设的一个保险。

资料来源：http://news.carnoc.com/list/362/362709.html

本章小结

1. 民航空中交通管理是空中交通服务、空中交通流量管理和空域管理的总称，是国家实施空域管理，保障飞行安全，实现航空高效运输的有序运行，乃至捍卫国家空域权益的核心系统。

2. 空中交通服务是指对航空器的空中活动进行管理和控制的业务。它包括空中交通管制服务、航空情报服务和告警服务三部分。

3. 涉及空中交通服务的重大安全风险事件主要包括：小于最小飞行间隔、低于最低安全高度、非法侵入跑道、地空通信失效、无线电干扰和设备故障等。

4. 空中交通服务突发事件及应对措施主要包括：复杂气象条件下的应急处置、航空器紧急情况下的应急处置、跑道侵入的应急处置、地面通信联络失效的应急处置、空中交通管制设备故障的应急处置和其他特殊情况的处置。

综合练习

思考题

1. 民航空中交通管理的基本任务是什么？
2. 简述民航空中交通服务的主要内容。
3. 涉及空中交通服务的重大安全风险事件有哪些？
4. 如何进行机场鸟害防范管理？
5. 简述跑道侵入情况下，管制员的应急处置程序。

第八章

航空维修安全管理

本章学习目标

- 了解航空器维修工作四个等级；
- 了解航空器维修安全保证的的管理手段；
- 掌握航空器维修的突发事件的应急处置程序。

导引案例

维修存漏洞致客机故障返航

2016年5月3日，奥凯航空由长沙飞往张家界的BK2863航班因机械故障返航。据查，4月29日凌云公司在对奥凯航空MA60飞机进行3C级别定检过程中，在维修现场管理、工作连续性管理方面存在漏洞，维修员、检验员违反了适航性资料要求，漏装了飞机右外襟翼内左动筒内侧十字接头处连接螺栓的开口销，导致该飞机在后续飞行中连接螺栓脱落，造成右外襟翼故障。

对此，中南局对凌云公司做出行政处罚，暂停MA60飞机3C检维修能力3个月，同时3名机务被暂停民用航空器维修人员执照3～6月不等。

资料来源：http://news.carnoc.com/list/347/347038.html

第一节 概　　述

航空器维修是航空器维修人员根据适航规章、航空器或部件生产厂家的维修手册及其他技术文件和标准，对航空器的发动机、起落架、机身结构、系统/部件的机械和电子设备进行检查、维护和维修，保持航空器的适航性，保证航空器安全运行的过程。

根据航空器维修的深度和范围，航空器维修工作可划分为航线维护、机库维修、附件维修以及重要的修理和改装四个等级。

航线维护主要是指航前、短停和航后的航空器检查、勤务、加油、故障排除作业，航线维护工作依据工作单卡逐项执行并签字，在符合局方的适航规定之后，由航空公司授权的有资格的工程技术人员签字做整机放行（如图8-1所示）。

图8-1　航线维护工作现场

机库维修主要从事航空器深度维修工作，即对航空器结构及系统做一次较大的预防性检查及维护。包括非破坏性检验、测量或校准、航空器大修，以及航空器整体测试及检查、零部件翻修与更新等（如图8-2所示）。

图8-2　机库维修工作现场

附件维修是将拆换下来的航空器零部件进行分解、清洗、检查、换件、组合并在测试台进行检测的工作，目的是将零部件的故障排除或者恢复其性能，这项工作一般在车间内完成。比如航空器的刹车组件超标更换后，被送到修理车间，技术人员将刹车组件分解、清洗、烘干、探伤，之后更换新的刹车片，通过测试合格后即可重新装到航空器上使用（见图8-3）。

图8-3　飞机发动机维修工作现场

重要的修理和改装包括航空器客货机改装，为提升航空器性能、延长航空器使用时限而进行的重大维修和改装工作。比如"9·11"事件后，为了防止或延缓恐怖分子闯入驾驶舱，将驾驶舱门进行了加固安装。重要修理和改装工作视情在停机坪或者机库完成。

第二节　航空器维修安全

在航空发展的历史进程中，因为维修差错导致机毁人亡的事故带给人们太多的教训，所以，随着人们不断从事故中吸取教训、总结经验，再加上先进技术的运用，航空器设备可靠性越来越高，技术因素引发的航空事故大大减少。与此同时，人为差错导致的不安全事件却直线上升。目前，航空器维修安全重点关注飞行安全、维修地面安全、维修相关人员和设备安全。

维修单位的质量和安全管理工作主要体现在建立相应的维修系统,为了落实其适航性责任,维修系统通常包括以下主要部门:安全部门、质量部门、维修计划和控制部门、工程技术部门和培训部门。这五个部门的协同运作,通过可靠性管理和人为差错控制保证航空器飞行安全,提升航空器维修地面安全以及保障维修人员职业安全健康。

航空器维修最重要的工作是保证飞行安全。目前,航空器维修保证安全的方法主要按照局方的各项法规进行适航管理,具体来说,除采取各等级航空器维修工作外,还采取建立维修单位安全管理体系、应急管理体系、可靠性管理、人为因素理论和模型的应用等管理手段,达到飞行安全的目的。

一、航空器可靠性管理

可靠性是产品在规定条件下和规定时间内,完成规定功能的能力。它是衡量飞机系统综合性能的重要参数。航空器可靠性直接关系到人民群众的生命安全,影响航空公司的经济效益。可靠性管理就是从系统的观点出发,通过制订和实施科学的计划、组织、协调和监督可靠性活动的开展,以保证消耗最少的资源,实现用户或设计要求的定量的可靠性。

从应用角度,可靠性可分为固有可靠性和使用可靠性。固有可靠性仅考虑设计和生产中能控制的故障事件,用于描述产品设计和制造的可靠性水平;使用可靠性综合考虑产品设计、制造、安装、维修等因素,用于描述产品在计划环境中使用的可靠性水平。

从设计角度,可靠性可分为基本可靠性和任务可靠性。前者指产品在规定条件下无故障的持续时间或概率,考虑要求保障的所有故障的影响,用于度量产品无须保障的工作能力,通常用平均故障间隔时间(Mean Time Between Failures,MTBF)来度量;后者指产品在规定的任务剖面内,完成规定功能的能力,仅考虑造成任务失败的故障影响,用于描述产品完成任务的能力,通常用任务可靠度(Mission Reliability,MR)来度量。

可靠性管理流程通常包括数据采集、数据分析、工程调查和纠正措施,并形成闭环反馈。建立良好的数据采集系统,应用概率论和数理统计方法进行可靠性分析,对使用中的飞机性能情况进行评估和工程调查,找出无法接受的状况及根本原因,从而制定合理可行的纠正措施,并进行反馈及跟踪。

数据采集是可靠性分析的第一步,通常也是最难的一步。因为没有良好的数据支持,不可能得出准确有效的分析结果。建立良好的数据采集系统,确保能够及时、完整、准确地提供飞机及附件各类维修和性能数据,是后续各项工作的基础。数据采集的来源有很多,具体可分为飞机使用时间数据、飞机系统性能数据和附件使用数据等三类。

数据分析是可靠性分析的第二个环节,也是可靠性分析的核心,其主要工作包括将飞机系统、附件的性能与历史数据相比较,找出不可接受的性能状况异常、恶化的趋势和重要事件,进行现行维修方案的有效性评估等。数据分析主要包括系统分析和事件分析两种方式。统计分析是使用统计方法处理相关数据,以便凭借与设定的警告值或性能指标值比对来识别性能趋势。事件分析则用来监控统计方法无法有效分析的事件,并对统计分析进行适当的补充。

工程调查,是将数据可靠性分析的结果应用到航空维修决策的必由之路。工程调查的目的,就是要寻找和判别故障及重要事件发生的根本原因,借此确定有效的纠正措施。在可靠性数据分析中,如果发现飞机或附件性能状况出现恶化趋势、性能指标超出警告值、飞行不正常以及重复性、多发性故障等事件,就应启动相应的工程调查。通过可靠性分析,对系统及附件性能进行调查和总结,找出其中的规律性内容,从而制定合理的维修策略。

改进或纠正措施的制定和落实是可靠性分析工作的最终目的。通过工程调查,找到造成故障的真正原因,提出有效的纠正措施,改进维修策略,从而预防故障重复发生,这就是纠正措施在可靠性分析中的作用。纠正措施通常需要在安全与成本之间找到一个平衡点,恰当的纠正措施,能在提高安全性的同时降低成本。纠正措施制定后,需要进行跟踪及反馈,这是确定纠正措施有效性最常用的方法。对比较重要或紧急的事件,可以指定专门的部门以口头或书面的形式直接进行反馈;对于并不十分严重的事件,可以通过监控相关的性能参数趋势来完成。

二、人为差错控制

在早期的航空安全研究中,人们将主要精力放在硬件上,致力于各种设备器件的改进而忽视了人为因素在航空安全事故中所起到的重要作用。随着航空工业的发展,人们越来越意识到,大部分航空安全事故中都是由人为差错造成的。另外,随着技术的进步,如今的硬件已经非常可靠,由于硬件原因造成的安全事故与人为因素相比所占的比例越来越小。由此,人们便开始重视人为因素的作用,研究人为因素对航空安全的影响。

我国自20世纪90年代开始对人为因素理论进行研究。1992年,人们开始关注维修中人为差错问题,并对相关事件进行统计。1998年,中国民用航空局开始对航空维修中的人为因素问题进行研究。目前,国内多家维修企业采用维修失误决断方法对维修人为差错进行控制。

关于人为差错有一个重要的观点:不能要求人为差错为零,只能通过防止差错和制定容错措施来控制差错。发生人为差错的主要原因大致分为以下几类。

1. 生理原因

人体各功能系统、各机能器官及生理节奏等生物体活动规律,以及人体的疲劳特性等,都可能成为发生人为差错的生理原因。除此之外,人的大脑的生理活动规律,特别是大脑意识的活动水平,对人体的行为和人为差错的影响尤其不可忽视。

2. 心理原因

(1) 注意力:在工作时,人们经常由于注意力分散导致人为差错。大量事实表明,注意力分散是人体特性的本质表现之一。一般情况下,正常人都不愿意在危险场合分散注意力。但是,人的大脑意识并不能永远保持在同一水平或最佳水平状态,无法控制的情形经常会出现,使人在注意力集中与注意力分散之间来回转换。

(2) 臆测判断：所谓臆测判断，是指个人在没有任何根据的前提下，通过推测所做出的随意性判断。臆测完全是主观的随意性产物，以臆测作为指令，是发生人为差错的重要原因。

(3) 其他心理因素：过度紧张、过度松弛、焦躁反应和单调作业等，也都是导致人为差错的原因。

3. 管理原因

(1) 组织管理层方面：组织管理层对人为差错重视不够，没有落实具体的管理措施、程序。负责人为差错的组织机构不健全，目标不明确，责任不清楚，检查工作不落实。

(2) 车间方面：作业时间安排不合理，违反人体特征。缺乏均衡稳定的作业计划，团队合作意识差，员工之间常有无原则的纠纷和争论。

(3) 工作特征及工作环境方面：员工长时间连续工作；工作时动作和姿势不安全、不合理；工作要求力量过大、精度极高等；难以把握的局面；难以检验结果的工作；不适宜的物理环境因素等。

三、维修地面安全

维修地面安全是与航空安全密不可分的组成部门。2006年，中国民航公布了行业标准《民用航空器维修　地面安全》(MH/T 3011—2006)。这套标准一共包含以下部分：轮挡，停放与系留，牵引，顶升，地面试车，操纵面试验，加油和放（抽）油，部件的吊装，地面溢油的预防和处理，机坪防火，局部喷漆，客舱整新和焊接，地面消防设施维修、使用和管理，红色警告标志的使用，地面紧急救援，燃油箱的维修，座舱地面增压试验，燃油沉淀物的检查，风害防护，除冰以及除冰液的使用。这套标准的颁布和实施，对保证航空器的地面安全，减少在维修工作中发生地面不安全事件，降低对飞行安全、正常、准点所造成的影响起到了积极的作用。

维修地面安全是航空器维修工作中必须关注的一个问题。举例来说，在维修过程中，由于操作人员思想麻痹、注意力不集中、无保护装置或保护装置失效而出现设施设备接近飞机时剐蹭飞机的现象；又如在维修过程中，操作失误导致航空器、发动机或设备损坏，严重的甚至导致人员伤亡。类似事件在世界维修行业里时有发生。

（一）航空器重要系统的维修

航空器的重要系统是指当航空器在空中发生紧急情况时，保证其安全飞行、着陆或迫降的基本系统，如飞行控制系统、起落架系统、应急系统和发动机等。做好这些系统的维修工作是飞行安全的关键。在维修工作中，为了保证上述重要系统的功能和性能，要求对其进行认真、细致的检查，严格按照工卡或维护手册的要求进行施工，并落实自检、互检和终检的三级检验制度。

(1) 飞行控制系统是在驾驶舱操纵驾驶杆、脚蹬、升降舵配平电门、方向舵配平电门等，通过机械或电传方式，控制液压系统，驱动飞行舵面偏转，从而控制飞机的俯仰、滚转和偏航，使飞机按照规定的航路飞行的系统。在进行飞行控制系统维修工作时，首先要按照航空器制造厂家提供的维护手册和工卡对该系统的功能进行测试，对其部件，特别是舵面进行细致的检查，是否有丢失、破损和漏油的情况，发现问题按维护手册进行故障排除、修理或更换，完成施工后进行自我检查，并与同事或者班组长进行互检，最后由检验员进行检验后，才能将系统恢复使用。

（2）起落架系统是给航空器提供停放、滑行、起飞、着陆，以及中止起飞和着陆刹车的系统。大型民用运输机起落架在起飞之后一直到着陆进近之前，都收起到起落架舱内，起落架舱门关闭，以减少飞行中的空气阻力。该系统的维修工作同样需要进行检查、测试，发现问题按标准进行维修，最后进行三级检验后恢复使用。

（3）应急系统用于航空器在空中发生紧急状况时，如座舱释压、火警等，给航空器提供应急的液压、交流电和直流电，给飞机提供基本控制和通信功能，给客舱提供氧气、应急指示灯光和灭火瓶，给机组和旅客提供着陆或迫降后的逃生设备，如机上应急滑梯、逃生绳、救生衣、救生船和应急定位发射器等。该系统的维修工作需要进行检查、测试，发现问题，按标准进行维修，最后进行三级检验后恢复使用。

（4）发动机是给航空器提供动力的装置，是保证航空器飞行的核心装置。该系统的维修工作需要进行检查、测试，发现问题，按标准进行维修，最后进行三级检验后恢复使用。

（二）航空器维修地面安全

航空器的正常飞行，需要航空器各个系统进行配合，维修工作需要按照维修手册或工卡在飞机上做大量的功能测试，每一项工作都有可能存在人员伤亡、设备损伤或航空器损坏的风险，例如在对飞行操作系统进行测试时，飞机拖面可能随时会偏转，如果刚好有维修人员在拖面上工作，这将会导致人员伤亡。在进行维修工作时，还需要使用大量的设施设备，常见的有维修工作梯、高空车、升降车、电源车、空调车以及各种测试设备等。这些设备设施接近飞机前，必须确定航空器的状态，如发动机是否试车、电源是否通电、液压是否增压、舵面是否作动等，并与现场负责人进行充分的沟通。

四、维修人员人身安全

维修活动中，由于在机库或者停机坪中有航空器、车辆或设备的活动，维修人员需要特别注意自身的安全。

维修人员不可避免地会接触到各种油、液和气，因此在进行维修工作时，应当对航空器上的油、液、气对眼睛、皮肤、呼吸等器官的危害程度有一定的了解，避免其对人体造成危害，对环境造成污染。

在维修工作中，必须熟悉航空器的危险区域，以免造成伤害，如飞行控制舵面操作检查时的危险区域，各型发动机运行时的安全区域和危险区域。

在进行维修工作时，必须使用飞机安全装置，如航空器的系留能保证飞机在大风情况下安全，发动机罩、探头罩能避免风沙进入发动机和设备，货舱门、起落架及其舱门的安全销或安全衬套能保护设备并防止其意外动作导致人员伤亡。

航空器上的部分零部件含有放射性元素,在拆换或接近这些零件时,维修人员需要注意个人辐射防护。

此外,在航空器维修过程中经常要使用高压氮气或氧气,维修人员应该注意高压气体对人体的伤害。

案例链接 8-1

国航成都机务飞机大修部又稳又快保暑运

进入暑运高峰以来,国航成都维修基地飞机大修部及时将工作重心从"抓好大修生产高峰"转移到"全力以赴保证暑运"上来,在组织好飞机大修生产的同时承接了该公司大部分A检工作,并加强了航线应急支援的力量,又稳又快地投入了2015年暑运保障工作。

A检工作要"稳"。A检工作具有"短、频、快"等特点,作业场所又在远离飞机大修机库的A检机坪(见图8-4),加之正值夏季酷暑、雷雨交加的恶劣天气状况,这对于不常做A检的大修部来说是一个严峻的考验。因此,为确保A检工作高质量、高效率完成,该部门采取了"稳"字当头的策略:稳在提前计划,部门每周四结合生产计划提前确定下一周每架飞机的人力计划,提前梳理风险防控点,提前确定监管人员,确保每周的生产安排处于计划安排之中。稳在周密管理,每个A检工作都按照C检乃至大修的单机项目管理的方式组织,值班干部对A检实施的全过程进行管控,并结合夏季维护特点对雷达、空调和火警探测等重要系统进行重点把关。稳在保障到位,器材员、工卡员、工程师到现场进行全程支援保障,部门对A检机坪作业的饮水、吃饭、防暑等进行了全盘安排。截至7月30日,部门已经顺利完成12架飞机的A检工作,并将在接下来的一个月暑运高峰中继续做好A检工作。

图8-4 工作现场

应急支援要"快"。航班运营中的飞机出现故障后,第一时间排除故障是飞机尽快投入下一个航班的保障。因此,该部门的航线应急支援工作处处体现着一个字——"快":24小时全天候驻守在 A 检机坪的结构专业、复合材料专业、喷漆专业的航线值班人员,在接到排故任务后 10 分钟内赶到排故现场;航线值班工程师 24 小时在公司待命,接到任务后 30 分钟内赶到排故现场;接到赴外抢修的工作后,部门会立即根据各单位提前计划安排出的应急排故小组人员名单组建抢修小组,并召开准备会对抢修工作进行部署安排,确保最快的速度奔赴现场。从 6 月 25 日至 7 月 25 日,该部门已经赴东区航线应急支援 2 次,赴广州、昆明应急排故 2 次,有力保障了暑运航班运力。

资料来源:http://news.carnoc.com/list/322/322510.html

第三节 航空维修突发事件及应急处理

为保证各种应急情况下的安全和尽可能地减少损失,维修单位应该建立本单位的应急管理体系,根据《中华人民共和国突发事件应对法》《中国民用航空应急管理规定》,制定适合本单位资源和特点的应急预案,规定应急情况下的组织、职责、信息上报、处置、培训和演练、外部协议,并配备相关的应急设施设备。航空器维修单位和人员应该具备涉及本职工作的应急处置能力,至少应该包括空中紧急救援技术援助、地面紧急事件处理(发动机在地面失火、飞机溢油、飞机在跑道抛锚等)和飞行/地面事故援助等。

一、空中紧急技术援助

发生空中紧急事件时的处理原则:根据需要,维修人员应指导飞行员在空中采取适当的工程技术措施,尽可能化解紧急事件,或最大限度协助飞行员降低紧急情况对安全的影响。

航空器在空中发生紧急情况时的技术援助步骤:(1)飞行员通过空地通信或空地数据链向空管部门和航空公司运输控制部门报告紧急情况细节,如果需要工程技术方面的援助,维修部门应立即组织由专家组成的三个技术救援小组。(2)第一组负责通过空管部门或航空公司运行控制部门与机组建立联系,提供技术解决方案,听取机组的反馈。(3)第二组负责与厂家或权威工程技术部门进行咨询。(4)第三组根据机组的反馈、厂家或权威工程技术部门的意见以及维修手册等技术文件,提出最优的技术解决方案。(5)技术解决方案提供给机组实施后,听取机组反馈。(6)根据机组反馈调整和重新编制技术解决方案。(7)向机组提供新的技术解决方案。(8)解除空中紧急情况。

二、地面紧急事件处理

(一)发动机失火

航空器在地面发生发动机失火的处理原则:尽快控制火情,避免火情蔓延,特别需要避免油箱起火爆炸。

航空器发动机在地面运转时发生火警的处理步骤:(1)发动机在地面发生火警后,参数指示异常,驾驶舱发动机火警指示灯闪亮,火警警告铃声响,主警告灯闪亮,发动机火警信息出现。(2)在驾驶舱的人员马上按住(或拔出)红色的发动机火警电门,将发动机与电源系统、燃油系统、液压系统和气源系统隔离。(3)按压灭火瓶开关,释放起火发动机的所有灭火瓶。(4)通知塔台、机场指挥中心、消防队和医疗救护中心。(5)地面人员尽可能使用地面灭火瓶,在保证自身安全的前提下进行灭火。(6)组织机上人员和旅客紧急撤离,维修人员协助逃生。(7)消防车和医疗救护中心抵达后,维修人员协助消防员、救护人员进行灭火、援救或警戒。(8)发动机起火被扑灭。

案例链接 8-2

珠海机场举行航空器发动机起火应急救援演练

"现场指挥中心!一架位于国际指廊14号机位正对面机坪的飞机发动机着火,航班号为AB1234!机上旅客40名、机组成员6名,请做好救援准备!"此时,珠海三灶国际机场停机坪上浓烟滚滚,机场消防车、救护车警灯闪烁,警笛鸣响,现场气氛十分紧张。原来,这是珠海机场根据中国民用航空局有关16届亚运安保工作指示精神,并为配合开幕的第八届中国国际航空航天博览会的保障工作,而举行的航空器发动机起火应急救援单项演练,以检验机场发生紧急情况时,各救援单位的整体反应能力和快速救援水平。应急演练现场如图8-5所示。

图 8-5 应急演练现场

2010年10月25日22时演练正式开始。22时,珠海机场现场指挥中心的专线电话急促响起,一架航班号为AB1234,在由珠海机场起飞滑行过程中突然出现发动机失去动力后着火的消息,由停机坪现场迅速传递到现场指挥中心。值班指挥员立即报告公司值班经理,启动机场应急救援指挥中心和应急救援响应,并通报机场消防大队、医疗急救、机场公安分局及空管站等单位,很快,相关单位车辆、人员紧急出动赶赴出事地点,投入航空器救援行动。

此时,事故现场的飞机由于发动机着火后火势向机身蔓延,机翼与发动机连接部位出现燃油泄漏,火势猛烈,严重威胁着旅客与机组人员的生命安全。机场消防大队4部特种消防车迅速到达事故现场,根据火场实际情况各自占据有效位置,进行灭火处置。火情很快受到控制,10分钟后大火被扑灭。与此同时,珠海航空有限公司机组人员将机上乘客快速而有序地从飞机安全疏散出口紧急撤离疏散至停机坪。珠港机场管理公司旅客值机服务部工作人员将旅客引导至远机位的安全地点,交接给在现场急救指挥区域待命的医护人员,并与医护人员一起安抚旅客,清点和登记被救出的旅客。在救援现场,珠海机场公安分局干警进行警力布置、警戒,确保现场人员的安全。紧接着,消防人员进入飞机客舱内,检查搜寻有无遗漏的旅客,发现有两名旅客因晕厥无法及时撤离,消防人员迅速将其背至安全地点,由医护人员现场急救后迅速转运到离机场最近的三灶镇人民医院。22时50分,经各救援单位的协同作战,飞机灭火、旅客救护及撤离转运等工作全部完成。23时,应急救援演练结束。从救援过程来看,本次演练顺利完成了信息传递、人员疏散及航空器发动机灭火三个演练课题,各单位之间的信息传递、联动配合、现场处置等方面能力达到了预期效果。

资料来源:http://news.carnoc.com/list/172/172753.html

(二)地面溢油

地面溢油的处理原则:完全隔离电源和火源,防止起火,尽快清理溢油。

在加油或者维修工作过程中,加油管、航空汽油箱或者燃油系统部门发生地面大面积溢油事件的处理步骤:(1)立即向指挥中心报告。(2)通知消防人员到达现场戒备。(3)立刻隔离现场电源和火源。(4)如果溢油量较大,通知无关人员紧急疏散。(5)尽快堵住溢油口,控制事态进一步扩大。(6)协助消防员对溢油区进行清理。

案例链接 8-3

东航山东飞机维修部发现排除发动机漏油故障

2005年7月27日上午7:50,当执行MU5187航班的A320/B-2207飞机上完客、廊桥撤离、即将推出时,东航山东分公司飞机维修部航线值班员姜洪杰、曹新海同志突然发现右发动机下侧包皮有少许燃油痕迹。出于职业的敏感性和高度的责任心,他们立即通知机长暂缓推出,打开发动机包皮,结果意外地发现发动机液压机械组件(HMU)正在以每分钟约60~70滴的速度泄漏燃油。机组随后通知旅客下飞机,100多名旅客分批改签其他航班离开,飞机被拖到机库检修。由于姜洪杰、曹新海同志及时发现这一突发性故障并中断起飞,避免了一次极有可能出现的发动机空中失火和空中停车事故征候。

飞机拖到机库后,东航山东分公司飞机维修部四车间立即组织有关人员进一步排查故障细节,结果发现漏点很多;其中一个堵盖和两个通道之间的电插头漏油特别严重。如果姜洪杰、曹新海同志没有及时发现,飞机起飞后,电插头点火极有可能点燃泄漏的燃油,造成发动机失火并直接导致空中停车的重大事故征候。

液压机械组件(HMU)青岛、济南航材无货,东航山东分公司飞机维修部航材科紧急求援东航总部和各分、子公司,终于在东航南京有限公司找到航材,并于当天18:00将航材送达青岛。由于故障排除比较困难、工作量较大,四车间紧急从市里抽调技术能手回机场加班。他们主动放弃休息,毫无怨言、连续奋战,终于在次日凌晨2:00完成排故;18日上午,飞机满载旅客安全飞行。

资料来源:http://news.carnoc.com/list/55/55533.html

(三)航空器在跑道抛锚

因为故障或者其他突发事件导致航空器在跑道端抛锚的处理原则,尽快将航空器脱离跑道,采取适当措施排除故障或协助其他部门处理突发事件。

航空器因故障或其他突发事件致使其在跑道抛锚事件的处理步骤:(1)机组通过空管或航空公司运行控制部门,将航空器抛锚情况细节告知维修部门。(2)维修部门在获悉情况后,快速成立专业小组。(3)通过航空公司运行控制部门向塔台和机场指挥中心提出进入滑行道、跑道的申请。(4)获得批准后,携带地面耳机尽快赶到航空器位置,与机组进行联络,了解具体的情况。(5)尽快将航空器脱离跑道,指挥航空器滑回或安排拖车拖回停机坪。(6)根据情况与值机部门沟通决定旅客或机上人员是否下机。(7)检查航空器抛锚情况,对故障进行检修。(8)如果是其他非工程技术问题,维修人员协助相关部门进行工作。

案例链接 8-4

飞机瘫卧跑道,广州白云机场关闭3小时

2002年10月14时许,广州白云机场一架准备飞往湛江的波音737飞机在进入跑道之际,突然因机件故障导致起降架轮胎压坏跑道,飞机当场瘫痪在西南端道口。受此影响,白云机场被迫中止了将近3小时的起降,20多个抵港航班备降深圳、汕头等机场。

据值勤的机场人员称,当时这架波音飞机载完客后,由机车从停机坪牵引出来,正准备从靠近机场路的跑道西南端进入跑道起飞之际,突然发生机件故障,导致起落架轮胎压坏跑道,飞机被卡在半路上灭火"抛锚"。大批维修人员立即赶赴现场对飞机及跑道进行紧急抢修,由于飞机与跑道同时受到损毁,加上白云机场只有一条跑道,导致其后的航班都无法起飞与降落。抢修1个小时后,飞机故障仍未排除,最后只好用摆渡车将机上乘客撤回机场候机楼,并出动工程机车将出事客机拖回机库维修。

飞机出事地点距机场路围栏界只有100余米,该架中型客机进入直道正调整机头对准起跑线之际,突然像被什么东西绊了一脚,机身强烈地晃动了一下,然后就"瘫"了。下午17时左右,维修人员修复了出事跑道并清理完毕。17时13分,一架上海航空公司的客机率先从修复后的跑道起飞,白云机场重新开放起降。

资料来源:http://news.carnoc.com/list/17/17454.html

(四)飞行/地面事故援助

发生航空器飞行/地面事故时的处理原则,以抢救人员生命为第一要务,协助救援人员,

为救援人员提供专业的技术意见和指导。

当航空器发生事故后,维修人员援助措施如下:(1)尽快到达现场,迅速组织采取紧急措施。(2)协助消防人员、医护人员救援机组和旅客。(3)保护现场,防止航空器设备和散落物丢失。(4)拆下蓄电池,切断机上电源。(5)关断氧气。(6)如果起落架处于放下和锁住位置,应插上安全销并插上接地线。(7)拆下事故记录器。(8)将事故航空器系留好。装好舵面夹板、堵头和布罩。(9)尽快并尽可能多地抽放航空器燃油,但必须保证航空器状态不变。(10)释放液压系统压力。(11)计算和估算航空器重量和重心。(12)协助完成事故调查组安排的其他工作。(13)当事故调查组完成调查工作后,维修人员还需负责对事故航空器进行搬移。

知识链接 8-1

衡量机务组织维修水平的九大指标

机务组织,可以是一个航空公司的机务部门,也可以是一个专业的飞机维修公司,如何客观地衡量这个组织的维修水平?目前确实是个比较大的难题。在国际上,对于MRO的排名,普遍认可的一种方式是由Overhaul&Maintenance杂志每两年一次推出的飞机维修调查。该调查结果按照各维修企业所提供的人-工时数进行排序。虽然维修工时可以反映一定的维修水平,但是这种依据的排名还是比较笼统。比如通常我们认为修飞机最厉害的应该是美国波音或者欧洲空客。然而,以维修工时进行排名,目前世界飞机维修企业排名第一的殊荣多年被新加坡科技宇航公司盘踞!这个结果可能很多局外人士意想不到,新加坡弹丸之地,连航空工业基础都没有,何以称霸天下?确实,仅仅以维修工时不足以表明这个机务组织的维修水平,充其量维修工时多表示其市场份额比较大、业务比较多,因此应尝试分析除维修工时以外的指标,用以全面、客观地表示维修机构的维修水平。

通常,机务的根本目的有三个方面:安全、可靠和经济,从机务的根本目的入手,初步认为有以下九个指标可以衡量机务组织的高低。

TOP.9 机务维修人员资质

民航运输企业作为资源密集型、资金密集型企业,需要具有基础理论、技术过硬、上手快的机务维修人员。根据CCAR 66部民用航空执照管理规定,一般工作3年以上的机务可考取维修基础执照。机务维修人员的资质可以在一定程度上反映维修机构的维修水平,包括工作年限分布、学历分布、持照人数分布和放行人员占比分布等。

从中国民航科学技术研究院2014年发布的《中国民航维修系统资源及行业发展报告》可以看到,截至2013年底,报告统计的国内35家依据CCAR 121部运营航空公司和259家维修单位机务维修系统人员人数约6.66万人。按从事维修工作年限分析,3年之内的人员为13 008人,占比为19%;3~6年的人员为16 556人,占比为25%;而6年以上的人员为37 069人,占比为56%。按机务维修人员的学历分布来看,具有专科和本科学历人员比例分别为38.52%和42.13%,而专科以下学历人员比例为17.56%,比去年略有降低,研究生及以上学历人员比例为1.79%。按机务维修人员持照情况来看,我国民航机务维修人员取得 CCAR 66 部民用航空器维修人员执照且执照状态有效的为 26 666 人,占 40%;取得 CCAR 66 部民用航空器部件维修人员执照且执照状态有效的为 6 413 人,占 9.6%;取得 CCAR 66 部管理人员资格证书且证书有效的为 2 394 人,占 3.6%。航线维修放行人员数量为 7 772 人,占航线维修人员总数的 33.17%;定检维修放行人员数量为 1 792 人,占定检维修人员总数的 13.29%。

TOP.8 飞机日利用率

机务维修工作的使命是,在保证安全的前提下,以合理的维修成本,提供最大的飞机可利用率。一支优秀的维修队伍,一定是可以最大限度上保障飞机的日利用率。所谓的飞机日利用率,指的是飞机平均每天的生产飞行小时,是衡量飞机利用程度的重要指标。

据美国交通部运输统计局(BTS)统计数据显示,2008 年至 2013 年的北美航空公司的飞机日利用率中,大型网络型航空公司和低成本航空公司的飞机日利用率年平均都超过 10h。大型网络型航空公司 6 年平均飞机日利用率为 10.2,其中,以美联航(United Airlines)表现最好,6 年平均达到了 10.7h。低成本航空公司的飞机日利用率为 11.2,体现了低航空成本高飞机日利用率的特点。

TOP.7 保留故障数量

所谓故障保留,指的是符合最低设备清单(MEL)和构型缺损清单(CDL),在无航材、无充足停场时间或者无相应工具设备的条件下的维修方法。

保留故障的数量能够从侧面反映出该维修组织的航材管理能力、人力资源调配水平、工程方案制定能力等方面。一般来说,定检飞机的保留故障最好能够保持在零保留的状态,而航线维护的飞机,其保留故障数量也不应超过 5 项。除此之外,保留故障的解决周期也是维修能力的表现之一,在工程计划人员给出故障保留期限后,该故障就应该能够在这一期限内解决,然而,由于各个方面的因素,保留故障不断延期的情况也时有发生。这一数据可以直观地体现出受评估维修组织的维修能力。

TOP.6 重复故障数量

重复性故障,指同一架飞机,在连续 7 个飞行日,同一故障重复出现三次或者三次以上的故障现象。该项指标体现了维修组织对于执管机队可靠性管理的能力水平。一般来说,重复性故障的发生都是普遍性,而非特定性,就好比流感病毒的爆发,在同一机龄的同一批飞机,很可能在某一特定的时间内出现此类故障。而可靠性管理就是要从整个机队管理的角度,来改变重复性故障的发生频率和数量。同时,判断系统、部件的工作状态,以此改变整个机队的飞机运营可靠性。

TOP.5 航班正点率

航班正点率想必是普通乘客直接关心的一项数据。所谓"准点",航空数据和航班信息提供商(OGA)将其定义为航班到达时间在航班时刻的 15 分钟之内。

TOP.4 故障延误率

有正点率,必然就会有延误率,而飞机延误的原因非常多,本文仅讨论因为飞机机械故障或者机务故障导致的延误。

故障延误率通常新飞机、老飞机的概率会比较高一些,而且飞机发生故障的概率也会因飞机个体不同而不同,日常通常会遇到这种事情,某个机队的某一架飞机,就是会经常发生一些没有预兆的故障而导致航班延误,这确实会与制造业、材料、使用环境等有关系,然而这个指标也能衡量机务水平高低。据不完全统计,因机械故障造成的航班延误约占航空公司航班延误的10%。所以,故障延误率也是衡量机务组织的重要指标之一。

TOP. 3 恶性故障延误率

如果因为飞机机械故障引起的延误,时间超过4小时,包括航班取消的情况,我们都把它称作恶性故障。很显然,恶性故障也是衡量机务组织的重要指标之一。

恶性故障延误率不同于普通的故障延误,对于航班运行,如果因为机械故障导致延误超过4小时,那负责该飞机的维修组织的维修水平则不敢让人恭维。我们知道,一般情况下,对于会造成如此恶性延误的机械故障,维修组织都应该或者必须对此做出预判,预先通过调机或航班改签等方案来化解故障带来的运力难题。而并非会造成直接的延误影响,这种通过管理手段来达到最终的运力指标的方法也能够体现维修组织的维修水平。

TOP. 2 安全指标——该机务组织发生安全事故的多少

安全指标如果按照绝对值来比,肯定会不合理,因为飞机维修的深度和数量又是一个重要的影响因素。但是,安全指标绝对会体现一个机务组织的管理水平和技术水平,机务安全事故,主要是飞机发生安全事故的概率,应该是一个机务组织特别重要的衡量指标,哪怕是一些低级安全事故,都会抹杀这个机务组织的正面形象。安全保障可以说是每个机务组织责无旁贷的天职所在,安全管理的高低直接体现在安全这个结果上面,往往容易发生安全问题的企业或者阶段,通常就是保障机队的机务出现了比较大的安全管理问题。

客观而言,任何一个维修组织都不可能完全避免安全事故。那么,如何利用现有资源来避免严重安全事故的出现,是否建立有积极高效的维修人员素养,也是衡量一个优秀维修组织的重要因素。而这一因素的体现,就取决于安全事故出现的频率和级别。

TOP. 1 满意度

估计很多人看到这里开始认为衡量一个机务组织的维修水平排名第一的还真是这个满意度。

满意度指标体现在两个方面。首先,自然是客户满意。机务组织就是要为服务的飞机服务,只有上面一系列的指标都令客户满意了,至少表示结果令人满意,变相表示这个团队的水平确实是高。其次就是自己满意。一个机务组织如果能够对自己满意,也是极其难得的一个结果。机务人平时目标追求都是100%的达成目标,所以想象得到只有100%才能够让机务人满意。而自己满意自己,不仅仅是工作的结果使然,更加是这个团队的凝聚力、和谐氛围和技术能力的保障。

资料来源:http://news.carnoc.com/list/315/315949.html

本章小结

1. 根据航空器维修的深度和范围,航空器维修工作可划分为航线维护、机库维修、附件维修以及重要的修理和改装四个等级。

2. 航空器维修安全重点关注飞行安全、维修地面安全、维修相关人员和设备安全。

3. 航空器维修保证安全的方法主要按照局方的各项法规进行适航管理,除采取各等级航空器维修工作外,还采取建立维修单位安全管理体系、应急管理体系、可靠性管理、人为因素理论和模型的应用等管理手段,达到飞行安全的目的。

4. 航空器维修单位和人员应该具备涉及本职工作的应急处置能力,至少应该包括空中紧急救援技术援助、地面紧急事件处理、飞机/地面事故援助等。

综合练习

思考题

1. 航空器维修工作的主要工作内容有哪些?
2. 简述航空器维修保证安全的主要方法。
3. 航空器维修人员在进行维修工作时如何保障人身安全?
4. 航空器在地面发生发动机失火的情况下,如何进行紧急处置?

第九章

航空安保管理

本章学习目标

- 了解航空安保国际条约体系的构成；
- 了解我国航空安保法规规章；
- 掌握航空安保规章的职责分工、航空安保工作的重点实施对象；
- 理解航空安保质量控制和航空安保审计；
- 掌握典型航空安保事件的应急处置程序。

 **导引案例**

上海浦东机场爆炸案一审宣判　被告人被判 8 年

2017 年 2 月 17 日上午，上海市第三中级人民法院对一起发生在去年的浦东国际机场爆炸案做出一审判决，以爆炸罪判处被告人周兴柏有期徒刑 8 年，剥夺政治权利两年。

2016 年 6 月 12 日 14 时许，上海市浦东国际机场 T2 航站楼出发层 C 岛 26 号柜台处，一男子忽然从背包内拿出用啤酒瓶自制的爆燃物投向值机人群，造成三名正在办票的旅客受伤（无生命危险），随后该男子从背包中取出匕首，割颈自杀，未遂后被送往医院救治。面对起诉书指控的内容，被告人周兴柏表示"认罪"，但否认"报复社会"，并表示只想引发关注。周兴柏因个人生活不顺而采取极端行为发泄不满，制作爆炸物并在浦东国际机场实施爆炸；造成三名旅客不同程度受伤，一个国际航班被取消，两个国际航班被延误（如图 9-1 所示）。

图 9-1　上海浦东武警包围排查现场

资料来源：http://news.carnoc.com/list/392/392211.html

第一节　航空安保法律法规体系

根据《国际民用航空公约》附件 17，航空安全保卫简称航空安保，是指为维护民用航空安全不受非法干扰行为影响而采取的措施和使用人力、物力的总和。航空安保是国际通用的术语。而我国的习惯用语为空防安全，常见于民用航空安保的各种文件当中。

长期以来,航空安全问题主要体现在飞行安全问题上。一般认为飞行安全问题,主要是由航空器本身的性能及相关人员的操作水平造成的。相关的因素包括航空器的性能、物理状态、通信导航气象以及人的因素。然而,随着航空器大型化的实现和与航空运输大众化、国际化的到来,虽然飞行安全水平因航空科学技术的巨大进步实现了质的飞跃,但是威胁和干扰航空运输的违法犯罪行为却日益突出,尤其是恐怖主义袭击活动对航空安全的威胁达到了前所未有的高度。特别是"9•11"事件后,航空安保问题受到了国际民用航空组织及其会员国的高度重视。他们通过建立健全法规法律,实施质量控制和安保审计来保证航空安保工作的有效进行,促进民航业的健康发展。目前航空安保已经是民用航空安全的两大重要组成部分之一,也是民用航空安全工作的核心内容之一。

一、航空安保国际条约体系

为阻止威胁、破坏国际民用航空安全与运行,以及非法劫持航空器行为的发生,国际民用航空组织成员国先后签订了一系列的公约、协定书等对干扰航空器正常运行的犯罪与行为做出了明确的规范。

(一)《国际民用航空公约》附件17

《国际民用航空公约》附件17即"防止对国际民航进行非法干扰行为的安全保卫"于1974年3月通过并生效。《国际民用航空公约》附件17规定:在防止对国际民用航空非法干扰行为的一切有关事务中,旅客、机组、地面人员和一般公众的安全是每个缔约国的首要目的。

附件17提出的建议和措施,对我国机场、航空公司的保安工作和安全检查有着重要的指导意义。各机场当局和航空公司应根据其标准和建议及我国政府有关航空安全的法规、指令和规章,制定适合本机场和公司的航空安全保卫规划。

(二)1963年《东京公约》

1963年《东京公约》即"关于在航空器上犯罪和某些其他行为的公约"。该公约规定航空器登记国有权对在机上的犯罪和犯罪行为行使管辖权。其主要目的是确立机长对航空器内犯罪的管辖权,规定了机长有权对在航空器上的"犯罪"者采取措施,包括必要的强制性措施;机长有命令"犯罪"者在任何降落地下机的权利;对航空器上发生的严重犯罪,机长有将案犯送交降落地国合法当局的权利。

(三)1970年《海牙公约》

1970年《海牙公约》,即"关于制止非法劫持航空器的公约"。该公约对劫机犯罪行为进行了界定,用武力、武力威胁、精神胁迫方式,非法劫持或控制航空器(包括未遂)即构成刑事犯罪。公约规定:各国享有普遍管辖权,推翻了仅限于航空器的登记国享有管辖权、载有罪犯的航空器的登陆国享有管辖权、租赁航空器的使用国享有管辖权等局限性规定;任何发现罪犯的国家都有权拘留,并将其引渡到航空器的登记国;各国在预防和解决非法劫持航空器问题上,应向国际民用航空组织履行就任何此类行为和相应的起诉或引渡结果进行告知的义务,以保持国际合作。

(四) 1971年《蒙特利尔公约》

1971年《蒙特利尔公约》即"关于制止危害民用航空安全的非法行为的公约"。该公约规定缔约各国对袭击民航飞机、乘客及机组人员,爆炸民航飞机或民航设施等危及飞行安全的人,要给予严厉的惩罚,其规定基本与《海牙公约》相似,但对危害民用航空器安全的行为做了更具体的规定,扩大了适用规范并规定此种行为在实际上应受普遍性管辖。

(五) 1988年《蒙特利尔协议书》

1988年《蒙特利尔协议书》是《制止在用于国际民用航空的机场发生的非法暴力行为》的简称,作为补充1971年《蒙特利尔公约》的议定书。该议定书用以制裁破坏或严重损坏国际民用航空机场的设备、停在机坪上未处于使用中的航空器、中断机场服务或危及机场安全的行为。该议定书扩展了1971年《蒙特利尔公约》对犯罪行为的规定,将对机场上"未处于使用中"的航空器的攻击包括了进来。

(六) 1991年《蒙特利尔公约》

1991年《蒙特利尔公约》是《关于注标塑性炸药以便探测的公约》的简称。注标塑性炸药是指生产塑性炸药时,在其内添加任何一种可跟踪的元素,以便探测。该公约规定禁止生产、储存和运输非注标塑性炸药,以防恐怖分子利用难以探测的塑性炸药进行恐怖活动,从而危及民用航空安全。事实上,该公约给缔约国设立了一个简单的义务,即除非以规定的添加剂加以标识,否则要禁止和预防在其领土上制造塑性炸药;除非已经加以标识,否则要禁止和预防塑性炸药的进出口。

(七) 2010年《北京公约》和2010年《北京议定书》

2010年《北京公约》和2010年《北京议定书》两个法律文件的主要内容是将新出现的对航空运输安全构成威胁的犯罪行为予以刑事定罪,将联合国反恐公约体系中的许多既有的法律制度移植到公约和议定书中,进一步从实体法律和程序法的角度来完善国际航空刑法,以保障国际航空运输安全、持续、健康和有序发展。它们不仅弥补了之前航空安保公约存在的空白和不足,还关注了大规模杀伤性武器的非法运输问题,为实现国际民用航空的安全提供了强有力的法律保障,有效地保护了旅客和财产生命安全,促进了全球民用航空业的安全发展。

二、我国航空安保法规规章

目前我国没有专门的航空安保法,其法律规范主要来自国际条约,国内法律、法规和部门规章等不同层次的法律文件,其中比较重要的如下。

(一)《中华人民共和国民用航空法》

《中华人民共和国民用航空法》于1995年10月30日经第八届全国人民代表大会常务委员会第十六次会议审议通过。1996年3月1日实施。这是新中国成立以来第一部规范民用航空活动的法律,该法的颁布对维护国家的领空主权和民用航空权利,保障民用航空活动安全和有序地进行,保护民用航空当事人各方的合法权益,促进民用航空事业的健康发展,提供了强有力的保障。该法共有十六个章节,214个条款,对民用航空器国籍、权利、适航管理、航空人员、民用机场、空中航行、公共航空运输企业、通用航空和损害赔偿责任都做了分章规定,涵盖了民用航空活动的各个方面。其中,第一百九十一条至一百九十九条,以及第二百一十二条,就追究非法干扰民用航空安全行为的刑事责任做了规定。

知识链接 9-1

《中华人民共和国民用航空法》中有关追究非法干扰民用航空安全行为的刑事责任的条款

第一百九十一条 以暴力、胁迫或者其他方法劫持航空器的,依照关于惩治劫持航空器犯罪分子的决定追究刑事责任。

第一百九十二条 对飞行中的民用航空器上的人员使用暴力,危及飞行安全,尚未造成严重后果的,依照刑法第一百〇五条的规定追究刑事责任;造成严重后果的,依照刑法第一百〇六条的规定追究刑事责任。

第一百九十三条 违反本法规定,隐匿携带炸药、雷管或者其他危险品乘坐民用航空器,或者以非危险品品名托运危险品,尚未造成严重后果的,比照刑法第一百六十三条的规定追究刑事责任;造成严重后果的,依照刑法第一百一十条的规定追究刑事责任。

企业事业单位犯前款罪的,判处罚金,并对直接负责的主管人员和其他直接责任人员依照前款规定追究刑事责任。

隐匿携带枪支子弹、管制刀具乘坐民用航空器的,比照刑法第一百六十三条的规定追究刑事责任。

第一百九十四条 公共航空运输企业违反本法第一百〇一条的规定运输危险品的,由国务院民用航空主管部门没收违法所得,并处违法所得一倍以下的罚款。

公共航空运输企业有前款行为,导致发生重大事故的,没收违法所得,判处罚金;并对直接负责的主管人员和其他直接责任人员依照刑法第一百一十五条的规定追究刑事责任。

第一百九十五条 故意在使用中的民用航空器上放置危险品或者唆使他人放置危险品,足以毁坏该民用航空器,危及飞行安全,尚未造成严重后果的,依照刑法第一百零七条的规定追究刑事责任;造成严重后果的,依照刑法第一百一十条的规定追究刑事责任。

第一百九十六条 故意传递虚假情报,扰乱正常飞行秩序,使公私财产遭受重大损失的,依照刑法第一百五十八条的规定追究刑事责任。

第一百九十七条 盗窃或者故意损毁、移动使用中的航行设施,危及飞行安全,足以使民用航空器发生坠落、毁坏危险，尚未造成严重后果的，依照刑法第一百〇八条的规定追究刑事责任；造成严重后果的，依照刑法第一百一十条的规定追究刑事责任。

第一百九十八条　聚众扰乱民用机场秩序的，依照刑法第一百五十九条的规定追究刑事责任。

第一百九十九条　航空人员玩忽职守，或者违反规章制度，导致发生重大飞行事故，造成严重后果的，分别依照、比照刑法第一百八十七条或者第一百一十四条的规定追究刑事责任。

第二百一十二条　国务院民用航空主管部门和地区民用航空管理机构的工作人员，玩忽职守、滥用职权、徇私舞弊，构成犯罪的，依法追究刑事责任；尚不构成犯罪的，依法给予行政处分。

(二)《中华人民共和国治安管理处罚法》

《中华人民共和国治安管理处罚法》为维护社会治安秩序，保障公共安全，保护公民、法人和其他组织的合法权益，规范和保障公安机关及其人民警察依法履行治安管理职责，起到了积极的作用。其中涉及民用航空的有第二十三条、二十五条、三十条和三十二条，涉及扰乱航空器上的秩序，劫持航空器，违反国家规定携带和处置危险品等违法行为。

知识链接 9-2

《中华人民共和国治安管理处罚法》涉及民用航空的条款

第二十三条　有下列行为之一的，处警告或者200元以下罚款；情节较重的，处5日以上10日以下拘留，可以并处500元以下罚款。

（一）扰乱机关、团体、企业、事业单位秩序，致使工作、生产、营业、医疗、教学、科研不能正常进行，尚未造成严重损失的；

（二）扰乱车站、港口、码头、机场、商场、公园、展览馆或者其他公共场所秩序的；

（三）扰乱公共汽车、电车、火车、船舶、航空器或者其他公共交通工具上的秩序的；

（四）非法拦截或者强登、扒乘机动车、船舶、航空器以及其他交通工具，影响交通工具正常行驶的；

（五）破坏依法进行的选举秩序的。

聚众实施前款行为的，对首要分子处10日以上15日以下拘留，可以并处1 000元以下罚款。

第二十五条　有下列行为之一的，处5日以上10日以下拘留，可以并处500元以下罚款；情节较轻的，处5日以下拘留或者500元以下罚款：

（一）散布谣言，谎报险情、疫情、警情或者以其他方法故意扰乱公共秩序的；

（二）投放虚假的爆炸性、毒害性、放射性、腐蚀性物质或者传染病病原体等危险物质扰乱公共秩序的；

（三）扬言实施放火、爆炸、投放危险物质扰乱公共秩序的。

第三十条　违反国家规定，制造、买卖、储存、运输、邮寄、携带、使用、提供、处置爆炸性、毒害性、放射性、腐蚀性物质或者传染病病原体等危险物质的，处 10 日以上 15 日以下拘留；情节较轻的，处 5 日以上 10 日以下拘留。

第三十二条　非法携带枪支、弹药或者弩、匕首等国家规定的管制器具的，处 5 日以下拘留，可以并处 500 元以下罚款；情节较轻的，处警告或者 200 元以下罚款。

非法携带枪支、弹药或者弩、匕首等国家规定的管制器具进入公共场所或者公共交通工具的，处 5 日以上 10 日以下拘留，可以并处 500 元以下罚款。

（三）《中华人民共和国民用航空安全保卫条例》

《中华人民共和国民用航空安全保卫条例》对加强民用航空安全保卫，防止针对民用航空活动的非法干扰，保护旅客人身和财产安全以及正常的民用航空秩序起到了积极作用。该条例涉及民用机场的安保、民用航空营运的安保、安全检查和惩罚办法等。

（四）《中国民用航空安全检查规则》(CCAR-339SB)

《中国民用航空安全检查规则》是我国第一部对民用航空安全检查的原则、制度和方式、方法做出统一规定的规章，对旅客、货主和安检人员都具有普遍的约束力。

（五）《公共航空旅客运输飞行中安全保卫规则》(CCAR-332)

《公共航空旅客运输飞行中安全保卫规则》的宗旨在于明确公共航空运输企业、机长、航空安全员和其他机组成员对于安保工作的责任、旅客的权利和义务，规范航空安全员执勤程序，明确航空安全员执勤的各种标准；强化局方对飞行中安全保卫工作的监管力度，达到规范公共航空旅客运输飞行中的安保工作，保障公共航空旅客运输飞行中安保工作顺利实施的目的；在解决历史和现实问题的基础上，建立健全公共航空旅客运输飞行中安保管理工作的长效机制。

第二节　航空安保管理

一、航空安保工作的职责分工

（一）航空安保主管当局

1. 民航局公安局

民航局公安局主管民用航空保卫工作，对民航安保工作实施统一管理、监督和检查，其主要职责体现在:起草民航安全保卫的相关法规、规章、政策、标准,编制民航安全保卫规划,并监督执行。审定民用机场、航空公司运行资质中航空安保部分内容,审核民航企事业单位航空安全保卫方案并监督执行。监督管理民航空防安全工作,规划和指导建立行业空防安全管理系统(SEMS),开展对空防安全威胁因素评估,发布形势分析报告(通报)及防范措施、指令。负责开展情报信息工作,决定和发布预警等级。指导处置非法干扰民航安全事件,指导制定处置劫机事件应急预案并组织培训和演练,承担处置劫机、炸机事件的综合协调和日常工作。指导航空运输企业航空安全员队伍业务建设,制定航空安全员训练和考核办法并监督执行。指导和监督民航安检工作,承担民航安检仪器设备许可证的颁发工作。参与民航专机安全警卫工作,组织指导国家重大活动和会议中的民航安全警卫工作。监督管理民用机场道路交通、消防和民航禁毒工作,指导机场公安机关刑事侦查、民用机场治安和公共活动区道路交通工作。按规定管理直属公安队伍和空中警察队伍,按照规定程序和范围负责其他机场公安机关领导干部的任前备案工作。指导审查民用机场安全保卫设施建设项目。负责民用机场控制区有关通行证件、空勤人员登机证、航空安全员执照等证件发放的监督管理工作。负责民航公安机关执法监督工作和实施民航公安机关警务督察工作。监督检查民航行业单位内部治安保卫工作和综合治理工作。

2. 民航地区管理局

民航地区管理局的主要工作内容有:综合管理辖区内的民用航空安全;组织调查处理辖区内的一般民用航空飞行事故、地面事故和飞行事故征候及其他不安全事件;参与辖区内重特大运输飞行事故的调查处理工作;发布安全指令和安全通告;负责辖区内民用航空安全信息的收集、分析和发布;按规定组织辖区内安全评估工作并承办航空安全奖惩工作;组织、指导辖区内的航空安全教育和航空安全管理研究工作;承担地区管理局航空安全委员会的日常工作。

3. 民航安全监督管理局

民航安全监督管理局承担对辖区内民航企事业单位执行国家有关法律法规和民航局有关规章、制度和标准的监督检查工作。监督检查辖区内民用航空空中、地面安全工作;按规定承办民用航空飞行事故、航空地面事故和事故征候的调查处理工作。按授权承办辖区内民用航空运营人运行合格审定、飞行训练机构和维修单位合格审定、民用航空器适航审定、民用航空飞行等专业人员资格管理、民用航空器持续适航管理的有关事宜并实施监督管理;按授权对辖区内民用航空器及其部件的设计、制造实施监督检查;负责对辖区内民用机场安全运行实施监督管理。负责对辖区内民用航空市场实施监督管理;组织协调辖区内专机保障工作;承担辖区内国防动员和重大、特殊、紧急(通用)航空抢险救灾的有关协调工作。

(二)地方人民政府

地方人民政府应当依照航空安保法律法规和规章标准,制定具体规定、措施和程序,督促有关单位开展航空安保工作;按照责任分工对发生在辖区的非法干扰事件进行处置。

（三）机场管理机构

机场管理机构对机场航空安保工作承担直接责任，负责实施有关航空安保法规标准。其主要职责包括：制定和适时修订机场航空安保方案，并确保方案的适当和有效；配备与机场旅客吞吐量相适应的航空安保人员和设施设备，并按照标准提供工作和办公场地，使之能够具体承担并完成相应的航空安保工作；执行安检设备管理有关规定，确保安检设备的效能和质量；将航空安保需求纳入机场新建、改建和扩建的设计和建设中；按照《国家民用航空安全保卫培训方案》对员工进行培训；制定、维护和执行本机场航空安保质量控制方案；按规定及时上报非法干扰信息和事件；机场管理机构应当承担的其他职责。

（四）民用航空安全检查机构

民航安全技术检查，是民航空防安全保卫工作的重要组成部分，是国务院民用航空主管部门授权的专业安检队伍，为保障航空安全，依照国家法律法规对乘坐民航班机的中、外籍旅客及物品以及航空货物、邮件进行公开的安全技术检查，防范劫持、爆炸民航班机和其他危害航空安全的行为，保障国家和旅客生命财产的安全，具有强制性和专业技术性。民用航空安全检查机构具有预防和制止劫、炸机犯罪活动和保护民航班机及旅客生命财产安全的职能，其工作包括对乘坐民用航空器的旅客及其行李，进入候机隔离区的其他人员及其物品以及空运货物、邮件的安全技术检查；对候机隔离区内的人员、物品进行安全监控；对执行飞行任务的民用航空器实施监护。

（五）公共航空运输企业

公共航空运输企业在航空安保工作中扮演重要的角色，其工作内容主要涉及：对航空运输过程中的旅客、货物承担相应的安全保卫责任；应根据国家航空安保法律、法规，制定本企业的航空安保方案，经民航地区管理局审查后，报民航局审定，并确保方案的适当和有效，同时向所运营的机场管理机构提交其方案的有关部分；应当设置并任命负责航空安保工作的副总经理，负责协调有关部门执行航空安保方案，并直接向总经理负责；应当设置独立的安保机构，接受国家航空安保当局的行业管理，执行民用航空安保规定，具体负责本企业的航空安保工作；对驻派在本企业的空中警察实施管理，协调勤务派遣，管理航空安全员队伍；应当确保本企业承运或代理的航空货物实施了安全检查或航空安保主管当局认可的其他安保措施；应当与所运营的机场管理机构签订航空安保协议，并报民航地区管理局备案；发生非法干扰事件时，应当立即向民航局和地区管理局报告，并填报初始报告表，事件处理完毕后，应当在20天后向民航局和地区管理局做出书面报告并附最终报告表。

（六）机场公安机关

机场公安机关执行民用航空法规和规章，承担机场航空安保工作，接受国家安保主管当局的指导、检查和监督，其具体职责包括预防及侦破危害民航安全和机场范围内其他形式的犯罪案件；对机组、空中警察、安全检查机构及其他有关部门移交的非法干扰事件或事项进行查处;承担安全检查现场执勤,维护安全检查现场秩序;维护机场范围的道路交通(不含飞行区)和治安秩序;监视进、出港旅客中可能对航空安全构成威胁的人;与机场管理机构、公共航空运输企业、安保服务机构等共同制定应急预案,以应对并控制劫持、破坏、爆炸或其他威胁,如地面攻击和治安骚乱等;参与处置非法干扰民用航空的事件,协助人质谈判和排除爆炸装置等方面的专家,并提供技术设备支持;为发生在机场的重大事件提供快速武装反应;对其工作人员进行航空安保实践和程序方面的培训;收集上报航空安保信息。

(七)空中警察和航空安全员

民航局向公共航空运输企业派驻空中警察,空中警察由民航局公安局和公共航空运输企业双重管理,以民航局公安局领导为主。航空安全员是指在民用航空器中执行航空安保任务的空勤人员。公共航空运输企业应当配备航空安全员,航空安全员在业务上接受民航局公安局的领导。民航局统一负责航空安全员资格审查及其执照的颁发与管理工作。

民用航空器飞行中的安保工作由机长统一负责,空中警察和航空安全员在机长领导下,承担安全保卫的具体工作,他们的主要职责是:对民用航空器客舱实施安全检查;在民用航空器起飞前,发现所载旅客、行李、物品未经过安全检查,或者发现危及航空安全的情况时,应当建议机长暂缓起飞;维护民用航空器客舱内秩序,及时制止危及航空安全的行为;制止未经批准的人员进入驾驶舱;依法对民用航空器所载的可疑人员和行李物品进行检查;防范和制止劫持、爆炸民用航空器等违法犯罪行为及其他非法干扰民用航空活动的行为;协助有关部门做好被押解对象和被遣返人员的看管工作;空中警察和航空安全员携带武器执行国际或地区航班任务时,应当遵守到达国家或地区的有关规定,或者按照双边协定执行。

(八)机长的职责

机长在履行职务时,可以行使以下权利:在民用航空器起飞前,发现在有关方面民用航空器未采取规定的安全措施,拒绝起飞;在民用航空器飞行中,对扰乱民用航空器内秩序,干扰机组人员正常工作而不听劝阻的人员采取必要的管束措施,并且可以在中途停经站强制其离机,中止其旅行;在民用航空器飞行中,对劫持、破坏民用航空器或者其他危及安全的行为采取必要措施;在民用航空器飞行中遇到特殊情况时,对民用航空器的处置做最后决定。

(九)军事部门

军事部门(如武警)有时会根据需要参与到航空安保当中来,在这种情况下,应当明确其职责:当武警部队承担机场道口、围界守护和航空器监护等任务时,机场航空安保方案中应当明确其职责范围;军民合用机场控制区的安全管理应当明确划分责任,并在机场航空安保方案中列明;军事部门在机场安保工作中发挥重要作用时,机场航空安保委员会中应当有其代表;军事部门在处置非法干扰事件中的职责,具体由《国家处置劫机事件总体预案》规定。

(十)机场租户

机场租户包括机场管理机构通过特许经营或其他书面协议,允许其在机场范围内从事经营活动的企业或个人,如专营商店、饮食机构和维修机构等。机场租户应当与机场管理机构签订航空安保协议,协议中应当包含以下内容:安保责任的划分;航空安保措施和程序;对租户工作人员的安保培训;质量控制措施;其他需要明确的事项。机场租户应当根据机场航空安保方案,制定相应的航空安保措施,并报机场管理机构备案。机场租户人员、物品进入机场控制区,应当经过安全检查。机场租户应明确专人负责保管控制区内使用的刀具及其他对航空安全有潜在威胁的物品。机场租户应当履行所在机场航空安保方案所规定的责任,对员工进行航空安保法规标准培训。机场租户所租地构成控制区与非控制区界线的一部分,或者经其可以从非控制区进入控制区者,应当配合机场管理机构对通过其区域的进出实施控制,防止未经授权和未经安全检查的人员、物品进入控制区。

二、航空安保工作重点实施对象

(一)机场控制区的安保

民航局公安局负责拟定机场控制区管理规定和防护设施标准,并指导、监督实施。机场控制区应当有严密的安保措施,实行封闭式分区管理。根据安保需求,机场控制区可划分为候机隔离区、行李分拣装卸区、航空器活动区和维修区、货物存放区等,并分别设置安全防护设施和警示标志。机场还应当设立受到爆炸物等威胁的民用航空器和可疑货物、行李的安保隔离停放区。另外,对关系到机场运营的要害部位,也要实施相应的安保措施,它们是区域管制中心、航管雷达站、导航站(台)、甚高频地对空天线、机场加油设施和机场主备用电源等。

机场管理机构应当保持机场控制区处于持续良好状态,并且符合《民用航空运输机场安全保卫设施标准》的要求:机场控制区通道口的数量应当尽量减少,通道口应当具有与围界同等隔离效果的设施保护;直接通往机坪的控制区道口,应当安装安检设备和防冲撞设施。进入机场控制区的设施、设备和人员应当符合标准,采用通行证制度加以控制,防止未经许可的人员和车辆进入。

机场控制区道口值守人员应当对工作人员进出机场控制区携带的工作器材进行登记,对控制区内的餐厅等单位所使用的刀具登记造册,对控制区内的商店、餐厅等单位所进物品进行安全检查。

案例链接 9-1

冲闯停机坪的旅客被处以行政拘留 5 天的处罚

2016 年 9 月 14 日上午,一对夫妻因为误机在航班登机时间截止后闯入了机场控制区,在飞机前试图阻拦飞机出港,欲逼迫机长开舱门(见图 9-2)。事件发生后,航空公司和机场相关负责人赶到事发的停机坪与两名旅客进行沟通,但是并没有明显效果。现场目击者描述称:"两名身穿公安制服的警察下了车,尝试接近女性旅客,该女子随后情绪激动,仰天痛哭，手舞足蹈……"在停机坪上，尽管女旅客一直试图阻拦飞机正常起飞，不但阻拦行李车，甚至站在飞机下面阻止飞机进入滑行跑道，但是机组最终决定不开舱门。

图 9-2 冲闯停机坪的旅客

早在 2012 年，昆明长水机场就发生过旅客冲闯停机坪的事件，2012 年 8 月 5 日夜间昆明机场雷雨交加，造成航班大面积延误。6 日上午 8 时 20 分左右，30 多名滞留机场的旅客冲开机场人员的阻拦，跑上了机场停机坪，部分旅客还坐在了飞机滑行的跑道上。有旅客称："既然我们走不了，也不让其他飞机走。"

根据《中华人民共和国治安管理处罚法》第二十三条，非法拦截或者强登、扒乘机动车、船舶、航空器以及其他交通工具，影响交通工具正常行驶的，处警告或者 200 元以下罚款；情节较重的，处 5 日以上 10 日以下拘留，可以并处 500 元以下罚款。首都机场公安分局对行为人处以行政拘留 5 天的处罚。

资料来源：http://news.carnoc.com/list/368/368157.html

（二）航空器的安保

正常情况下，航空器停场期间一般应由专人看护，防止非法接近。航空器监护部门、机务维修部门、武警守卫队等单位之间应当建立航空器地面看护的交接制度。飞行前，公共航空运输企业应当对航空器进行清舱（安保检查），排除可疑物品或人员，对清舱情况进行记录备案。

当怀疑航空器成为非法干扰行为的目标时，机场管理机构应当通知公共航空运输企业和其他相关部门；机场安检部门和公安机关对航空器进行搜查。当怀疑航空器可能在地面受到攻击时,机场管理机构应当尽快通知公告航空运输企业和其他相关部门;应当采取机场应急处置预案中规定的措施保护航空器。

(三)机场非控制区的安保

机场公安机关应当保持适当的警力对机场候机楼和公共活动区实行巡逻。干线以上机场还应当设立闭路电视监控系统,以保证该区域始终处于安保监控之下。

为防止可能被用于非法干扰行为的旅行证件被盗,出票柜台及其他办理登机手续的设施,其结构应能防止旅客和公众进入工作区。所有客票和旅行证件如登机牌、行李标牌等必须随时保护,防止被盗或滥用。候机楼广播、电视系统应定期通告,告知旅客和公众应遵守基本安保事项和程序。

小件物品寄存场所一般应设置在候机楼外;如在楼内,寄存物品应当通过安全检查。保洁员等工作人员应当注意对候机楼内卫生间、垃圾桶等隐蔽部位的检查,发现可疑物品应当立即报告机场公安机关。

(四)旅客与客舱行李的安保

对乘坐国内航班的旅客及其客舱行李(除符合免检规定的人员外)全部进行安全检查,对乘坐航班的旅客应核对其有效乘机凭证和有效旅行证件,以确定证件与本人相符。

机场要划定旅客候机隔离区,限制旅客自由进出。凡进入隔离区的旅客都要经过安全检查。在旅客候机隔离区入口处设置安全检查通道对旅客和客舱行李实施安全检查。旅客和客舱行李的安全检查由机场安全检查站依照有关法律、法规实施。检查方式可采用安全检查仪器结合手工检查的方式。

(五)航空货物的安保

航空货运的所有货物、信使急件、快件和邮件,在装机前必须经过安检或者其他安保控制措施。

为应对威胁航空货物安全的行为,航空公司及其代理人应制定切实可行的安保程序,其中要遵循三大原则:一是载运航空货物的航空器必须在安全环境中运营;二是全部航空货物必须接受一定程度的安保管制,然后才能装上载运旅客的航空器,要尽最大努力筛查不能立即确定的托运货物;三是托运航空货物安保放行后,必须保护其不受干扰。

(六)机上供应品及配餐供应品的安保

机上供应品是指除配餐供应品以外的与旅客空中服务有关的一切物件,如报纸、杂志、耳机、音像带、枕头、毯子和化妆包等。配餐供应品指航空器上所用的一切食物、饮料和相关设备。

为防止武器、爆炸物和其他危险装置混入航班配餐供应品和机上供应品,公共运输企业及其授权的经营代理人应当确保配餐供应品及其他供应品在准备、存储和发送期间实行安保措施,保证无危险装置或武器混入;确保配餐及其他供应品在运输和交付给有关航空器期间采取安保措施,保证货运安全;确保航空公司经营人收到托运的配餐供应品后立即采取安保措施,保证将其妥善装上指定的航班,未经授权人员不得接触。

(七)空中安保

公共航空运输企业负责其运营的航空器在飞行中的安保工作,保护航空器、所载人员和财产的安全,维护航空器内的良好秩序和纪律。机长经公共航空运输企业指定,在飞行时间内对航空器的运行和安全负最终责任。持有有效的航空安全员执照的空中安保人员,在民用航空器中执行安保任务。其他机组成员应服从机长的统一指挥,按照分工,协助机长和空中安保人员妥善处置飞行中出现的非法干扰行为或扰乱性旅客。

另外,除执行检查任务的局方指定的检查员、局方授权的其他人员或公共航空运输企业授权的其他人员以外,任何人不得进入飞行中的航空器的驾驶舱。机组应注意锁闭驾驶舱门,客舱的安保人员应注意旅客动向,阻止非机组人员进入驾驶舱,并做好应急处置准备工作,保护好驾驶舱不受侵害。

三、航空安保质量控制

航空安保质量控制是实施航空安保措施的关键组成部分,是保证有效的安保方法持续实施的手段。制定和实施质量控制制度,可以确保质量控制计划连续有效。质量控制程序包括航空安保人员的招录程序、背景调查程序、航空安保检查程序、内部测试和评估程序、航空安保调查程序以及处罚执行程序等。

(一)航空安保检查

机场航空安保委员会办公室负责定期对机场各部门的航空安保工作进行监督检查,各部门也应定期对其航空安保工作进行监督检查。安保检查的内容以相应安保方案中规定的安保措施落实、培训计划实施、设施设备运转、程序和标准执行等为主。安保检查前要制定检查计划,制作检查单,检查结束后要出具书面的检查结果,并提出相应的纠正措施,由机场安保委员会办公室或本部门相关机构监督整改。

(二)航空安保测试

航空安保测试是指通过模拟非法干扰行为,公开或秘密测试航空安保措施,例如把无效爆炸装置或武器藏在行李中或旅客身上,有针对性地模拟非法干扰行为,测试航空安保措施。测试可分为针对人员的测试和针对设备的测试,其特点是经常性地定期执行、事前不会通知对方、时间短、目标数目有限等。

(三)进行航空安保测试要遵循的原则

首先,测试应仔细计划,以消除被误认为真攻击的可能性而避免造成工作中断和有关人员遭受伤亡的风险。其次,测试要合乎国家法律,不危及人的安全,不危及航空器或机场设施安全,不损坏财产,不惊扰大众和不受测试人员或组织,包括警察当局及其他安保机构。最后,测试要有授权,需要采用正式制度或规程,将测试计划的地位、授权、执行人员的法律地位和所用测试物品通知民用航空系统有关方面。这一点在测试物品被发现时尤为重要,以便保证测试组人员不被认为是非法干扰行为的真正实施者。

(四)航空安保考察

航空安保考察是对安保需求的评估,包括指出可能成为非法干扰行为的薄弱环节,并且推荐使用改善措施。考察可以根据各个机场的实际情况适时进行。

四、航空安保审计

航空安保审计提供了一种规范化、标准化、程序化的管理理念和管理方法,正成为民用航空安保的重要手段。目前,航空安保审计主要是国际民用航空组织对其缔约国的安保审计,以及各成员国内部的安保审计。

国际民用航空组织航空安保审计是以《国际民用航空公约》附件17为依据的,定期对各缔约国进行审计,确定其实施国际民用航空组织安保标准,目标是加强航空安全。"9·11"事件后,国际民用航空组织建立了一个特别涉及机场安保安排和民用航空安保计划的普遍安保监督审计计划(简称USAP)。作为民用航空大国,为了更好地向国际社会展示我国在民用航空安保领域做出的努力,加快推行国际标准,迅速提升航空安保水平,我国作为首批被审计的国家接受国际民用航空组织航空安保审计。

我国的航空安保审计是对被审计单位的航空安保系统进行全面、客观的检查,以核实其持续有效地执行《国家民用航空安全保卫规划》各项规定的情况。根据这一原则,我国的航空安保审计遵守强制性、普遍性、系统性、一致性、公正性和行业内公开的原则。当前,中国民航正在重点针对加强质量控制方面推行行政问责制和责任倒查制,建立了包括安保审计、安保检查、安保考察和安保测试等在内的一套完整的航空安保行政监察体系。航空安保审计通过上述方法对审计单位组织机构和管理、控制区管理和通行管制、旅客与手提行李安保、托运行李安保、航空器与飞行中安保、货物安保、配餐与机供品安保、对非法干扰行为的反应与应急安排、安保设备、人员培训等10方面内容进行审计,所审计的内容涵盖了民用航空安保工作的全部要素。通过审计,按照规定需要给被审计单位一个总体审计结论,目前审计结论定为三类,即符合、基本符合但需改进和不符合。

第三节 航空安保突发事件及应对措施

一、飞机在机场遇劫的应急处置

机场派出所接到劫机信息后,要立即派出人员查清该航班旅客的情况(包括旅客人数、中外籍旅客、华侨、港澳台同胞各多少,姓名、身份、身份证号码,有无重要客人),并报告当日值班局领导。信息指挥组用最快的方式将机组、旅客名单(包括国籍、单位、职务、身份证号码、座位号)报告民航局公安局、管理局公安局和地区公安厅指挥中心。

如确定嫌疑人,应立即派人到该航班值机柜台调出该嫌疑人的旅客乘机联,并将其传真到售票处派出所。

接到有关劫机嫌疑人的情况通报后,售票处派出所要立即查明其身份证号码、工作单位、籍贯、住址和有无同行人等情况,并立即上报公安局值班领导,信息指挥组将劫机嫌疑人的情况优先直报民航局公安局。

警戒组立即对隔离区管理、安检现场执勤和航班监护等相关情况进行调查了解;迅速对该航班安检情况进行调查,查清安检部门有无责任,并在 24 小时之内将初步调查情况报告民航局公安局。如劫机犯罪分子携有武器、爆炸物、利器等作案工具,应查清其如何将工具带上飞机的,以及有无内外勾结问题。

二、遇劫飞机降落或可能降落机场时的应急处置

1. 当飞机上劫机犯罪分子尚未被制伏时

当获悉遇劫飞机可能在本机场迫降时,应立即按照本单位应急预案做好各项准备,封锁机场控制区,撤离无关车辆和人员,视情疏散候机旅客等人员,及时向上级机关报告。

各应急小组按预案立即进入各自岗位,现场指挥员时刻保持与指挥中心的联系,尽量查清犯罪嫌疑人的人数、位置及作案工具等有关情况,及时调整行动方案,并与机组人员取得默契。

当遇劫飞机迫降后,应建议将其引导停放在远离机群、候机楼、居民聚居区或油库,并有利于随时采取行动的地点;各警种应按分工迅速隐蔽包围飞机,封锁跑道。制敌组可借给飞机加油、补充电源、清洁卫生、提供食品或检修飞机等为掩护接近飞机,随时待命出击。

当劫机犯罪分子挟持人质或确实携有爆炸物品时,不得盲目发起攻击,应通过谈判等手段规劝、麻痹犯罪分子,以寻找战机。当犯罪分子残害人质或欲爆炸飞机时,在现场指挥员请示上级领导得到批准后,制敌防爆组应立即发起强攻,消灭劫机犯,解救人质。强攻应尽可能地做到出其不意,力争首次突击奏效,把伤亡和损失减少到最低程度。

发起攻击的同时,要迅速组织旅客撤离飞机并做好灭火、救护准备。劫机犯被制伏后,各组应立即行动,搜查、排爆和现场勘查、调查取证。

2. 当飞机上劫机犯罪分子已被机组制伏时

当飞机降落后,制敌防爆组立即登机将犯罪分子押解下飞机,同时各组密切配合迅速疏散旅客,随后登机开展工作。

3. 当遇劫飞机降落后

遇劫飞机落地,犯罪分子被制伏后,或遇劫飞机从境外返回落地后,要在指挥中心和上

级公安机关的统一指挥下,积极同民航内外有关单位密切协作,竭尽全力完成分管任务。

对劫机犯实施拘留,立即进行审讯。审讯的主要内容为:劫机目的、动机,空中劫机过程、时间、手段,作案工具如何带上飞机,预谋时间、过程、知情人,作案工具来源,有无前科、同谋等。在审讯过程中,重要情节要录音、录像。

勘查现场,搜集罪证。彻底清查犯罪分子在作案现场的遗留物;查清其携带武器、爆炸物或利器等犯罪工具(包括真假、数量、型号)的详细情况;清理其行李物品及随身携带物品,逐件进行登记;检查飞机受损情况。在勘查中应进行录像、拍照。

询问旅客,访问机组。按照民航局公安局制发的笔录项目逐项填写,并交本人检查无误后签名。

三、飞机上发现爆炸物的应急处置

警戒组立即以停机位置为中心在100米外设置警戒圈实施戒严,严禁无关人员、车辆接近飞机。

制敌防爆调查组按计划登机,组织机上旅客迅速疏散到安全地带,注意观察发现混在旅客中的犯罪分子和形迹可疑的人,一旦发现当即扣留,进行突击审问,重点查找其同伙及放置爆炸物的部位和数量;协调安检站及客运部对机上旅客及其随身携带的行李物品实施安全检查;协调安检站把旅客托运行李转运至安全地带,点清件数。为防止发生问题,以手工就地检查为主进行详细检查,并详细记载检查件数及发现的问题,负责检查后行李的监管和交接工作。

由警戒组监视,将机上货物运至安全地带。

制敌防爆组协助爆破专家和有关部门对飞机各部位进行搜查,发现和排除藏匿在机上的爆炸物。如爆炸物可整体移动,要立即将爆炸物移至安全地带。

警戒组要维护好场内的秩序,注意发现可疑的人员、车辆,一旦发现,立即扣留。

四、飞机在机场或附近失事、爆炸的应急处置

警戒组立即以失事位置为中心在100米外设置警戒圈,实施戒严,严禁无关人员、车辆接近飞机。同时迅速疏散旅客,抢救财物。

制敌防爆组在组织机上旅客疏散到安全地带的同时,注意观察发现混在旅客中的犯罪分子和形迹可疑的人,一旦发现,立即扣留,进行突击审问,重点查找其同伙及放置爆炸物的部位和数量。

警戒组要协调安检站及客运部门把旅客托运行李转运至安全地带,点清件数,为防止发生问题,以手工就地检查为主进行详细检查,并详细记载检查件数及发现的问题,负责检查后行李的监管和交接工作。

制敌防爆组协助爆破专家和有关部门对失事飞机各部位进行搜查,发现各类证据,排除藏匿在机上的其他爆炸物。

五、发生外来人员冲击机场的应急处置

值班民警发现问题或接警后,立即报告机场指挥中心,通知护卫中心关闭停机坪大门,防止无关人员进入控制区,并立即向公安局指挥中心报告。指挥中心立即指挥各个组向事发现场集结。

派出所、治安科和刑警队、巡警队值班民警要先行到达现场,视事态的发展与指挥中心保持联系。指挥中心同时调整公安局现有警力赶赴现场警戒,可根据情况设置警戒线阻止闹事人群冲进控制区或接近飞机;维护现场秩序,了解情况,稳定群众情绪,劝阻和疏散人群,做好先期处置工作。

对有打、砸、抢、烧等严重违法犯罪行为的,根据值班领导的指示,迅速集结全局警力,可采取适当强制措施,确保飞机及其他重要设施的安全。必要时指挥中心可通知警卫中队支援。

案例链接 9-2

航班延误 20 多名旅客强冲关

航班由于天气原因造成延误,20 多名情绪激动的旅客 2011 年 7 月 26 日凌晨集体冲击机场安检通道,造成 3 名工作人员受伤。

中国南方航空股份有限公司执飞的西宁至太原至大连的 CZ6540 航班由于遭遇暴雨袭击,原本应该在 25 日 20:35 到达西宁机场,由于天气原因该航班一直延误至 26 日 3:23 才降落在西宁机场。

旅客认为,航班延误航空公司应该给予赔偿,不能"什么事都没发生",为此他们要求机场方面或者是南航给予一定的经济赔偿,可是机场方面表示,因天气原因造成的航班晚点,无法给予经济赔偿。CZ6540 航班共有 117 名旅客,由于航班延误,机场方面为延误航班的旅客提供了餐食和饮料,同时拿出所有毛毯为旅客御寒,还开放了二楼的 3 个贵宾休息室,为候机的老人和小孩提供休息场地。

26 日凌晨 0:40,20 多名旅客将安检通道堵死,个别旅客想要强行进入机场隔离区内,维持秩序的机场工作人员在此过程中被个别旅客抓伤。凌晨 3:23,延误 7 个小时的 CZ6540 航班降落在西宁机场,经过机场方面劝说,共有 66 名旅客登机,但仍有 51 名旅客拒绝登机;在多次劝说无效后,凌晨 5:14,CZ6540 离开西宁机场。26 日中午 51 名拒绝登机的旅客绝大部分已经将机票改签离开西宁,最终滞留在西宁机场的旅客只有 19 名,他们向西宁机场提出"必须道歉;全额退票;每人赔偿 1 000 元人民币"。

7 月 26 日凌晨发生的冲击安检通道是西宁机场近年来发生的比较严重的一起事件。根据国家民航局的规定,航空公司只有在机械故障以及自身原因导致航班延误,旅客才可以提出赔偿要求。但由于天气、运控等非人力抗拒的原因造成航班延误,航空公司不提供赔偿。目前西宁机场已经为这 19 名旅客开具了航班延误证明,这些旅客可凭此证明在购票处进行退票。

资料来源:http://news.carnoc.com/list/196/196560.html

六、机场发生爆炸事件的应急处置

警戒组立即以现场为中心在 100 米外设置警戒圈,实施戒严,严禁无关人员、车辆接近飞机。同时迅速疏散旅客,抢救财物。

制敌防爆组、调查取证组在组织旅客疏散到安全地带的同时,注意观察发现混在旅客中的犯罪分子和形迹可疑的人,一旦发现,立即扣留,进行突击审问,重点查找其同伙及放置爆炸物的部位和数量。

警戒组派人协同警卫连立即封闭机场,疏导场区内的各种车辆,维护现场秩序,确保畅通。同时注意控制无关车辆进出,对出场车辆、人员进行严格排查。

案例链接 9-3

女子怕晚点谎称机上有爆炸物 被判刑一年

2015 年 4 月 7 日,有爆料称"天津—广州 BK2788 航班原定今日 21:45 起飞,但有人打电话称有危险物,奥凯航空进行了处理,该航班延误。"而后,奥凯航空工作人员确认了有此事,经过紧急排查,证实只是虚惊一场,航班于转天凌晨 1:13 起飞。造成航班延误的女子近日经东丽区人民法院审理后被判有期徒刑一年,而她打电话称有爆炸物的原因竟然是想要让飞机等一会儿再起飞。

"110 吗?今天天津飞广州的最后一班航班上有爆炸物!"4 月 7 日晚,女子刘某欲搭乘 BK2788 次航班从天津前往广州,在前往机场途中,见时间有点晚,她害怕赶不上飞机,便拨打 110 谎称飞机上有爆炸物。接警后,警方对机场进行严密布控和安全检查,机场也对该航班及旅客重新进行安全检查,最终确认飞机上并无爆炸物。

事后,刘某表示自己这么做只是害怕赶不上飞机,想让飞机能等一会儿她,根本没想到会带来这么严重的后果,但她的行为导致该航班延误 3 个多小时,且带来一定经济损失。东丽区人民法院经审理认为,刘某的行为构成编造虚假恐怖信息罪。综合被告人系主动投案,能够当庭认罪等,最终被判处有期徒刑一年。

《中华人民共和国刑法》第二百九十一条之一规定,编造爆炸威胁、生化威胁、放射威胁等恐怖信息,或者明知是编造的恐怖信息而故意传播,严重扰乱社会秩序的,处五年以下有期徒刑、拘役或者管制;造成严重后果的,处五年以上有期徒刑。

资料来源:http://news.carnoc.com/list/328/328267.html

七、机场发生聚众闹事等群体性事件的应急处置

警戒组立即赶到现场设立警戒区,控制事态发展。本着"可散不可聚,可解不可结,可顺不可激"的原则,区分性质,把握分寸,做好说服劝导工作,努力为旅客提供方便。

通知消防队集结待命，必要时迅速赶到现场用消防水龙驱散人群。

制敌防爆组、警戒组和调查取证组对因航班延误无理取闹，出现打骂工作人员，损坏公物，强行登、占飞机等违法行为的旅客要采取强制措施，及时控制局势。

信息指挥组和谈判组要加大对非法干扰事件的违法行为实施处罚的宣传力度，采取多种形式对广大旅客进行宣传教育。

八、降落或将要起飞的飞机上发生旅客突然伤亡事件的应急处置

信息指挥组接到报警后，立即与机场医疗部门取得联系，通知警戒组立即赶到现场设立警戒区，禁止无关人员进入警戒区域。制敌防爆组对现场进行勘查。支援医疗救护部门开展救护工作。调查取证组开展调查取证工作。信息指挥组将整个活动展开情况向总指挥汇报。

知识链接 9-3

拒下飞机是非法强占航空器

近日，有70余名内地乘客因不满航班延误赔偿方案，采用拒绝下机的方式滞留香港机场索赔，而英语中有专门的词来形容这种乘客暴怒的行为，即空怒（air rage）。内地的空怒族们惯用霸机、大闹机场等方式来获取满意的晚点赔偿，但实际上这种方式不仅违法，还可能涉嫌犯罪。

根据《民用航空法》《民用航空安全保卫条例》《治安管理处罚法》，强行登、占航空器，随意穿越航空器跑道、滑行道、聚众扰乱民用机场秩序都是违法行为，即旅客采用霸机、冲闯跑道和打砸机场等方式"维权"都涉嫌违法，可被处以行政拘留。在飞机上对空乘人员使用暴力，还可按《刑法》追责。而在香港，《航空保安条例》规定乘客维权只要"动手"就是犯罪行为。

法律一：《民用航空安全保卫条例》。拒绝下机属于强占航空器，霸机者将被强制带离，并可处行政拘留

空怒族最常用的手段便是拒绝下飞机，以霸机来表示抗议，但实际上根据《民用航空安全保卫条例》第十六条，这种行为属于强行登、占航空器，按《治安管理处罚法》处以警告或者200元以下罚款，情节较重的，处5日以上10日以下拘留，可以并处500元以下罚款，而对首要分子可处以最高15日的行政拘留。2012年5月10日，原定当日16时40分从长沙黄花机场起飞的HO1126航班，因流量控制原因导致延误，29名旅客因此拒绝登机。而在多次协商之后，仍有旅客杨某、陈某与航空公司就补偿问题无法达成一致，到达目的地后拒不下机。机场民警劝解无效，将两人强制带离并依法传唤，分别对其处以行政拘留7日和5日。

法律二：《治安管理处罚法》。擅闯飞机跑道涉嫌扰乱公共场所秩序

除霸机，有的旅客还会选择滞留机场控制区，甚至冲上跑道拦飞机，而除《民用航空安全

保卫条例》《治安管理处罚法》规定扰乱机场或者其他公共场所秩序,非法拦截航空器以及其他交通工具,影响交通工具正常行驶的处警告、罚款或拘留。2012年8月,云南昆明机场有31名旅客因不满航班延误,闯入机坪及滑行道"拦飞机",最终6名"主犯"被处以行政拘留和罚款。而2013年3月,广州白云机场同样发生类似事件,两名女性旅客强行带领20余名旅客冲到停机坪,并高声扬言要试试民警的底线,最终不仅因扰乱机场秩序被强制带离,还因有阻碍民警执行职务的行为,两人分别被处以行政拘留20日和10日。

法律三:《刑法》。打砸机场涉嫌扰乱秩序,故意损坏公私财物可追刑责

要求赔偿之外,有旅客在情绪躁动之下,做出怒砸登机口或其他办公用品的行为,比如2014年5月23日因航班延误,深圳机场有男子情绪激动在登机口打砸设备,被公安带走后,处以行政拘留5日,并因损害财物赔偿损失3万。而同样在深圳机场,2014年3月底曾发生聚众怒砸机场柜台事件,事发时警方带走多名旅客调查。《刑法》第二百九十一条规定聚众扰乱民用航空站或者其他公共场所秩序,聚众堵塞交通或者破坏交通秩序,抗拒、阻碍国家治安管理工作人员依法执行职务情节严重的,对首要分子处5年以下有期徒刑、拘役或者管制。

法律四:《合同法》。航班延误后,旅客有义务防止损失扩大,否则不得就扩大的损失要求赔偿

旅客购买机票可视为与航空公司签订运输合同,航班延误即造成违约,如果是航空公司自身的原因,旅客当然有权获取赔偿。而在航空公司进行退票、改签等弥补措施之后,还有旅客因对补偿方案不满,坚持采用不合作的态度僵持下去,由此产生额外的住宿、餐饮、交通等费用,航空公司是无须负责的。因为根据《合同法》第119条的规定:"当事人一方违约后,对方应当采取适当措施防止损失的扩大;没有采取适当措施致使损失扩大的,不得就扩大的损失要求赔偿。"航班既然已经延误了,旅客也有义务采取措施防止造成更大的损失,如果选择坐视损失扩大,以迫使航空公司就范,那么因此产生的额外费用就不是航空公司本来的责任了。如果诉诸法院,法院认可的损失是因航班延误产生的直接损失,不包括其他间接损失或旅客预期的利益。

法律五:《民用航空法》。在飞机上对空乘人员使用暴力,危及飞行安全,按《刑法》追责

在封闭的飞机上,空乘人员也往往成为旅客情绪的发泄口,2012年曾连续爆出空姐被殴打、被泼开水等暴力事件。2013年3月29日,在上海浦东机场上海至哈尔滨的FM9173航班上,一名女乘客因不满飞机延误,扬起巴掌扇了空姐一耳光。事后,上海机场警方对打人的女乘客处行政拘留5天的处罚。有批评质疑中国对侮辱空乘人员的处罚太轻,但实际上,除《治安管理处罚法》对故意伤害他人有规定外,《民用航空法》第一百九十二条规定:对飞行中的民用航空器上的人员使用暴力,危及飞行安全的,按《刑法》追究刑事责任。而《刑法》第一百二十三条专门规定有暴力危及飞行安全罪,即对飞行中的航空器上的人员使用暴力,危及飞行安全,尚未造成严重后果的,处5年以下有期徒刑或者拘役;造成严重后果的,处5年以上有期徒刑。

法律六:香港《航空保安条例》。乘客维权只要"动手"就是犯罪

香港《航空保安条例》明文规定,若无合理辩解,在飞机营运者要求离开之后仍逗留在飞机上,即属犯罪,而在机场内做出任何暴力行为,危害他人人身安全也是犯罪。2013年7月5日,有一对内地夫妇因航班延误而与机场职员发生争执,随后情绪激动,毁坏柜台上的电脑键盘,并用汽水淋泼两位地勤职员,之后被香港警方以涉嫌刑事毁坏、普通伤人以及袭警罪拘捕,当地法院判定罪名成立,合共罚款5 000港元。而同月26日,有内地大学生与航空职员发生拉扯,事后向警方承认袭击地勤人员,就普通袭击罪进行罚款。

法律七:国际法。机长有最高处置权,必要时可请旅客下飞机

2012年曾发生一起中国夫妇因冒犯空乘被美联航拒载事件,而实际上国际航空运输协会一直在强调加强对这种空怒行为的惩治力度,但无奈各国法律有别,不过有一点是可以确认的,那就是根据被称为"航空刑法"公约的《东京公约》《海牙公约》《蒙特利尔公约》,在飞机上,机长拥有最高处置权,其中《东京公约》规定机长有权利对犯有罪行或做某种行为的人采取必要的看管措施。因此,只要机长觉得旅客的行为可能会对飞行安全造成影响,就有权利将旅客请下飞机。一旦旅客不遵守规定且不听劝阻,就会被视为挑衅行为,机长就会行使权利以"危害飞行安全"为由拒绝该乘客乘坐飞机。

资料来源:http://news.carnoc.com/list/285/285793.html

本章小结

1. 航空安保国际条约主要包括:《国际民用航空公约》附件17、1963年《东京公约》、1970年《海牙公约》、1971年《蒙特利尔公约》、1988年《蒙特利尔协议书》、1991年《蒙特利尔公约》、2010年《北京公约》和2010年《北京议定书》等。

2. 目前我国没有专门的航空安保法,其法律规范主要来自国际条约、国内法律、法规和部门规章等不同层次的法律文件,其中比较重要的是:《中华人民共和国民用航空法》《中华人民共和国治安管理处罚法》《中华人民共和国民用航空安全保卫条例》《中国民用航空安全检查规则》《公共航空旅客运输飞行中安全保卫规则》等。

3. 航空安保工作重点实施对象:机场控制区的安保、航空器的安保、机场非控制区的安保、旅客与客舱行李的安保、航空货物的安保、机上供应品及配餐供应品的安保和空中安保。

4. 航空安保突发事件主要包括:飞机在机场遇劫、遇劫飞机降落或遇劫飞机可能降落机场、飞机上发现爆炸物、飞机在机场或附近失事爆炸、发生外来人员冲击机场、机场发生爆炸事件、机场发生聚众闹事等群体性事件、降落或将要起飞的飞机上发生旅客突然伤亡事件等。

综合练习

思考题

1. 简述航空安保国际条约体系的构成。
2. 我国航空安保法规规章主要有哪些?
3. 航空安保工作的主管当局有哪些?
4. 简述航空安保工作重点实施对象。
5. 简述机场发生爆炸事件的应急处置程序。

第十章

民航应急管理

本章学习目标

- 了解应急管理体系的构成；
- 理解民航应急管理体制机制；
- 理解国际民航应急管理相关法规及中国民航应急管理相关法规；
- 掌握民航应急预案体系的构成。

南航抗灾救急保春运

　　这是继"非典"后又一场牵动万人心的抗灾战役。肆虐的风雪只能一时阻挡人们归家的行程，但绝不能拖垮民航人的意志。在困难面前，6万余名南航员工没有退缩，以无比的爱心、勇气、毅力和智慧经受住了一次次突发的严峻考验，终于取得了抗击风雪的阶段性胜利。南航用行动证明自己无愧于"最具社会责任感央企"的称号，在寒冬中，更将温暖融进每一位归家旅客的心中……

　　"武汉告急，长沙告急、桂林告急……"在暴风雪、冻雨、雪凝恶劣天气影响下，以上受灾地区所在机场纷纷关闭，飞机停航，航班大面积延误、取消，大批购买南航机票的旅客滞留在各机场，骚动不安，无法成行……

　　灾情就是命令！2008年1月28日下午2:00，南航股份公司紧急召开抗击冰雪灾害动员视频会，当即成立了"南航抗灾领导小组"部署抗灾应急工作。南航要求各单位从讲政治的高度，全力打好这场抗灾应急的硬仗。在会议结束后，南航广州总部各部门，南航新疆、湖南、湖北、汕头、广西、贵州等受灾区影响的分、子公司不散会、不休息，迅速传达了会议精神，抓住安全、服务两大主题，很快提出了相应的应对措施。南航新疆分公司提出要"像珍爱自己的生命一样抓好安全运行工作，像珍爱自己的眼睛一样抓好服务保障工作，再苦再难也要赢得旅客的心"。南航湖北分公司发出"一切为了安全，一切为了旅客"的号召，迅速成立了两个特别应急行动小组，投入抗灾救援中。"集中控制，有效管理"八字方针在这场艰巨的战役中发挥得淋漓尽致。南航迅速成立了安全运行小组和服务保障小组，股份主要领导亲自挂帅担任组长。各分、子公司总经理、主管运行的副总经理坐镇运行指挥部，靠前指挥。一道道指令从总部基地迅速向四面八方发送。

　　1月29日12:10，南航黑龙江分公司飞行签派室接到了南航SOC（运行控制中心）指示，用CZ6896航班紧急调配30吨除冰液支援长沙（见图10-1）。既要保障航班正常出港，又要保障30吨除冰液顺利到穗，在这场争分夺秒的战役中，一个周密的可行性处置方案很快出台：签派室联系配载部门重新核对业载、制订飞行计划，核查手册确认除冰液的空运标准和注意事项，详细了解装载30吨除冰液的时间，以便掌握旅客登机的最佳时间，现场运行室对飞机重点监控、优先保障。16:15，CZ6896航班带着30吨除冰液从哈尔滨机场起飞。20:10，飞机顺利到达广州。因长沙黄花机场暂时不能接收大型飞机，南航SOC果断决定用B757飞机运送部分除冰液到长沙救急。21:30，满载24吨除冰液的南航B757飞机从广州飞向长沙。22:50顺利降落在长沙机场,整个运转流程一气呵成,给长沙机场抗击冰雪灾害以强有力的支援。

作为南航的指挥中枢,运行控制中心在灾害天气开始大面积蔓延时就启动了应急程序,变单人执勤为双班执勤,动态位、气象位以及各单位驻SOC等岗位24小时人不离岗,岗不离人,确保了南航决策能在第一时间落实下去。专门抽调人员不间断分析航班运行情况,及时对外发布信息,确保了南航领导在第一时间掌握精确信息,做出科学决策。哪个区域天气好转,哪个机场开始放行,签派放行人员都在实时跟踪。紧守待命的机组一接到SOC指令,迅速上阵,机务维修人员争分夺秒对飞机进行维修和维护,南航全部272架飞机的实时运行和调配更在SOC掌控中,通过改机型、补班、加班等措施,抢运滞留旅客,尽快使航班运行恢复正常,大南航的规模效应展现无遗。在得知武汉天气即将短暂好转的消息后,1月29日晚,南航连夜调运两架波音777飞机从广州飞往武汉,将广州、武汉往返的南航滞留旅客基本运送完毕。30—31日,南航增开5班从广州飞往长沙的补班机,加上正班航班共8班,连夜将长沙方向旅客运送完毕,1月31日,除铜仁、九江、恩施等机场仍处于关闭状态外,南航各方向航班已基本恢复正常。图10-2为机务人员冒雪在机坪工作。

图10-1 南航黑龙江分公司紧急运送除冰液

图10-2 机务人员冒雪在机坪工作

资料来源:http://editor.caacnews.com.cn/mhb/html/2008-02/04/content_22434.htm

第一节 概 述

应急管理是在应对突发事件的过程中,基于对突发事件的原因、过程及后果进行分析,有效利用社会各方面的资源,对突发事件进行有效预防、准备、响应和恢复的过程。这四个阶段前后相互关联、交织,共同构成一个循环系统。做好应急管理工作,就是为了预防和减少突发事件的发生,控制、减轻和消除突发事件引起的严重社会危害,规范突发事件应对活动,保护人民生命财产安全,维护国家安全、公共安全、环境安全和社会秩序。

根据2007年11月1日起施行的《中华人民共和国突发事件应对法》第二条的规定,突发事件是指突然发生,造成或者可能造成严重社会危害,需要采取应急处置措施予以应对的自然灾害、事故灾难、公共卫生事件和社会安全事件,其具有突发性和紧急性、高度的不确定性、影响的社会性等特点。按照社会危害程度、影响范围等因素,自然灾害、事故灾难、公共卫生事件分为特别重大、重大、较大和一般四级。自然灾害包括水旱灾害、气象灾害、地震灾害、地质灾害、海洋灾害、生物灾害和森林草原火灾等。如近年来比较重大的自然灾害：2008 年南方冰雪灾害、2008 年"5·12"汶川大地震、2010 年"4·14"玉树地震等。事故灾害包括工矿商贸等企业的各类安全事故、交通运输事故、公共设施和设备事故、环境污染和生态破坏事件等，如 2005 年吉林石化爆炸及水污染事故、2010 年"8·24"航空安全事故等。公共卫生事件包括传染病疫情、群体性不明原因疾病、食品安全和职业危害、动物疫情以及其他严重影响公众健康和生命安全的事件，如 2003 年 SARS 事件、2009 年甲型流感事件等。社会安全事件包括严重危害社会治安秩序的突发事件，如 2008 年拉萨"3·14"打砸抢烧事件、2009 年乌鲁木齐"7·5"事件等。

应急管理工作概括起来说，就是推行"一案三制"建设。所谓"一案"，就是突发事件应急预案；所谓"三制"，就是应急管理工作的体制、机制和法制。预案是依据宪法以及法律、行政法规规定的，预案中也包含了体制、机制的内容。"一案三制"相互联系、相互支撑，构成一个统一的体系，如图 10-3 所示。

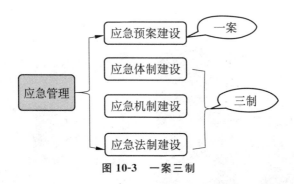

图 10-3　一案三制

应急预案是应对突发事件的原则性方案，它提供了处置突发事件的基本规则，是突发事件应急响应的操作指南。编制应急预案，是把应对突发事件的成功做法规范化、制度化，明确今后如何预防和处置突发事件。

应急管理体制是开展应急管理工作的组织体系。我国应急管理体制的特点是：以统一领导、分级负责、综合协调、分类管理、条块结合、属地管理为主。国务院是突发事件应急管理的最高行政领导机构，国务院办公厅是国务院应急管理的办事机构，国务院有关部门是国务院应急管理的工作机构，地方各级政府是本行政区域突发事件应急管理的行政领导机构。

应急管理机制是对突发事件应对工作运行程序的规定，它是一项复杂的系统工程。应急管理机制根据突发事件的应对经过，一般包括预防、预测预警、信息报告、信息发布、应急响应和处置、恢复重建。

应急管理法制是应急管理工作所依据的各项法律、法规和制度等的总和。法律手段是应对突发事件最基本、最主要的手段。近年来，我国不断完善应急管理法律法规，依法规范了突发事件应对工作。特别是《中华人民共和国突发事件应对法》总结提炼了应急管理实践创新和理论创新成果，集中体现了对应急管理工作的一些规律性认识，进一步明确了政府、公民、社会组织在突发事件应对中的权利、义务和责任，确立了规范应对各类突发事件共同行为的基本法律制度。

第二节 民航应急管理体制机制建设

一、民航应急管理体制

中国民用航空总局于2005年成立了由民航总局领导、民航总局机关主要部门和直属部门主要领导组成,以应对航空器事故和劫机炸机事件为主要职责的"民航突发事件应急工作领导小组",并在空管局运行中心设立了领导小组办公室。为进一步健全"以统一领导、综合协调、分类管理、分级负责、属地管理为主"的应急管理体制,民航局于2009年将领导小组办公室工作职责调整至综合司,以利于发挥统筹规划、综合协调、信息汇总、值守应急的职能。2012年初,民航局对领导小组做了大的调整,增加了领导干部与成员单位。对各成员单位的工作职责进行了补充和完善。各民航地区管理局也建立了相应的应急管理体制与机制。

民航局突发事件应急工作领导小组职责包括:落实党中央、国务院有关工作部署,领导全国民航应急工作;组织、指挥民航各单位应对突发事件,协调国务院相关部门、解放军及武警部队的支持,协助民航应对突发事件,指导地方人民政府突发事件应对工作中与民航相关的工作内容;分析总结民航应急工作的经验和教训,制定加强民航应急工作的方针、政策与指导意见,部署民航应急工作任务。

民航局突发事件应急工作领导小组办公室的职责包括:研究提出加强民航应急工作的政策、意见和措施,起草民航应急工作基本规定,规划并组织建设民航应急工作体系,组织制定民航局处置突发事件基本程序;制订民航局突发事件应急工作计划,组织制订民航应急工作中的长期发展规划,组织召开民航应急工作会议;组织、协调领导小组成员共同落实上级有关指示精神,组织开展风险评估工作,协助领导小组成员开展民航应急工作;管理民航值守应急与信息发布工作,组织制定信息报告与发布规定、程序,按规定向中共中央办公厅、国务院办公厅、交通运输部及有关部门、单位报告民航应急处置工作情况;参与应急处置,协助民航局应急处置指挥机构组织、指挥或协调应急处置工作,负责指挥机构的后勤保障工作,组织协调应急处置调查评估工作;指导民航地区管理局、监管局,航空运输(通用)、服务保障企业,机场公司,直属企事业单位加强民航应急工作;总结评估民航应急工作情况,起草向国务院、交通运输部及其他相关单位报告、通报民航应急工作综合情况的文件;负责民航应急工作的对外联络,组织民航应急科学研究与技术交流。

由于民航行业是整个社会体系的一个组成部分,各种突发事件都可能对民航运行的安全与正常造成严重的威胁或危害,民航运行过程中出现的不正常、不安全事件可能形成或者引发突发事件,同时,在应对突发事件过程中可能需要民航的积极参与和协助,因此,民航应急管理的范畴主要涉及三种情形:一是自然灾害、事故灾难、公共卫生事件和社会安全事件都有可能对民航运行安全与正常造成严重威胁或灾害;二是民航运行过程中出现的不安全、不正常事件可能形成或引发突发事件;三是应对突发事件可能需要民航的参与和协助。与此对应,民航应急管理职责包括以下三个方面。

一是防范突发事件对民用航空活动的威胁,控制、减轻和消除其对民用航空活动的危害。2008年初,我国南方地区遭受严重低温、雨雪、冰冻灾害,对民航运行造成了严重影响。在灾情最严重的时期,全国一天内17个机场在不同时间关闭。特别是杭州机场,有近两万旅客因为天气原因滞留在候机楼内,并出现过激行为。华东地区管理局接到报告后,迅速派出工作组赶往杭州机场组织应对。浙江省委、省政府分别派出700余名公安、武警人员赶到现场维持秩序。民航华东管理局组织各航空公司采取打破航空公司与舱位界线,按方向组织旅客乘机,用大型飞机替换中小型飞机,组织加班及连夜抢运等措施,迅速疏散了滞留旅客,避免了事态的进一步恶化。

二是防止民用航空活动发生、引发突发事件,控制、减轻和消除其危害。2008年3月7日,南方航空乌鲁木齐—北京的CZ6901航班遭遇恐怖威胁。4名恐怖分子试图在空中点燃易燃液体制造恐怖事件,被机组人员及时发现并制止,飞机安全备降兰州机场。

三是协助和配合国家、地方人民政府及相关部门的应急处置工作。2008年5月12日,我国四川发生8.0级特大地震灾害,这对西南地区民航基础设施造成一定破坏。灾害发生后,民航迅速组织恢复运行,并全力投入抗震救灾行动,尽全力挽救了受灾群众的生命、减轻了国家和人民遭受的财产损失。2011年初,中东地区局势突变。为确保我国在利比亚人员的安全,国家决定组织大规模撤离我国在利比亚人员行动。民航局接到命令后,迅速组织相关部门抽调运力,执行紧急航空运输任务。2月23日至3月5日,民航共执行紧急航空运输任务包机91班,派出空勤及其他相关工作人员2 200余人次,接运撤离人员26 240人,运送紧急物资10吨,顺利完成了此次运输任务。

二、民航应急管理机制

根据《中国民用航空应急管理规定》(CCAR-397),民航应急管理运行机制包括预防与准备、预测与预警、应急处置和善后处理四部分,应急管理运行机制如图10-4所示。

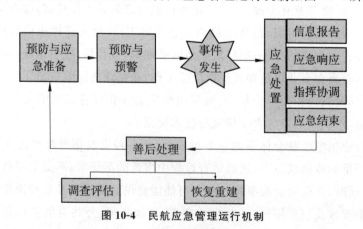

图10-4 民航应急管理运行机制

（一）预防与应急准备

民航管理部门应当根据有关法律、行政法规、规章和上级行政主管部门的应急预案，结合民航运行实际情况，制订应急预案，建立健全应急预案体系，主要包括总体应急预案、专项应急预案和地区应急预案。企事业单位及其分支机构应当依据相关法律、法规、规章和民航管理部门应急预案的相关内容，制定相应的应急预案。应急预案的制定单位应当定期组织预案演练，演练的周期应当在预案中明确规定。

（二）预测与预警

民航管理部门应当及时收集对辖区内民用航空活动具有潜在重大影响的突发事件信息，分析影响民用航空安全与正常运行的主要因素。

民航管理部门收到突发事件预警信息后，应当针对突发事件的特点、发展趋势和可能造成的危害，及时采取相关措施，组织相关部门和企事业单位采取下列部分或全部措施：启动相关应急预案；组织对突发事件相关信息进行进一步收集、分析和评估，预测突发事件发生的可能性、危害的严重程度和范围；组织、协调相关应急处置人员、机构进入待命状态，动员后备人员、机构做好参加应急处置的准备；了解应急处置所需的物资、设备、工具及相关设施、场所准备情况，做好投入使用的准备；转移、疏散或撤离易遭受突发事件危害的人员与重要财产，并给予妥善安置等。

（三）应急处置

突发事件对民用航空活动造成严重危害，或者民用航空活动发生、引发突发事件时，民航管理部门应当依据职责和权限，突发事件的性质、严重程度与影响范围，立即启动相关等级应急响应，根据应急预案组织、指挥或协调应急处置。

民航管理部门在组织、指挥或协调应急处置时，组织相关企事业单位采取下列部分或全部应急处置措施：搜寻、援救受到突发事件危害的航空器与人员，开展必要的医疗救护和卫生防疫，妥善安置受到突发事件威胁或影响的人员；控制危险源，划定并有效控制民航应急处置区域；启用备份设备、设施或工作方案；抢修被损坏的民航关键设备与重要设施；制定并采取必要的次生、衍生灾害应对措施；调集应急处置所需的民航专业人员、物资、设备、工具及其他资源；组织优先运送应急处置所需的人员、物资、设备、工具和受到突发事件危害的人员等。

（四）善后处理

应急处置结束后，负责组织、指挥或协调应急处置的民航管理部门按照国家有关规定尽快组织、协调损失评估，受损设备与设施修复，受影响民用航空活动恢复、补助、补偿、抚恤和费用结算等工作。另外，负责组织、指挥或协调应急处置的民航管理部门应组织开展总结评估工作，查明突发事件发生的经过与原因，总结应急处置的经验教训，制定改进措施。

知识链接 10-1

中国民用航空应急管理规定

第一章 总 则

第一条 为加强和规范民航应急工作,保障民用航空活动安全和有秩序地进行,依据《中华人民共和国突发事件应对法》《中华人民共和国民用航空法》,制定本规定。

第二条 中国民用航空局(以下简称"民航局")、民航地区管理局(以下统称为"民航管理部门")和企事业单位为履行以下责任和义务而开展的预防与应急准备、预测与预警、应急处置和善后处理等民航应急工作遵守本规定:

(一)防范突发事件对民用航空活动的威胁与危害,控制、减轻和消除其对民用航空活动的危害。

(二)防止民用航空活动发生、引发突发事件,控制、减轻和消除其危害。

(三)协助和配合国家、地方人民政府及相关部门的应急处置工作。

第三条 民航建立应对突发事件分级响应制度。根据突发事件对民用航空活动的威胁与危害,民用航空活动发生、引发的突发事件性质、严重程度、可控性和影响范围,以及协助和配合国家、地方人民政府及相关部门应急处置工作的需要等因素,实行分级响应,在相应的范围内组织、指挥或协调民航相关单位采取相应的应急处置措施。

民航应对突发事件分级响应等级划分标准由民航局制定。

第四条 民航管理部门组织采取的应急处置措施,应当与突发事件危害的性质、程度和范围相适应。有多种措施可以选择时,应当选择有利于最大程度保护公民、法人和其他组织权益的措施。

第二章 管理体制与组织机构

第五条 民航应急工作建立统一领导、综合协调、分类管理、分级负责的管理体制。

第六条 民航管理部门成立应急工作领导机构,统一领导全国或所辖地区的民航应急工作,监督、检查和指导下级民航管理部门、企事业单位的民航应急工作。

企事业单位的民航应急工作应当接受民航管理部门的监督、检查和指导。

第七条 民航管理部门设立应急工作办事机构,协助应急工作领导机构组织开展民航应急工作,与国家、地方人民政府及相关部门的应急工作办事机构建立必要的工作联系,履行信息汇总与综合协调职责。

民航应急工作办事机构的人员配备应当满足本部门应急工作的需要。

第八条 民航管理部门设立或者指定应急值守机构,负责接报、报告和通报突发事件的预警与发生信息,协助组织、指挥和协调应急处置。

应急值守机构与国家、地方人民政府及相关部门的应急值守机构建立必要、可靠的工作联系。

第九条 企事业单位应当设立或者指定应急工作机构,负责联系民航管理部门应急工作办事机构,向民航管理部门应急值守机构报送突发事件信息。

第十条 民航管理部门的各个职能部门根据工作职责负责具体管理相关民航应急

工作。

第十一条　突发事件对民用航空活动造成严重威胁、危害,民用航空活动发生、引发突发事件,或者国家、地方人民政府及相关部门要求民航协助和配合应急处置工作时,民航管理部门可以视情成立现场应急指挥机构,组织、指挥或协调应急处置。

民航管理部门不能有效控制、减轻或消除突发事件的危害,需要上级行政主管部门采取措施时,应当及时向上级行政主管部门报告。

第十二条　民航管理部门可以聘请有关专家组成专家组,为民航应急工作提供决策建议,参与应急处置指挥。

第三章　预防与应急准备

第十三条　民航管理部门应当根据有关法律、行政法规、规章,上级行政主管部门及相关部门的应急预案,结合民航运行实际情况,制定应急预案。

第十四条　民航管理部门建立健全应急预案体系,主要包括总体应急预案、专项应急预案、地区应急预案。

第十五条　企事业单位及其分支机构应当依据相关法律、法规、规章和民航管理部门应急预案的相关内容,制定相应的应急预案。

民航局空中交通管理局和跨地区运营的航空服务保障公司的应急预案应当报民航局备案,其他企事业单位及其分支机构的应急预案应当报所在地民航地区管理局备案。

第十六条　应急预案应当明确适用的情境条件,并根据其性质、特点、影响、应对需要,明确工作原则、组织体系与职责分工、指挥与运行机制,规定预防与应急准备、预测与预警、应急处置与救援和善后处理等工作环节的操作程序、相关标准和保障措施。

第十七条　应急预案的制定单位在制定应急预案时应当加强与国家、地方人民政府及相关部门、相关民航管理部门、企事业单位的沟通、协调,确保相关应急预案之间形成良好的衔接。

民航管理部门应当加强对企事业单位编制应急预案的工作指导。

第十八条　应急预案的制定单位应当根据实际需要和情况变化,适时修订应急预案。

第十九条　应急预案的制定单位应当定期组织预案演练,演练的周期应当在预案中明确规定。企事业单位组织开展的预案演练应当接受民航管理部门的监督、检查。

第二十条　民用机场与民航重要设施的规划应当符合预防、处置突发事件的需要。民航管理部门、企事业单位在制定规划时,应当统筹安排应对突发事件所必需的设备配备和基础设施建设,采取必要的容灾备份措施。

第二十一条　企事业单位应当保证重要保障系统的安全运行水平,加强运行管理,及时发现影响民用航空安全与正常的不利因素,采取措施及时消除可能导致突发事件发生的风险隐患,防止和减少由于民航原因导致的突发事件发生。

第二十二条　民航管理部门应当组织、协调相关部门和企事业单位,共同建立民航协助和配合国家、地方人民政府及相关部门应急处置的工作机制。

第二十三条　民航管理部门和企事业单位应当建立健全民航应急工作培训制度。

第二十四条　企事业单位应当根据民航有关法律、法规、规章要求,建立专职或者兼职应急救援队伍。

第二十五条　民航管理部门和企事业单位应当开展民航应急工作知识宣传普及活动。

第二十六条　民航局鼓励、扶持具备相应条件的科研教学机构组织开展民航应急工作教育、培训活动；鼓励、扶持教学科研机构和相关企事业单位研究、开发用于民航应急工作的新技术、新设备和新工具。

第四章　预测与预警

第二十七条　民航局建立统一的民航应急工作信息系统，汇集、储存、分析和传输有关突发事件信息，并在上、下级之间，相关单位、部门之间实现互联互通，加强信息交流与情报合作。

第二十八条　民航管理部门应当及时收集对辖区内民用航空活动具有潜在重大影响的突发事件信息，分析影响民用航空安全与正常的主要因素。

第二十九条　民航管理部门在收到国家、地方人民政府及相关部门发布的突发事件预警信息，预计突发事件将对民用航空活动构成严重威胁时，应当及时向相关民航管理部门、企事业单位通报预警信息，并要求下级民航管理部门、相关企事业单位预先做好应对准备。

第三十条　民航管理部门和企事业单位收到突发事件预警信息后，应当针对突发事件的特点、发展趋势和可能造成的危害，及时采取相关措施，避免或减少损失的发生。

第三十一条　民航管理部门收到突发事件预警信息后，可以组织相关部门和企事业单位采取下列部分或全部措施：

（一）启动相关应急预案。

（二）组织对突发事件相关信息进行进一步的收集、分析和评估，预测突发事件发生的可能性、危害的严重程度与范围。

（三）向相关机构和人员宣传避免、减轻突发事件危害的常识。

（四）组织、协调相关应急处置人员、机构进入待命状态，动员后备人员、机构做好参加应急处置的准备。

（五）了解应急处置所需的物资、设备、工具及相关设施、场所准备情况，做好投入使用的准备。

（六）加强对民航重要基础设施的防护，增强民航关键设备、设施的容灾备份能力。

（七）转移、疏散或撤离易遭受突发事件危害的人员与重要财产，并给予妥善安置。

（八）关闭或者限制使用易遭受突发事件危害的民航工作、服务场所。

（九）检查本单位民航应急工作信息系统与相关部门、单位的互联互通情况，启用信息系统与相关部门、单位建立联系。

（十）其他能够防止突发事件发生或防范、控制和减轻突发事件危害的必要措施。

第三十二条　有事实证明突发事件对民用航空活动的危害不可能发生或者危险已经解除时，民航管理部门应当立即终止已经采取的有关措施，尽快恢复民用航空活动的正常。

第五章　应急处置

第三十三条　突发事件对民用航空活动造成严重危害，或者民用航空活动发生、引发突发事件时，获悉相关信息的企事业单位应当及时向民航管理部门报告，并依据事件的性质、严重程度和影响范围,及时采取应急处置措施控制事态发展。

民航管理部门应当按照有关规定向上级行政主管部门、有关地方人民政府及相关部门、企事业单位报告或通报。

报告和通报相关信息时,应当做到及时、客观、真实,不得迟报、谎报、瞒报、漏报。

第三十四条　报告与通报相关信息的内容应当包括突发事件发生的时间、地点、信息来源、突发事件的性质、危害程度、影响范围、突发事件发展趋势和已经采取的措施等内容。在时间紧迫的情况下,可以先报告部分内容,但应尽快补充、完善信息内容。

第三十五条　突发事件对民用航空活动造成严重危害,或者民用航空活动发生、引发突发事件时,民航管理部门应当依据职责、权限,突发事件的性质、严重程度与影响范围,立即启动相关等级应急响应,根据应急预案组织、指挥或协调应急处置。

发生专项应急预案未涉及的情况时,民航管理部门应当依据总体应急预案与地区应急预案规定的工作原则、职责分工、指挥与运行机制、程序、标准、组织、指挥或协调应急处置。

相关企事业单位应当接受民航管理部门的组织、指挥或协调,积极参与应急处置工作。

第三十六条　民航管理部门在组织、指挥或协调应急处置时,可以组织相关企事业单位采取下列部分或全部应急处置措施：

（一）组织、协调有关单位、部门、应急救援队伍和专业技术人员实施民航应急处置。

（二）搜寻、援救受到突发事件危害的航空器与人员,开展必要的医疗救护和卫生防疫,妥善安置受到突发事件威胁或影响的人员。

（三）控制危险源,划定并有效控制民航应急处置区域。

（四）启用备份设备、设施或工作方案。

（五）抢修被损坏的民航关键设备与重要设施。

（六）禁止或者限制使用民航有关设备、设施,关闭或者限制使用民航有关工作、服务场所,中止或者限制民用航空活动。

（七）制定并采取必要的次生、衍生灾害应对措施。

（八）调集应急处置所需的民航专业人员、物资、设备、工具及其他资源。

（九）组织优先运送应急处置所需的人员、物资、设备、工具和受到突发事件危害的人员。

（十）其他有利于控制、减轻和消除突发事件危害的必要措施。

第三十七条　国家、地方人民政府及相关部门要求民航管理部门协助和配合应急处置时,民航管理部门应当依据相关规定、应急处置所需要的行动规模、民航运行情况与相关应急预案,启动相关等级应急响应,组织、协调相关企事业单位给予协助和配合。

企事业单位应当依据民航管理部门的部署和本单位相关应急预案,迅速制定落实方案并组织实施。

企事业单位有义务协助和配合国家、地方人民政府及相关部门的应急处置工作。

第三十八条　民航管理部门在组织、指挥或协调应急处置过程中,应当准确、及时地发布民航应急处置信息。

企事业单位在应急处置过程中,可以发布有关本单位遭受突发事件影响和采取应对措施的信息。

第三十九条　任何单位和个人不得编造、传播有关突发事件或者民航应急处置工作的虚假信息。发布的信息应当避免干扰或者妨碍民航应急处置工作。

第四十条　参加应急处置的企事业单位应当及时向组织、指挥或协调应急处置的民航管理部门报告工作情况。组织、指挥或协调应急处置的民航管理部门应当及时向上级行政主管部门报告工作情况。

第四十一条　参加应急处置的民航管理部门、企事业单位应当详细记录应急处置工作过程。

第四十二条　突发事件的威胁和危害得到控制、消除，或者协助和配合国家、地方人民政府及相关部门的应急处置的任务完成时，负责组织、指挥或协调应急处置的民航管理部门应当根据应急预案的规定终止应急处置。

第六章　善后处理

第四十三条　应急处置结束后，负责组织、指挥或协调应急处置的民航管理部门应当按照国家有关规定尽快组织、协调损失评估、受损设备与设施修复、受影响民用航空活动恢复、补助、补偿、抚恤和费用结算等工作。

第四十四条　民航局根据突发事件造成的损失，制定或向有关部门申请扶持受到突发事件危害的企事业单位发展的优惠政策。

第四十五条　应急处置结束后，负责组织、指挥或协调应急处置的民航管理部门应当组织开展总结、评估工作，查明突发事件发生的经过与原因，总结应急处置的经验教训，制定改进措施。

第七章　法律责任

第四十六条　民航管理部门工作人员未按本规定履行职责的，由民航管理部门依法给予行政处分。

第四十七条　企事业单位违反本规定，有下列行为之一的，由民航管理部门责令改正，并给予警告；拒不改正的，处以1 000元以上10 000元以下罚款：

（一）违反本规定第九条，未设立或指定民航应急工作相关机构。

（二）违反本规定第十五、十八、十九条，未制定应急预案、未及时修订应急预案或未按规定组织预案演练。

（三）违反本规定第二十一条，未及时消除突发事件发生隐患。

第四十八条　企事业单位违反本规定，有下列行为之一的，由民航管理部门给予警告；情节严重的，处以5 000元以上，30 000元以下罚款：

（一）违反本规定第三十一条，收到突发事件预警信息后未按民航管理部门要求及时采取措施。

（二）违反本规定第三十三条，迟报、谎报、瞒报、漏报突发事件信息，或未及时采取应急处置措施。

（三）违反本规定第三十六条，未按照民航管理部门要求及时采取应急处置措施。

（四）违反本规定第三十七条，无正当理由拒绝执行民航管理部门关于协助和配合突发事件应急处置的工作部署。

（五）违反本规定第三十九条，编造、传播有关突发事件或者民航应急处置工作的虚假信息，或发布的信息干扰或者妨碍民航应急处置工作。

第八章　附　　则

第四十九条　本规定部分用语定义如下：

（一）突发事件，是指突然发生，造成或者可能造成严重社会危害，需要采取应急处置措施予以应对的自然灾害、事故灾难、公共卫生事件和社会安全事件。

（二）企事业单位，是指直接从事、参与或保障民用航空活动的民航企事业单位。

（三）应急预案，是指为有效应对突发事件，协助和配合国家、地方人民政府及相关部门应急处置工作，依据相关法律、法规、规章、规范性文件预先制定的行动计划或方案。

（四）总体应急预案，是指民航局为组织、指挥或协调民航管理部门、企事业单位应对突发事件，协助和配合国家、地方人民政府及相关部门突发事件应急处置工作而制定的综合性应急预案。它是组织、指挥或协调相关应急资源和突发事件应对工作的整体计划和程序规范；是指导制定民航专项、地区应急预案的规范性文件；是民航管理部门应急预案体系的总纲。

（五）专项应急预案，是指民航局为组织、指挥或协调应对某种具体突发事件，或为国家、地方人民政府及相关部门突发事件应急处置工作提供具体协助和配合而预先制定的应急预案。

（六）地区应急预案，是指民航地区管理局为在辖区内组织、指挥或协调突发事件应对工作，协助和配合地方人民政府及相关部门突发事件应急处置工作而制定的，经民航局批准的综合性应急预案。

第五十条　本规定颁布前施行的其他民用航空规章对民航应急工作的具体内容另有规定的，从其规定。

第五十一条　本规定自2016年4月17日起施行。

第三节　民航应急管理法制建设

一、国际民航应急管理相关法规

（一）《国际民用航空公约》

《国际民用航空公约》第二十五条"航空器遇险"规定：缔约各国承允对其领土内遇险的航空器，在其认为可行的情况下，采取援助措施，并在本国当局管制下准许该航空器所有人或该航空器登记国当局采取情况所需的援助措施。缔约各国搜寻失踪的航空器时，应在按照本公约随时建议的各种协同措施方面进行合作。

(二)《国际民用航空公约》附件6——航空器运行

附件6要求保持警觉的飞行机组不仅必须能够处理任何技术方面的紧急情况,同时也能处理其他机组成员的紧急状况,并且在撤离航空器时必须反应正确和有效,并规定在运行手册当中必须包括这些规则。同时,附件6中除了针对劫持民用航空器的纯技术性质的预防措施之外,也对其他紧急状况所需要的各种安全预防措施做了研究,并尽可能多地涵盖各种紧急情况。

(三)《国际民用航空公约》附件11——空中交通服务

附件11的第5章涉及告警服务。在未能与航空器建立通信联络或航空器未按时到达而相信或得知其处于紧急状态,或收到情报得知航空器已经或即将进行迫降时,向援救协调中心告警。告警服务自动提供给接受空中交通管制服务的所有航空器,并在实际可行时提供给所有其驾驶员已申报飞行计划或通过其他方式被空中交通服务所得知的其他航空器。告警服务还提供给已知或相信正受到非法干扰的航空器。告警服务的作用是调动所有一旦需要就能提供援助的有关援救和应急组织。

(四)《国际民用航空公约》附件12——搜寻与救援

本附件共有5章,详细地规定了与有效开展搜救工作有关的组织和合作原则,概述了必要的准备措施,并为实际发生紧急情况时提供搜救服务规定了适当的工作程序。第1章要求各国在其领土之内和地区航行协议决定的并经国际民航组织理事会批准的公海部分或主权尚未确定的区域提供搜救服务。本章还涉及移动搜救单位的建立,这些单位的通信手段和适合搜寻与救援服务的其他公共或私营机构的指定。第4章论述了准备措施,规定了核对和公布搜救服务所需资料的要求。规定必须为搜救工作的执行编制详细的工作计划,并指出计划中要包括的必要资料。本章还涵盖了救援单位所需要采取的准备措施、训练要求和航空器残骸的清理。第5章规定了查明紧急情况并对之分类的要求,并详细规定了对每种类型的事件应予采取的行动。

(五)《国际民用航空公约》附件13——航空器事故/事故征候调查

附件13的第8章涉及事故预防措施,涵盖了强制性和自愿性两种事故征候报告系统,以及为自愿报告那些可能有害安全的事件创造一个非惩罚性环境的必要。随后本章论述了数据库系统和分析此种数据库中所载的安全资料的一种方式,以确定所需要的任何预防行动。最后,本章建议各国促进安全资料共享网络的建立,以便利自由交换有关现存和潜在的安全缺陷的资料。本章所概述的这一过程成为旨在全世界范围内以减少事故和严重事故征候数量的安全管理系统的一部分。

(六)《国际民用航空公约》附件14——机场

根据附件14,所有国际机场都需要具备规定等级的消防与服务功能。附件规定了需使用的制剂种类、数量以及必须送达航空器事故现场的时间限制。另外,机场勤务手册中对机场应急救援工作做了详细的说明,包括以下几个方面:机场勤务手册第一部分,"救援和消防";机场勤务手册第五部分,"残损航空器的搬移";机场勤务手册第七部分,"应急救援计划"。

(七)《航空器事故遇难者及其家属援助指南》(ICAO 通告 285-AN/166)

考虑到航空器事故遇难者及其家属的迫切需要,国际民航组织在 1998 年 10 月召开的第 32 届大会上审议了关于援助航空器事故遇难者及其家属的议题,并通过了第 A32-7 号决议,呼吁各缔约国重申它们支援民用航空器事故遇难者及其家属的承诺,敦促有关国家制定家属援助计划。2001 年,国际民航组织发布了《航空器事故遇难者及其家属援助指南》,作为提供给各缔约国制定此类规定的参考文件。

二、中国民航应急管理相关法规

(一)《中华人民共和国民用航空法》

《中华人民共和国民用航空法》第十一章"搜寻援救和事故调查"规定:发现民用航空器遇到紧急情况或者收听到民用航空器遇到紧急情况的信号的单位或者个人,应当立即通知有关的搜寻援救协调中心、海上搜寻援救组织或者当地人民政府。收到通知的搜寻援救协调中心、地方人民政府和海上搜寻援救组织,应当立即组织搜寻援救;收到通知的搜寻援救协调中心,应当设法将已经采取的搜寻援救措施通知遇到紧急情况的民用航空器;搜寻援救民用航空器的具体办法,由国务院规定;执行搜寻援救任务的单位或者个人,应当尽力抢救民用航空器所载人员,按照规定对民用航空器采取抢救措施并保护现场,保存证据。

(二)《中华人民共和国搜寻援救民用航空器规定》

该规定的目的是为了及时有效地搜寻和援救遇到紧急情况的民用航空器,避免或者减少人员伤亡和财产损失。中华人民共和国领域内以及中华人民共和国缔结或者参加的国际条约规定由中国承担搜寻救援工作的公海区域为中华人民共和国航空搜寻救援区。该规定共 5 章 31 条 1 个附录,主要内容包括总则、搜寻救援的准备、搜寻救援的实施、罚则、附则及附录搜寻救援的信号。

(三)《国家处置民用航空器飞行事故应急预案》

该预案的目的是建立健全民用航空器飞行事故应急机制,提高政府应对突发危机事件的能力,保证民用航空器飞行事故应急工作协调、有序和高效地进行,最大限度地减少人员伤亡,保护国家和公众财产安全,维护社会稳定、促进航空安全。适用于民用航空器特别重大飞行事故;民用航空器执行专机任务发生飞行事故;民用航空器飞行事故死亡人员中有国际、国内重要旅客;军用航空器与民用航空器发生空中相撞;外国民用航空器在中华人民共和国境内发生飞行事故,并造成人员伤亡;由中国运营人使用的民用航空器在中华人民共和国境外发生飞行事故,并造成人员伤亡;民用航空器发生爆炸、空中解体、坠机等,造成重要地面设施巨大损失,并对设施使用、环境保护、公众安全、社会稳定等造成巨大影响。

(四)《民用航空器飞行事故应急反应和家属援助规定》(CCAR-399)

围绕民用航空器飞行事故应急反应和家属援助问题,规定着重考虑了与现行规章的衔接问题。如关于事故信息报告,主要与2005年4月7日起施行的《民用航空安全信息管理规定》相衔接,此外,还考虑了与《民用航空器飞行事故调查规定》及《民用运输机场应急救援规则》等规章协调统一的问题。规定按照我国现行的民用航空器事故等级标准,将我国的民用航空器事故划分为三个等级,尽管从理论上,不论事故的规模多大,罹难者及其家属均应该得到适当的援助,但由于航空器事故的大小和情况不同,提供家属援助所需资源的多少相差很大。考虑到我国公共航空运输的载客量等方面,规定将适用范围限定在重大及其以上的民用航空器飞行事故。在民用航空器飞行事故的善后处理中,航空运输企业是家属援助方面的具体实施者。因此,运输企业应当向行业主管部门上报家属援助计划,以保证在发生民用航空器飞行事故后,能够为家属提供必要的帮助和抚慰。这就要求航空运输企业要为此计划的实施提供人力、物力、财力方面的保障。规定相应地提出了原则要求。

(五)《民用运输机场突发事件应急救援管理规则》(CCAR-139-II-RI)

民用机场,特别是民用运输机场的应急救援管理和突发事件的处置工作,对于避免或者减少人员伤亡和财产损失、减少突发事件对机场正常运行的影响具有重要意义。依据《中华人民共和国突发事件应对法》和《民用机场管理条例》,自2008年起,民航局启动了对该规则的修订工作,该规则自2011年9月9日起施行。该规则共9章72条,与上一版最大的不同是将机场应急救援的计划准备工作与突发事件的处置分开,将应急救援设施设备及人员的日常管理与应急救援的演练分开,分别就机场应急救援工作的总则、突发事件分类和应急救援响应等级、应急救援组织机构及其职责、突发事件应急救援预案、应急救援的设施设备及人员、应急救援的处置和基本要求、应急救援的日常管理和演练等做了规定。

(六)《中国民用航空应急管理规定》(CCAR-397)

该规定由8个部分组成,分别为总则、管理体制与组织机构、预防与准备、预测与预警、应急处置、善后处理、法律责任和附则。该规定对民航应急工作的职责、内容进行了定义;提出了实行分级响应的原则;借鉴网络型组织机构的原理,规划了以民航局突发事件应急工作领导小组为领导机构,以领导小组办事机构为核心机构,以民航局各职能部门为工作机构的应急管理机制;对突发事件与民用航空的复杂关系进行了力求准确的解释;对民航应急工作各个环节的基本内容与要求做出了相应的规定。

第四节 民航应急预案建设

一、应急预案的编制

应急预案是针对可能发生的突发事件,为迅速、有序地开展应急行动而预先制定的行动方案。编制应急预案应做好以下准备工作:全面分析危险因素、可能发生的事故类型及事故的危害程度;排查事故隐患的种类、数量和分布情况,并在隐患治理的基础上,预测可能发生的事故类型及事故的危害程度;确定事故危险源,进行风险评估;针对事故危险源和存在的问题,确定相应的防范措施;客观评价本单位应急能力;充分借鉴国内外同行业事故教训及应急工作经验。

应急预案的编制程序如下,如图 10-5 所示。

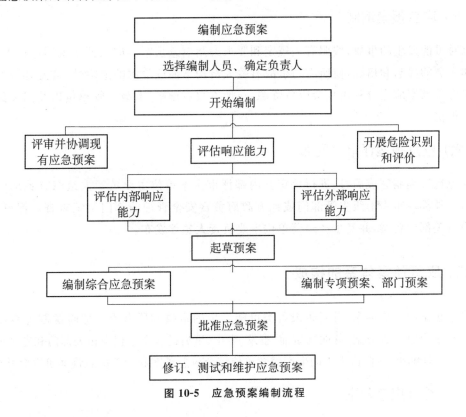

图 10-5 应急预案编制流程

(一)应急预案编制工作组

结合本单位部门职能分工,成立本单位主要负责人为领导的应急预案编制工作组,明确编制任务,职责分工,制订工作计划。

（二）资料收集

收集应急预案编制所需的各种资料（包括相关法律法规、应急预案、技术标准、国内外同行业事故案例分析、本单位技术资料等）。

（三）危险源与风险分析

在危险因素分析及事故隐患排查、治理的基础上，确定本单位可能发生事故的危险源、事故的类型和后果，进行事故风险分析，并指出事故可能产生的次生、衍生事故，形成分析报告，分析结果作为应急预案编制的依据。

（四）应急能力评估

对本单位应急装备、应急队伍等应急能力进行评估，并结合本单位实际，加强应急能力建设。

（五）应急预案编制

针对可能发生的事故，按照有关规定和要求编制应急预案。应急预案编制过程中，应注重全体人员的参与和培训，使所有与事故有关人员均掌握危险源的危险性、应急处置方案和技能。应急预案应充分利用社会应急资源，与地方政府预案、上级主管单位以及相关部门的预案相衔接。

（六）应急预案评审与发布

应急预案编制完成后，应进行评审。内部评审由本单位主要负责人组织有关部门和人员进行。外部评审由上级主管部门或地方政府负责安全管理的部门组织审查。评审后，按规定报有关部门备案，并经生产经营单位主要负责人签署发布。

二、应急预案体系的构成

应急预案应形成体系，针对各级各类可能发生的事故和所有重大危险源制定专项应急预案和现场应急处置方案，并明确事前、事发、事中、事后的各个过程中相关部门和有关人员的职责。生产规模小、危险因素少的生产经营单位综合应急预案和专项应急预案可以合并编写。

（一）综合应急预案

综合应急预案是从总体上阐述事故的应急方针和政策，应急组织结构及相关应急职责，应急行动、措施和保障等基本要求和程序，是应对各类事故的综合性文件。

（二）专项应急预案

专项应急预案是针对具体的事故类别（如航空器反劫机预案、民用航空器飞行事故应急预案)、危险源和应急保障而制订的计划或方案,是综合应急预案的组成部分,应按照综合应急预案的程序和要求组织制定,并作为综合应急预案的附件。专项应急预案应制定明确的救援程序和具体的应急救援措施。

(三) 现场处置方案

现场处置方案是针对具体的装置、场所或设施、岗位所制定的应急处置措施。现场处置方案应具体、简单、针对性强。现场处置方案应根据风险评估及危险性控制措施逐一编制,做到事故相关人员应知应会,熟练掌握,并通过应急演练,做到迅速反应、正确处置。

此外,应急预案按行政管理权限,可分为:国家级应急救援预案,省、自治区、直辖市级应急救援预案,市级应急救援预案,县级应急救援预案,企业级应急救援预案;按责任主体,可分为生产经营单位编制的应急救援预案、各政府编制的应急救援预案。

三、民航应急预案体系的构成

民航应急预案体系(见图10-6)包括民航突发事件总体应急预案、民航突发事件专项应急预案、民航突发事件地区应急预案和民航企事业单位应对民航突发事件应急预案。

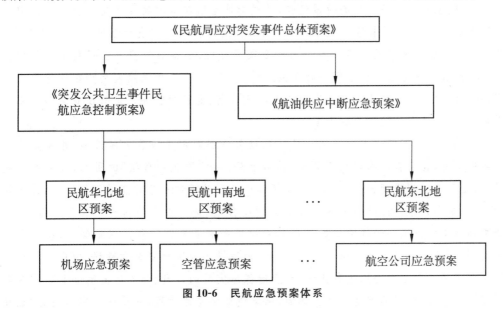

图 10-6 民航应急预案体系

(1) 民航突发事件总体应急预案是民用航空突发事件应急预案体系的总纲,是国务院民用航空主管部门为应对民用航空突发事件而制定的综合性预案和指导性文件,是国务院民用航空主管部门组织、管理、指挥、协调相关应急资源和应急行动的整体计划和程序规范,是制定民用航空突发事件专项应急预案的规范性文件。民航总体预案由国务院民用航空主管部门制定,报国务院备案。

(2) 民航突发事件专项应急预案是国务院民用航空主管部门为应对某一类别民用航空突发事件而制定的应急预案。民航专项预案由国务院民用航空主管部门或其指定的内设机构制定,作为突发公共事件部门应急预案报国务院备案。

(3) 民航突发事件地区应急预案是地区民用航空管理机构为应对各类民用航空突发事件和在本地区实施民航专项预案而制定的应急预案。民航地区预案由地区民用航空管理机构制定,报国务院民用航空主管部门备案。

(4) 民航企事业单位应对民航突发事件应急预案是从事或直接保障民用航空活动的企事业单位为应对各类民用航空突发事件,依据法律、法规和规范性文件而制定的应急预案。民航单位应急预案由企事业单位制定,报地区民用航空管理机构备案。

案例链接 10-1

空中力量为灾区撑起一片天

7.0级地震,四川雅安告急!从2013年4月20日8时2分地震发生的那一刻开始,全国人民的心就与雅安紧紧连在一起,抗震救灾工作迅速启动。作为救灾工作中不可缺少的空中力量,民航各单位快速反应,用及时、有效的行动为灾区撑起了一片天。

民航因其快速、便捷、不受地面环境影响的优势,历来都在抗击重大自然灾害、实施紧急救援等方面发挥着特殊而重要的作用,向党和人民交上了满意的答卷。在汶川和玉树地震中,中国民航积累了许多宝贵的救援经验,并成功地运用在本次雅安的抗震救灾工作中。最突出的表现是,民航此次抗震救灾响应非常快速、及时。在地震发生后不到3个小时内,南航就已经调配出9架客机、3架大型货机和2架直升机,准备随时投入抗震救灾工作中。国航、东航、海航等航空公司也在第一时间做出响应,运力、机组和保障人员均在地震当天准备就绪,并及时推出了免费为成都进出港旅客办理改期、退票的服务。东航还成为第一家向灾区捐款的企业,体现了民航人的大爱。

反应迅速的原因在于未雨绸缪。民航各级单位都制定了应急响应机制,并注重平时的应急实战演练,在灾害来临时忙而不乱、协调有序。而"民航一盘棋"的思想,也使民航从政府机构、空管部门到机场、航空公司、航油等各单位面对紧急任务时能够团结一心,以大局为重,集中力量办大事。民航各地区管理局协调指挥,机场为救灾物资开辟绿色通道,航油紧急调配油料支援灾区……西南地区民航各单位更是有着丰富的震后保障经验,在余震不断的情况下,西南民航员工坚守岗位,忙而不乱,确保机场的运行安全和秩序,使成都机场在地震发生两个半小时后就全面恢复正常,为及时保障灾后的人员、物资运输创造了有利条件。

在震后救援中,时间就是生命。然而,强震使道路交通受阻,一些偏远灾区成为"孤岛",救援人员和物资无法进入。要解决"最后一公里"的交通问题,空中力量尤其是直升机是最好的选择。在汶川地震中,民航直升机就因其灵活机动的特性,在抢救伤员、运送物资、吊运大型救援机械等方面发挥了不可替代的作用,通用航空的发展也由此越来越受到国家的重视。在这一次的雅安抗震救灾中,我们又看到了通用航空的身影。许多通用航空公司志愿者将直升机集结在广汉机场待命,随时准备向灾区进发。

地震后,民航人的表现令人感动。我们看到了震后头戴安全帽、手握话筒坚持指挥的空管人,看到了主动请缨飞往成都的机长,看到了在微博上总结历次抗震救灾航班服务经验供大家参考的乘务员。抗震救灾需要民航人的努力,也需要旅客们的支持。地震后,许多航班和人员会被调配去执飞灾区救援航班,往返灾区的航班也会得到优先保障,这可能会影响一些正常航班的保障工作。在这个特殊时期,民航更需要旅客们的支持、理解。这一刻,我们都是雅安人,让我们携起手来,共同为灾区人民撑起一片蓝天!

资料来源:http://news.carnoc.com/list/249/249892.html

第五节　应急保障建设

一、国家应急保障

根据《国家突发公共事件总体应急预案》的规定,各有关部门要按照职责分工和相关预案做好突发公共事件的应对工作,同时根据总体预案切实做好应对突发公共事件的人力、物力、财力、交通运输、医疗卫生及通信保障等工作,保证应急救援工作的需要和灾区群众的基本生活,以及恢复重建工作的顺利进行。

1. 人力资源

公安(消防)、医疗卫生、地震救援、海上搜救、矿山救护、森林消防、防洪抢险、核与辐射、环境监控、危险化学品事故救援、铁路事故、民航事故、基础信息网络和重要信息系统事故处置,以及水、电、油、气等工程抢险救援队伍是应急救援的专业队伍和骨干力量。地方各级人民政府和有关部门、单位要加强应急救援队伍的业务培训和应急演练,建立联动协调机制,提高装备水平;动员社会团体、企事业单位以及志愿者等各种社会力量参与应急救援工作;增进国际交流与合作。要加强以乡镇和社区为单位的公众应急能力建设,发挥其在应对突发公共事件中的重要作用。

2. 财力保障

保证突发公共事件应急准备和救援工作所需资金。对受突发公共事件影响较大的行业、企事业单位和个人要及时研究提出相应的补偿或救助政策。要对突发公共事件财政应急保障资金的使用和效果进行监管和评估。

3. 物资保障

建立健全应急物资监测网络、预警体系和应急物资生产、储备、调拨以及紧急配送体系,完善应急工作程序,确保应急所需物资和生活用品的及时供应,并加强对物资储备的监督管理,及时予以补充和更新。

地方各级人民政府应根据有关法律、法规和应急预案的规定,做好物资储备工作。

4. 基本生活保障

做好受灾群众的基本生活保障工作,确保灾区群众有饭吃、有水喝、有衣穿、有住处、有病能得到及时医治。

5. 医疗卫生保障

卫生部门负责组建医疗卫生应急专业技术队伍,根据需要及时赴现场开展医疗救治、疾病预防控制等卫生应急工作。及时为受灾地区提供药品、器械等卫生和医疗设备。必要时,组织动员红十字会等社会卫生力量参与医疗卫生救助工作。

6. 交通运输保障

保证紧急情况下应急交通工具的优先安排、优先调度、优先放行,确保运输安全畅通;要依法建立紧急情况社会交通运输工具的征用程序,确保抢险救灾物资和人员能够及时、安全送达。

根据应急处置需要,对现场及相关通道实行交通管制,开设应急救援"绿色通道",保证应急救援工作的顺利开展。

7. 治安维护

加强对重点地区、重点场所、重点人群、重要物资和设备的安全保护,依法严厉打击违法犯罪活动。必要时,依法采取有效管制措施,控制事态,维护社会秩序。

8. 人员防护

指定或建立与人口密度、城市规模相适应的应急避险场所,完善紧急疏散管理办法和程序。明确各级责任人,确保在紧急情况下的公众安全、有序转移或疏散。

采取必要的防护措施,严格按照程序开展应急救援工作,确保人员安全。

9. 通信保障

建立健全应急通信、应急广播电视保障工作体系,完善公用通信网,建立有线和无线相结合、基础电信网络与机动通信系统相配套的应急通信系统,确保通信畅通。

10. 公共设施

有关部门要按照职责分工,分别负责煤、电、油、气、水的供给,以及废水、废气、固体废弃物等有害物质的监测和处理。

11. 科技支撑

积极开展公共安全领域的科学研究;加大公共安全监测、预测、预警、预防和应急处置技术研发的投入,不断改进技术装备,建立健全公共安全应急技术平台,提高我国公共安全科技水平;注意发挥企业在公共安全领域的研发作用。

二、民航应急保障

民航应急保障的重点单位是机场,因为机场是航空器地面运行的主要场所,也是民航进行运输保障的关键场所,机场的应急保障最为关键。

（一）应急救援组织机构及其职责

（1）机场应急救援指挥管理机构，即机场应急救援指挥中心的职责包括：组织制定、汇总、修订和管理机场突发事件应急救援预案；定期检查各有关部门、单位的突发事件应急救援预案、人员培训、演练、物资储备、设备保养等工作的保障落实情况；定期修订突发事件应急救援预案中各有关部门和单位的负责人、联系人名单及电话号码；按照本规则的要求制定年度应急救援演练计划并组织或者参与实施；机场发生突发事件时，根据总指挥的指令以及预案要求，发布应急救援指令并组织实施救援工作；根据残损航空器搬移协议，组织或者参与残损航空器的搬移工作；定期或不定期总结、汇总机场应急救援管理工作，向机场应急救援工作领导小组汇报。

（2）机场空中交通管理部门的职责包括：将获知的突发事件类型、时间、地点等情况按照突发事件应急救援预案规定的程序通知有关部门；及时了解发生突发事件航空器机长意图和事件发展情况，并通报指挥中心；负责发布因发生突发事件影响机场正常运行的航行通告；负责向指挥中心及其他参与救援的单位提供所需的气象等信息。

（3）机场消防部门的职责包括：救助被困遇险人员，防止起火，组织实施灭火工作；根据救援需要实施航空器的破拆工作；协调地方消防部门的应急支援工作；负责将罹难者遗体和受伤人员移至安全区域，并在医疗救护人员尚未到达现场的情况下，本着"自救互救"人道主义原则，实施对伤员的紧急救护工作。

（4）机场医疗救护部门的职责包括：进行伤亡人员的检伤分类、现场应急医疗救治和伤员后送工作。记录伤亡人员的伤情和后送信息；协调地方医疗救护部门的应急支援工作；进行现场医学处置及传染病防控；负责医学突发事件处置的组织实施。

（5）航空器营运人或其代理人的职责包括：提供有关资料。资料包括发生突发事件航空器的航班号、机型、国籍登记号，机组人员情况，旅客人员名单及身份证号码、联系电话、机上座位号、国籍、性别、行李数量，所载燃油量，所载货物及危险品等情况；在航空器起飞机场、发生突发事件的机场和原计划降落的机场设立临时接待机构和场所，并负责接待和查询工作；负责开通应急电话服务中心并负责伤亡人员亲属的通知联络工作；负责货物、邮件和行李的清点和处理工作；航空器出入境过程中发生突发事件时，负责将事件的基本情况通报海关、边防和检疫部门；负责残损航空器搬移工作。

（6）机场地面保障部门的职责包括：负责在发生突发事件现场及相关地区提供必要的电力和照明、航空燃油处置、救援物资等保障工作；负责受到破坏的机场飞行区场道、目视助航设施设备等的紧急恢复工作。

（二）应急救援的设施设备及人员

1. 隔离机位

机场管理机构建设或指定一个特定的隔离机位，供受到劫持或爆炸物威胁的航空器停放，其位置应能使其距其他航空器集中停放区、建筑物或者公共场所至少100米，并尽可能避开地下管网等重要设施。

2. 消防设施

机场管理机构按照《民用航空运输机场飞行区消防设施》的要求配备机场飞行区消防设施,并应保证其在机场运行期间始终处于适用状态。机场管理机构按照《民用航空运输机场消防站消防装备配备》的要求配备机场各类消防车、指挥车、破拆车等消防装备,并应保证其在机场运行期间始终处于适用状态。

3. 医疗急救

机场管理机构按照《民用运输机场应急救护设施配备》的要求配备机场医疗急救设备、医疗器材及药品、医疗救护人员,并确保机场医疗急救设备、医疗器材及药品在机场运行期间始终处于适用状态和使用有效期内。

4. 通信保障

机场指挥中心及机场内参加应急救援的单位安装带有时钟和录音功能的值班电话,视情设置报警装置,并在机场运行期间随时保持有人值守。值班电话线路至少保持一主一备的双线冗余。所有应急通话内容录音,应急通话记录至少保存两年。机场管理机构设立用于应急救援的无线电专用频道,突发事件发生时,机场塔台和参与救援的单位使用专用频道与指挥中心保持不间断联系。公安、消防、医疗救护等重要部门尽可能为其救援人员配备耳麦。为能在第一时间了解航空器在空中发生的紧急情况,指挥中心宜设置陆空对话的单向监听设备,并在机场运行期间保持收听,但不得向该系统输入任何信号。在航空器突发事件发生时,指挥中心确需进一步向机组了解情况时,通过空中交通管理部门与机组联系。

5. 应急救援人员标志

机场管理机构制作参加应急救援人员的识别标志,识别标志要明显醒目且易于佩戴,并能体现救援单位和指挥人员。参加应急救援的人员均应佩戴标志。识别标志在夜间应具有反光功能,具体样式为:

①救援总指挥为橙色头盔,橙色外衣,外衣前后印有"总指挥"字样;

②消防指挥官为红色头盔,红色外衣,外衣前后印有"消防指挥官"字样;

③医疗指挥官为白色头盔,白色外衣,外衣前后印有"医疗指挥官"字样;

④公安指挥官为蓝色头盔,蓝色警服,警服外穿前后印有"公安指挥官"字样的背心。

参加救援的各单位救援人员的标识颜色应与本单位指挥人员相协调,外衣可以是背心或者制服。

6. 水上救援

在邻近地区有海面和其他大面积水域的机场,机场管理机构按照机场所使用的最大机型满载时的旅客及机组人员数量、配置救援船只或者气筏和其他水上救生设备,也可以采取与有上述救援设备的单位以协议支援的方式来保障,但机场需配备满足在救援初期供机场救援人员使用需要的船只或者气筏和其他水上救生的基本设备。当突发事件发生在机场及其邻近地区的海面或大面积水域时,还应向当地国家海上搜救机构报告。

7. 残损航空器搬移设备

机场管理机构根据机场航空器年起降架次,配置与机场所使用航空器最大机型匹配的残损航空器搬移设备,并在机场运行期间保证其完好使用。年起降架次在 15 万(含)以上的机场,配置搬移残损航空器的专用拖车、顶升气囊、活动道面、牵引挂具以及必要的枕木、钢板、绳索等器材。年起降架次在 15 万以下,10 万(含)以上的机场,配置顶升气囊、活动道面、牵引挂具以及必要的枕木、钢板、绳索等器材。年起降架次在 10 万以下的机场,配置活动道面以及必要的枕木、钢板、绳索等器材。活动道面配置满足航空器每一轮迹下的铺设长度不小于 30 米;航空器牵引挂具的配置满足能牵引在机场使用的各类型航空器;对于在发生突发事件后 2 小时之内机场管理机构可能取得专用拖车和顶升气囊的,机场管理机构可不配备专用拖车和顶升气囊,但要有明确的救援支援协议。

8. 现场指挥的车辆

机场管理机构配备用于机场应急救援现场指挥的车辆,该车配有无线通信、传真、摄像、视频传输、电脑和照明等设备,并配有应急救援的相关资料库及主要材料的纸质文件。

9. 应急救援人员

在机场运行期间,各参加应急救援的单位在保障正常运行的同时,应按照相关标准要求保持有足够的应对突发事件的救援人员。参加应急救援各单位的值班领导、部门领导及员工熟知本单位、本部门及本岗位在应急救援工作中的职责和预案。

10. 应急演练与培训

参加应急救援的各单位每年至少对按照机场应急救援预案承担救援工作职责的相关岗位的工作人员进行一次培训,对专职应急救援管理人员、指挥人员、消防战斗员、医疗救护人员进行经常性的培训,培训内容包括应急救援基础理论、法规规章、技术标准、岗位职责、突发事件应急救援预案、医疗急救常识、消防知识、旅客疏散引导及其他相关技能。在机场航站楼工作的所有人员每年至少接受一次消防器材使用、人员疏散引导和熟悉建筑物布局等方面的培训。

知识链接 10-2

民用运输机场突发事件应急救援管理规则

第一章 总 则

第一条 为了规范民用运输机场应急救援工作,有效应对民用运输机场突发事件,避免或者减少人员伤亡和财产损失,尽快恢复机场正常运行秩序,根据《中华人民共和国民用航空法》《中华人民共和国突发事件应对法》和《民用机场管理条例》,制定本规则。

第二条 本规则适用于民用运输机场(包括军民合用机场民用部分,以下简称机场)及其邻近区域内突发事件的应急救援处置和相关的应急救援管理工作。

第三条 本规则所指民用运输机场突发事件(以下简称突发事件)是指在机场及其邻近区域内,航空器或者机场设施发生或者可能发生的严重损坏以及其他导致或者可能导致人员伤亡和财产严重损失的情况。

本规则所称机场及其邻近区域是指机场围界以内以及距机场每条跑道中心点 8 千米范围内的区域。

第四条　中国民用航空局(以下简称民航局)负责机场应急救援管理工作的总体监督检查。

中国民用航空地区管理局(以下简称民航地区管理局)负责本辖区内机场应急救援管理工作的日常监督检查。

机场管理机构应当按照国家、地方人民政府的有关规定和本规则的要求,制定机场突发事件应急救援预案,并负责机场应急救援工作的统筹协调和管理。使用该机场的航空器营运人和其他驻场单位应当根据在应急救援中承担的职责制定相应的突发事件应急救援预案,并与机场突发事件应急救援预案相协调,送机场管理机构备案。

机场应急救援工作应当接受机场所在地人民政府(以下统称地方人民政府)的领导。

本规则所称地方人民政府是指机场所在地县级(含)以上人民政府。

第五条　机场应急救援工作应当遵循最大限度地抢救人员生命和减少财产损失,预案完善、准备充分、救援及时、处置有效的原则。

第六条　在地方人民政府领导下、民用航空管理部门指导下,机场管理机构负责机场应急救援预案的制定、汇总和报备工作,同时负责发生突发事件时机场应急救援工作的统一指挥。

参与应急救援的单位和个人应当服从机场管理机构的统一指挥。

第二章　突发事件分类和应急救援响应等级

第七条　机场突发事件包括航空器突发事件和非航空器突发事件。

航空器突发事件包括:

(一)航空器失事;

(二)航空器空中遇险,包括故障、遭遇危险天气、危险品泄漏等;

(三)航空器受到非法干扰,包括劫持、爆炸物威胁等;

(四)航空器与航空器地面相撞或与障碍物相撞,导致人员伤亡或燃油泄漏等;

(五)航空器跑道事件,包括跑道外接地、冲出、偏出跑道;

(六)航空器火警;

(七)涉及航空器的其他突发事件。

非航空器突发事件包括:

(一)对机场设施的爆炸物威胁;

(二)机场设施失火;

(三)机场危险化学品泄漏;

(四)自然灾害;

(五)医学突发事件;

(六)不涉及航空器的其他突发事件。

第八条 航空器突发事件的应急救援响应等级分为：

（一）原地待命：航空器空中发生故障等突发事件，但该故障仅对航空器安全着陆造成困难，各救援单位应当做好紧急出动的准备。

（二）集结待命：航空器在空中出现故障等紧急情况，随时有可能发生航空器坠毁、爆炸、起火、严重损坏，或者航空器受到非法干扰等紧急情况，各救援单位应当按照指令在指定地点集结。

（三）紧急出动：已发生航空器失事、爆炸、起火、严重损坏等情况，各救援单位应当按照指令立即出动，以最快速度赶赴事故现场。

第九条 非航空器突发事件的应急救援响应不分等级。发生非航空器突发事件时，按照相应预案实施救援。

第三章 应急救援组织机构及其职责

第十条 机场管理机构应当在地方人民政府统一领导下成立机场应急救援工作领导小组。

机场应急救援工作领导小组是机场应急救援工作的决策机构，通常应当由地方人民政府、机场管理机构、民航地区管理局或其派出机构、空中交通管理部门、有关航空器营运人和其他驻场单位负责人共同组成。

机场应急救援工作领导小组负责确定机场应急救援工作的总体方针和工作重点、审核机场突发事件应急救援预案及各应急救援成员单位之间的职责、审核确定机场应急救援演练等重要事项，并在机场应急救援过程中，对遇到的重大问题进行决策。

第十一条 机场应急救援总指挥由机场管理机构主要负责人或者其授权人担任，全面负责机场应急救援的指挥工作。

第十二条 机场管理机构应当设立机场应急救援指挥管理机构，即机场应急救援指挥中心（以下简称指挥中心），作为机场应急救援领导小组的常设办事机构，同时也是机场应急救援工作的管理机构和发生突发事件时的应急指挥机构。其具体职责包括：

（一）组织制定、汇总、修订和管理机场突发事件应急救援预案。

（二）定期检查各有关部门、单位的突发事件应急救援预案、人员培训、演练、物资储备、设备保养等工作的保障落实情况；定期修订突发事件应急救援预案中各有关部门和单位的负责人、联系人名单及电话号码。

（三）按照本规则的要求制订年度应急救援演练计划并组织或者参与实施。

（四）机场发生突发事件时，根据总指挥的指令，以及预案要求，发布应急救援指令并组织实施救援工作。

（五）根据残损航空器搬移协议，组织或者参与残损航空器的搬移工作。

（六）定期或不定期总结、汇总机场应急救援管理工作，向机场应急救援工作领导小组汇报。

第十三条 机场空中交通管理部门在机场应急救援工作中的主要职责：

（一）将获知的突发事件类型、时间、地点等情况按照突发事件应急救援预案规定的程序通知有关部门；

（二）及时了解发生突发事件航空器机长意图和事件发展情况，并通报指挥中心；

（三）负责发布因发生突发事件影响机场正常运行的航行通告；

（四）负责向指挥中心及其他参与救援的单位提供所需的气象等信息。

第十四条　机场消防部门在机场应急救援工作中的主要职责：

（一）救助被困遇险人员，防止起火，组织实施灭火工作；

（二）根据救援需要实施航空器的破拆工作；

（三）协调地方消防部门的应急支援工作；

（四）负责将罹难者遗体和受伤人员移至安全区域，并在医疗救护人员尚未到达现场的情况下，本着"自救互救"人道主义原则，实施对伤员的紧急救护工作。

第十五条　机场医疗救护部门在机场应急救援工作中的主要职责：

（一）进行伤亡人员的检伤分类、现场应急医疗救治和伤员后送工作，记录伤亡人员的伤情和后送信息；

（二）协调地方医疗救护部门的应急支援工作；

（三）进行现场医学处置及传染病防控；

（四）负责医学突发事件处置的组织实施。

第十六条　航空器营运人或其代理人在应急救援工作中的主要职责：

（一）提供有关资料，资料包括发生突发事件航空器的航班号、机型、国籍登记号、机组人员情况、旅客人员名单及身份证号码、联系电话、机上座位号、国籍、性别、行李数量、所载燃油量、所载货物及危险品等情况；

（二）在航空器起飞机场、发生突发事件的机场和原计划降落的机场设立临时接待机构和场所，并负责接待和查询工作；

（三）负责开通应急电话服务中心并负责伤亡人员亲属的通知联络工作；

（四）负责货物、邮件和行李的清点和处理工作；

（五）航空器出入境过程中发生突发事件时，负责将事件的基本情况通报海关、边防和检疫部门；

（六）负责残损航空器搬移工作。

第十七条　机场地面保障部门在机场应急救援工作中的主要职责：

（一）负责在发生突发事件现场及相关地区提供必要的电力和照明、航空燃油处置、救援物资等保障工作；

（二）负责受到破坏的机场飞行区场道、目视助航设施设备等的紧急恢复工作。

第十八条　除本规则第十二条、第十三条、第十四条、第十五条、第十六条、第十七条所涉及的单位，其他参与应急救援工作的地方救援单位的职责，由根据本规则第二十三条订立的支援协议予以明确。

第四章　突发事件应急救援预案

第十九条　机场管理机构应当依据本规则制定机场突发事件应急救援预案，该预案应当纳入地方人民政府突发事件应急救援预案体系，并协调统一。该预案应当包括下列内容：

（一）针对各种具体突发事件的应急救援预案，包括应急救援程序及检查单等；

（二）根据地方人民政府的相关规定、本规则和机场的实际情况，确定参与应急救援的各单位在机场不同突发事件中的主要职责、权利、义务和指挥权以及突发事件类型及相应的应急救援响应等级；

（三）针对不同突发事件的报告、通知程序和通知事项（通知程序是指通知参加救援单位的先后次序）不同的突发事件类型，应当设置相应的通知先后次序；

（四）各类突发事件所涉及单位的名称、联系方式；

（五）机场管理机构与签订应急救援支援协议单位的应急救援资源明细表、联系方式；

（六）机场管理机构根据本规则第二十三条的要求与各相关单位签订的应急救援支援协议；

（七）应急救援设施、设备和器材的名称、数量、存放地点；

（八）机场及其邻近区域的应急救援方格网图；

（九）残损航空器的搬移及恢复机场正常运行的程序；

（十）机场管理机构与有关航空器营运人或其代理人之间有关残损航空器搬移的协议；

（十一）在各类紧急突发事件中可能产生的人员紧急疏散方案，该方案应当包括警报、广播、各相关岗位工作人员在引导人员疏散时的职责、疏散路线、对被疏散人员的临时管理措施等内容。

第二十条　机场突发事件应急救援预案应当明确机场公安机关在机场应急救援工作中的以下职责：

（一）指挥参与救援的公安民警、机场保安人员的救援行动，协调驻场武警部队及地方支援军警的救援行动；

（二）设置事件现场及相关场所安全警戒区，保护现场，维护现场治安秩序；

（三）参与核对死亡人数、死亡人员身份工作；

（四）制伏、缉拿犯罪嫌疑人；

（五）组织处置爆炸物、危险品；

（六）实施地面交通管制，保障救援通道畅通；

（七）参与现场取证、记录、录像等工作。

第二十一条　制定机场突发事件应急救援预案应当考虑极端的冷、热、雪、雨、风及低能见度等天气，以及机场周围的水系、道路、凹地，避免因极端的天气和特殊的地形而影响救援工作的正常进行。

第二十二条　机场突发事件应急救援预案应当向民航地区管理局备案。

机场管理机构应当建立机场突发事件应急救援预案的动态管理制度。预案修改后，机场管理机构应当将修改后的预案及时印发给参与应急救援的相关单位，并重新报备民航地区管理局。

机场管理机构在制定机场突发事件应急救援预案的过程中，应当充分征求机场空中交通管理部门、使用机场的航空器营运人或者其代理人、航空油料供应单位及其他主要驻场单位的意见。

机场突发事件应急救援预案在向民航管理部门报备前，应当征得地方人民政府的同意。

第二十三条　机场管理机构应当与地方人民政府突发事件应对机构、消防部门、医疗救护机构、公安机关、运输企业、当地驻军等单位签订机场应急救援支援协议，就机场应急救援事项明确双方的职责。

支援协议至少应当包括下列内容：

（一）协议单位的职责、权利与义务；

（二）协议单位名称、联系人、联系电话；

（三）协议单位的救援人员、设施设备情况；

（四）根据不同突发事件等级派出救援力量的基本原则；

（五）协议单位参加救援工作的联络方式、集结地点和引导方式；

（六）协议的生效日期及修改方式；

（七）协议内容发生变化时及时通知对方的程序。

机场管理机构应当每年至少对该协议进行一次复查或者修订，对该协议中列明的联系人及联系电话，应当每月复核一次，对变化情况及时进行更新。

协议应当附有协议单位根据机场突发事件应急救援预案制定的本单位突发事件应急实施预案。

在地方人民政府突发事件应急救援预案中已明确机场突发事件地方政府各部门、企事业单位及驻军的职责和义务时，可不签署支援协议，但本规则规定的协议内容应在相关预案中明确。机场管理机构应当获知支援单位的救援力量、设施设备、联系人和联系电话等信息。

第二十四条　机场管理机构应当绘制机场应急救援综合方格网图，图示范围应当为本规则第三条所明确的机场及其邻近地区。该图除应当准确标明机场跑道、滑行道、机坪、航站楼、围场路、油库等设施外，应当重点标明消防管网及消防栓位置、消防水池及其他能够用来取得消防用水的池塘河流位置、能够供救援消防车辆行驶的道路、机场围界出入口位置、城市消防站点位置和医疗救护单位位置。

机场管理机构还应当绘制机场区域应急救援方格网图，图示范围应当为机场围界以内的地区，该图除应当标明本条前款要求标明的所有内容外，还应当标明应急救援人员设备集结等待区。

方格网图应当根据机场及其邻近区域范围和设施的变化及时更新。

机场指挥中心、各参与机场应急救援单位和部门应当张挂方格网图。机场内所有参加应急救援的救援车辆中应当配备方格网图。方格网图可以是卫星影像图或者示意图，方格网图应当清晰显示所标注的内容。

第五章　应急救援的设施设备及人员

第二十五条　机场管理机构应当建设或指定一个特定的隔离机位，供受到劫持或爆炸物威胁的航空器停放，其位置应能使其距其他航空器集中停放区、建筑物或者公共场所至少100米，并尽可能避开地下管网等重要设施。

第二十六条　机场管理机构应当按照《民用航空运输机场飞行区消防设施》的要求配备机场飞行区消防设施，并应保证其在机场运行期间始终处于适用状态。

机场管理机构应当按照《民用航空运输机场消防站消防装备配备》的要求配备机场各类消防车、指挥车、破拆车等消防装备的配备,并应保证其在机场运行期间始终处于适用状态。

第二十七条　机场管理机构应当按照《民用运输机场应急救护设施配备》的要求配备机场医疗急救设备、医疗器材及药品、医疗救护人员,并确保机场医疗急救设备、医疗器材及药品在机场运行期间始终处于适用状态和使用有效期内。

第二十八条　机场指挥中心及机场内各参加应急救援的单位应当安装带有时钟和录音功能的值班电话,视情设置报警装置,并在机场运行期间随时保持有人值守。值班电话线路应当至少保持一主一备的双线冗余。所有应急通话内容应当录音,应急通话记录至少应当保存2年。

第二十九条　机场管理机构应当设立用于应急救援的无线电专用频道,突发事件发生时,机场塔台和参与救援的单位应当使用专用频道与指挥中心保持不间断联系。公安、消防、医疗救护等重要部门应当尽可能为其救援人员配备耳麦。

为能在第一时间了解航空器在空中发生的紧急情况,指挥中心宜设置陆空对话的单向监听设备,并在机场运行期间保持守听,但不得向该系统输入任何信号。在航空器突发事件发生时,指挥中心确需进一步向机组了解情况时,应当通过空中交通管理部门与机组联系。

第三十条　机场管理机构应当制作参加应急救援人员的识别标志,识别标志应当明显醒目且易于佩戴,并能体现救援的单位和指挥人员。参加应急救援的人员均应佩戴这些标志。识别标志在夜间应具有反光功能,具体样式应当为:

救援总指挥为橙色头盔,橙色外衣,外衣前后印有"总指挥"字样;

消防指挥官为红色头盔,红色外衣,外衣前后印有"消防指挥官"字样;

医疗指挥官为白色头盔,白色外衣,外衣前后印有"医疗指挥官"字样;

公安指挥官为蓝色头盔,蓝色警服,警服外穿前后印有"公安指挥官"字样的背心。

参加救援的各单位救援人员的标识颜色应与本单位指挥人员相协调。

本条所指外衣可以是背心或者制服。

第三十一条　在邻近地区有海面和其他大面积水域的机场,机场管理机构应当按照机场所使用的最大机型满载时的旅客及机组人员数量,配置救援船只或者气筏和其他水上救生设备,也可以采取与有上述救援设备的单位以协议支援的方式来保障,但机场应当配备满足在救援初期供机场救援人员使用需要的船只或者气筏和其他水上救生的基本设备。

当突发事件发生在机场及其邻近地区的海面或大面积水域时,还应向当地国家海上搜救机构报告。

第三十二条　机场管理机构应当根据机场航空器年起降架次,配置与机场所使用航空器最大机型相匹配的残损航空器搬移设备,并在机场运行期间保证其完好适用。

年起降架次在15万(含)以上的机场,应当配置搬移残损航空器的专用拖车、顶升气囊、活动道面、牵引挂具以及必要的枕木、钢板、绳索等器材。年起降架次在15万以下,10万(含)以上的机场,应当配置顶升气囊、活动道面、牵引挂具以及必要的枕木、钢板、绳索等器材。年起降架次在10万以下的机场,应当配置活动道面以及必要的枕木、挂件、绳索等器材。

活动道面配置应当满足航空器每一轮迹下的铺设长度不小于30米；航空器牵引挂具的配置应当满足能牵引在机场使用的各类型航空器；对于在发生突发事件起2小时之内机场管理机构可能取得专用拖车和顶升气囊的，机场管理机构可不配备专用拖车和顶升气囊，但应当有明确的救援支援协议。

第三十三条　机场管理机构应当配备用于机场应急救援现场指挥的车辆，该车应当配有无线通信、传真、摄像、视频传输、电脑、照明等设备，并配有应急救援的相关资料库及主要材料的纸质文件。

第三十四条　在机场运行期间，各参加应急救援的单位在保障正常运行的同时，应按照相关标准要求保持有足够的应对突发事件的救援人员。

参加应急救援各单位的值班领导、部门领导及员工应当熟知本单位、本部门及本岗位在应急救援工作中的职责和预案。

第三十五条　参加应急救援的各单位应当每年至少对按照机场应急救援预案承担救援工作职责的相关岗位的工作人员进行一次培训，对于专职应急救援管理人员、指挥人员、消防战斗员、医疗救护人员应当进行经常性的培训，培训内容包括应急救援基础理论、法规规章、技术标准、岗位职责、突发事件应急救援预案、医疗急救常识、消防知识、旅客疏散引导及其他相关技能。

在机场航站楼工作的所有人员应当每年至少接受一次消防器材使用、人员疏散引导、熟悉建筑物布局等的培训。

第六章　应急救援的处置和基本要求

第三十六条　发生突发事件时，第一时间得知事件情况的单位，应当根据机场突发事件应急救援预案的报告程序，立即将突发事件情况报告指挥中心。

发生突发事件后，机场管理机构应当在尽可能短的时间内将突发事件的基本情况报告地方人民政府和民用航空管理部门。

民用航空管理部门在收到机场发生突发事件报告后应当立即按照事件的类型、严重程度、影响范围和本部门应急救援预案逐级向上级机关报告，直至民航局突发事件应对部门。同时，应当迅速采取积极措施，协调和帮助机场管理机构处置突发事件。

第三十七条　机场突发事件应急救援总指挥或者其授权的人应当及时准确地发布相关信息。突发事件的信息发布应当有利于救援工作的开展。其他参与应急救援的单位可以发布有关本单位工作情况的信息，但不得发布对应急救援工作可能产生妨碍的信息。

第三十八条　发生突发事件时，指挥中心应当按照突发事件应急救援预案的通知程序，迅速将突发事件的基本情况通知有关单位，通知内容应当简单、明了。

第三十九条　发生突发事件后，机场应急救援处置工作应当在总指挥的统一指挥下，由消防、公安、医疗和其他驻场单位分别在本单位职责范围内行使分指挥权，特殊情况下，总指挥可以授权支援单位行使分指挥权。

实施突发事件救援时，机场应急救援总指挥或者其授权人应当服从地方人民政府领导及其突发事件应对部门的指挥，并根据地方人民政府领导及其突发事件应对部门的要求和命令，分时段、分区域向其移交指挥权。

发生本规则第八条所指明的应急救援等级为紧急出动的突发事件时,机场管理机构应当在最短的时间内组成应急救援现场指挥部,由机场应急救援总指挥或者其授权的人担任现场指挥员,在总指挥的总体救援行动意图下,统一指挥突发事件现场的各救援单位的救援行动。

有火情的突发事件发生后,总指挥可以授权消防指挥员担任应急救援现场指挥员。

第四十条　突发事件发生后及在实施应急救援时,如需机场外的支援单位参加救援工作,应当由机场内相应的救援单位提出需求和方案,经总指挥批准后通知支援单位前来支援,紧急情况下,也可先通知支援单位到达集结地点,再向总指挥报告,经总指挥同意后参加救援工作。

第四十一条　涉及在空中的航空器突发事件需要紧急着陆时,空中交通管理部门按照相应突发事件应急救援预案协助该航空器着陆。

第四十二条　当发生本规则第八条所指明的应急救援响应等级为集结待命的突发事件时,各救援单位的人员及车辆设备应迅速按照应急救援预案的要求到达指定的集结地点集中待命,并立即向指挥中心报告,未经批准,不得离开集结位置,随时准备投入救援行动。

第四十三条　突发事件发生时,机场内行驶的车辆和行人应当避让参加救援的车辆,应急救援车辆在保证安全的条件下,可不受机场内车辆时速的限制。在服从现场交通民警的指挥下,救援车辆可以驶离规定的车道。

参加应急救援的车辆和人员需要进入运行中的跑道、滑行道及仪表着陆系统敏感区时,应当通过指挥中心征得空中交通管理部门的同意后方可进入。

机场管理机构应当制定特殊程序,以保证外援救援车辆和人员顺利、及时到达事故地点。

第四十四条　应急救援时,当需要在跑道上喷洒泡沫灭火剂时,不得因此降低机场应保持的消防救援等级的最低水平。

第四十五条　应急救援时,应当在交通方便的事发地点上风安全位置及时划定伤亡人员救治区和停放区,并用明显的标志予以标识。上述区域在夜间应当有充足的照明。

第四十六条　当航空器受到劫持或爆炸物威胁时,机场塔台管制人员应当积极配合指挥中心采取有效措施,将该航空器引导到隔离机位。

第四十七条　在实施应急救援工作时,参与救援的人员应当尽可能保护突发事件现场。

在航空器事故应急救援中,应当在事故调查组进入现场前,尽可能避免移动任何航空器残骸、散落物和罹难者遗体。如确需移动航空器残骸、散落物、罹难者遗体时,在移动前,应当进行照相、录像,有条件时应当绘制草图,以标明其移动前的状态和位置。同时,如有可能,在被移动的物体和遗体上粘贴标签,并在原位置上固定一根带有相应标签的标桩。所有发出的标签的记录应当妥善保存。

发生事故航空器驾驶舱内的任何仪表和操作部件,在被移动前,必须照相或者录像,有条件时应当绘图并做详细记录。

第四十八条　实施应急救援工作时,为保证救援工作的正常进行,机场公安机关应当在事故现场及时设立警戒线,任何非救援人员进入事故现场需经总指挥或者其授权人批准。

第四十九条　应急救援现场的灭火和人员救护工作结束后,残损航空器影响机场的正常安全运行的,机场管理机构应当配合当事航空器营运人或者其代理人,迅速将残损航空器搬离。

残损航空器的搬移责任应当由当事航空器营运人或者其代理人承担,具体搬移工作应当按照该航空器营运人或者其代理人与机场管理机构协商实施。

残损航空器搬移应当取得事故调查组负责人同意。

第五十条　应急救援工作结束后,机场应急救援工作领导小组或者其授权单位或者部门应当及时召集所有参与应急救援的单位对该次应急救援工作进行全面总结讲评,对暴露出的突发事件应急救援预案中不合理的部分及缺陷进行研究分析和修改完善,在该次应急救援工作结束60天内,将修改后的突发事件应急救援预案按照《民用机场使用许可规定》的要求报批后,印发实施。

机场管理机构应当在每次应对本规则第八条(三)中规定的紧急出动等级的应急救援工作结束后的30天内,将该次应急救援工作总结报送所在地民航地区管理局。

第五十一条　在事故调查机构进行事故调查时,机场管理机构及参与应急救援的各单位应当配合事故调查机构的调查,如实向事故调查组介绍事故现场的情况。

第七章　应急救援的日常管理和演练

第五十二条　机场管理机构及其他驻场单位应当根据应急救援预案的要求定期组织应急救援演练,以检验其突发事件发生时的驰救时间、信息传递、通信系统、应急救援处置、协调配合和决策指挥、突发事件应急救援预案等,机场管理机构及参加应急救援的驻场单位均应当将应急救援演练列入年度工作计划。

驻机场的航空器营运人、空中交通管理部门及其他参加应急救援的单位,应当配合机场管理机构,做好应急救援演练工作。

第五十三条　应急救援演练分为综合演练、单项演练和桌面演练三种类型。

综合演练是由机场应急救援工作领导小组或者其授权单位组织,机场管理机构及其各驻机场参加应急救援的单位及协议支援单位参加,针对模拟的某一类型突发事件或几种类型突发事件的组合而进行的综合实战演练。

单项演练是由机场管理机构或参加应急救援的相关单位组织,参加应急救援的一个或几个单位参加,按照本单位所承担的应急救援责任,针对某一模拟的紧急情况进行的单项实战演练。

桌面演练也称指挥所推演,是由机场管理机构或参加应急救援的相关单位组织,各救援单位参加,针对模拟的某一类型突发事件或几种类型突发事件的组合以语言表达方式进行的综合非实战演练。

第五十四条　机场应急救援综合演练应当至少每三年举行一次,未举行综合演练的年度应当至少举行一次桌面演练,机场各参加应急救援的单位每年至少应当举行一次单项演练。

第五十五条　举行综合演练时,可以邀请当地人民政府及有关部门、民航地区管理局、航空器营运人及其他有关驻场单位人员以观察员身份参加,并参加演练后的总结讲评会。

第五十六条　在举行机场应急救援演练前,机场管理机构或者组织单项演练的相关单位应当组织编制应急救援演练计划,应急救援演练计划应当按照突发事件发生、发展的进程进行编制,应急救援演练计划可以是一种或几种突发事件的综合。演练计划主要包括:

(一)演练所模拟的突发事件类型、演练地点及日期;

(二)参加演练的单位;

(三)演练的程序;

(四)演练场地的布置及模拟的紧急情况;

(五)规定的救援人员及车辆的集结地点及行走路线;

(六)演练结束和演练中止的通知方式。

应急救援演练计划制订完毕并经应急救援领导小组同意后,应当在演练实施两周前报送民航地区管理局。

第五十七条　机场管理机构在举行应急救援演练时,原则上应当采取措施保持机场应急救援的正常保障能力,尽可能地避免影响机场的正常运行。如果由于应急救援演练致使本机场的正常保障能力在演练期间不能满足相应标准要求的,应当就这一情况通知空中交通管理部门发布航行通告,并在演练后,尽快恢复应急救援的正常保障能力。

举行综合演练时,机场管理机构应当视情事先通报相关部门。

第五十八条　演练工作应当坚持指挥与督导分开的原则。演练时,应当在演练指挥机构之外另设演练督导组。

第五十九条　演练督导组应当由民航地区管理局在收到演练计划后召集。综合演练督导组应当由民用航空管理部门、地方人民政府及其有关部门、机场管理机构、相关航空器营运人、空中交通管理单位人员及特邀专家组成。

演练督导组应当在演练实施前研究并熟悉参演机场的应急救援预案和本次应急救援演练计划,全程跟踪演练进程,并在演练中提出各种实际救援中可能出现的复杂或者意外情况交指挥中心应对。

对于演练督导组提出的情况,指挥中心及相关救援单位应当做出响应。

演练督导组的具体工作程序和行为规范由民航局另行制定。

第六十条　演练督导组应当对机场应急救援演练工作进行监督检查,演练督导组应当根据演练形式和规模派出足够的督导人员,进入演练现场,对演练涉及的各个方面实施全程监督检查。

第六十一条　应急救援演练结束后,演练组织者应召集各参演单位负责人进行总结讲评。总结讲评活动中,演练督导组应当就演练的总体评价、演练的组织、演练计划、演练人员和设备等方面提出综合评价意见。

第八章　法　律　责　任

第六十二条　机场管理机构未按照本规则的要求,有下列行为之一的,由民航管理部门责令限期改正,并处以警告;情节严重的,处以1万元以上3万元以下的罚款:

(一)未按照本规则第十二条要求设立指挥中心的;

(二)未按照本规则第二十五条的要求设立隔离机位的;

（三）未按照本规则第五十条或者第六十一条的要求，在应急救援或者应急救援综合演练工作后及时进行总结讲评的。

第六十三条　机场管理机构或其他参加应急救援的单位，有下列行为之一的，由民航管理部门责令其限期改正，并处以5 000元以上1万元以下罚款：

（一）未按照本规则第二十四条的要求张挂和及时更新应急救援方格网图的；

（二）未按照本规则第三十条要求制作足够的救援人员识别标志的；

（三）违反本规则第三十七条规定发布妨碍应急救援工作信息的。

第六十四条　机场管理机构有以下行为之一的，由民航地区管理局责令限期改正，处以1万元以上5万元以下的罚款：

（一）未按照本规则第二十六条、第二十七条、第二十八条、第二十九条、第三十一条、第三十二条、第三十三条的要求，配备相应的设备和器材，并保持其适用状态的；

（二）未按照本规则第七章的要求组织应急救援演练的。

第六十五条　机场管理机构或其他参加应急救援的单位，有下列行为之一的，由民航管理部门责令其限期改正，并处以5 000元以上2万元以下罚款：

（一）未按照本规则第三十四条的要求，在机场运行期间保持相关标准要求的应对突发事件的救援人员，导致机场应急救援未能及时实施的；

（二）违反本规则第三十四条的要求，参加应急救援各单位的值班领导、部门领导及员工不了解本单位、本部门及本岗位在应急救援工作中的职责和预案的；

（三）未按照本规则第三十五条的要求对参加应急救援的人员进行培训的。

第六十六条　机场管理机构或者其他参加应急救援的单位有下列行为之一的，由民航管理部门处以1万元以上3万元以下罚款：

（一）违反本规则第三十六条，发现紧急情况不按规定程序报告的；

（二）违反本规则第三十八条，接到紧急情况报告，不按规定程序通知到有关单位的；

（三）违反本规则第四十四条规定在跑道上喷洒泡沫灭火剂从而降低机场应保持的消防救援等级的最低水平的；

（四）未按照本规则第四十五条规定，及时划定伤亡人员救治区和停放区的；

（五）违反本规则第四十九条的规定，残损航空器搬移工作中有关各方互相推诿，严重影响机场开放正常运行的；

（六）违反本规则第五十七条，在举行应急救援演练时未保持机场正常运行时应有的应急救援保障能力的。

第九章　附　　则

第六十七条　中华人民共和国缔结或者参加的国际条约与本规则有不同规定的，适用国际条约的规定，但中华人民共和国声明保留的条款除外。

第六十八条　在民航局制定通用机场突发事件应急救援管理规则之前，通用机场可以结合本机场的具体情况参照本规则制定突发事件应急救援预案，报所在地民航地区管理局备案。

第六十九条　在本规则规定区域外发生的突发事件，按照《中华人民共和国搜寻援救民用航空器规定》执行。

第七十条 航空器受到非法干扰和机场设施受爆炸物威胁所涉及的突发事件应急救援预案按照国家其他相关规定办理。

第七十一条 应急救援工作实行有偿服务,应当采用先救援后结算的办法。具体收费标准和收费计算方法由有关各方本着公平合理、等价有偿的原则协商确定。

第七十二条 本规则自2016年5月21日起施行。2000年4月3日发布的《民用运输机场应急救援规则》(民航总局令第90号)同时废止。

本章小结

1. 应急管理工作概括起来说,就是推行"一案三制"建设。所谓"一案",就是突发事件应急预案;所谓"三制",就是应急管理工作的体制、机制和法制。

2. 中国民用航空总局成立了由民航总局领导、民航总局机关主要部门和直属部门主要领导组成,以应对航空器事故和劫机炸机事件为主要职责的"民航突发事件应急工作领导小组"。

3. 根据《中国民用航空应急管理规定》,民航应急管理运行机制包括预防与准备、预测与预警、应急处置和善后处理四部分。

4. 民航应急法制体系包括国际民航应急管理相关法规和中国民航应急管理相关法规。

5. 民航应急预案体系包括民航突发事件总体应急预案、民航突发事件专项应急预案、民航突发事件地区应急预案、民航企事业单位对民航突发事件应急预案。

综合练习

思考题

1. 简述应急管理工作的主要内容。
2. 简述中国民航应急管理的相关法规。
3. 简述应急预案的编制流程。
4. 简述民航应急预案体系的构成。

参 考 文 献

[1] 罗军．民用航空运输安全管理的博弈[D]．成都：西南交通大学,2008.

[2] 高建廷．机组资源管理的人为因素及技能训练研究[D]．南京：南京航空航天大学,2006.

[3] 王维．机场场道维护管理[M]．北京：中国民航出版社,2008.

[4] 王云岭．机场目视助航设施管理[M]．北京：中国民航出版社,2008.

[5] 王维．机场净空管理[M]．北京：中国民航出版社,2008.

[6] 杨太东,张积洪．机场运行指挥[M]．北京：中国民航出版社,2008.

[7] 李永．民航基础知识教程[M]．北京：中国民航出版社,2005.

[8] 董襄宁,赵征,张洪海．空中交通管理基础[M]．北京：科学出版社,2011.

[9] 李奎．航空安全管理[M]．北京：航空工业出版社,2011.

[10] 周长春．航空安全管理[M]．北京：中国民航出版社,2011.

[11] 孙佳,等．民航安全管理与应急处置[M]．北京：中国民航出版社,2012.

[12] 刁伟民．航空保安[M]．北京：中国民航出版社,2008.